高职高专工学结合、课程改革规划教材

Daolu Gongcheng Shitu yu Huitu

道路工程识图与绘图

樊琳娟　主　编

袁　果[湖南大学]
李　浩[江苏省交通规划设计院]　主　审

人民交通出版社

内 容 提 要

本书是高职高专工学结合、课程改革规划教材。

本教材以培养学生识图与制图的能力为基础,立足项目化教学,内容以精选为原则,共分五个学习情境:学习情境一为识图准备知识;学习情境二为路桥构件工程图;学习情境三为道路工程专业图;学习情境四为桥涵工程专业图;学习情境五为计算机绘图。

本教材在内容的编排上,按照理论阐述与工程实际相结合的思路,突出行业岗位对从业人员知识结构和职业能力的要求,充分体现高等职业教育项目化教学的特点。

本教材可供交通高职类道路桥梁工程技术、工程监理等交通土建类专业和土木工程类各专业的教师、学生使用,也可作为函授、自学考试用书。

本教材配套多媒体课件,教师可通过加入职教路桥教学研讨群(QQ561416324)索取。

图书在版编目(CIP)数据

道路工程识图与绘图/樊琳娟主编. —北京:人民交通出版社,2011.6

高职高专工学结合、课程改革规划教材

ISBN 978-7-114-08978-7

I. ①道… II. ①樊… III. ①道路工程-工程制图-高等职业教育-教材 IV. ①U412.5

中国版本图书馆 CIP 数据核字(2011)第 058129 号

高职高专工学结合、课程改革规划教材

书　　名:**道路工程识图与绘图**
著 作 者:樊琳娟
责任编辑:任雪莲
出版发行:人民交通出版社
地　　址:(100011)北京市朝阳区安定门外外馆斜街 3 号
网　　址:http://www.ccpress.com.cn
销售电话:(010)59757973
总 经 销:人民交通出版社发行部
经　　销:各地新华书店
印　　刷:北京虎彩文化传播有限公司
开　　本:787×1092　1/16
印　　张:14.25
字　　数:349 千
版　　次:2011 年 6 月　第 1 版
印　　次:2023 年 12 月　第 11 次印刷
书　　号:ISBN 978-7-114-08978-7
定　　价:49.00 元(两书总定价)

序

为深入贯彻落实教育部《关于全面提高高等职业教育教学质量的若干意见》及全国普通高等学校教学工作会议的有关精神，积极推行与生产劳动和社会实践相结合的学习模式，把工学结合作为高等职业教育人才培养模式改革的重要切入点，带动教学内容和教学方法改革。交通职业教育教学指导委员会路桥工程专业指导委员会在完成《道路桥梁工程技术专业教学标准和课程标准研究》的基础上，按照职业岗位(群)的任职要求，构建了突出职业能力培养的"教学标准"和"课程标准"，并据此组织全国20多所交通高职高专院校道路桥梁工程技术专业的教师编写了14门课程的工学结合、课程改革规划教材。专业"教学标准"和"课程标准"是全国道路桥梁工程技术专业多年建设成果的总结和提炼。

按照2010年4月路桥工程专业指导委员会所确定的编写原则，本套教材力求体现如下特点：

体系规范。以工学结合、校企合作所开发的教材为切入点，在"教学标准"和"课程标准"确定的框架下，改革教学内容和教学方法，突出专业教学的针对性，选定教材的内容。

内容先进。用新观点、新思想审视和阐述教材内容，所选定的教材内容适应公路建设发展需要，反映公路建设的新知识、新技术、新工艺和新方法。

知识实用。以职业能力为本位，以应用为核心，以"必需、够用"为原则，教材紧密联系生活和生产实际，加强了教学的针对性，能与相应的职业资格标准相互衔接。

使用灵活。体现教学内容弹性化，教学要求层次化，教材结构模块化；有利于按需施教，因材施教。

交通职业教育教学指导委员会
路桥工程专业指导委员会
2010年12月

前 言

高等职业教育是为了培养生产、管理、服务第一线的应用型、技术型人才。近年来,职业教育坚持“以服务为宗旨,以就业为导向”的办学方针,实现了快速发展,职业教育人才培养模式改革也在不断深化。在这种形势下,本教材在编写的过程中紧紧围绕着培养目标,根据高职学生将来毕业后面向生产一线的特点,本着“必需”、“够用”的原则,将工程识图理论教学与实践进行了必要结合。通过教授绘制和阅读工程图样的原理和方法,培养学生的工程文化素质,增强学生的工程意识。

本教材是交通职业教育教学指导委员会路桥工程专业指导委员会组织编写的高职高专工学结合、课程改革规划教材。本教材在编写中,组织课程专家、一线优秀教师,研究了现行出版的关于高职工程识图方面的各类教材,理性地借鉴了国内外各类职业院校课改的先进思想,力求体现如下特点:

(1)知识结构合理化。教材以新的课程标准和教学标准规定的基础模块内容为主,精选教学内容,降低难度,体现了“浅”;增加理论联系实际的内容,如在与社会生活的联系和技术应用的联系方面体现出了“宽”的特色,突出了“实践性和应用性”;增加了新知识、新技术、新规范的介绍,以开阔学生的眼界,体现教材的先进性和实用性。

(2)内容编排项目化。本教材以“工作项目”为主线,创设学习情境,结合职业技能证书考证,培养学生的实践动手能力。以道路桥梁工程技术类专业学生的就业为导向,根据行业专家对道路桥梁工程技术类专业所涵盖的岗位群进行的任务和职业能力分析,同时遵循高等职业院校学生的认知规律,紧密结合职业资格证书中相关考核要求,确定本课程的学习模块和课程内容。

(3)教材使用科学化。本教材每个学习任务前都列有学习目标、任务描述和学习引导,有利于教师在教学中把握重点、难点。知识体系后编排了学习任务和学习效果评价,便于学生复习和巩固所学知识,并进行自我检测。

本教材由南京交通职业技术学院樊琳娟副教授担任主编,湖南大学袁果教授和江苏省交通规划设计院高级工程师李浩担任主审。

具体编写分工如下:学习情境一中的学习任务三、四以及学习情境三中的学习任务一，习题集学习情境三中的学习任务一、二由南京交通职业技术学院樊琳娟副教授编写；学习情境一中的学习任务一、二、五，习题集学习情境一中的学习任务一、二、三、四、五由南京交通职业技术学院江玮讲师编写；学习情境二中的学习任务一、二、三，习题集学习情境二中的学习任务一、二、三、四由南京交通职业技术学院赵艳艳讲师编写；学习情境二中的学习任务四以及学习情境四中的学习任务一、二，习题集学习情境四中的学习任务一、二和学习情境五由南京交通职业技术学院边加敏讲师编写；学习情境三中的学习任务二由青海交通职业技术学院姚青梅副教授编写；学习情境五中的学习任务一、二、三、四由青海交通职业技术学院侯铁军讲师编写。

在教材编写的过程中，还得到人民交通出版社高职教材出版中心的大力帮助，在此对他们的辛勤劳动表示衷心的感谢。

由于时间和编者水平有限，书中存在错误或不当之处在所难免，敬请同行专家和读者批评指正。

编　者

2011 年 4 月

目　　录

学习情境一　识图准备知识 …… 1
学习任务一　制图的基本知识 …… 1
学习任务二　投影的基本知识 …… 25
学习任务三　基本体的投影 …… 32
学习任务四　组合体的投影 …… 41
学习任务五　轴测投影图 …… 56
学习情境二　路桥构件工程图 …… 69
学习任务一　剖面图与断面图 …… 69
学习任务二　道路路面结构图 …… 81
学习任务三　桥梁构件图 …… 85
学习任务四　钢筋混凝土结构图 …… 102
学习情境三　道路工程专业图 …… 112
学习任务一　标高投影 …… 112
学习任务二　道路路线工程图 …… 127
学习情境四　桥涵工程专业图 …… 149
学习任务一　桥梁工程图 …… 149
学习任务二　涵洞工程图 …… 172
学习情境五　计算机绘图 …… 181
学习任务一　设置 AutoCAD 绘图软件的绘图环境 …… 181
学习任务二　AutoCAD 绘图软件的操作 …… 188
学习任务三　AutoCAD 绘制道路工程图 …… 203
学习任务四　AutoCAD 绘制桥梁工程图 …… 211
参考文献 …… 218

学习情境一　识图准备知识

学习任务一　制图的基本知识

学习目标

1. 掌握《道路工程制图标准》(GB 50162—92)的基本规定、绘图工具及仪器的使用方法；

2. 了解图幅、图线、字体、比例、坐标和尺寸标注等制图标准以及平面图形的作图步骤；

3. 分析《道路工程制图标准》(GB 50162—92)在工程制图中的作用；

4. 根据《道路工程制图标准》(GB 50162—92)完成课后[自测1]~[自测5]；

5. 正确找出已知工程图样中采用的制图标准，并根据《道路工程制图标准》(GB 50162—92)正确绘制基本图形。

任务描述

在教师的指导下，根据《道路工程制图标准》(GB 50162—92)的相关规定，分析工程图样所采用的国家标准。利用三角板、圆规等绘图工具，采用自拟比例在A4纸上独立完成基本图形的绘制。

学习引导

本学习任务沿着以下脉络进行学习：

讲解《道路工程制图标准》的基本规定 → 介绍绘图工具、仪器的使用方法及基本的几何作图方法 → 要求根据所学知识完成相应的任务练习 → 讲授相关案例，课堂总结并结合书中其他章节的工程图样，巩固所学知识

一、相关知识

1.《道路工程制图标准》简介

工程图样是重要的技术资料，是施工的依据。为使工程图样图形准确，图面清晰，符合生产要求，便于技术交流和存档，绘制工程图样时必须遵循统一的标准，即《道路工程制图标准》(GB 50162—92)。本节主要介绍《道路工程制图标准》(GB 50162—92)(以下简称《国标》)的有关规定。

1)图幅、图框和标题栏

(1)图幅。图幅是指图纸的幅面大小。对于一整套的图纸，为了便于装订、保存和合理使用，《国标》对图纸幅面进行了规定，见表1-1-1。其中，尺寸代号的含义如图1-1-1a)所示。在选用图幅时，应根据实际情况，以一种规格为主，尽量避免大小幅面混合使用。一般A0 ~ A3图纸宜横式使用，必要时也可立式使用，A4图纸只能立式使用。

图幅及图框尺寸(mm)　　表 1-1-1

尺寸代号 \ 图幅代号	A0	A1	A2	A3	A4
$b \times l$	841 × 1189	594 × 841	420 × 594	297 × 420	210 × 297
a	35	35	35	30	25
c	10	10	10	10	10

图纸幅面的长边是短边的$\sqrt{2}$倍，即$\sqrt{2}b$。A0 幅面的面积为 $1m^2$，A1 幅面是沿着 A0 幅面长边的对裁，A2 幅面是沿着 A1 幅面长边的对裁，其他幅面依此类推，如图 1-1-1b)所示。必要时，图纸幅面的长边可以加长，但短边不得加宽。长边加长的长度，图幅 A0、A2、A4 应为 150mm 的整倍数；图幅 A1、A3 应为 210mm 的整倍数。

(2)图框。图纸无论装订与否，均需在图幅以内按表 1-1-1 的规定尺寸画出图框。a 及 c 分别表示图框线到图纸幅面线的相应距离。

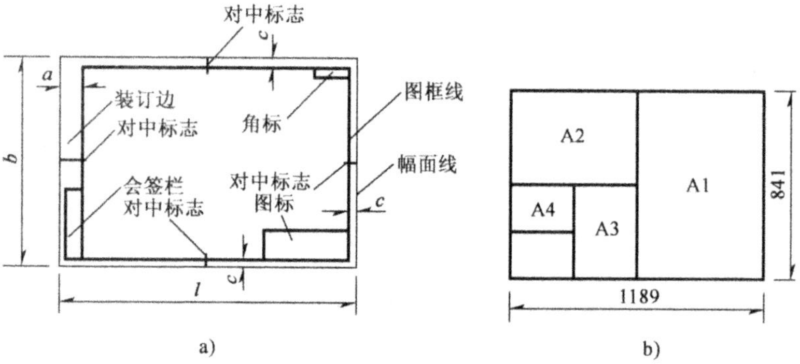

图 1-1-1　图纸幅面的幅面格式和划分(尺寸单位:mm)

a)尺寸代号的含义;b)各幅面的尺寸

(3)标题栏。图框内右下角应绘图纸标题栏，简称图标。《国标》规定的图标格式有 3 种，如图 1-1-2 所示。标题栏的文字方向为看图方向，为了学习的方便，在学校制图作业中建议采用图 1-1-3 所推荐的格式。

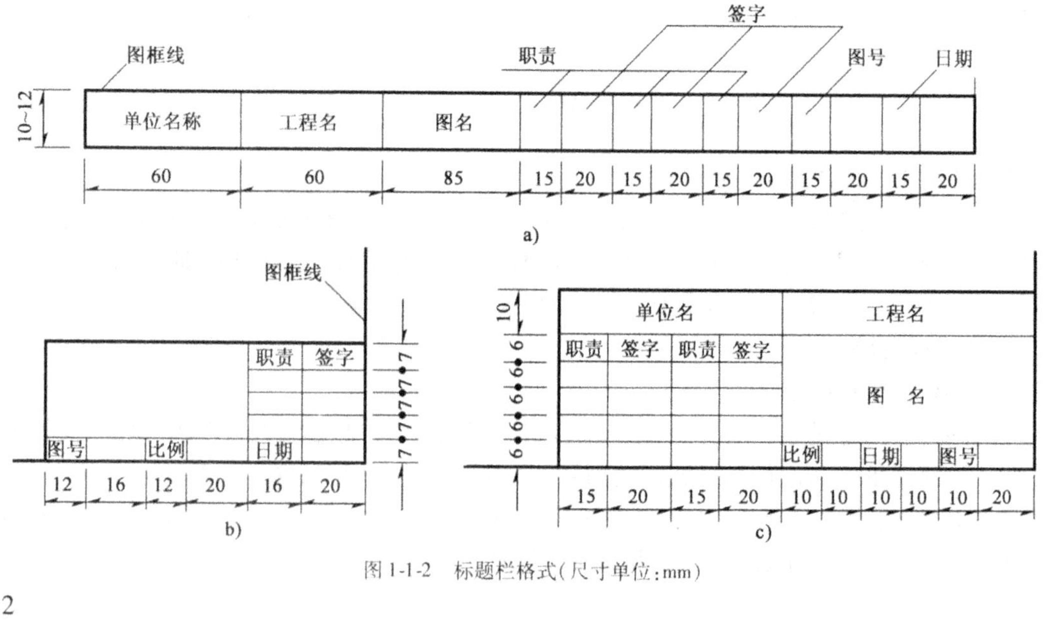

图 1-1-2　标题栏格式(尺寸单位:mm)

当图上需绘制角标时，角标应布置在图框内右上角，如图 1-1-4 所示。角标线线宽宜为0.25mm。

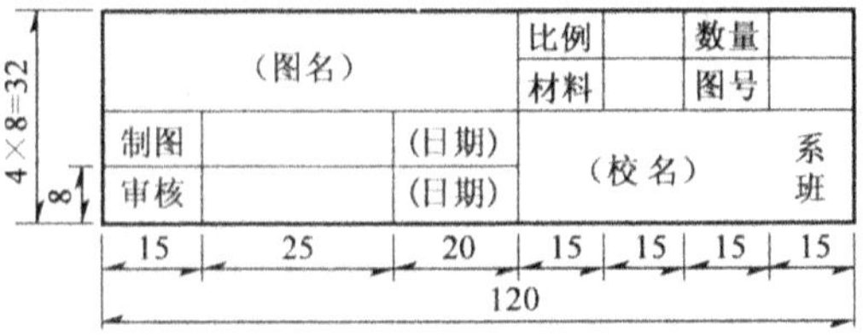

图 1-1-3　制图作业中推荐采用的标题栏格式(尺寸单位:mm)

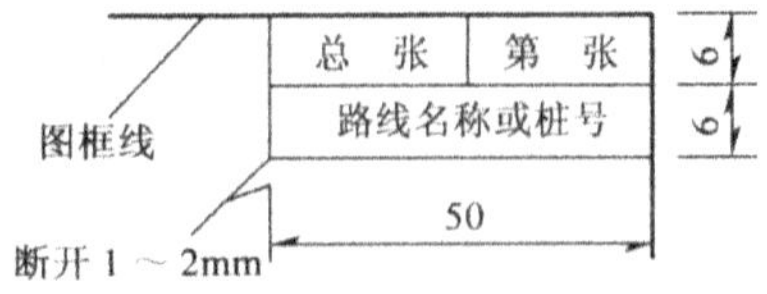

图 1-1-4　角标图(尺寸单位:mm)

2)图线

(1)线型。工程图由不同种类的线型所构成，这些图线可表达图样的不同内容，也可分清图中的主次。《国标》对线型及线宽作了相应的规定。工程图的图线类型及用途见表 1-1-2。

图线的类型及用途　　表 1-1-2

名　称	线　型	线　宽	一般用途
标准实线		b	可见轮廓线、钢筋线
中实线		$0.5b$	较细的可见轮廓线、钢筋线
细实线		$0.25b$	尺寸线、剖面线、引出线、图例线等
加粗实线		$1.4b \sim 2.0b$	图框线、路线设计线、地平线等
粗虚线		b	地下管线或建筑物
中虚线		$0.5b$	不可见轮廓线
细点画线		$0.25b$	中心线、对称线、轴线等
双点画线		$0.25b$	假想轮廓线
波浪线		$0.25b$	断开界线
折断线		$0.25b$	断开界线

(2)线宽。工程图样一般使用 3 种线宽，即粗线、中粗线、细线，三者的比例规定为:b:$0.5b$:$0.25b$。绘图时，应根据图样的复杂程度及比例大小，选用表 1-1-3 所示的线宽组合。图线宽度的推荐系列为:0.25mm、0.35mm、0.5mm、0.7mm、1mm、1.4mm、2mm。

线宽组合(mm)　　表 1-1-3

线宽类别	线宽系列				
b	1.4	1	0.7	0.5	0.35
$0.5b$	0.7	0.5	0.35	0.25	0.25
$0.25b$	0.35	0.25	0.18(0.2)	0.13(0.15)	0.13(0.15)

(3)注意事项。正确绘制一张工程图，除了应考虑线型的选用外，还要注意各种图线的相交。相交图线的绘制应符合下列规定:

①线条相交时要求整齐、准确，不得随意延长或缩短;

②当虚线与虚线或虚线与实线相交时，相交处不应留空隙，应交于短线处，如图 1-1-5a)所示；

③当实线的延长线为虚线时，应留空隙，如图 1-1-5b)所示；

④当点画线与点画线或点画线与其他线相交时，交点应设在线段处；

⑤图线不得与文字、数字或符号重叠、交叉，不可避免时，应首先保证文字、数字和符号的清晰。

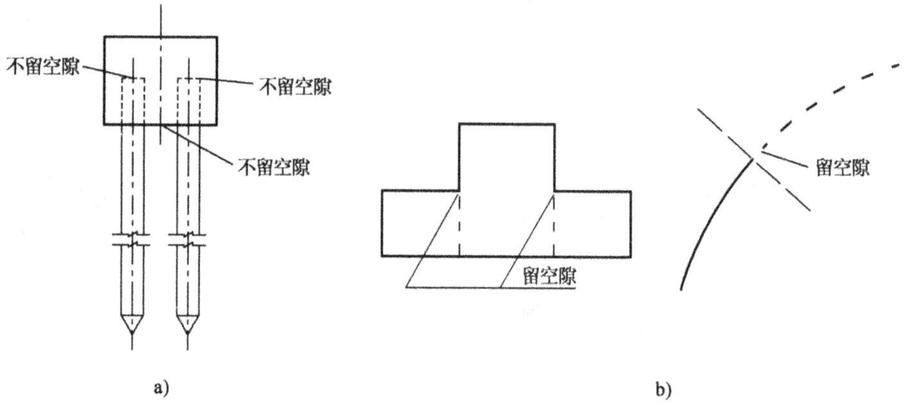

图 1-1-5　图线相交画法

a)不留空隙；b)留空隙

3)字体

在图样中经常需要用汉字、数字和字母来标注尺寸，以及对图示进行有关的文字说明。若字迹潦草，会影响图面的整洁美观，导致辨认困难或引起读图错误，造成工程事故，给国家和社会带来巨大损失。因此要求字体端正、笔画清晰、排列整齐，标点符号清楚正确，而且要求采用规定的字体并按规定的大小书写。

(1)汉字。《国标》规定道路工程图中的汉字应采用长仿宋字。汉字宽度与高度的比例为 2:3，如图 1-1-6 所示。字体的高度即为字号，《国标》规定汉字的高度最小不宜小于 3.5mm，其字高系列即字高和字宽的关系，见表 1-1-4。

图 1-1-6　长仿宋字的高宽比

长仿宋体汉字的高、宽尺寸(mm)　　表 1-1-4

字　高	20	14	10	7	5	3.5	2.5
字　宽	14	10	7	5	3.5	2.5	1.8

长仿宋字和其他汉字一样，均由图 1-1-7 所示的 8 种基本笔画组成。

图 1-1-7　基本笔画

初学者书写时可先按字号打好方格，然后再写，以保证字体的大小一致和整齐美观。书写长仿宋体字的要领是：横平竖直、起落分明、排列均匀、填满方格，如图 1-1-8 所示。

(2)数字和字母。数字和字母的笔画宽度宜为字高的1/10。大写字母的字宽宜为字高的2/3,小写字母的字宽宜为字高的1/2。

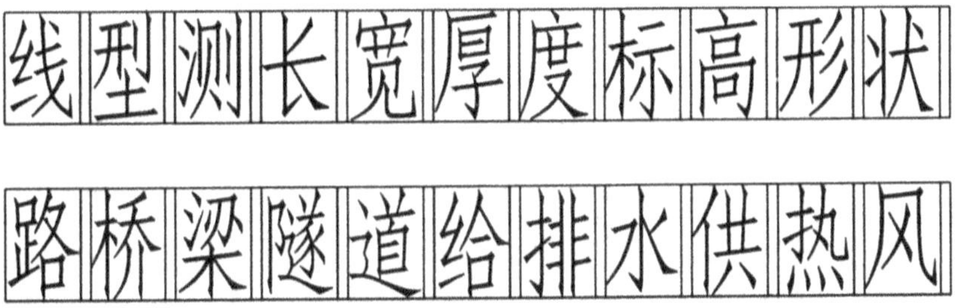

图1-1-8　长仿宋字书写示例

数字与字母的字体有直体和斜体两种形式,同一册图纸中的数字和字母一般应保持一致。数字与字母若与汉字同行书写,其字高应比汉字小一号。数字与字母示例如图1-1-9所示。

当图纸中有需要说明的事项时,宜在每张图纸的右下角图标上方处加以注释。该部分文字应采用“注”字表明,“注”写在叙述事项的左上角,每条注释的结尾应标以句号。如果说明事项需要划分层次时,第1、2、3层次的编号应分别用阿拉伯数字、带括号的阿拉伯数字及带圆圈的阿拉伯数字标注。当表示数量时,应采用阿拉伯数字书写,如五千零五十毫米应写成5050mm,二十四小时应写成24h。分数不得用数字与汉字混合表示,如三分之一应写成1/3,不得写成3分之1。不够整数的小数数字,小数点前应加0定位。

图1-1-9　数字与字母示例

4)比例

比例是指图样中图形与实物相应线性尺寸之比。绘图过程中,一般应遵循布图合理、均匀、美观的原则以及根据图形大小和图面复杂程度来选择相应的比例,常用比例见表1-1-5。由于开本的原因,本书各工程图的比例并非实际比例,仅为示例。

绘图所用比例

表 1-1-5

常用比例	1:1	1:2	1:5	1:10	1:20	1:50
	1:100	1:200	1:500	1:1000		
	1:2000	1:5000	1:10000	1:20000		
	1:10000	1:50000	1:200000			
可用比例	1:3	1:15	1:25	1:30	1:40	1:60
	1:150	1:250	1:300	1:400	1:600	
	1:1500	1:2500	1:3000	1:4000		
	1:6000	1:15000	1:30000			

比例应采用阿拉伯数字表示，且标注在视图图名右侧或下方，字高应比图名字体小一号或二号，如图 1-1-10a)、b)所示。当一张图纸采用的比例相同时，可在图标中的比例栏注明，也可以在图纸的适当位置标注；当同一张图纸中各图比例不同时，则应分别标注，其位置应在各图名的右侧；当需要竖直方向与水平方向采用不同的比例时，可采用如图 1-1-10c)所示的方式，V 表示竖直方向比例，H 表示水平方向比例。

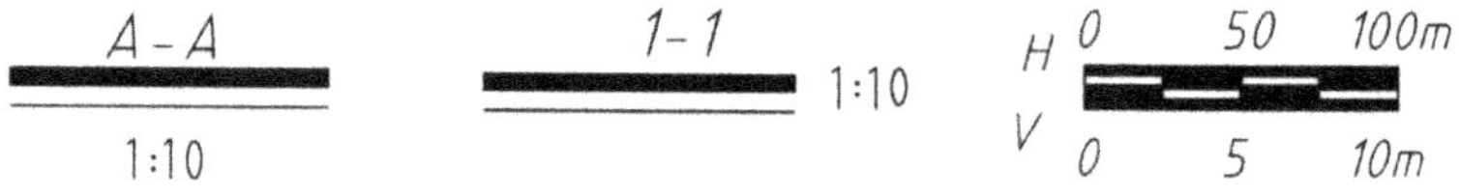

a)　　b)　　c)

图 1-1-10　比例标注

注意：无论用哪种比例绘制图形，图中标注的尺寸都应是实物的实际尺寸。

5）坐标

为了表示地区的方位和路线走向，在地形图上需画出指北针或坐标网格。图纸上指北针标志的绘制如图 1-1-11a)所示，圆的直径应为 24mm，指针尾部的宽度为 3mm；需要以较大直径绘制指北针时，指针尾部宽度为直径的 1/8。

为确定平面位置也可用网格表示坐标，坐标网格应用细实线绘制，南北方向轴线代号为 X 轴，向北为坐标增大方向；东西轴线代号为 Y 轴，向东为坐标增大方向，如图 1-1-11b)所示。

坐标数值的计量单位应采用米(m)，并精确到小数点后 3 位。当坐标值位数较多时，可将前面相同的数字省略，但应在图纸中说明。

例：$\frac{X460.405}{Y310.750}$表示该点距坐标原点向北 460.405m，向东 310.750m。

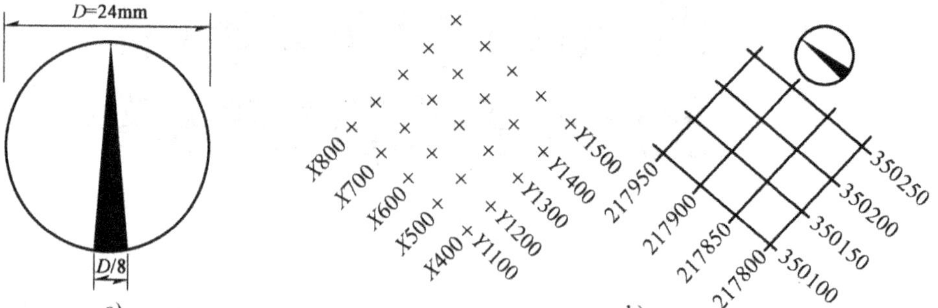

a)　　b)

图 1-1-11　指北针及坐标网格的绘制

a)指北针标志的绘制；b)坐标网格的绘制

6)尺寸标注

图形只能表示物体的形状,其大小及各组成部分的相对位置是通过尺寸标注来确定的。因此,尺寸标注是工程图必不可少的组成部分。

(1)基本规则。

①工程图上所有尺寸数字都是物体的实际大小,与图形的比例及绘图的准确度无关。

②在道路工程图中,线路的里程桩号以千米(km)为单位;高程、坡长和曲线要素均以米(m)为单位;一般砖、石、混凝土等工程结构物以厘米(cm)为单位;钢筋和钢材长度以厘米(cm)为单位;钢筋和钢材断面尺寸以毫米(mm)为单位。图上的尺寸数字之后不必注写单位,但在注解及技术要求中要注明尺寸单位。

(2)尺寸四要素。

图上标注的尺寸由尺寸界线、尺寸线、尺寸起止符和尺寸数字四部分组成,如图 1-1-12 所示。

①尺寸线。尺寸线用细实线绘制,应与被标注长度平行,且不应超出尺寸界线。任何图线都不能作为尺寸线。相互平行的尺寸线应从被标注的轮廓线由近向远排列,并且小尺寸在内、大尺寸在外。所有平行尺寸线的间距一般在 5 ~ 15mm。同一张图纸上这种间距应当保持一致,如图 1-1-13 所示。

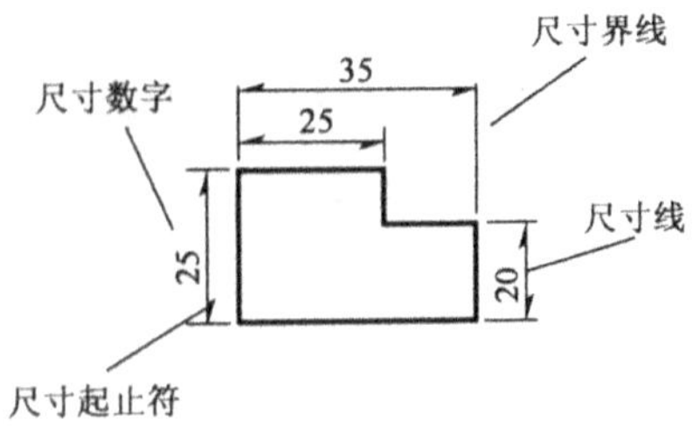

图 1-1-12　尺寸要素的标注

②尺寸界线。尺寸界线用细实线绘制,由一对垂直于被标注长度的平行线组成,其间距等于被标注线段的长度;当标注困难时,也可不垂直于被标注长度,但尺寸界线应互相平行。尺寸界线一端应靠近所标注图形轮廓线,另一端应超出尺寸线 1 ~ 3mm。图形轮廓线、中心线也可作为尺寸界线,如图 1-1-14 所示。

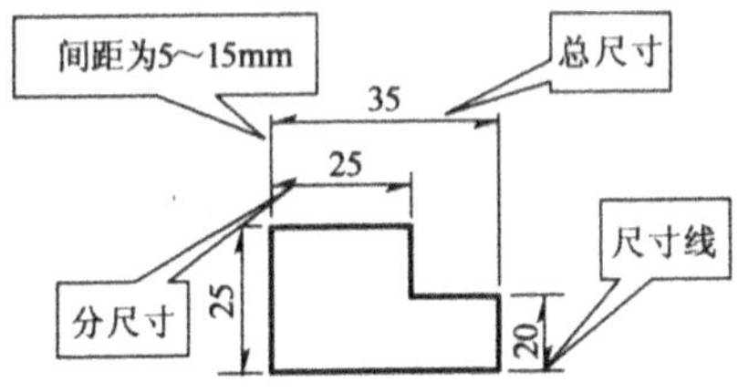

图 1-1-13　尺寸线的标注

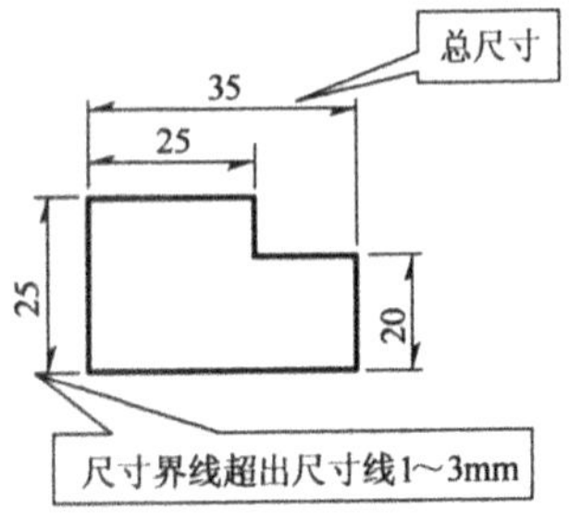

图 1-1-14　尺寸界线的标注

③尺寸起止符。尺寸线与尺寸界线的相交点为尺寸的起止点,在起止点上应画尺寸起止符号。尺寸起止符宜采用单边箭头表示,箭头在尺寸界线的右边时,应标注在尺寸线之上;反之,应标注在尺寸线之下。箭头大小可按绘图比例取值。尺寸起止符也可采用中粗斜短线表示,把尺寸界线顺时针转 45°,作为斜短线的倾斜方向,且长度为 2 ~ 3mm。在同一张图纸上,应采用同一种尺寸起止符,道路工程制图中一般采用单边箭头。在连续标注的小尺寸中,也可在尺寸界线的同一水平位置,用黑圆点表示中间部分的尺寸起止符,如图 1-1-15所示。

④尺寸数字。尺寸数字应按照规定的字体书写，字高一般是3.5mm或2.5mm。尺寸数字一般标注在尺寸线上方中部，离尺寸线应不大于1mm。当没有足够的注写位置时，可采用反方向箭头，最外边的尺寸数字可注写在尺寸线外侧箭头的上方，中间相邻的尺寸数字可错开注

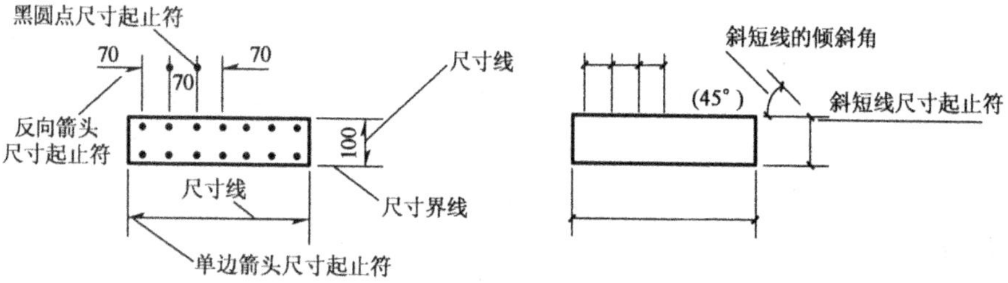

a)　　　　b)

图1-1-15　尺寸起止符的图示方法

a)尺寸起止符采用单边箭头或黑圆点；b)尺寸起止符采用中粗斜短线表示

写，也可引出注写。尺寸均应标注在图样轮廓线以外，任何图线不得穿过尺寸数字；当不可避免时，应将尺寸数字处的图线断开。

尺寸数字及文字注写方向如图1-1-16所示，即水平尺寸字头朝上，垂直尺寸字头朝左，倾斜尺寸的尺寸数字都应保持字头仍有朝上趋势。在同一张图纸上，尺寸数字的大小应相同。

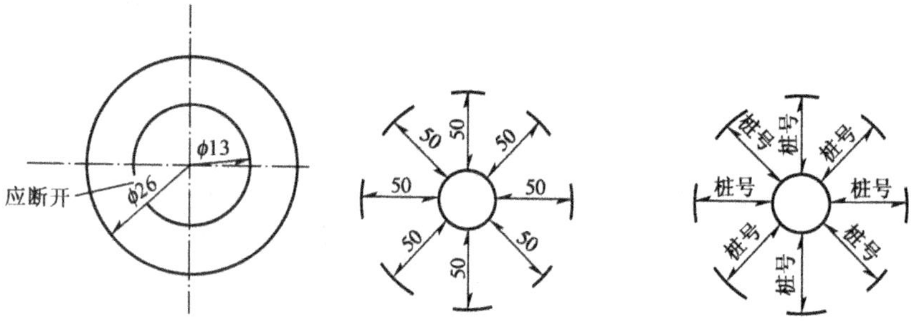

a)　　　　b)　　　　c)

图1-1-16　尺寸数字、文字的标注

a)尺寸数字的标注(一)；b)尺寸数字的标注(二)；c)文字注写

尺寸标注是一项细致的工作，不得有一点马虎。表1-1-6列出了常见的尺寸标注正误对比，可供参考。

标准尺寸正误对比　　　　表1-1-6

说　明	正　确	错　误
1.尺寸数字一般应写在尺寸线上方中间，其方向应垂直尺寸线	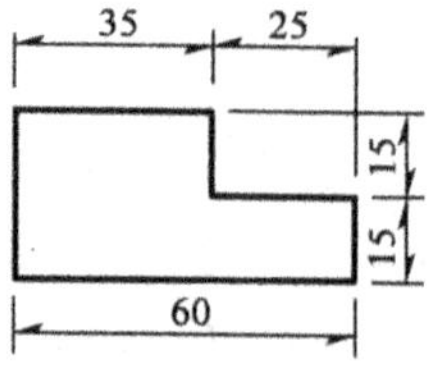	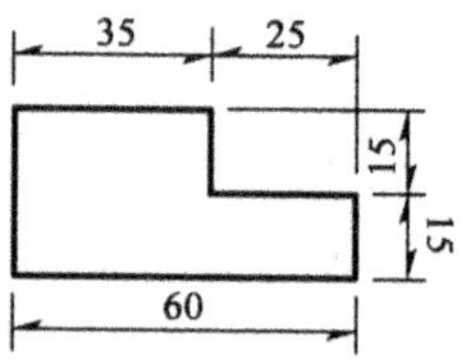
2.同一张图纸内，尺寸数字大小应一致，尺寸界线较窄时，尺寸数字可注在尺寸界线外侧，或上下错开，或用引出线引出再标注	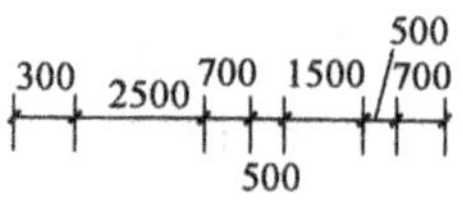	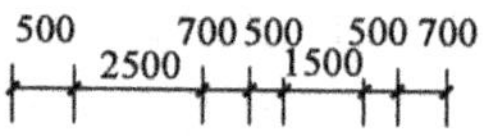

说　明	正　确	错　误
3. 在剖图、断面图中必须标注尺寸时，应在尺寸数字填写处留出空位	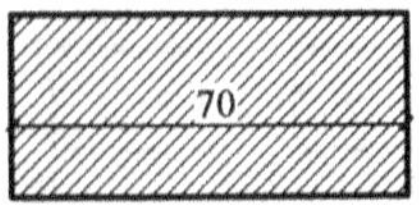	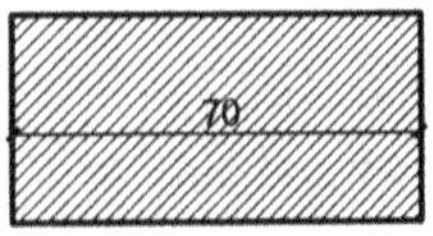
4. 桁架式结构的单线图及钢筋简图、管线图上，可将长度尺寸直接注在杆件的一侧	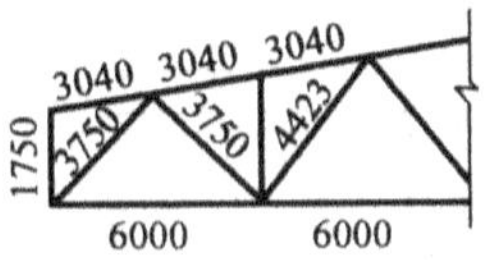	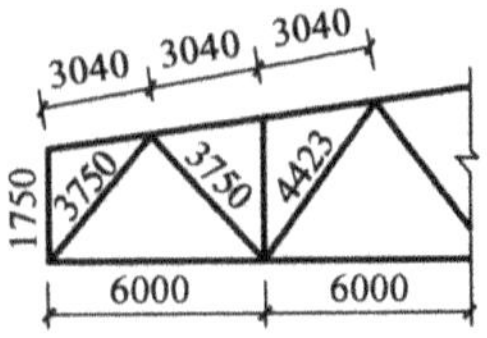
5. 尺寸线应平行于所注的轮廓线，尺寸界线一般应垂直于所注的轮廓线，大尺寸在外，小尺寸在内	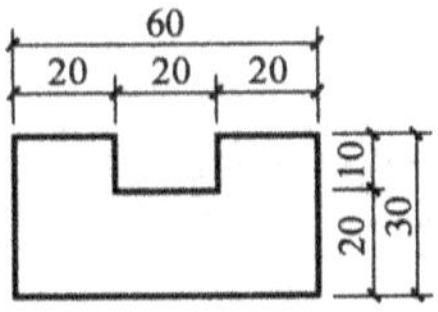	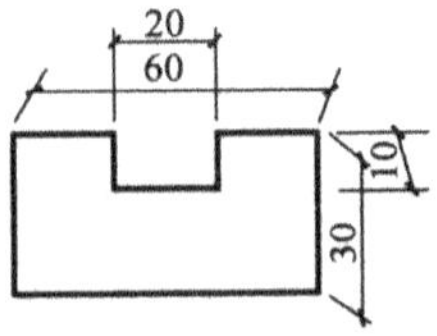
6. 尺寸线同轮廓线、尺寸线之间间距约为 7 ~ 10mm，且同张图线应一致；尺寸界线应越过尺寸起止点约 2mm	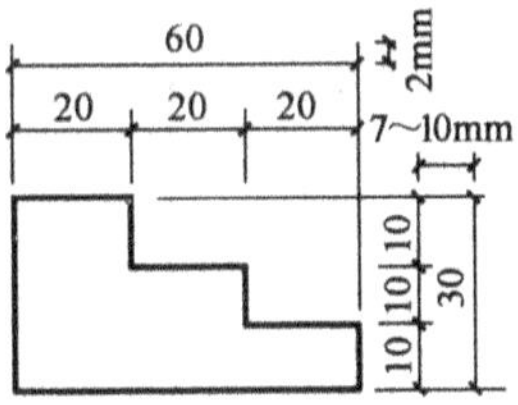	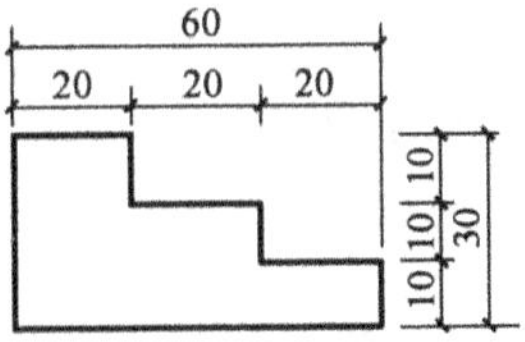
7. 不能用尺寸界线作为尺寸线	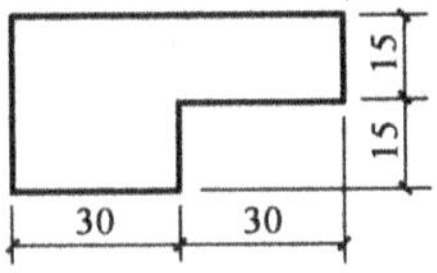	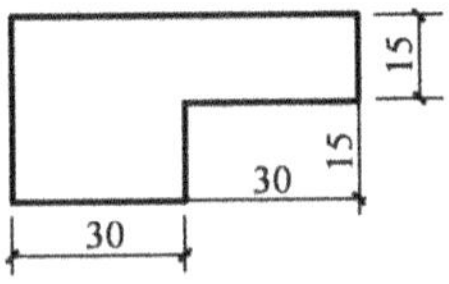
8. 尺寸数字应按如图规定方向注写，尽量避免在斜线范围内注写尺寸数字	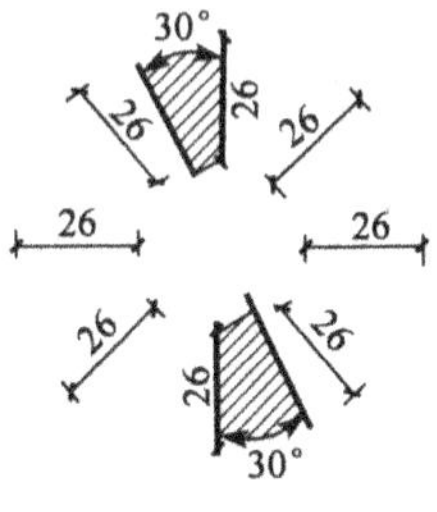	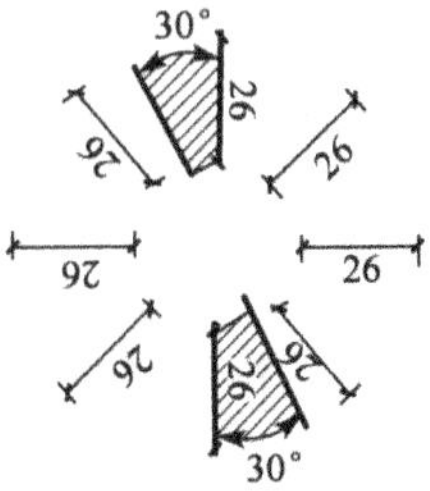
9. 角度用箭头表示，角度数字一律水平标注	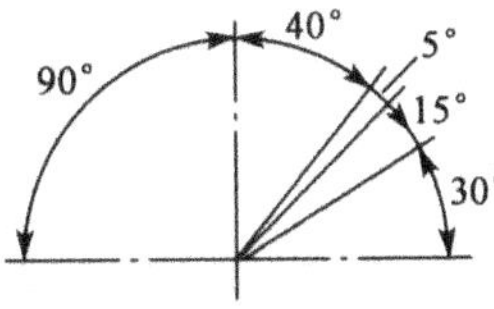	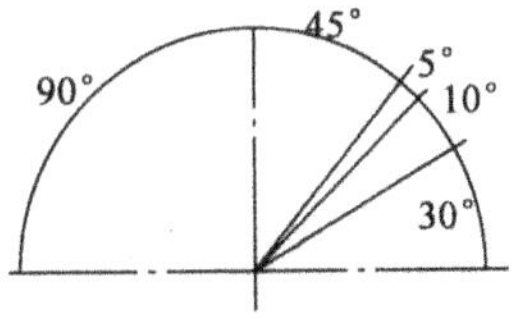

说　明	正　确	错　误
10. 用折断法表示的图上，应画出完整的尺寸线并注出实际长度	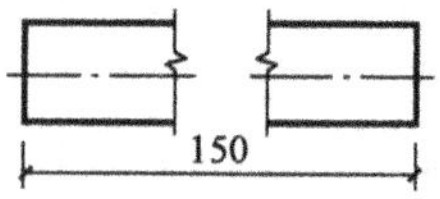	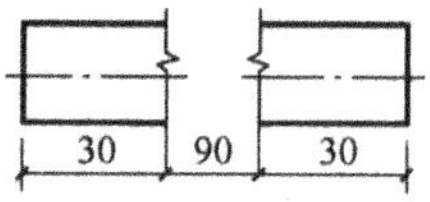
11. 当物体对称，只画一半时，尺寸数字应注实长的 1/2，如图中桥面宽为 700cm，现只画一半，应注写为 700/2，而不是注 350	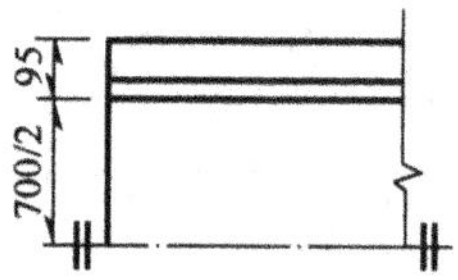	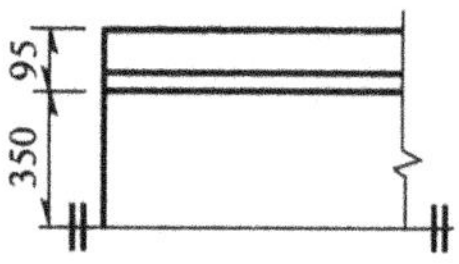
12. 轮廓线、中心线可以作为尺寸界线，但不能作为尺寸线	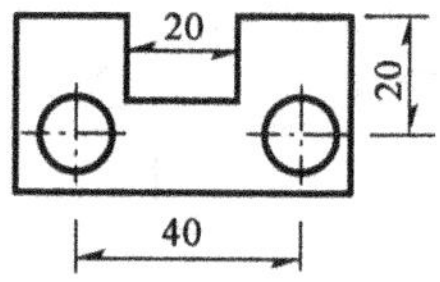	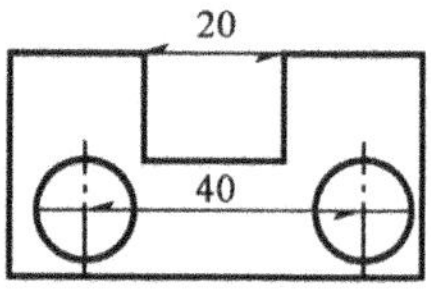

(3)坡度的标注。当坡度值较小时，坡度宜用百分率表示，并应标注坡度符号。坡度符号应由细实线、单边箭头以及在线上标注的百分数组成。坡度符号的箭头指向下坡。当坡度值较大时，坡度宜用比例的形式表示，如图 1-1-17 所示。

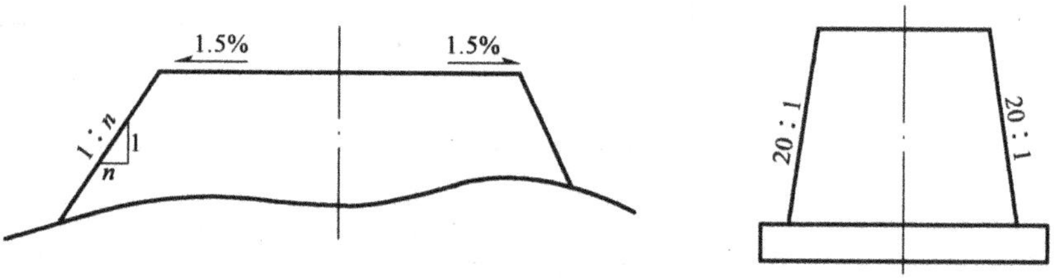

a)　　　　b)

图 1-1-17　坡度的标注

a)百分率表示的坡度；b)比例形式表示的坡度

(4)高程的标注。高程符号采用细实线绘制的等腰直角三角形表示，高为 2 ~ 3mm，底角为 45°。顶角应指在需要标注的被注点上，顶角向上、向下均可。高程数字宜标注在三角形的右侧，负高程应冠以"－"号，正高程(包括零高程)数字前面不冠以"＋"号。当图形复杂时，也可采用引出线形式标注，如图 1-1-18a)所示。水位标注如图 1-1-18b)所示。

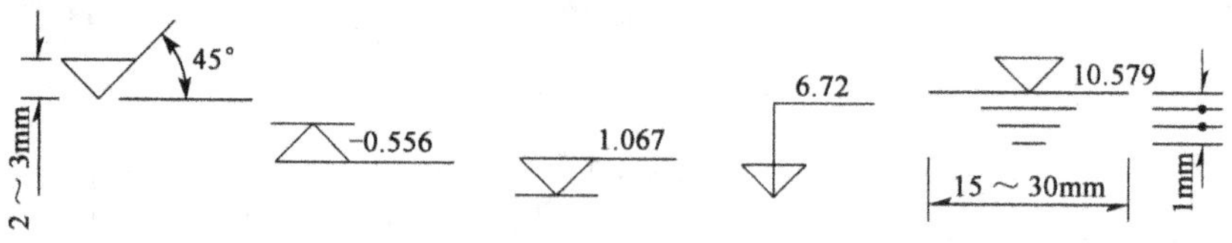

a)　　　　b)

图 1-1-18　高程与水位的标注

a)高程的标注；b)水位的标注

2. 绘图工具及仪器的使用

绘制工程图必须借助绘图工具来进行。按照绘图使用工具的不同，工程绘图可分为尺规绘图、徒手绘图和计算机绘图。尺规绘图是借助图板、丁字尺、三角板等绘图工具和绘图仪器进行手工绘图的一种方法。为使图样的质量好、绘制速度快，就必须正确、熟练地掌握绘图工具的使用方法。

常用的绘图工具有图板、丁字尺、三角板、铅笔、比例尺等；常用的绘图仪器有圆规、分规、鸭嘴笔等，如图 1-1-19 所示。

1）图板

图板是用来铺放图纸的矩形木板，如图 1-1-20 所示。图板通常用胶合板制成，要求板面平整光滑，图板两端平整，角边垂直。图板的大小有 0 号、1 号、2 号等不同规格，可根据所画图幅的大小选定。

图板不能受潮或暴晒，以防变形。为保持板面平滑，贴图纸宜用透明胶纸，不宜使用图钉。

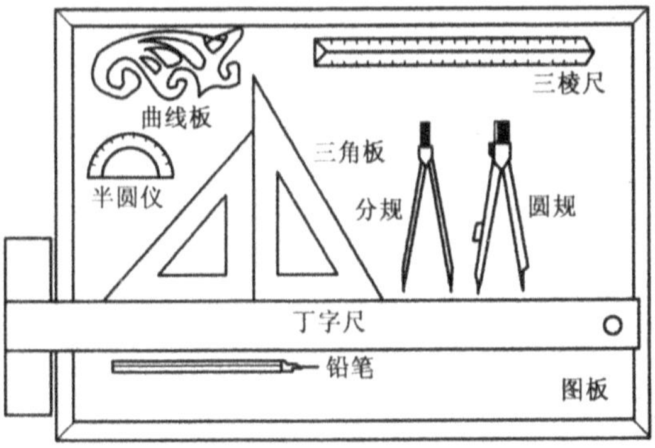

图 1-1-19　制图常用工具和仪器

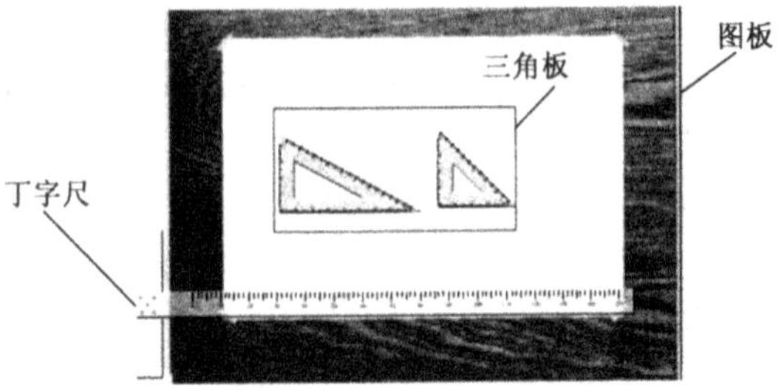

图 1-1-20　图板与丁字尺、三角板

2）铅笔

绘图使用的铅笔的铅芯硬度用 B 和 H 表示，B 表示软而浓，H 表示硬而淡，HB 表示软硬适中。画底稿时常用 2H ~ H 铅笔，描粗时常用 HB ~ 2B 铅笔。

削好的铅笔还要将铅心磨成圆锥形，以保证所画图线粗细均匀，如图 1-1-21 所示。画图时，从侧面看笔身要铅直；从正面看笔身要倾斜约 60°，如图 1-1-22 所示。

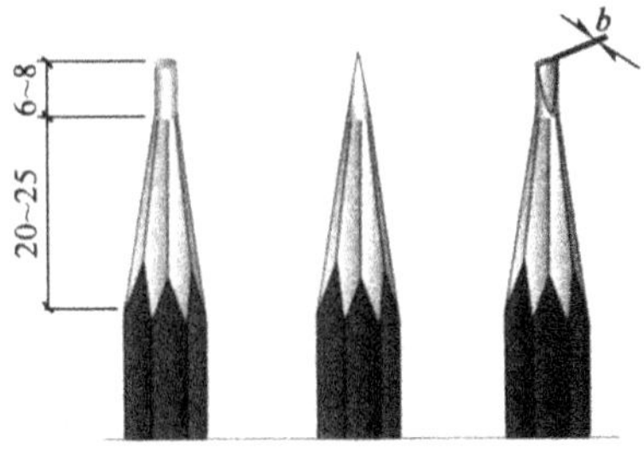

图 1-1-21　绘图铅笔的削法（尺寸单位：mm）

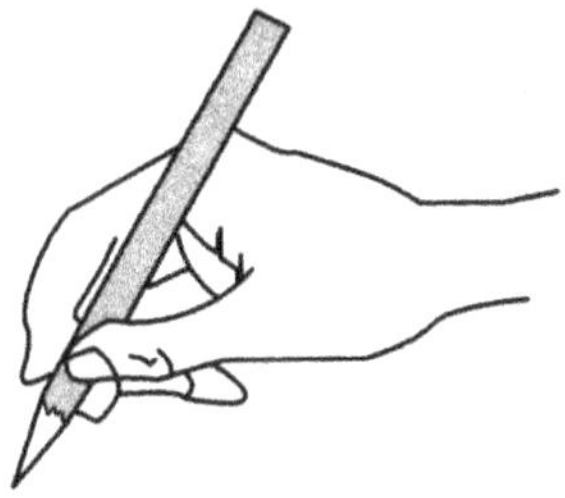

图 1-1-22　握铅笔的姿势

3）丁字尺

丁字尺由相互垂直的尺头和尺身构成。丁字尺主要用来与图板配合画水平线，并作为三角板的水平基准，如图 1-1-23a）所示。使用时，应先检查尺头和尺身是否坚固，再检查尺身的工作边和尺头内侧是否平直光滑。

用丁字尺画水平线时如图 1-1-23b)所示，铅笔应沿着尺身工作边从左画到右，如水平线较多，则应由上而下逐条画出。每次移动丁字尺位置都要注意尺头是否紧靠图板，画线时应防止尺身移动。

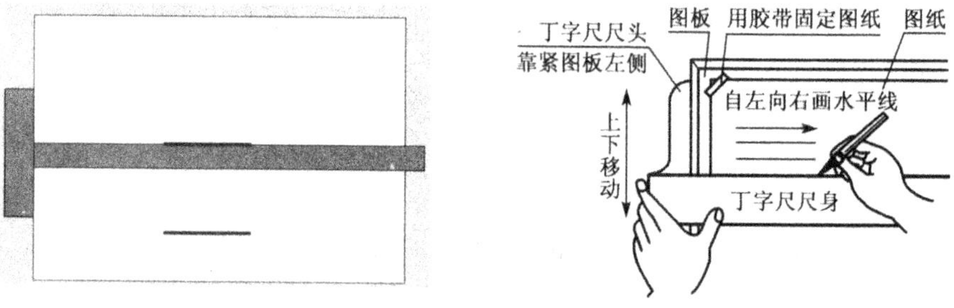

a)　　b)

图 1-1-23　用丁字尺画水平线

为保证图线的准确，不允许用丁字尺的下边画线，也不允许把尺头靠在图板的上边、下边或右边来画铅垂线或水平线。

丁字尺是用胶合板或有机玻璃制成的，应防止其受潮、暴晒或弯曲，以免变形，不用时应挂在墙壁上。

4）三角板

三角板主要与丁字尺配合，用来画铅垂线和某些角度的斜线。

使用三角板画铅垂线时，应使丁字尺尺头紧靠图板的工作边，以免产生滑动，三角板的一直角边紧靠在丁字尺的工作边上，再用左手轻轻按住丁字尺和三角板，右手持铅笔，自下而上画出铅垂线，如图 1-1-24 所示。

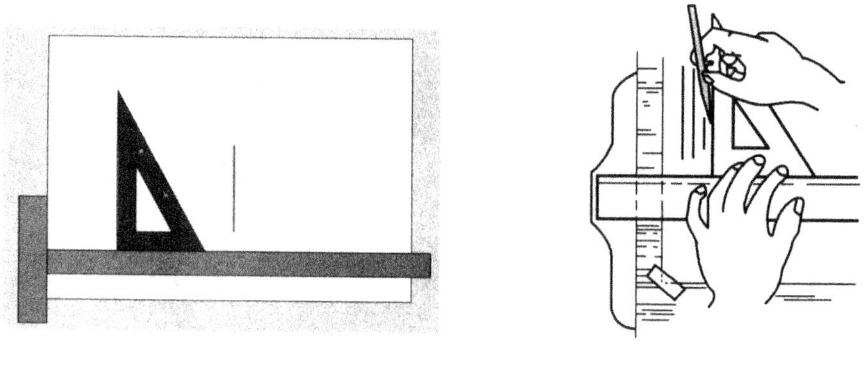

图 1-1-24　用丁字尺、三角板画铅垂线

用一副三角板和丁字尺配合可画出与水平线成 15°、30°、45°、60°、75°等的斜线，如图 1-1-25所示。

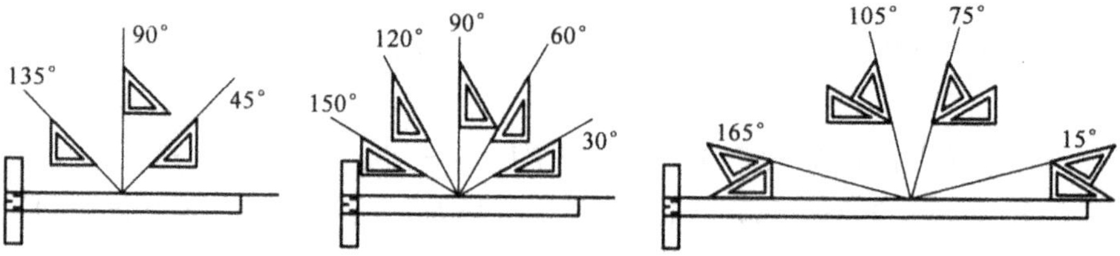

图 1-1-25　斜线的画法

三角板一般用有机玻璃制成，需防止暴晒和碰坏。

5）绘图纸

用于工程制图的纸称为绘图纸。绘图用纸要求质地密实，纸面洁白，橡皮擦拭不起毛，画墨线不洇。使用时，应注意区分纸的正反面。描图纸又称硫酸纸，主要用于描绘图样，并以此作为复制蓝图用。使用时注意不得使绘图纸受潮。

3. 几何作图

1）过已知点作已知直线的平行线

已知点 *A* 和直线 *BC*［图 1-1-26a）］，求作直线 *BC* 的平行线 *AD*。

作图步骤如下：

（1）用第一块三角板的一边与 *BC* 重合，第二块三角板与它的另一边紧靠［图 1-1-26b）］；

（2）推动第一块三角板至 *A* 点，画一直线即为所求［图 1-1-26c）］。

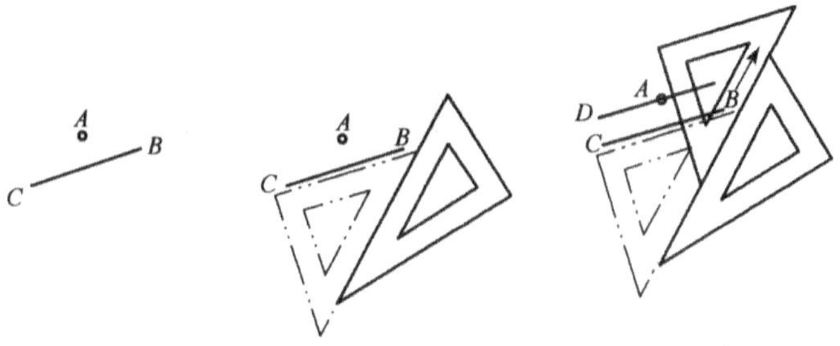

图 1-1-26　过已知点作已知直线的平行线

2）线段的垂直平分线

已知线段 *AB*，求作垂直平分线，其作图方法如图 1-1-27 所示。

作图步骤如下：

（1）以大于 *AB*/2 的线段 *R* 为半径，以 *A* 和 *B* 点为圆心作圆弧，得交点 *C* 和 *D*；

（2）以直线连接 *CD*，交点 *E* 平分 *AB*，即为所求。

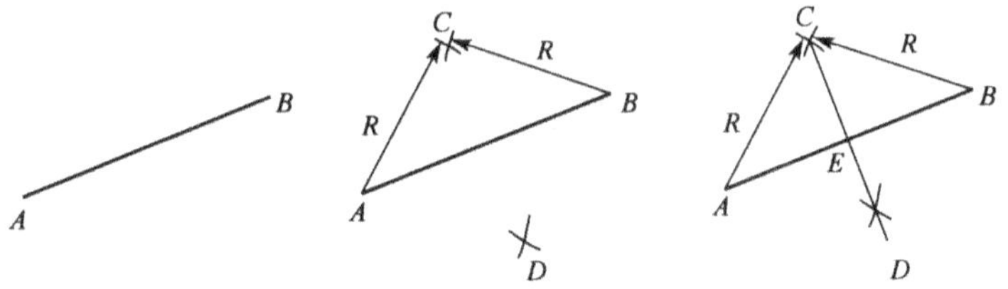

图 1-1-27　作已知线段的垂直平分线

3）线段的任意等分

已知线段 *AB*，将 *AB* 五等分，如图 1-1-28 所示。

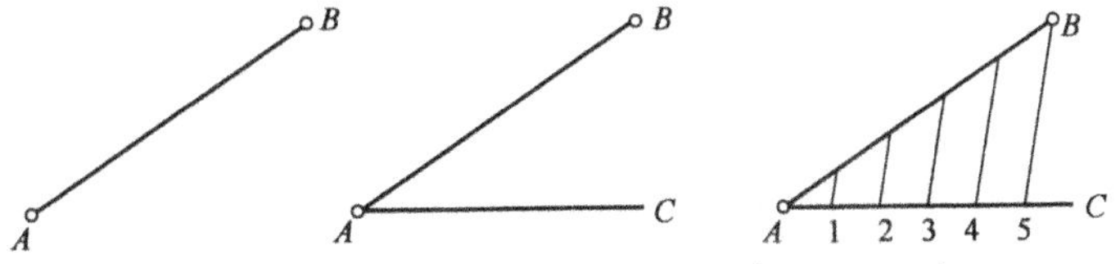

图 1-1-28　等分已知线段

作图步骤如下：

（1）过 A 点作任意直线 AC，用直尺在 AC 上从 A 点起截取 5 等分，并连接 B 和最后一个等分点；

（2）过各等分点作 $B5$ 的平行线交 AB 得 4 个点，即分 AB 为 5 等分。

4）分两平行线间的距离为任意等分

已知平行线 AB 和 CD，分其间距为 6 等分［图 1-1-29a）］。

作图步骤如下：

（1）将直尺上的刻度 0 点固定在 CD 上，并以 0 为圆心摆动直尺，使刻度的 6 点落在 AB 上，沿 1、2、3、4、5 各点作标记，如图 1-1-29b）所示；

（2）过各分点作 AB（或 CD）的平行线即为所求，如图 1-1-29c）所示。

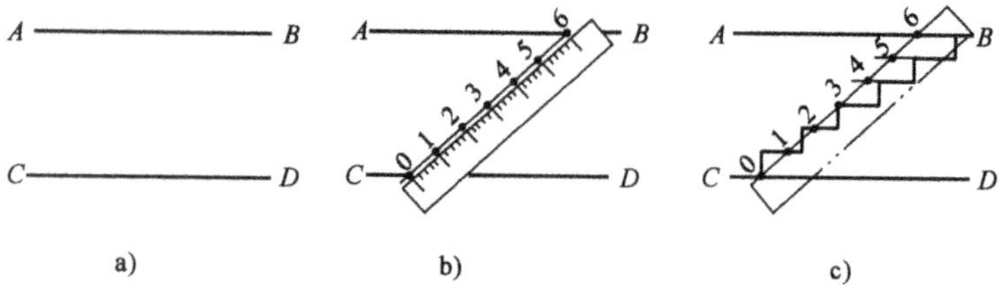

图 1-1-29　等分两平行线间的距离

5）过三个已知点作圆

已知 A、B、C 三点［图 1-1-30a）］，求作过 A、B、C 三点的圆周。

作图步骤如下：

（1）连 AB 和 BC（或 AC），分别作出它们的垂直平分线，得交点 O 如图 1-1-30b）所示；

（2）以点 O 为圆心，OA 为半径，作一圆，该圆必通过 B、C 两点，即为所求，如图 1-1-30c）所示。

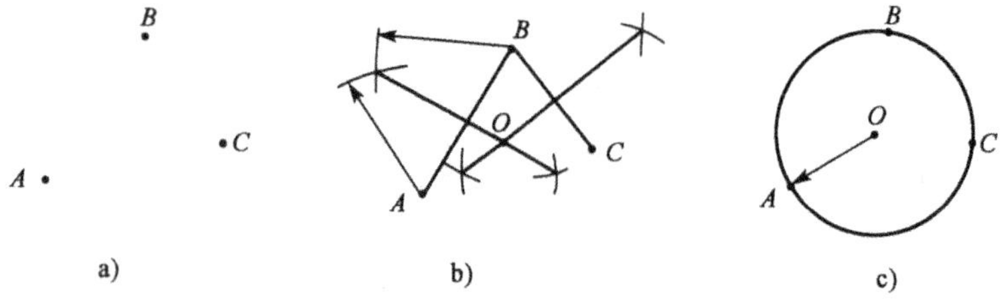

图 1-1-30　过三点作圆

6）过圆外一点作已知圆的切线（图 1-1-31）

已知圆 O 和圆外一点 A。

作图步骤如下：

（1）目估使第一块三角板的一边通过已知点 A，并与圆相切；

（2）将第二块三角板紧靠第一块三角板的斜边，使它固定不动，将第一块三角板沿着接触边移动，使其另一直角边通过圆心 O，与圆周交得切点 B；

（3）将切点 B 与 A 点连线，即为所求。

7)圆弧连接两条斜交直线

已知直线 AB、CD 和连接圆弧的半径 R,如图 1-1-32a)所示。

作图步骤如下:

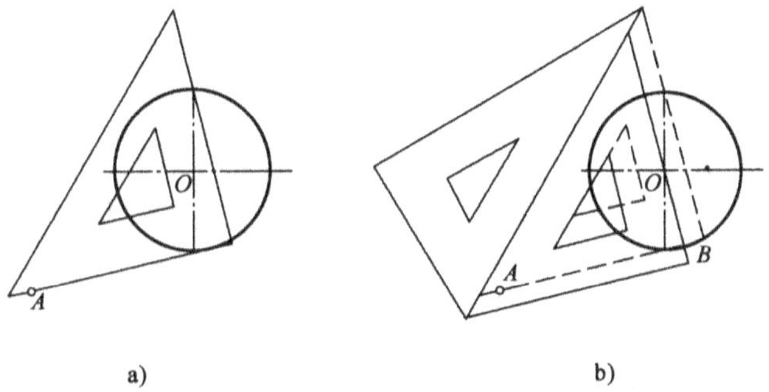

图 1-1-31　过圆外一点作已知圆的切线

(1)分别作出与直线 AB、CD 平行且相距为 R 的两直线如图 1-1-32b)所示,交点 O 即为圆弧的圆心如图 1-1-32c)所示;

(2)过点 O 分别作直线 AB、CD 的垂线,得垂足 T_1、T_2,即为所求的切点;

(3)以 O 为圆心,R 为半径,作圆弧即为所求;

(4)检查、加粗。

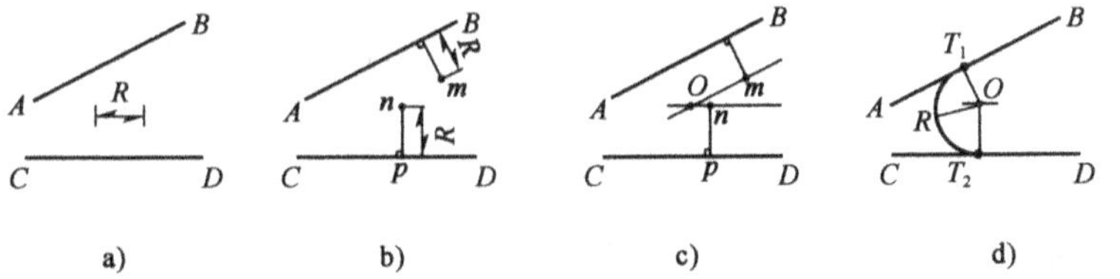

图 1-1-32　圆弧连接两条斜交直线

8)圆弧连接一已知直线和一已知圆弧

已知直线 AB 及以 O 为圆心、R_1 为半径的圆弧和连接圆弧的半径 R,如图1-1-33a)所示。

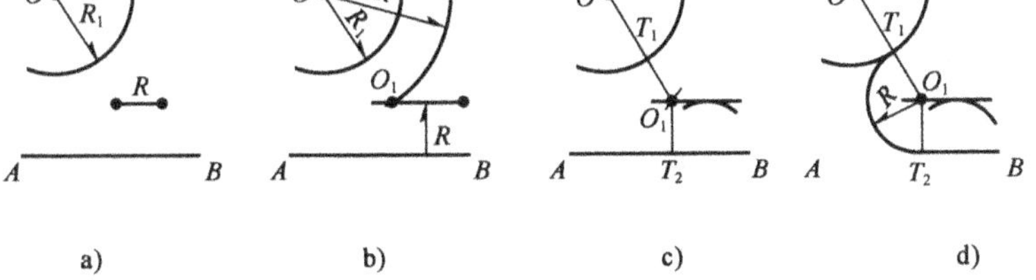

图 1-1-33　圆弧连接直线和圆弧

作图步骤如下:

(1)以 O 为圆心,R_1+R 为半径,作圆弧,并作 AB 的平行线,使其间距为 R,平行线与半径 R_1+R 的圆弧交于 O_1 点,如图 1-1-33b)所示;

(2)连接 OO_1 与已知圆弧 R 交于 T_1,过 O_1 作 AB 的垂线得垂足 T_2,T_1 和 T_2 即为切点,如

图 1-1-33c）所示；

（3）以 O_1 为圆心，R 为半径，作圆弧，即为所求，如图 1-1-33d）所示；

（4）检查、加粗。

9）圆弧连接两圆弧

（1）外连接。已知半径为 R_1 和 R_2 的两圆弧，连接圆弧的半径为 R，求作圆弧与已知两圆弧外连接，如图 1-1-34a）所示。

作图步骤如下：

①以 O_1 为圆心，R_1+R 为半径，作圆弧；以 O_2 为圆心，$R+R_2$ 为半径，作圆弧；两圆弧相交于点 O，点 O 即为所求的圆心[图 1-1-34b）]；

②连接 OO_1 和 OO_2，分别交两个已知圆弧于 A、B 点，A、B 即为所求切点[图 1-1-34c）]；

③以 O 为圆心，R 为半径，作圆弧 AB 即为所求[图 1-1-34d）]；

④检查、加粗。

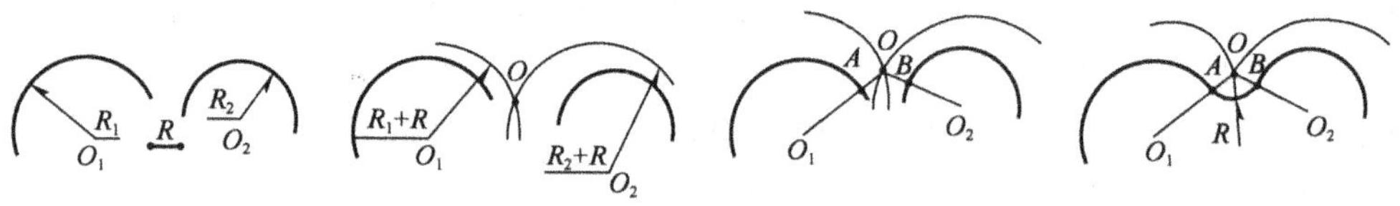

图 1-1-34　外连接

（2）内连接。已知半径 R_1 和 R_2 的两圆弧，连接圆弧的半径为 R，求作圆弧与已知两圆弧内连接[图 1-1-35a）]。

作图步骤如下：

①以 O_1 为圆心，$R-R_1$ 为半径，作圆弧；以 O_2 为圆心，$R-R_2$ 为半径，作圆弧，两圆弧相交于 O 点，O 即为所求圆心，如图 1-1-35b）所示；

②连接 OO_1 和 OO_2，并延长交两已知圆弧于 A、B 点，A、B 即为所求切点，如图 1-1-35c）所示；

③以 O 为圆心，R 为半径，作圆弧 AB 即为所求，如图 1-1-35d）所示；

④检查、加粗。

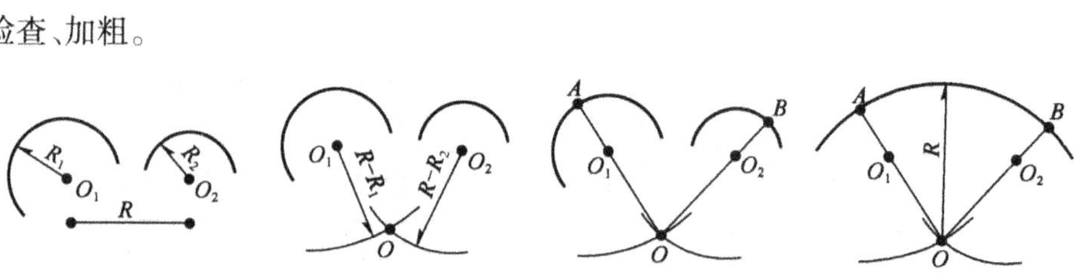

图 1-1-35　内连接

（3）混合连接。已知半径为 R_1、R_2 的两圆弧和连接圆弧的半径为 R，求作圆弧与已知两圆弧混合连接，如图 1-1-36a）所示。

作图步骤如下：

①以 O_1 为圆心，R_1+R 为半径，作圆弧；以 O_2 为圆心，R_2-R 为半径，作圆弧；两圆弧相交

于 O 点，O 点即为所求圆心，如图 1-1-36b）所示；

②连接 OO_1 与以 R_1 为半径的圆弧交于 A 点；连接 OO_2 并延长，与以 R_2 为半径的圆弧交于 B 点，A、B 即为所求切点，如图 1-1-36c）所示；

③以 O 为圆心，R 为半径，作圆弧 AB 即为所求，如图 1-1-36d）所示；

④检查、加粗。

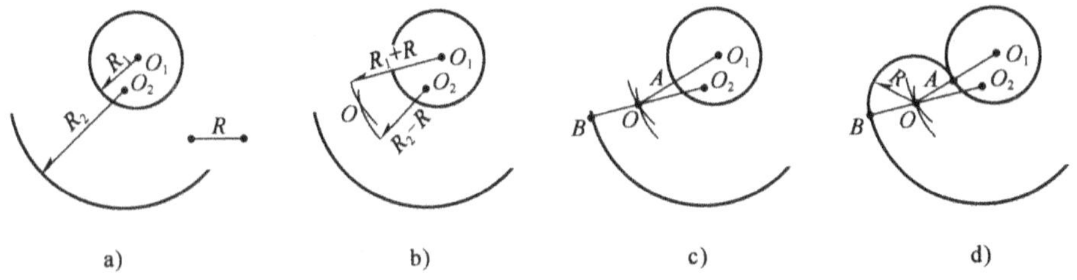

图 1-1-36　混合连接

4. 平面图形的绘制

1）准备工作

（1）安排合适的绘图工作地点。绘图是一项细致的工作，要求绘图工作地点光线明亮、柔和，应使光线从左前方照来。绘图桌椅高度要配置合适，绘图人员姿势要正确。否则不仅影响工作效率，而且会妨碍身体健康。

（2）准备需要的绘图工具。绘图工具使用之前，应逐件进行检查、校正和擦拭，以保证绘图质量和图面整洁。各种绘图工具应放在绘图桌的适当位置，做到使用方便、保管妥善。

（3）准备有关绘图的参考资料，以备随时查阅。

（4）根据所绘工程图的要求，按国家标准规定选用图幅大小。图纸在图板上粘贴的位置尽量靠左边，纸下边至图板边缘的距离略大于丁字尺的宽度。

2）画底稿

（1）图纸粘贴后，应根据图幅大小选用合适的比例，对所画的图形应心中有数，使图面布置合理。

（2）图面布置完成之后，根据选定的比例用 H 或 2H 铅笔轻轻画出底稿。底稿必须认真画出，以保证图样的正确性和精确度。如果发现错误，不要立即就擦，可用铅笔轻轻作上记号，待全图完成之后，再一次擦净，以保证图面整洁。

（3）画底稿时，尺寸用分规从比例尺上量取。相同长度尺寸一次量取，以保证尺寸的准确和提高画图速度。

（4）画完底稿后，必须认真逐图检查，看是否有遗漏和错误的地方，切不可匆忙加深或上墨。

3）加深

在检查底稿准确无误后，即可加深。

（1）加深之前，应先确定标准实线的宽度，再根据线型标准确定其线型，同类图线应粗细一致。一般粗度在 b 以上的图线用 B 或 2B 铅笔加深；$b/2$ 或更细的图线、尺寸数字、注释等可用 H 或 HB 铅笔绘写。

（2）为使图线粗细均匀、色调一致，笔尖应该经常修磨。加深粗实线一次不够时，则应重复再画，切不可来回描粗。

(3)加深图线的步骤是：同类型的图线一次加深，先画细线，后画粗线；先画曲线，后画直线；先画图，后标注尺寸和注释；最后加深图框和标题栏。加深过程中，减少丁字尺和三角板在图纸上的摩擦，保持图面清洁。

(4)全部加深之后，再仔细检查，若有错误应及时改正。

二、任务实施

1. 任务的布置

任务一：字体练习

1)基本资料

7 号汉字和 5 号汉字、数字和字母。

2)任务

在方格中抄绘已给的汉字、数字和字母。

3)要求

(1)字体要求：字体采用长仿宋体。

(2)抄绘：HB 的铅笔，铅笔按规范要求切削。

(3)完成的作业图面质量应达到以下要求：

①笔画清晰；

②字体端正；

③图面整洁。

道路桥道涵学学画法几何及工程制图正投影法平立侧城柱

主俯仰前后左右旋转方向局部放大视剖断面折裂比例阳台

根据由作轴圆球环锥倾斜度展开示意尺寸标注厘毫米台体

二	字体练习	班级		姓名		日期	

比例尺长宽厚度标高形状防水体积轴线垂直机械材料散铰链保护顺水吊顶平拱窗

路桥梁隧道素土夯实热风煤气暖电动质量地基础习力脚素坡度雨水口盖沟檐变形

物理结构施房屋车间门窗柱墙砧瓦砂石混凝土浆涂抹练桥台桥墩基础地基温度面

路基沥青砂石碎土水泥砂浆混合砂浆刚木平立剖面承重结构三合土石灰混凝土散

二	字体练习	班级		姓名		日期	

A B C D E F G H J K L 1 2 3 4 5 6 7 8 9 0

M N O P R S T U W X Z Q

Y b c d e f g h t k

二	字体练习	班级		姓名		日期	

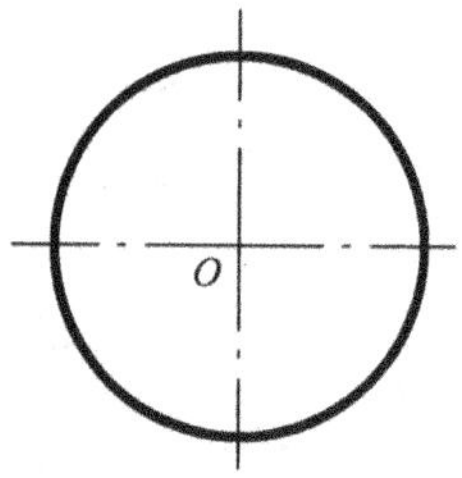

图 1-1-37　已知外接圆

任务二:作圆的内接正七边形

1)基本资料

已知外接圆,如图 1-1-37 所示。

2)任务

根据已知外接圆,作内接正七边形。

3)要求

(1)写出作图步骤并保留作图痕迹。

(2)图线相交的画法,严格遵守《国标》的相关规定。

(3)完成的作业图面质量应达到以下要求:

①图线清晰;

②字体端正;

③图面整洁。

任务三:隧道的图线练习

1)基本资料

图样如图 1-1-38 所示,图样上标注单位以毫米计。

2)任务

抄绘图 1-1-38。

3)要求

(1)图纸:绘图纸,A4 幅面。自行绘制图框、标题栏。

(2)图名:几何作图。

(3)比例:1:1。

(4)图线:用铅笔绘制,粗线宽为 0.7mm;中线宽为 0.35mm;细线宽为 0.18mm。

(5)字体:汉字应用长仿宋体,图名用 7 号字,其余为 5 号字,字母和数字用 3.5 号字。

(6)完成的作业图面质量应达到以下要求:

①图线清晰;

②字体端正;

③图面整洁。

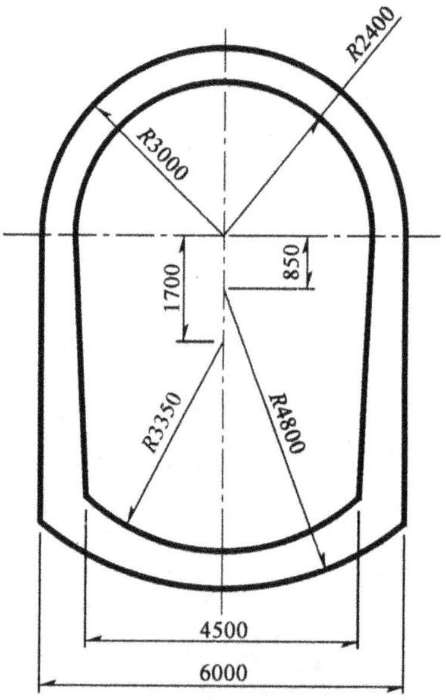

图 1-1-38　隧道(尺寸单位:mm)

2. 案例教学

案例 1:正确找出图样(图 1-1-39)桥墩工程图中采用的制图标准。

解:根据《国标》规定,图 1-1-39 桥墩工程图中采用的标准见表 1-1-7。

图 1-1-39 桥墩工程图采用的标准　　表 1-1-7

序　号	图 1-1-42 所采用的国家标准	说　明
1	图纸幅面和图框格式	图纸幅面为 A3 图纸,尺寸 297mm × 420mm;图框为留装订边格式;标题栏为制图作业中推荐的标题栏格式
2	比例	采用 1:300、1:500 的比例
3	字体	汉字采用长仿宋体,字高分别为 5mm、7mm、10mm;尺寸数字字高为 3.5mm

序　号	图 1-1-42 所采用的国家标准	说　明
4	图线	可见轮廓线采用粗实线绘制；对称中心为细点画线；坡度符号、尺寸界线和尺寸线均为细实线；图框和标题栏采用粗实线和细实线两种线形
5	尺寸标注	线形尺寸标注符合《国际》的规定：尺寸起止符采用单边箭头表示；坡度符号采用单边箭头并在线上标注百分数

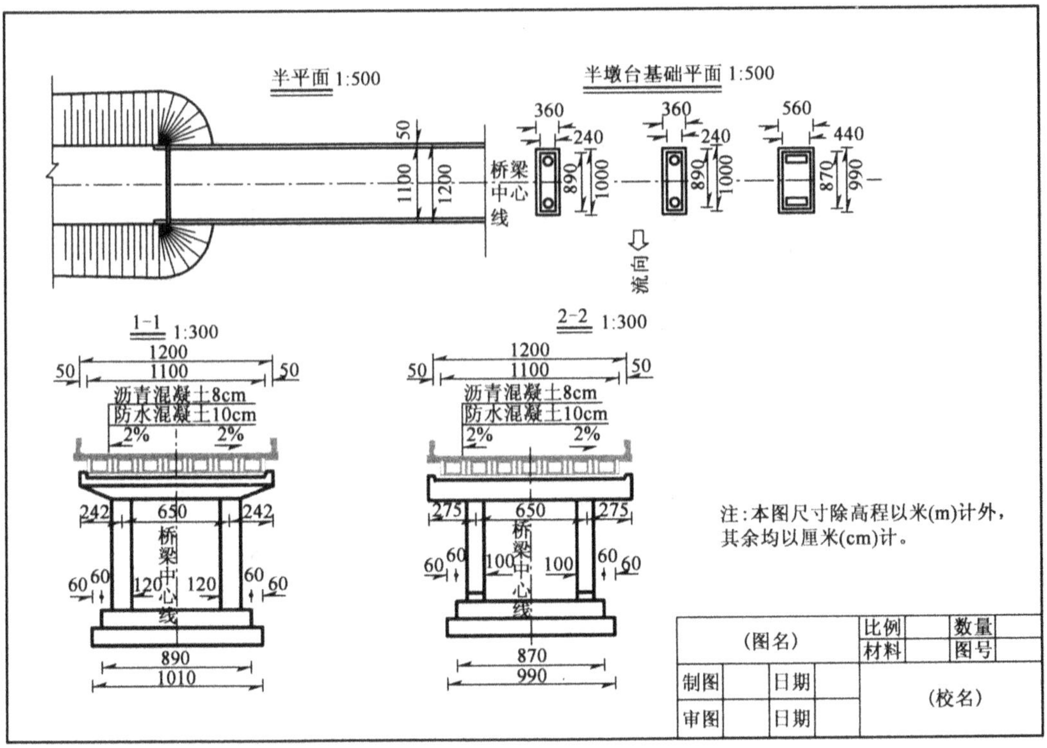

图 1-1-39　桥墩工程图

案例 2：正确绘制圆的内接正五边形和正七边形，如图 1-1-40 所示。

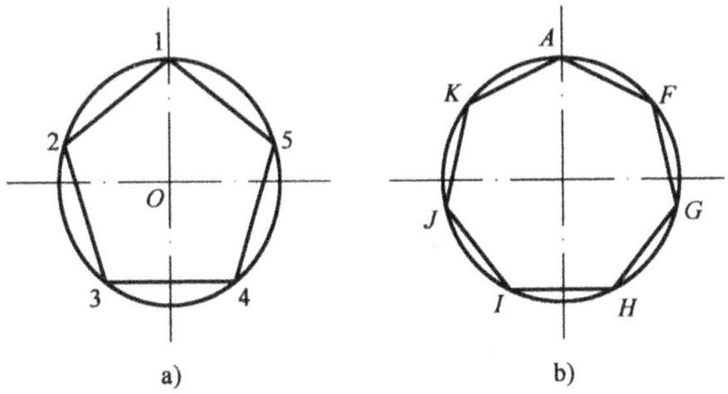

图 1-1-40　圆的内接正五（七）边形

a）圆的内接正五边形；b）圆的内接正七边形

解：作图步骤的具体实施见表 1-1-8。

圆的内接正五(七)边形作图　　表 1-1-8

序号	任 务 内 容	作图方法和步骤	结　果
1	作圆内接正五边形	先平分半径 OA,得平分点 B,以 B 为圆心,B1 为半径作弧交 BO 延长线于 C,弦 C1 即为五边形的边长	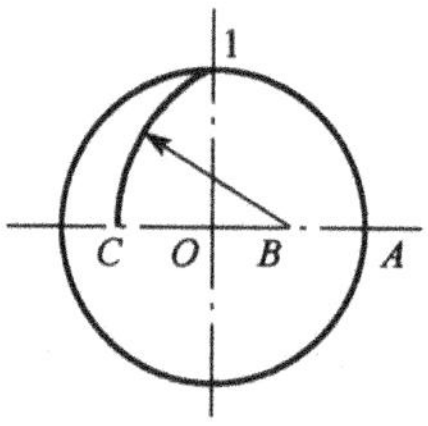
		以 1 点为圆心,C1 为半径作弧,得 2、5 两点,分别以 2、5 为圆心,以 C1 为长度在圆弧上截取 3、4 两点;顺次连接各点,即得正五边形	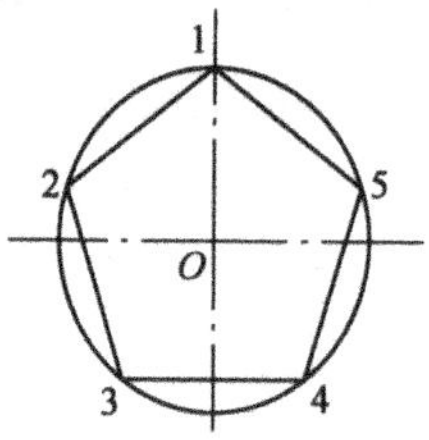
2	作圆内接正七边形	先将直径 AB 分为 7 等分	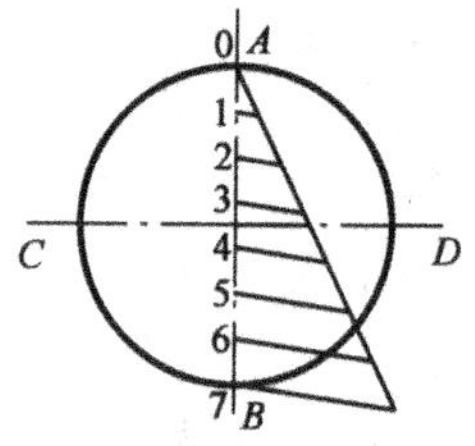
		以 B 为圆心,AB 为半径,画圆弧与 DC 延长线相交于 E,再自 E 引直线与 AB 上每隔一分点(如 2、4、6)连接,并延长与圆周交于 F、G、H 点	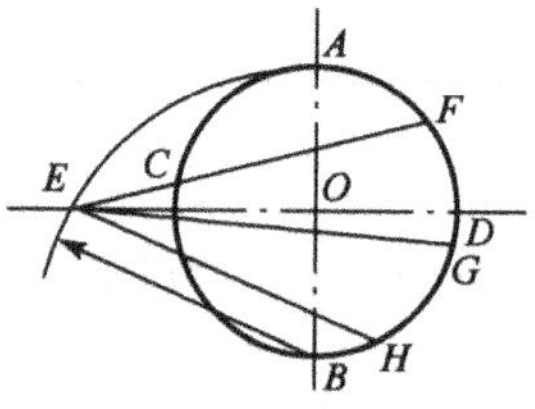
		求出 F、G 和 H 的对称点 K、J 和 I,并顺次连接 F、G、H、I、J、K、A 等点,即得正七边形	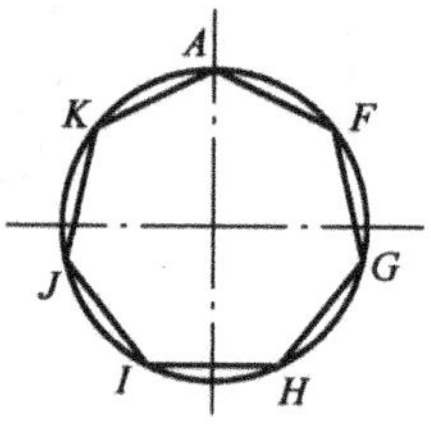

案例 3:根据已知图样,按照 1:1 的比例抄绘平面图形,如图 1-1-41 所示。

解:作图步骤的具体实施见表 1-1-9。

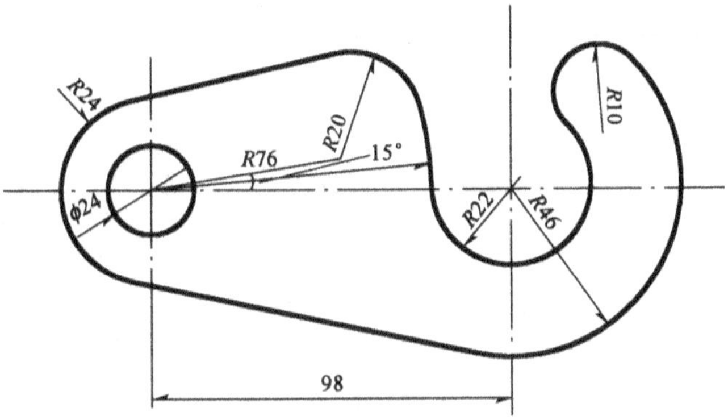

图 1-1-41　吊钩(尺寸单位:mm)

吊钩的绘制方法

表 1-1-9

序　　号	作 图 步 骤	结　　果
1	画基准线	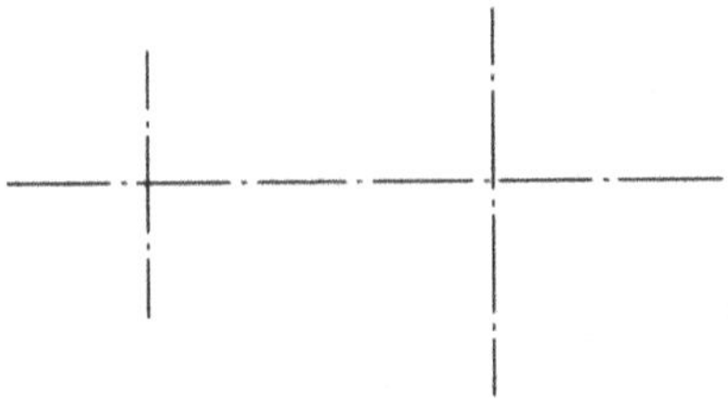
2	画已知线段	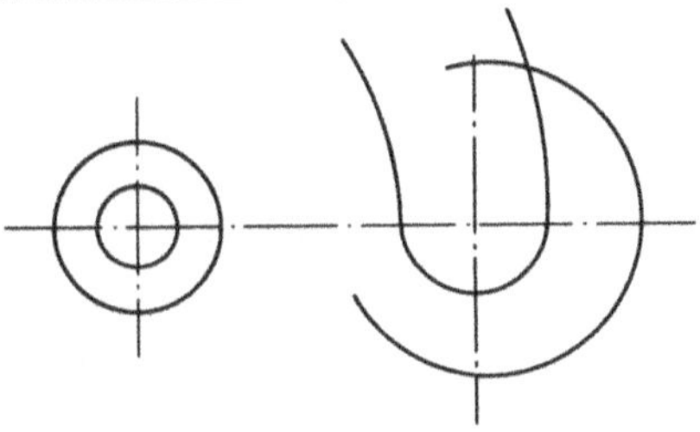
3	画中间线段	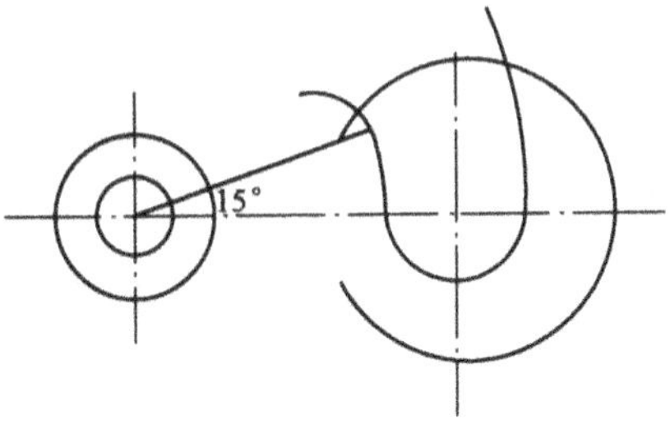
4	画连接线段	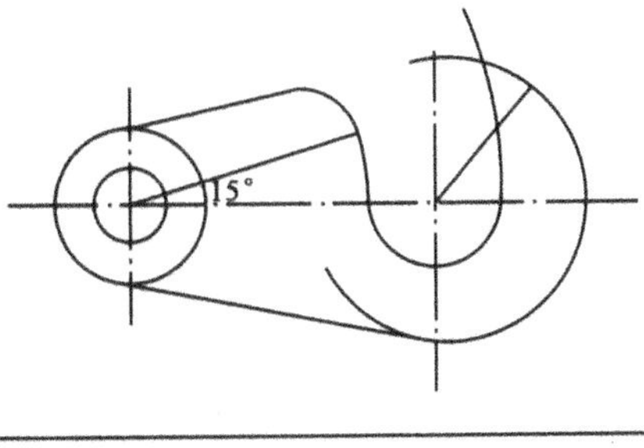

续上表

序号	作图步骤	结果
5	检查、加深图线，标注尺寸	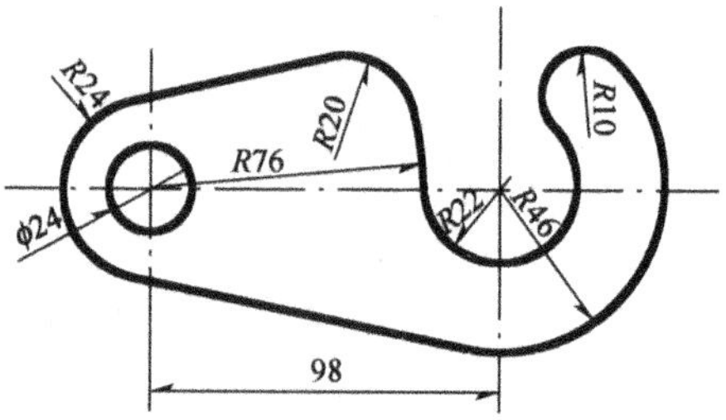

三、学习效果评价反馈

1. 学生自评

每位学生根据本学习任务的学习目标，自主完成下述［自测 1］~［自测 5］，并根据表1-1-10的要求，完成自我检验。

［自测 1］ 图纸有哪几种基本幅面？看图方向如何？

［自测 2］ 尺寸标注的四要素是什么？标注时有哪些规定？

［自测 3］ 三角板和丁字尺能画出哪些位置的线？

［自测 4］ 徒手绘制连接一已知直线和一已知圆弧的圆弧、连接两条平行线的圆弧。

［自测 5］ 简述绘制平面图形的步骤。

学生自评表 表 1-1-10

任务名称：制图的基本知识						
组号	姓名		学号		自评成绩	
题号	自测 1	自测 2	自测 3	自测 4	自测 5	合计
分数	15	15	20	30	20	100
得分						

2. 任课教师评价

任课教师根据学生的学习态度，从圆弧连接的作图步骤及平面图形的作图步骤等方面，按表 1-1-11 的要求完成对学生的评价。

教师对学生的学习效果评价表 表 1-1-11

组号		姓名		学号		成绩	
任务名称：制图的基本知识							
评价内容		评价依据				分数	得分
学习态度情况		上课纪律、学习主动性等评价				20	
任务自测情况		自测成果的正确性与准确性				30	
图面质量		布图匀称、图线清晰、图面整洁				20	
学生独立解决问题能力		主要对学生的创新思维能力、组织能力、学生在遇到问题时的判断能力等评价				30	
教师签名		日期				合计	

学习任务二　投影的基本知识

学习目标

1. 掌握投影的基本知识；
2. 了解立体三面投影图的绘制方法；
3. 分析立体图与投影图的关系，培养学生由立体图想象三面投影图的空间想象能力；
4. 根据三面投影图的基本原理完成课后［自测 1］～［自测 4］；
5. 正确绘制已知形体的三面投影图，做到作图准确，图线分明，整洁美观。

任务描述

学生根据教师的授课内容，在已学《国标》知识的基础上，利用三角板、圆规等绘图工具，在自带的练习本上独立完成空间形体三面投影图的绘制。

学习引导

本学习任务沿着以下脉络进行学习：

给出本节课的学习任务→介绍与任务相关的投影的基本知识→分析立体图与投影图的关系→由立体图绘制三面投影图

一、相 关 知 识

1. 投影的基本知识

1）投影法、投射线、投影面、投影图的概念

当太阳光或灯光照射物体时，墙壁上或地面上会出现物体的阴影，这个阴影称为影子。投影法就源自这种自然现象。我们称光源为投影中心，把形成影子的光线称为投射线，把承受投影图的平面称为投影面，在投影面上所得到的图形称为投影图。

投射线、形体和投影面是形成投影的三要素，如图 1-2-1 所示，三者之间有着密切的关系。

2）投影的分类

按投射线的不同情况，投影可分为两大类。

（1）中心投影。所有投射线都从一点（投影中心）引出，称为中心投影，如图 1-2-2 所示。

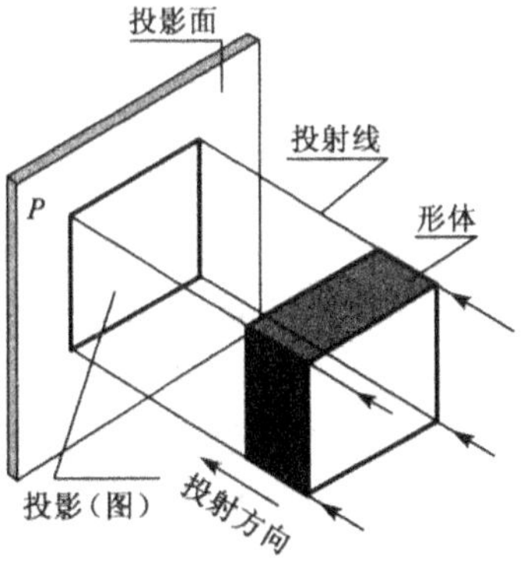

图 1-2-1　投影三要素

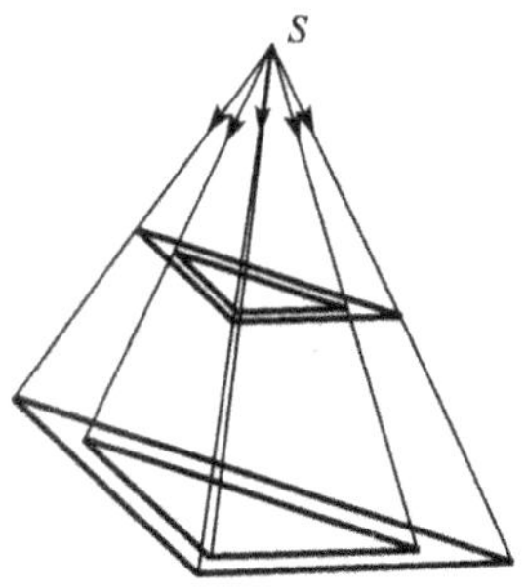

图 1-2-2　中心投影

（2）平行投影。所有投射线互相平行则称为平行投影。若投射线与投影面垂直，称为直角投影或正投影［图 1-2-3a）］；若投射线与投影面斜交，则称为斜角投影或斜投影［图 1-2-3b）］。

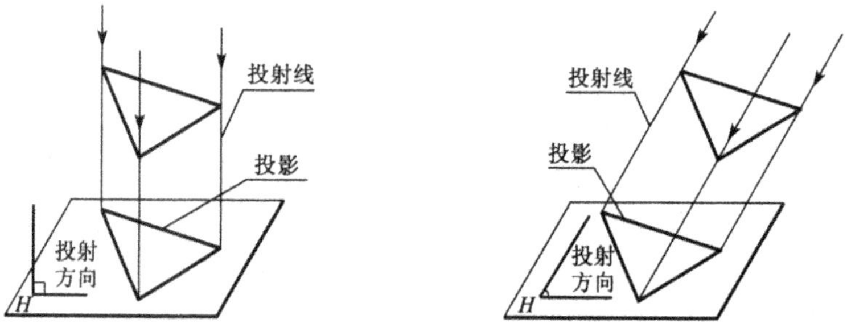

图 1-2-3　平行投影

a）正投影；b）斜投影

3）平行投影的特性

（1）类似性。

①点的投影仍是点［图 1-2-4a）］；

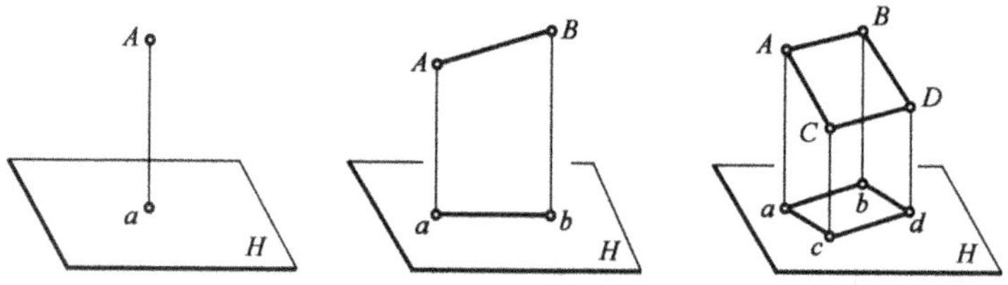

图 1-2-4　点、线、面的投影

a）点的投影；b）直线的投影；c）平面的投影

②直线的投影在一般情况下仍为直线，当直线段倾斜于投影面时，其正投影短于实长。如图 1-2-4b）所示，通过直线 *AB* 上各点的投射线，形成一平面 *ABba*，它与投影面 *H* 的交线 *ab* 即为 *AB* 的投影。

③平面的投影在一般情况下仍为平面，当平面倾斜于投影面时，其正投影小于实形，如图 1-2-4c）所示。

（2）从属性。若点在直线上，则点的投影必在直线的同面投影上。如图 1-2-5 所示，点 *K* 在直线 *AB* 上，投射线 *Kk* 必与 *Aa*、*Bb* 在同一平面上，因此，点 *K* 的投影 *k* 一定在 *ab* 上。

（3）定比性。直线段上一点把该直线段分成两段，则该两段之比，等于其投影之比。如图 1-2-5 所示，由于 $Aa /\!/ Kk /\!/ Bb$，所以 $AK:KB = ak:kb$。

（4）实形性。平行于投影面的直线和平面，其投影反映实长和实形。如图 1-2-6 所示，直线 *AB* 平行于水平投影面，其投影 $ab = AB$，即反映 *AB* 的真实长度。平面 *ABCD* 平行于 *H* 面，其投影 *abcd* 在 *H* 面内反映 *ABCD* 的真实大小。

（5）积聚性。平行于投射线的直线，其投影积聚为一点；平行于投射线的平面，其投影积聚为一条直线。如图 1-2-7 所示，直线 *AB* 垂直于投影面 *H*，其投影积聚为一点 *a*（*b*）。平面 *ABCD* 垂直于投影面 *H*，其投影积聚为一条直线 *ab*（*dc*）。

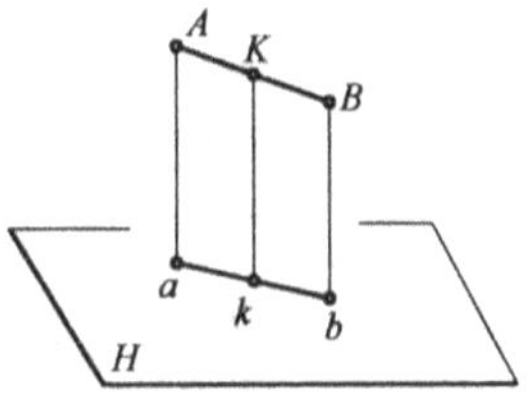

图 1-2-5　直线段的从属性和定比性

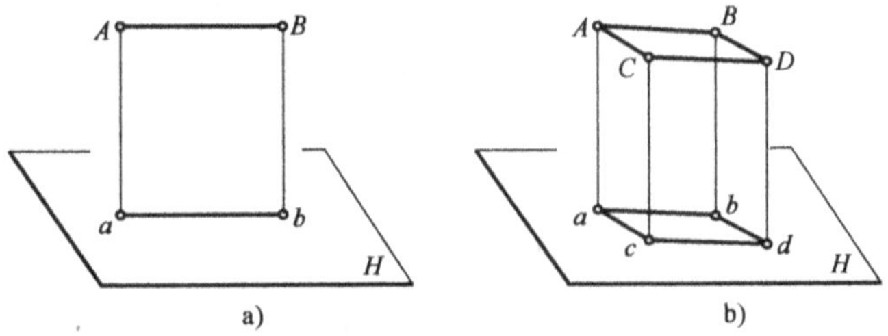

图 1-2-6　投影的实形性

a）直线的平行投影面；b）平面的平行投影面

（6）平行性。两平行直线的投影仍互相平行，且其投影长度之比等于两平行线段长度之比，如图 1-2-8 所示，$AB /\!/ CD$，其投影 $ab /\!/ cd$，且 $ab:cd = AB:CD$。

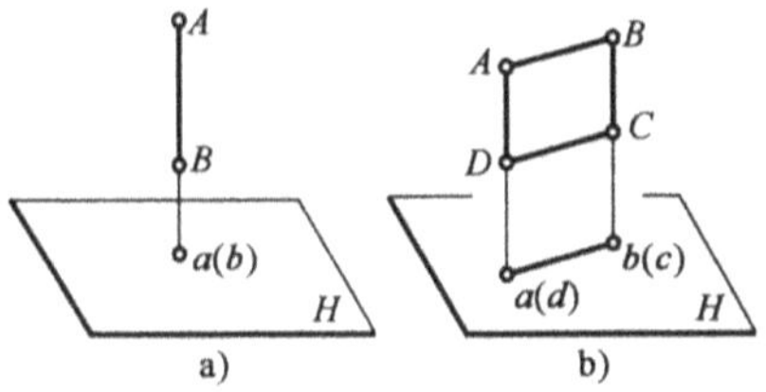

图 1-2-7　直线和平面的积聚线

a）直线的积聚投影；b）平面的积聚投影

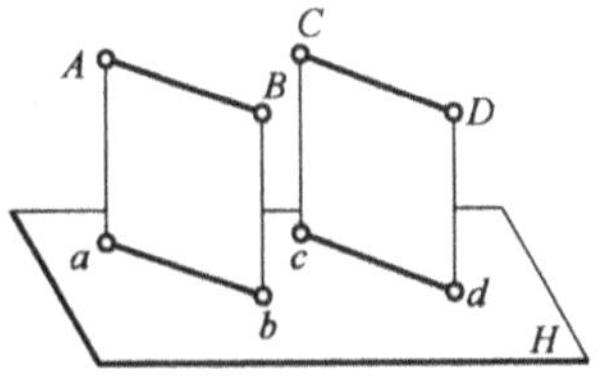

图 1-2-8　两平行直线的投影

2. 形体的三面投影图

1）三面投影体系的建立与名称

道路工程制图中一般采用正投影法，即把空间几何体按照平行正投影的方法投影到两个或两个以上互相垂直的投影面，然后将这些带有几何体投影图的投影面按照一定的规律展开在一个平面上，从而得到几何体的多面正投影图。

国家标准规定以三个相互垂直的平面作为投影面，三个投影面分别命名为水平投影面（又称 H 面）、正立投影面（又称 V 面）和侧立投影面（又称 W 面），如图 1-2-9 所示。空间立体在三个投影面上的投影分别为水平投影图（简称平面图）、立面投影图（简称立面图）和侧立面投影图（简称侧面图），其中水平投影面与正立投影面的交线为 OX 轴；水平投影面与侧立投影面的交线为 OY 轴；正立投影面与侧立投影面的交线为 OZ 轴，三个轴的交点为原点。

用三组分别垂直于三个投影面的投射线对形体进行投影，就得到该形体在三个投影面上的投影，如图 1-2-10 所示：

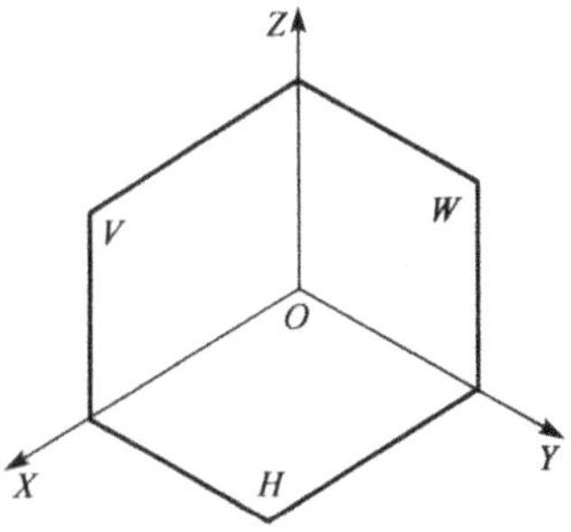

图 1-2-9　空间的三面投影体系

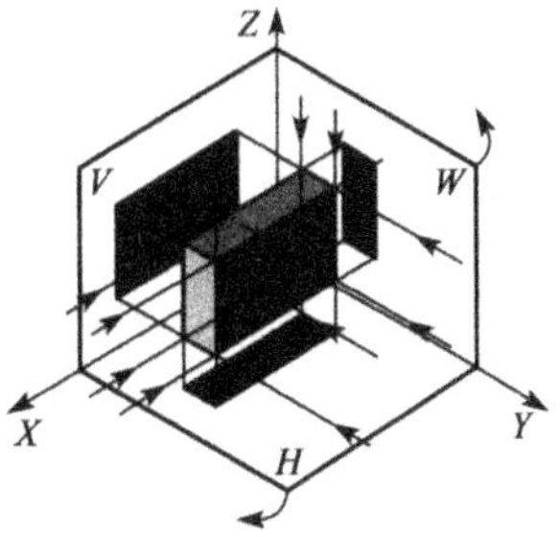

图 1-2-10　三面投影图的形成

①由上向下投影，在 H 面上所得的投影图，称为水平投影图，简称 H 面投影；

②由前向后投影，在 V 面上所得的投影图，称为正立面投影图，简称 V 面投影；

③由左向右投影，在 W 面上所得的投影图，称为（左）侧立面投影图，简称 W 面投影。

上述所得的 H、V、W 三个投影图就是形体最基本的三面投影图。为了绘图方便，保持 V 面不动，将 H 面绕 OX 轴向下旋转90°，W 面绕 OZ 轴向右旋转90°，使 H 面、V 面与 W 面三个投影面处于同一平面上，如图1-2-11a）所示，这样就得到在同一平面上的三面投影图。

三面投影图的位置关系是：以正立面投影图为准，水平投影图在正立面投影图的正下方，左侧立面投影图在正立面投影图的正右方。这种配置关系不能随意改变，如图1-2-11b）所示。

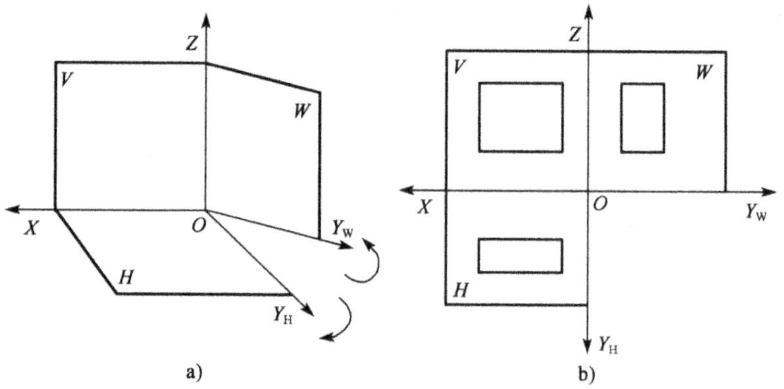

图1-2-11　三面投影体系的建立

a）三面投影体系的形成；b）三面投影体系

2）三面投影图中的相对位置关系

每个形体都有长度、宽度、高度或左右、上下、前后六个方向的形状和大小。形体左右两点之间平行于 OX 轴的距离称为长度；上下两点之间平行于 OZ 轴的距离称为高度；前后两点之间平行于 OY 轴的距离称为宽度。

每个投影图都能反映其中两个方向关系：H 面投影反映形体的长度和宽度，同时也反映左右、前后位置；V 面投影反映形体的长度和高度，同时也反映左右、上下位置；W 面投影反映形体的高度和宽度，同时也反映上下、前后位置，如图1-2-12所示。

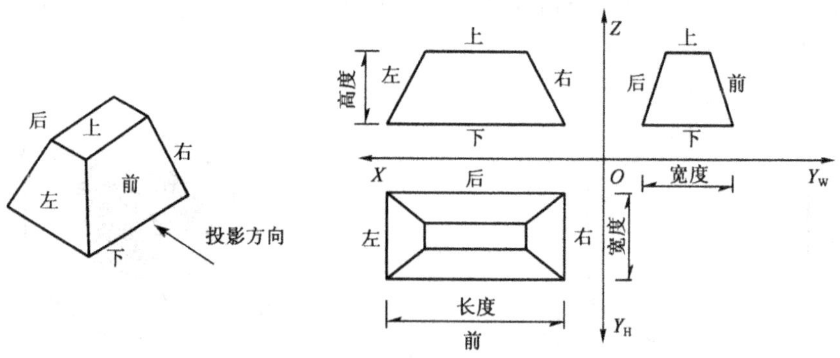

图1-2-12　三面投影图的长、宽、高及方位关系

3）投影的三等关系

三面投影图是在形体安放位置不变的情况下，从三个不同方向投影所得到的投影图。根据三面投影图的形成过程可以总结出投影图的投影规律：长对正，高平齐，宽相等。

（1）长对正。物体的 OX 轴方向为长度方向，物体的立面图和平面图均可以表达物体的长度，因此立面图和平面图的对应点、线或面在 OX 轴方向应对齐，长度方向的距离应相等。

（2）高平齐。物体的 OZ 轴方向为高度方向，物体的立面图和侧面图均可以表达物体的高度，因此立面图与侧面图的对应点、线或面在 OZ 轴方向应对齐，高度方向的距离应相等。

（3）宽相等。物体的 OY 轴方向为宽度方向，物体的侧面图和平面图均可以表达物体的宽度，因此平面图与侧面图的对应点、线或面在 OY 轴方向应对齐，宽度方向的距离应相等。

二、任务实施

1. 任务的布置

任务一：根据形体的立体图和两面投影图，补画第三面投影图

1）基本资料

已知形体的立体图和两面投影图，如图 1-2-13 所示。

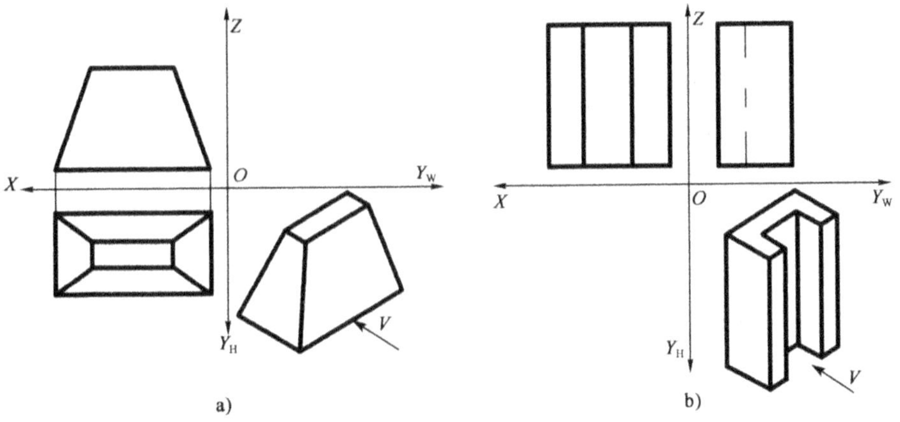

图 1-2-13　任务一

a）形体一的立体图和两面投影图；b）形体二的立体图和两面投影图

2）任务

根据已知形体的立体图和两面投影图，补画第三面投影图。

3）要求

（1）先用 2H 铅笔轻而细地画出底图，待全图初稿完成并经校对确认无误后，方可描黑加粗。

（2）同一种图线必须是同一种规格，即线宽、画长、间隔都应该一致。

（3）做到投影正确，视图选择恰当。

（4）完成的作业图面质量应达到以下要求：

①图线清晰；

②图面整洁。

任务二:根据立体图画出形体的三面投影图

1)基本资料

已知两个形体的立体图,如图 1-2-14 所示。

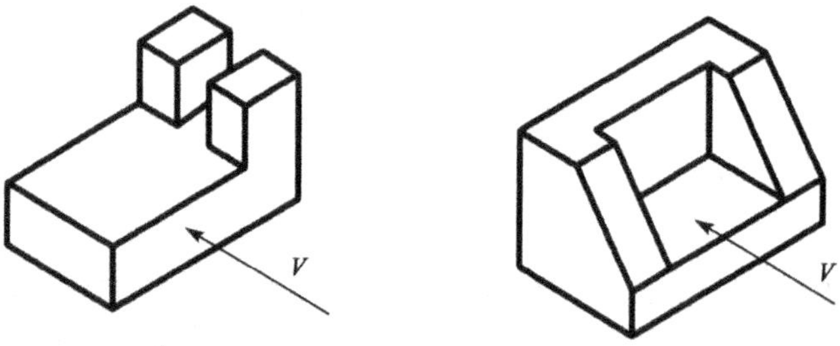

a)　　　　b)

图 1-2-14　任务二

a)形体一的立体图;b)形体二的立体图

2)任务

根据已知形体的立体图画出形体的三面投影图。

3)要求

(1)形体大小按 1:1 比例在立体图上量取。

(2)先用 2H 铅笔轻而细地画出底图,待全图底图完成并经校对确认无误后,方可描黑加粗。

(3)同一种图线必须是同一种规格,即线宽、画长、间隔都应该一致。

(4)做到投影正确,视图选择恰当。

(5)完成的作业图面质量应达到以下要求:

①图线清晰;

②图面整洁。

2. 案例教学

案例 1:根据立体图画出形体的三面投影图,形体的大小按 1:1 比例在立体图上量取,如图 1-2-15 所示。

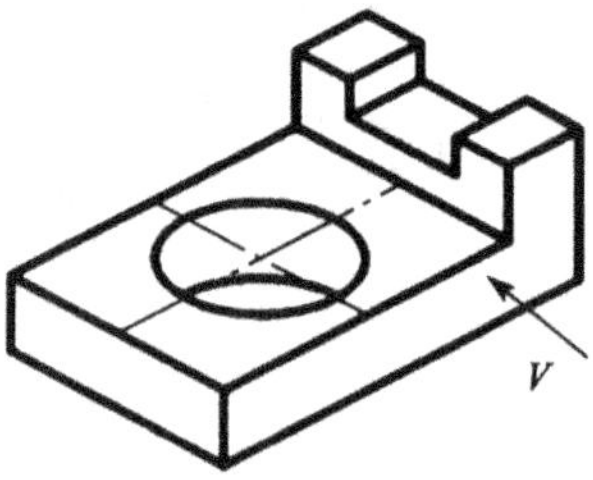

图 1-2-15　任务图

解:案例实施内容见表 1-2-1。

案例 1 实施表　　表 1-2-1

序号	立　体　图	投　影　图
水平投影	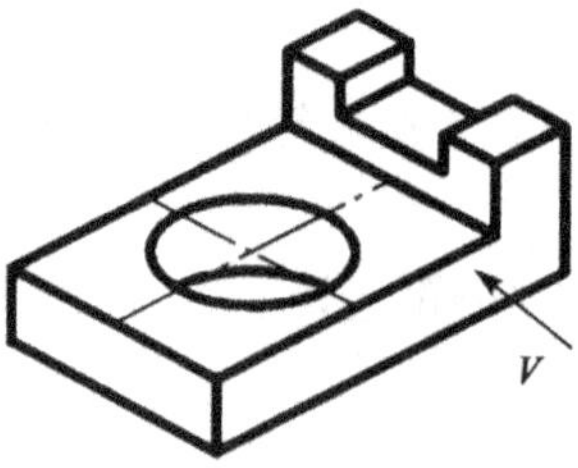	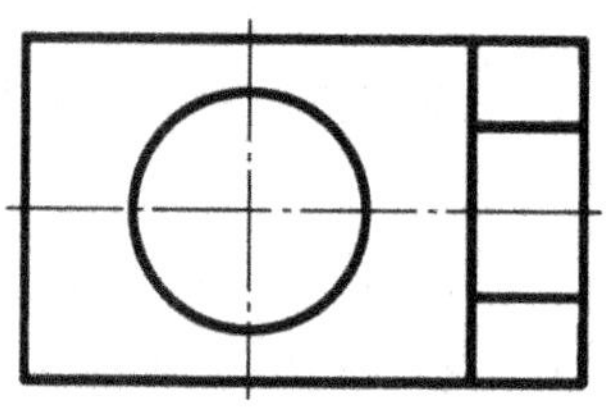

序号	立 体 图	投 影 图
正立面投影	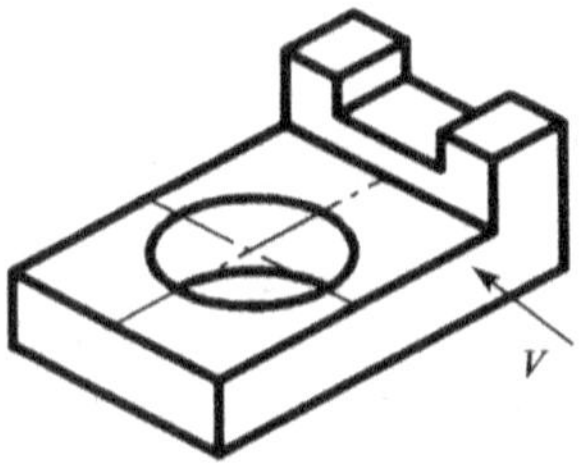	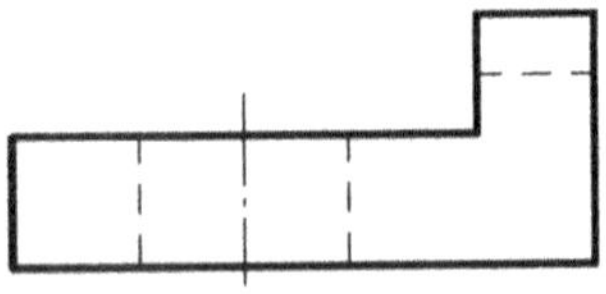
侧立面投影	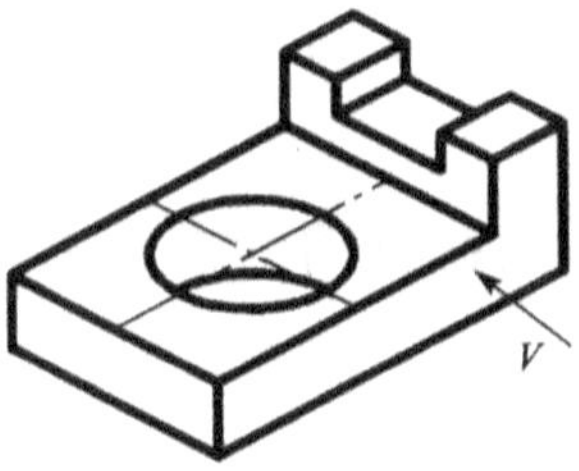	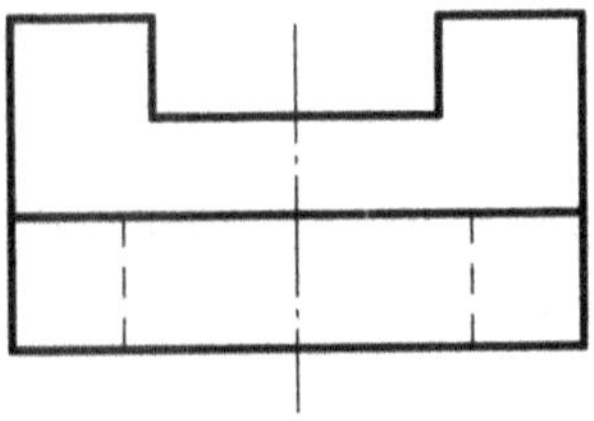

将形体的三面投影图按要求进行配置，结果如图 1-2-16 所示。

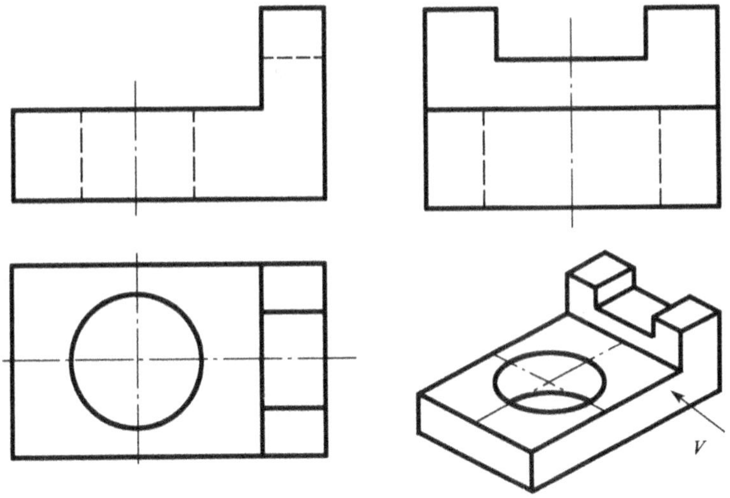

图 1-2-16 最终投影图

三、学习效果评价反馈

1. 学生自评

每位学生根据本学习任务的学习目标，自主完成下述[自测 1]～[自测 4]，并根据表1-2-2的要求，完成自我检验。

[**自测1**] 投影分为哪几类？投影三要素指的是什么？
[**自测2**] 平行投影有哪些特性？
[**自测3**] 三面投影体系中各投影面的名称是什么？
[**自测4**] 什么是“三等关系”？

学生自评表 表1-2-2

任务名称:投影的基本知识							
组号		姓名		学号		自评成绩	
题号		自测1	自测2	自测3	自测4	合计	
分数		20	20	25	35	100	
得分							

2. 任课教师评价

任课教师根据学生的学习态度,从学生对知识的掌握情况等方面,按表1-2-3的要求完成对学生的评价。

教师对学生的学习效果评价表 表1-2-3

组号		姓名		学号		成绩	
任务名称:投影的基本知识							
评价内容			评价依据			分数	得分
学习态度情况			上课纪律、学习主动性等评价			20	
任务自测情况			自测成果的正确性与准确性			30	
作业图面质量			布图匀称、图线清晰、图面整洁			20	
学生独立解决问题能力			主要对学生的创新思维能力、组织能力、学生在遇到问题时的判断能力等评价			30	
教师签名		日期				合计	

学习任务三　基本体的投影

学习目标

1. 了解工程上常见的基本体的类型;
2. 知道基本体中平面体、曲面体的形成、分类及其投影作图方法;
3. 分析常见的基本体的投影特性和尺寸标注方法;
4. 根据教材相关知识完成学生自测练习作业;
5. 正确完成基本体三面投影图和尺寸标注。

任务描述

学生在学习正投影的基础上,根据教师讲授的基本体投影一般知识,在老师的引导下识读基本体投影图，绘制基本体三视图，正确完成基本体投影图的尺寸标注。该任务是采用教师讲授与学生讨论相结合的方式来完成的，最终上交自测题答案。在接到任务后，学生应认真学习《国际》的相关知识，结合教师讲课并视需要收集其他相关信息以完成各项作业。

学习引导

本学习任务沿着以下脉络进行学习：

讲解基本体投影一般知识 → 介绍基本体的画法及尺寸标注方法 → 基本体投影图的识读案例分析，学习任务布置 → 学生讨论，在老师指导下完成阅读并绘制基本体投影图，自测练习

一、相关知识

1. 学习准备

建筑物的形状虽然多种多样，但细加分析，一般是由柱、锥、台、球、环等基本几何体（简称基本体）所组成的，如图 1-3-1 所示。我们把这些组成建筑形体的最简单但又规则的几何体，叫做基本体。因此，掌握基本体的投影特点，是绘制和阅读工程图的基础。根据表面的组成情况，基本体可分为平面体和曲面体两类。

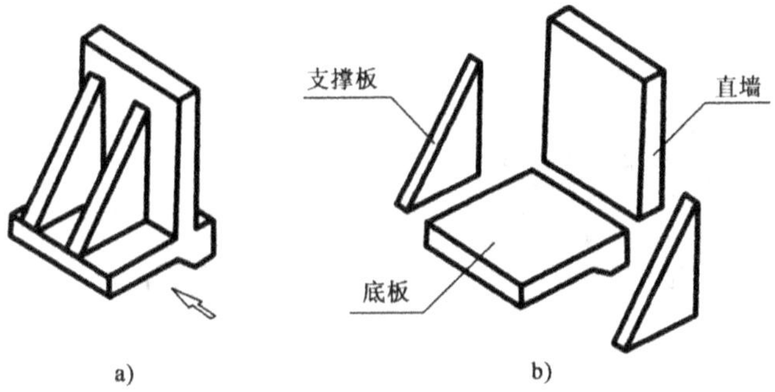

图 1-3-1　扶壁式挡土墙形体的分析

2. 平面立体的投影

平面立体是由若干个平面围成的多面体。立体表面上的面与面的交线称为棱线，棱线与棱线的交点称为顶点。平面立体的投影就是作出组成立体表面的各平面和棱线的投影。

最常见的平面立体有棱柱、棱锥和棱台，如图 1-3-2 所示。

1）棱柱的投影

（1）形体分析。棱柱由两个底面和几个侧棱面组成。侧棱面与侧棱面的交线叫棱线，棱线相互平行。

（2）投影分析。以六棱柱为例，从图 1-3-3 中可以看出，正六棱柱由八个面围成，其中上下两个底面为全等且平行的正六边形，六个侧面为相同的矩形。六棱柱体在三投影面体系中的摆放位置是：上下底面与 H 面平行；前后侧面与 V 平行，如图 1-3-3 所示。

该六棱柱体的 H 面投影为正六边形，是柱体的八个面的投影。其中六边形反映了上下底面的实形，且上底的投影完全遮盖了下底的投影，称为重合投影，上底为可见，下底为不可见；

六边形的边是六个侧面的积聚投影；六个顶点是六条棱线的积聚投影。

V 面投影为三个矩形线框，包括形体上八个面的投影。中间的矩形为平行于 *V* 面的前后两个侧面的重合投影，且反映实形；左右矩形线框为其余四个侧面的重合投影，由于四个侧面均倾斜于 *V* 面，其投影为类似形；*V* 面投影中上下边线是两个底面的积聚投影。

侧面投影同理，可自行分析。

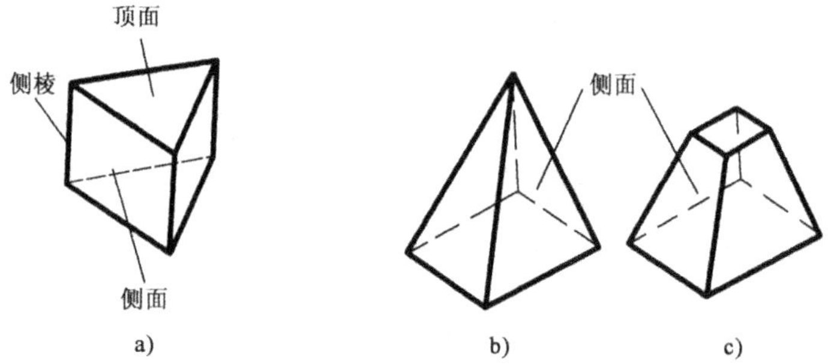

图 1-3-2　常见基本体

a）三棱柱；b）四棱锥；c）四棱台

（3）画投影图。画投影图时，一般先画反映棱柱底面实形的特征投影，然后再根据投影关系和柱高画出其他投影。画图时，“宽相等”的关系往往容易画错，故在图 1-3-3 中过原点画一条 45°斜线，有助于掌握“宽相等”的关系。六棱柱三视图的作图步骤如图 1-3-3b）~ 图 1-3-4d）所示。

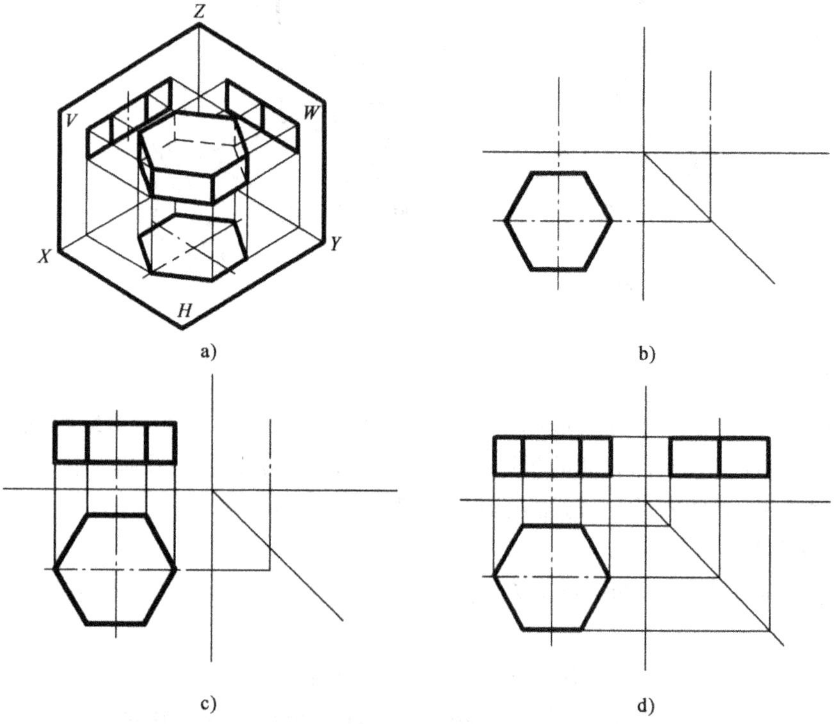

图 1-3-3　正六棱柱的投影

a）直观图；b）画中心线、对称线后，画底面反映实形的特征图；c）根据“长对正”和棱柱的高度画出 *V* 面投影；d）根据“高平齐、宽相等”画出 *W* 投影并加深全图

2）棱锥的投影

（1）形体分析。棱锥由一个底面和几个侧棱面组成。侧棱线交于有限远的一点——锥顶。

（2）投影分析。图 1-3-4 所示为一个四棱锥的三面投影图。从图 1-3-4 中可知，该四棱锥由五个面围成。底面为长方形，四个侧面均为三角形，四侧棱汇交于一点。把四棱锥放在三投影面体系中，使底面平行于 H 面，左右侧面垂直于 V 面，前后侧面垂直于 W 面，如图 1-3-4a）所示。

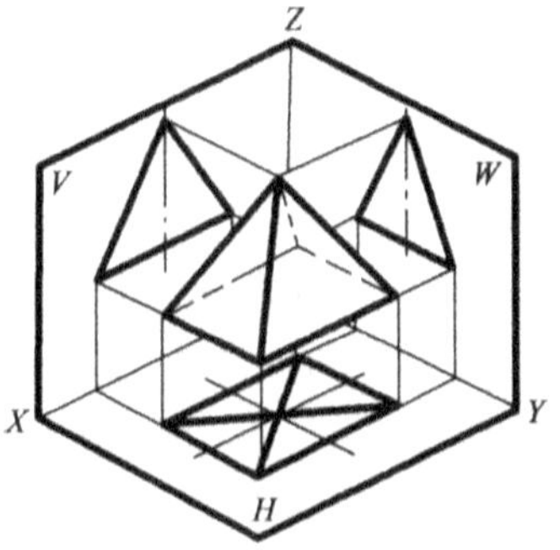

a）

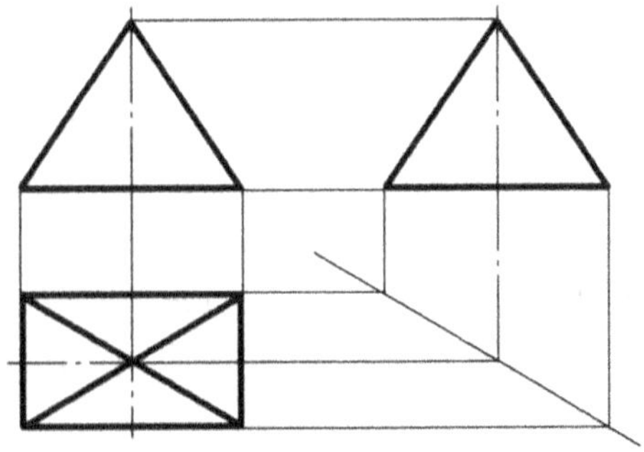

b）

图 1-3-4　四棱锥三面投影图

a）直观图；b）三视图

四棱锥的 H 面投影是含有四个三角形的四边形，为特征投影。四边形为底面实形，四个三角形是四个倾斜于 H 面的侧面在该投影面上的类似形投影，与底面投影重合，中点为锥顶的投影。

V 面投影为三角形线框，包含了棱锥上五个面的投影。三角形的底边为底面的积聚投影；两腰为垂直于 V 面的左右侧面的积聚投影；两腰的交点为锥顶的投影；三角形为前后两棱面的重合投影。由于前后两个棱面均倾斜于 V 面，则投影为类似形。侧面投影同理，可自行分析。

（3）画投影图。画图时，一般先画反映棱锥底面实形的特征投影，然后再根据投影关系和锥高画出其他投影。四棱锥三面投影图如图 1-3-4 所示。

3. 曲面立体的投影

常见的曲面立体是回转体，回转体的曲面是母线（直线或曲线）绕一轴作回转运动而形成的。曲面上任一位置的母线称为素线，母线上每一个点的运动轨迹都是圆，称为纬圆，纬圆平面垂直于回转直线。回转体主要有圆柱体、圆锥体和圆球等。

画回转体的投影，通常要注意以下几点：

（1）用点画线画出轴线的投影；当轴线为铅垂线时，其正面投影为一竖直线，水平投影积聚为一点，用圆形的中心线来表示。

（2）画出回转体底面圆的投影，正面投影为上下两直线。

（3）画出转向轮廓线的投影。曲面上可见与不可见的分界线称为回转面对该投影面的转向轮廓线。当轴线平行于某一投影面时，对该投影面的转向线就是轴线两侧的素线。

1）圆柱体

（1）圆柱体的形成。圆柱体由圆柱面、顶面和底面围成。圆柱面是由直线 AA_1 绕与其平行

的轴线 OO_1 旋转一周围成的。因此,圆柱也可以看成是由无数条相互平行且等长的素线所围成的立体,如图 1-3-5 所示。

(2)圆柱体的投影。

①分析。圆柱轴线垂直于 H 面,底面、顶面为水平面,底面、顶面的水平投影反映圆的实形,其他投影积聚为直线段。

②画投影图。

a. 用点画线画出圆柱体的轴线、中心线;

b. 画出顶面、底面圆的三面投影;

c. 画转向轮廓线的三面投影,该圆柱面对正面的转向轮廓线为 AA_1 和 BB_1,其侧面投影与轴线重合;对侧面的转向轮廓线为 DD_1 和 CC_1,其正面投影与轴线重合,如图 1-3-6 所示。应注意的是,圆柱体的 H 面投影圆是整个圆柱面积聚成的圆周,圆柱面上所有的点和线的 H 投影都重合在该圆上。圆柱体的三面投影特征为一个圆对应两个矩形。

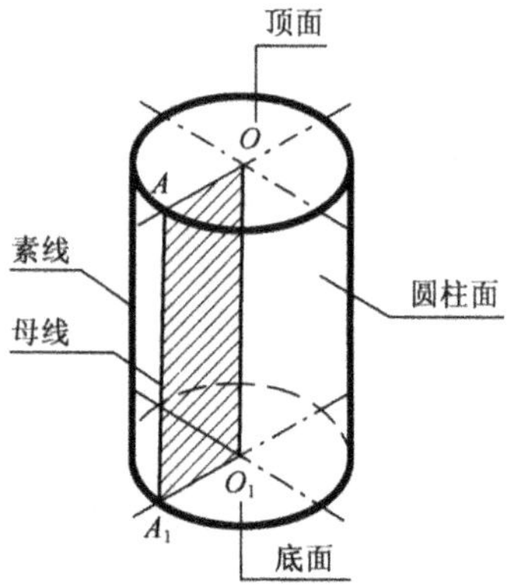

图 1-3-5 圆柱体的形成

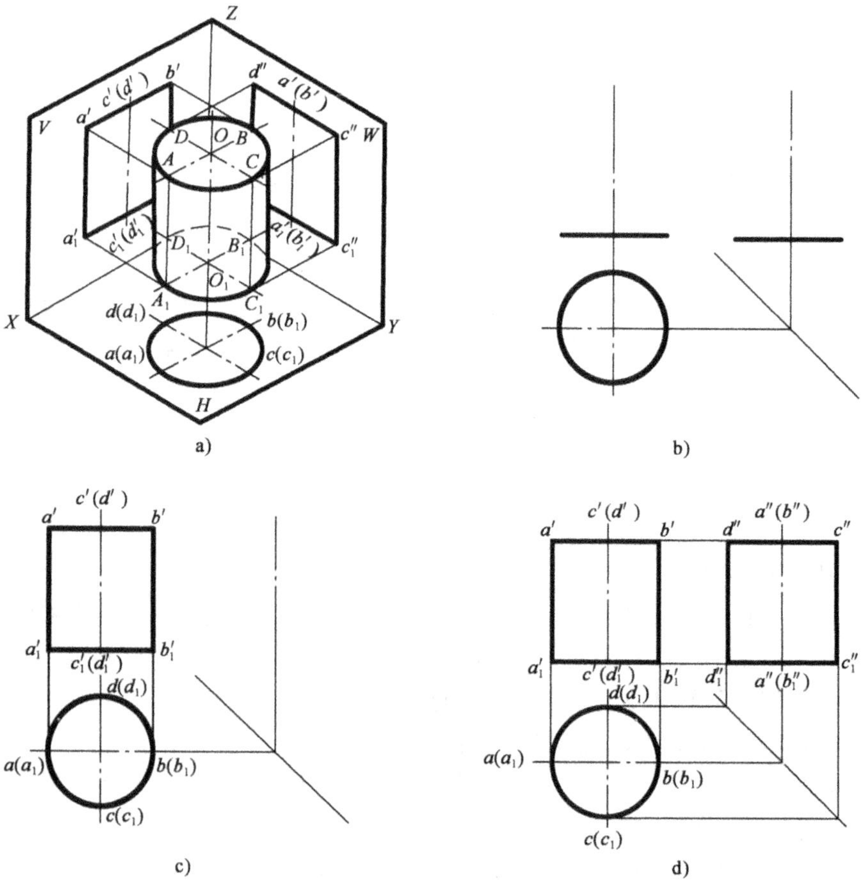

图 1-3-6 圆柱体的三面投影

a)直观图;b)画中心线、轴线后,画底面反映实形的特征图;c)根据"长对正"和圆柱的高度画出 V 面投影;d)根据"高平齐、宽相等"画出 W 投影并加深全图

2）圆锥体

（1）圆锥体的形成。圆锥体由圆锥面和底面围合而成。圆锥面可看作一直母线绕与其相交的轴线旋转而成。因此，圆锥体可看作是由无数条交于顶点的素线所围成，也可看作是由无数个平行于底面的纬圆所组成，如图 1-3-7 所示。

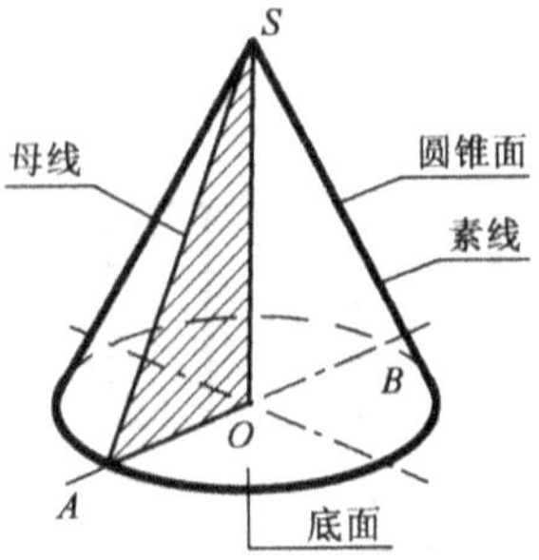

图 1-3-7　圆锥体的形成

（2）圆锥体的投影。

①形体分析。圆锥轴线垂直于 H 面，底面为水平面，H 面投影反映底圆的实形，其他两投影均积聚为直线段。

②画投影图。

a. 用点画线画出圆锥体各投影轴线、中心线；

b. 画出底面圆的三面投影；

c. 画出锥顶 S 的三面投影；

d. 画出各转向轮廓线的投影，即正视转向轮廓线的 V 投影 $s'a'$、$s'b'$，侧视转向轮廓线的 W 投影为 $s''c''$、$s''d''$，如图 1-3-8 所示。

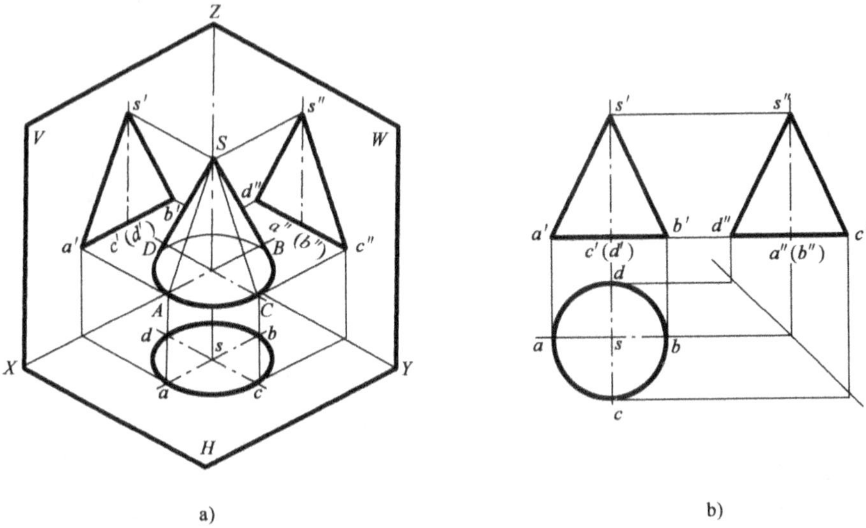

图 1-3-8　圆锥体的三面投影

a）直观图；b）三视图

圆锥面的三个投影都没有积聚性。圆锥面三面投影的特征为一个圆对应两个三角形。

4. 基本体的尺寸标注

（1）只要标注出平面体的长、宽和高的尺寸，就可以确定它的大小。

（2）尺寸一般标注在反映实形的投影上，尽量集中标注在一两个投影的下方和右方，必要时才标注在上方和左方。

（3）一个尺寸只需要标注一次，尽量避免重复。

（4）正多边形的大小，可标注其外接圆周的直径。

平面体与曲面体的尺寸标注见表1-3-1。

平面体与曲面体的尺寸标注 表1-3-1

四棱柱体	三棱柱体	四棱柱体
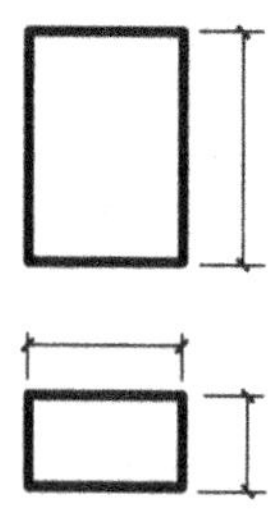	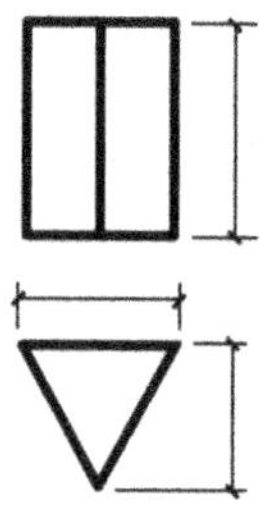	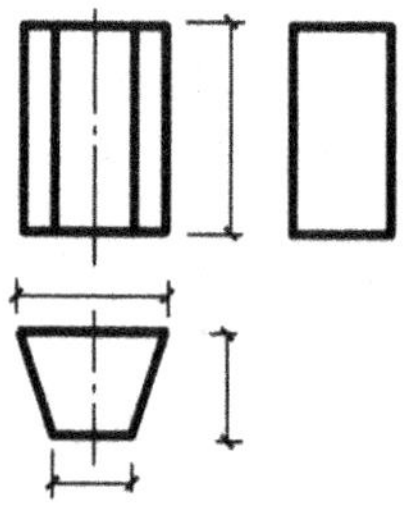
三棱锥体	五棱锥体	四棱台
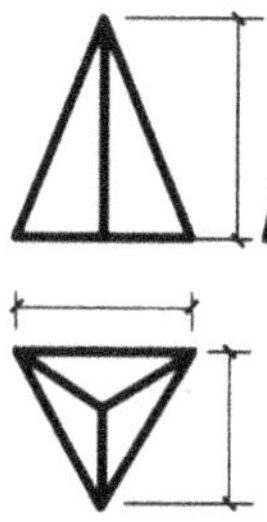	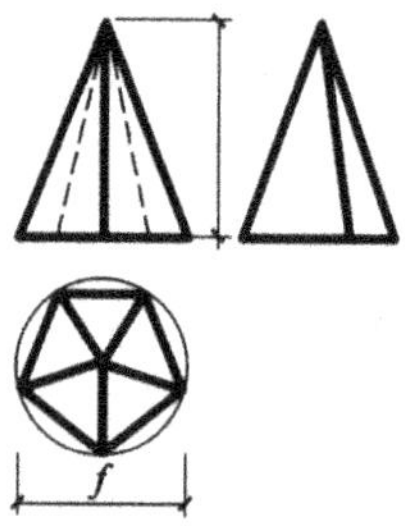	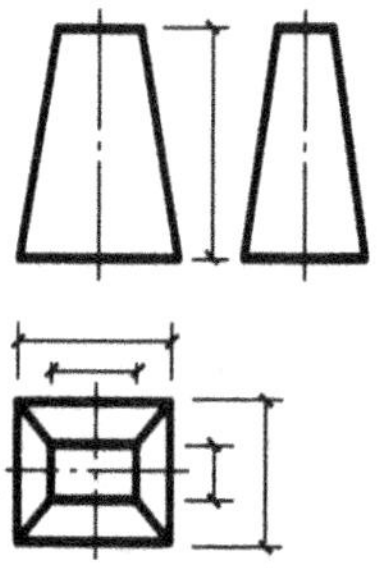

圆柱	圆锥	圆台	球
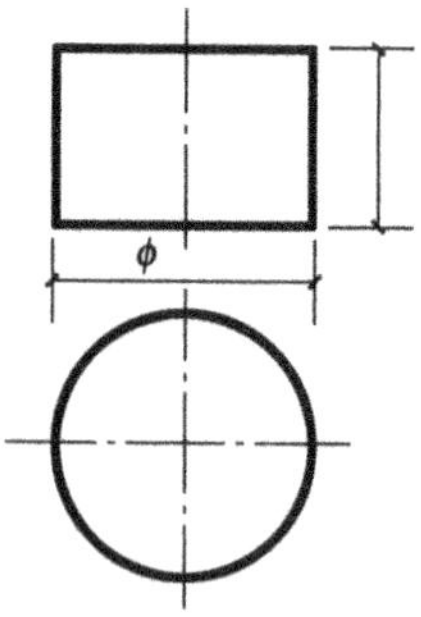	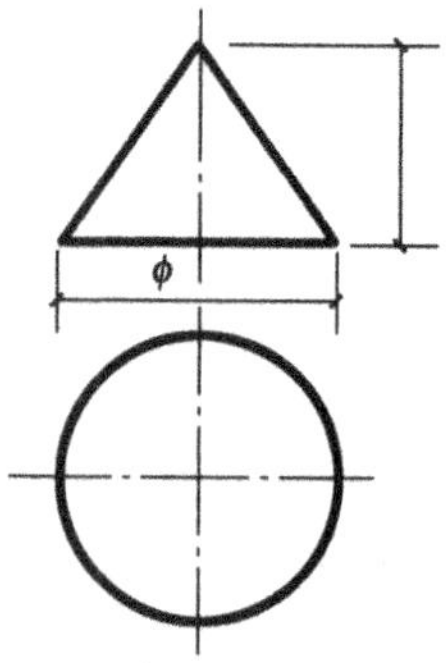	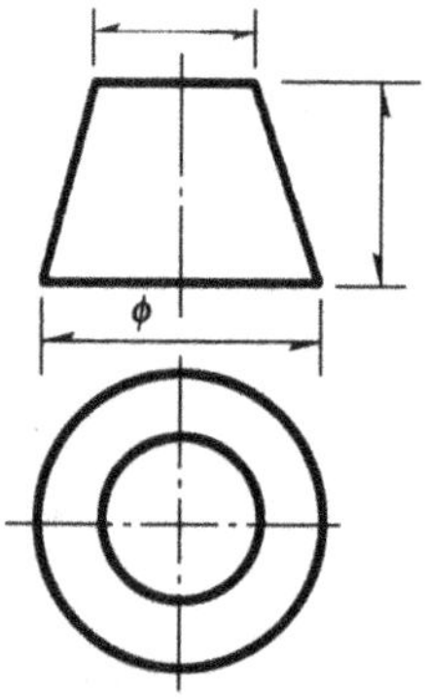	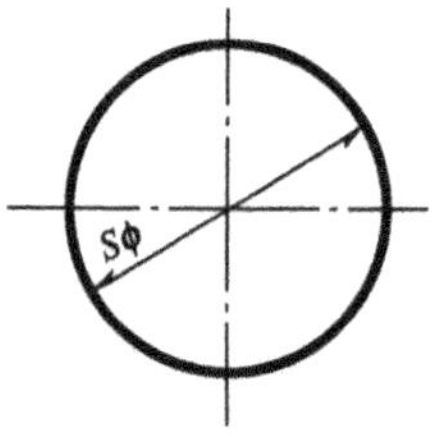

二、任务实施

1. 任务布置

任务一:识读基本体投影图

(1)已知形体的立体图和两面投影图,补画出第三面投影图,如图1-3-9所示。

(2)识读曲面体的三视图,如图1-3-10所示。

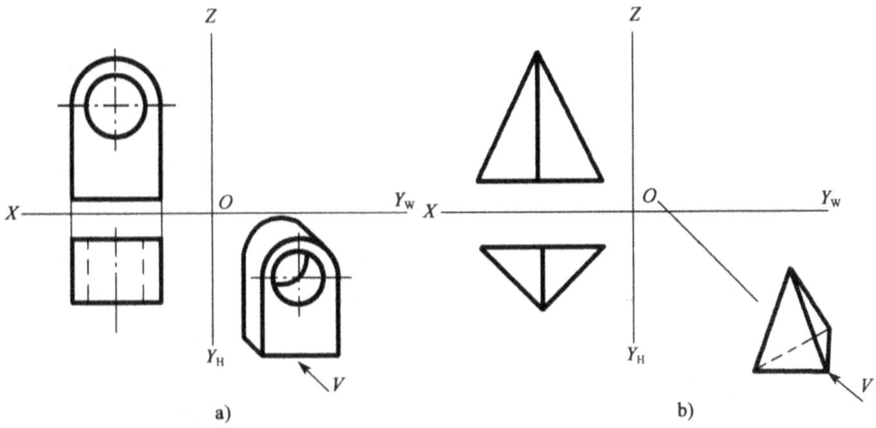

图 1-3-9　立体图和两面投影图

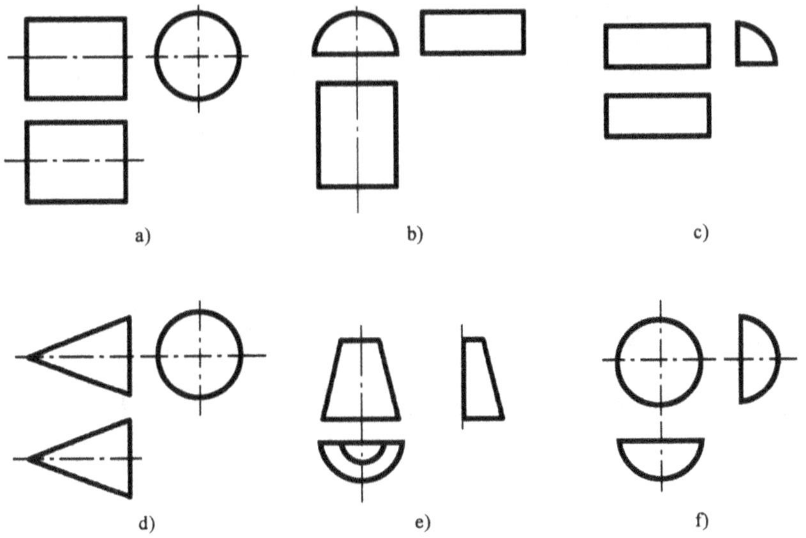

图 1-3-10　曲面体的三视图

任务二:基本体的尺寸标注

(1)找出图 1-3-11a)中尺寸标注的错误,并将正确尺寸标注在图 1-3-11b)上。

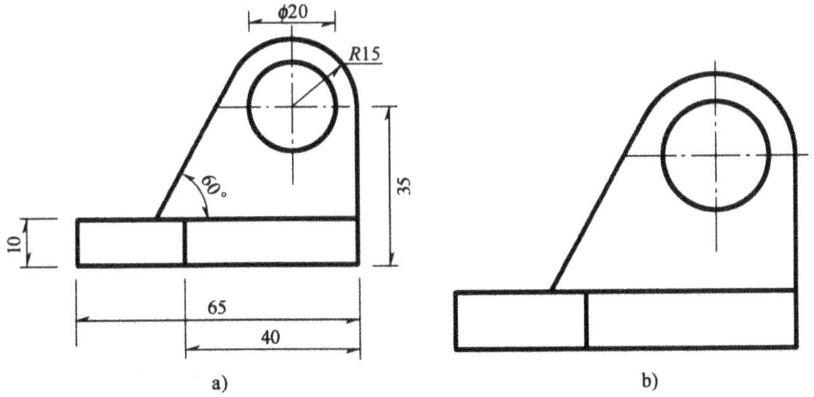

图 1-3-11　尺寸标注(尺寸单位:mm)

(2)标注基本体的尺寸，如图 1-3-12 所示。

2. 案例教学

分析如图 1-3-13a）所示三面投影图，由水平投影和侧面投影外框是矩形可知，该形体是棱柱。再结合正面投影是特征投影，形状为凸字形，可判断该形体是凸形柱。其立体图如图 1-3-14a）所示。同理，可分析其他投影图。

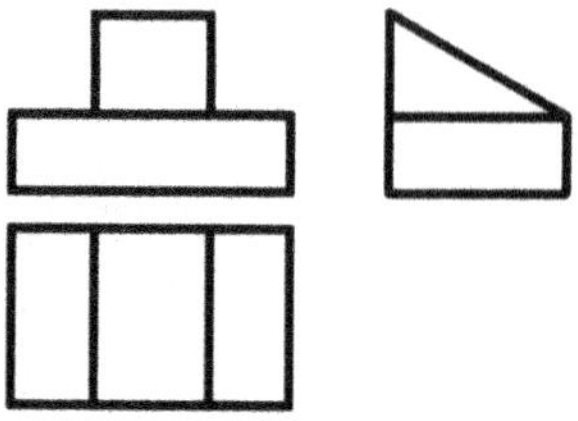

图 1-3-12　标注基本体的尺寸

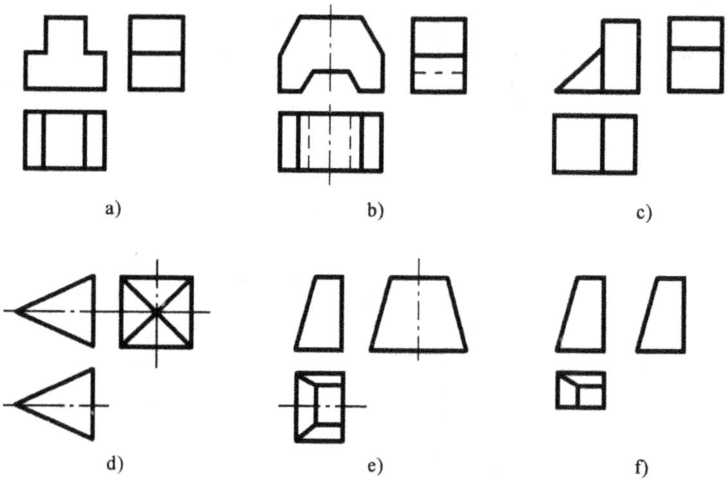

图 1-3-13　三面投影图

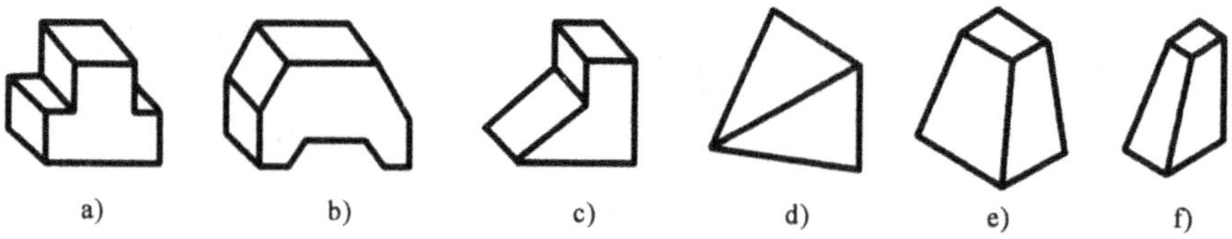

图 1-3-14　立体图

三、学习效果评价反馈

1. 学生自评

每位学生根据本工作任务的学习目标，自主完成下述［自测 1］~［自测 4］，并根据表 1-3-2 的要求，完成自我检验。

学 生 自 评 表　　　　表 1-3-2

任务名称：基本体的投影							
组号		姓名		学号		自评成绩	
题号		自测 1	自测 2	自测 3	自测 4		合计
分数		25	25	25	25		100
得分							

［自测 1］ 识读平面立体投影图，已知形体的立体图和两面投影图，补画出第三面投影图。

［自测 2］ 识读曲面立体的三视图。

［**自测 3**］ 检查图中尺寸标注的错误，并将正确尺寸标注在图上。

［**自测 4**］ 完成基本体的尺寸标注。

2. 任课教师评价

任课教师根据学生的学习态度，从识读平面立体投影图、识读曲面立体的三视图、基本体的尺寸标注等方面，按表 1-3-3 的要求完成对学生的评价。

教师对学生的学习效果评价表 表 1-3-3

<table>
<tr><td>组号</td><td></td><td>姓名</td><td></td><td>学号</td><td></td><td>成绩</td><td></td></tr>
<tr><td colspan="8">任务名称：基本体的投影</td></tr>
<tr><td colspan="3">评 价 内 容</td><td colspan="3">评 价 依 据</td><td>分数</td><td>得分</td></tr>
<tr><td colspan="3">学习态度情况</td><td colspan="3">上课纪律、学习主动性等评价</td><td>20</td><td></td></tr>
<tr><td colspan="3">任务自测情况</td><td colspan="3">自测成果的正确性与准确性、完成成果的质量</td><td>30</td><td></td></tr>
<tr><td colspan="3">作业图面质量</td><td colspan="3">布图匀称、图线清晰、图面整洁</td><td>20</td><td></td></tr>
<tr><td colspan="3">学生独立解决问题能力</td><td colspan="3">主要对学生的创新思维能力、组织能力、学生在遇到问题时的判断能力等评价</td><td>30</td><td></td></tr>
<tr><td>教师签名</td><td colspan="2"></td><td>日期</td><td colspan="2"></td><td>合计</td><td></td></tr>
</table>

学习任务四 组合体的投影

学习目标

1. 叙述工程上常见组合体的概念；
2. 知道组合体的读图、画图方法和步骤；
3. 分析工程上常见组合体的投影特性和尺寸标注的注意要点；
4. 根据教材相关知识完成学生［自测 1］～［自测 4］；
5. 正确完成组合体视图的绘制和尺寸标注。

任务描述

学生在学习正投影和基本体投影的基础上，根据教师讲授的组合体投影一般知识，在教师的引导下识读组合体投影图，绘制组合体三视图，正确完成组合体投影图的尺寸标注。该任务是采用教师讲授与学生讨论相结合的方式完成的，最终上交自测题答案。在接到任务后，学生应认真学习《国标》的相关要求，结合教师讲课并视需要收集其他相关信息以完成各项作业。

学习引导

本学习任务沿着以下脉络进行学习：

讲解组合体投影一般知识 → 介绍组合体视图的画法及尺寸标注 → 学习任务布置，组合体投影图的识读案例分析

→ 学生讨论，在老师指导下完成阅读并绘制组合体投影图自测练习

一、相 关 知 识

1. 学习准备

工程建筑物的形状虽然很复杂,但一般都是由若干个基本几何体以叠加、切割或相交等形式组合而成,称为组合体。表达组合体一般情况下是画三面投影图。

1)形体分析

绘制和阅读组合体的投影图时,可将组合体分解成若干个基本形体或简单形体,分析它们之间的关系,然后逐一解决它们的画图和读图问题。这种把一个物体分解成若干基本形体或简单形体的方法,称为形体分析法。它是画图、读图和标注尺寸的基本方法。画组合体的投影图前,一般应先进行形体分析,选择适当的投影图,然后进行画图。

图 1-4-1 所示是道路工程中常见的挡土墙,为扶壁式挡土墙,可以把它看成是由底板、直墙和支撑板三部分叠加而成,直墙为四棱柱,底板和支撑板分别为六棱柱和三棱柱。

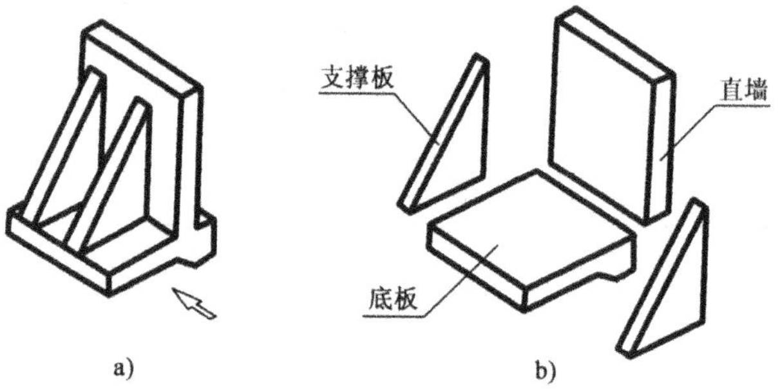

图 1-4-1　扶壁式挡土墙及其形体分析

a)立面图;b)分析图

图 1-4-2 所示为桥梁的桥墩。

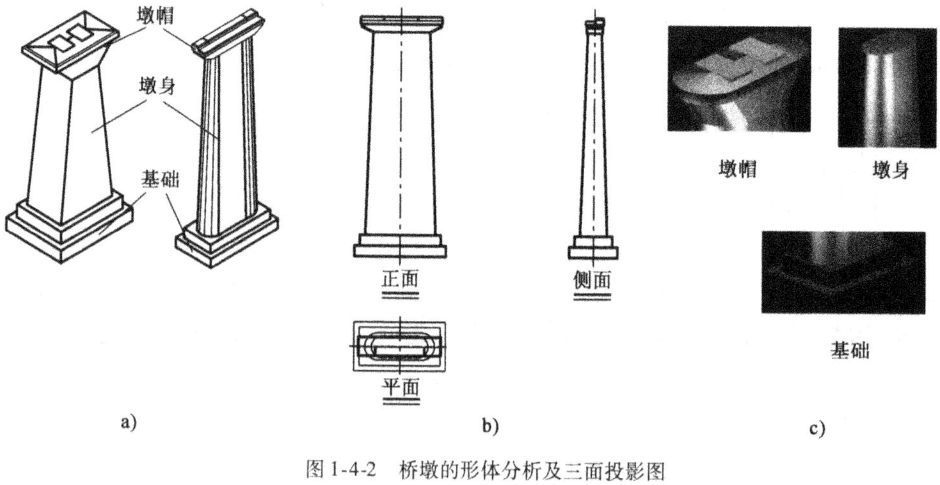

图 1-4-2　桥墩的形体分析及三面投影图

a)立面图;b)投影图;c)示意图

图 1-4-3 所示是一肋式杯形基础,可以把它看成由底板、中间挖去一楔形块的四棱柱和六块梯形肋板组成。其中各基本立体之间组合成叠加、切割、相交的混合形状,四棱柱在底板中央,前后肋板的左、右侧面分别与中间四棱柱左、右侧面平齐,左、右两块肋板分别在四棱柱左、右侧面的中央。

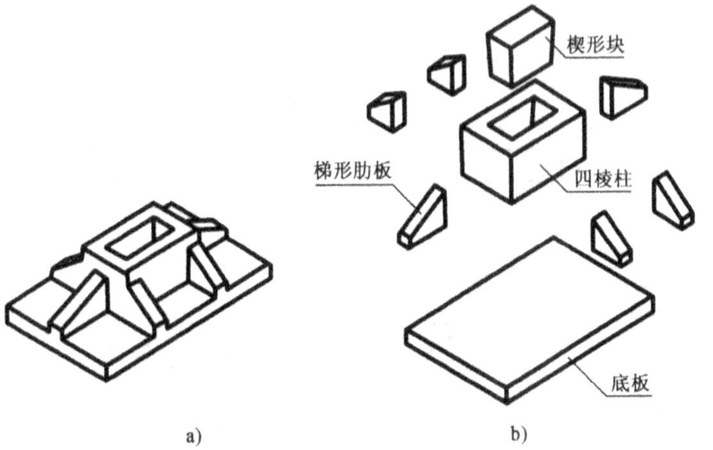

图 1-4-3　肋式杯形基础及形体分析

a)立面图；b)分析图

(1)组合体的组合方式。组合体的组合方式可以是叠加、相贯、相切、切割等多种形式。

①叠加式。把组合体看成由若干个基本形体叠加而成，如图 1-4-4a)所示。

②切割式。组合体是由一个大的基本形体经过若干次切割而成，如图 1-4-4b)所示。

③混合式。把组合体看成既有叠加又有切割所组成，如图 1-4-4c)所示。

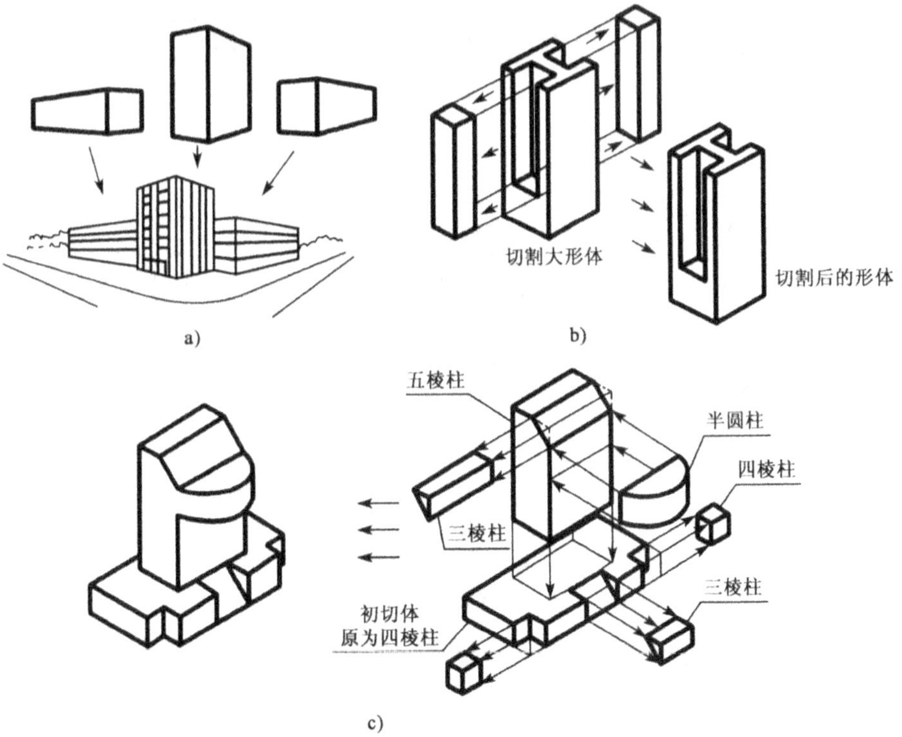

图 1-4-4　组合方式

a)叠加式组合体；b)切割式组合体；c)混合式组合体

(2)组合体的表面连接。所谓连接关系，就是指基本形体组合成组合体时，各基本形体表面间真实的相互关系。组合体的表面连接关系主要有两表面相互平齐、相切、相交和不平齐，如图 1-4-5 所示。

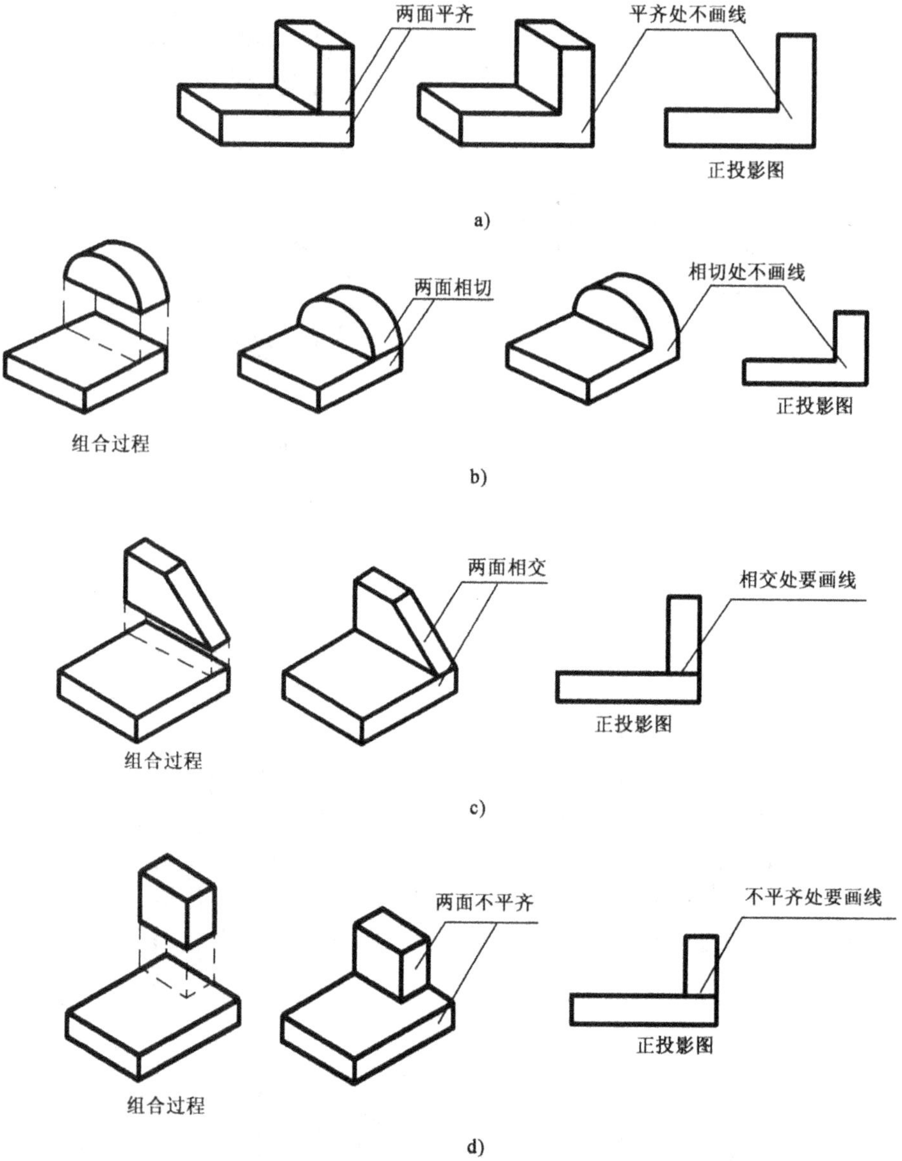

图 1-4-5　形体表面的几种连接关系

a)表面平齐;b)表面相切;c)表面相交;d)表面不平齐

组合体是由基本形体组合而成的,所以基本形体之间除表面连接关系以外,还有相互之间的位置关系。图 1-4-6 所示为叠加式组合体组合过程中的几种位置关系。

2)组合体投影图的画法

(1)形体分析。

(2)投影图的确定。

①确定形体的放置位置和正面投影方向。

②确定投影图数量。

(3)画组合体三面投影图的步骤。

①进行形体分析。

②进行投影分析，确定投影方案。

③根据物体的大小和复杂程度，确定图样的比例和图纸的幅面，并用中心线、对称线或基线，定出各投影在图纸上的位置。

④逐个画出各组成部分的投影。

⑤检查所画的投影图是否正确。

⑥按规定线形加深。

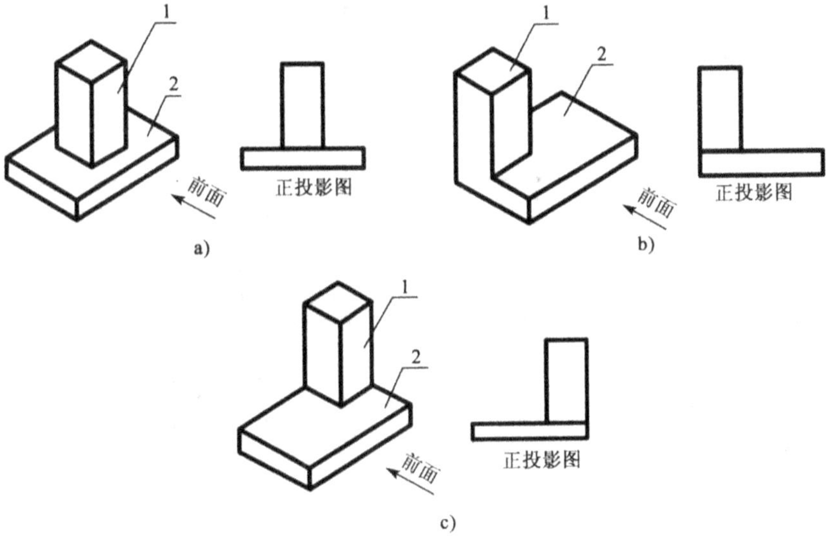

图 1-4-6　基本形体的几种位置关系

a)1 号形体在 2 号形体的上方中部；b)1 号形体在 2 号形体的左后上方；c)1 号形体在 2 号形体的右后上方

【例 1-4-1】　画出图 1-4-7a)所示挡土墙的三面投影图。

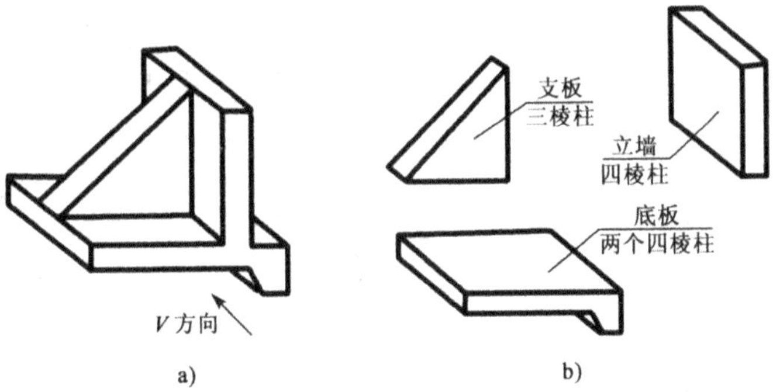

图 1-4-7　挡土墙的立体图

a)已知条件；b)形体分解

作图步骤：

①逐个画出三部分的三面投影，如图 1-4-8a) ~ 图 1-4-8c)所示；

②检查投影图是否正确；

③加深。因该投影图均为可见轮廓线，应全部用粗实线加深，如图 1-4-8d)所示。

【例 1-4-2】　画出图 1-4-9a)所示组合体的三面投影图。

作图步骤：

①如图 1-4-10a)所示，画出长方体的三面投影；

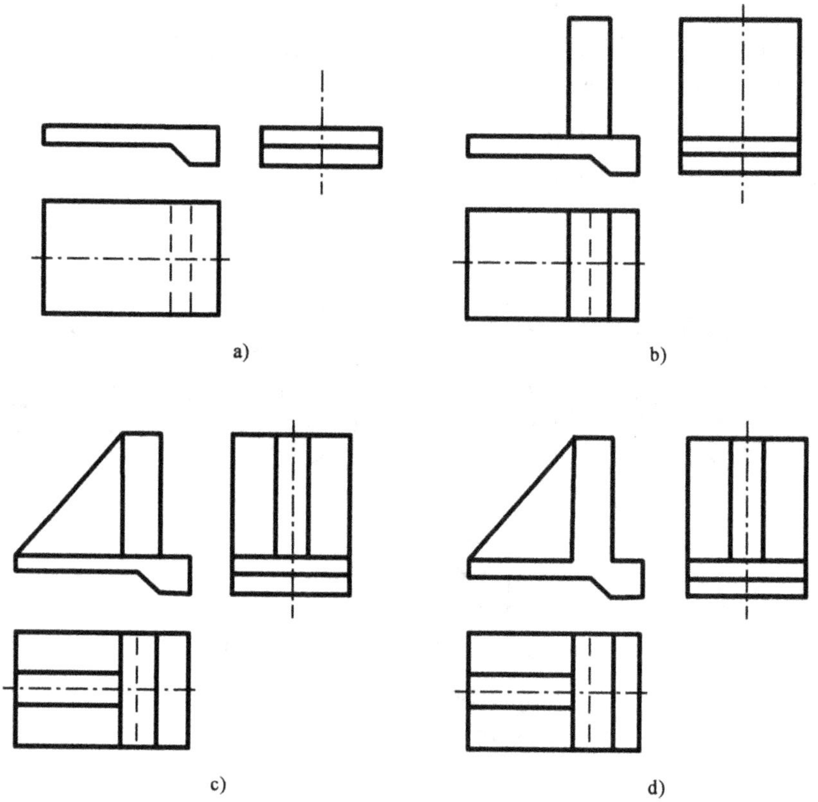

图 1-4-8　挡土墙的三面投影图的画法

a)画底板投影;b)画立墙投影;c)画支板投影;d)加深图线

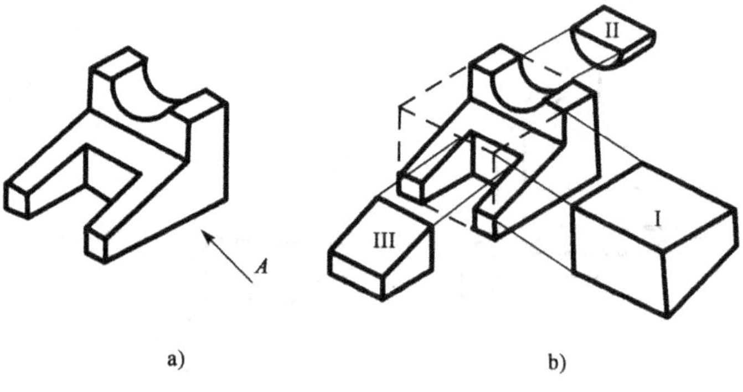

图 1-4-9　组合体的立体图

a)已知条件;b)形体分析

②如图 1-4-10b)所示,从正面着手切去梯形四棱柱 I,并补全另两投影。

③如图 1-4-10c)所示,切去半圆柱 II,应从投影特征明显的侧面投影着手,然后画正面投影和水平投影。

④如图 1-4-10d)所示,切去梯形四棱柱 III,因此水平投影特征明显,先画水平投影,再求出因切去 III 而产生的交线。这里要特别注意,梯形切口的三面投影关系是否正确。

⑤如图 1-4-10e)所示,按规定线形加深。

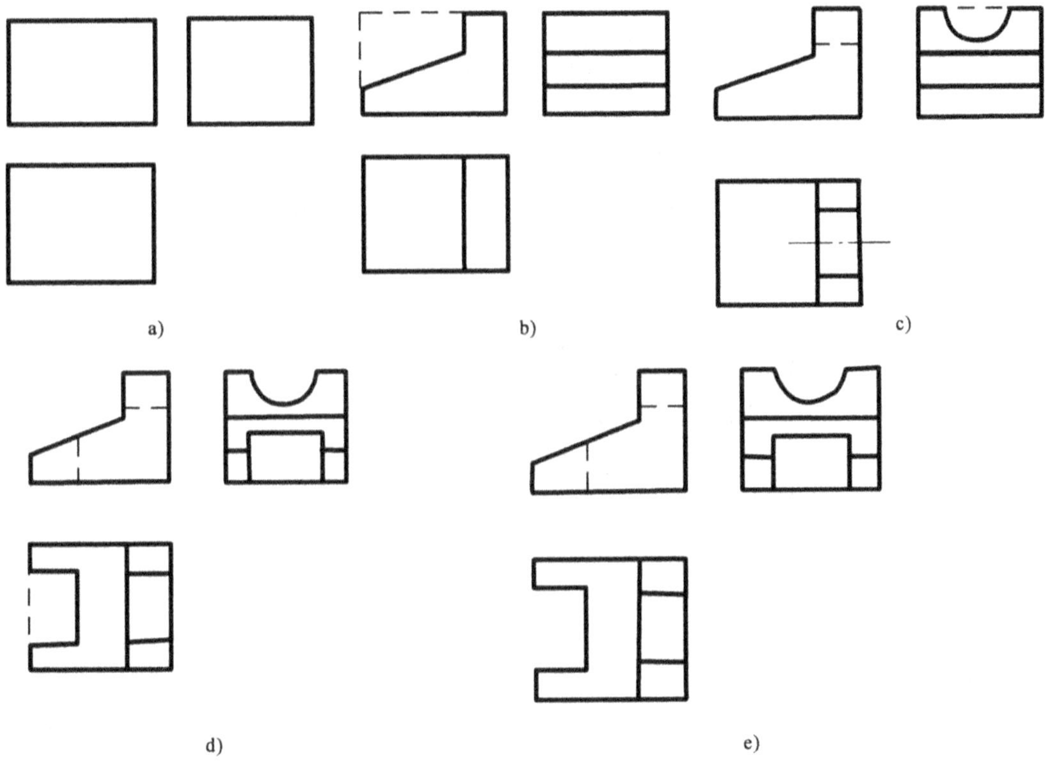

图 1-4-10　组合体的投影图

a)画长方体的投影；b)画切割掉的形体 I 的投影；c)画切割掉的半圆柱体 II 的投影；d)画切割掉的形体 III 的投影；e)检查无误加深图线

3. 组合体的尺寸标注

组合体的视图，只能确定其形状，而要确定组合体的大小及各部分的相对位置，还必须标注尺寸。标注尺寸应满足以下要求：

①正确——要符合《国标》的规定；

②完整——所标注的尺寸必须能够完整、准确、唯一地表示物体的形状和大小；

③清晰——尺寸布置要整齐、清晰，便于读图；

④合理——标注的尺寸应满足设计要求，并满足施工、测量和检验的要求。

1)尺寸的种类

(1)定形尺寸：用于确定组合体中各基本体自身大小的尺寸。

(2)定位尺寸：用于确定组合体中各基本形体之间相互位置的尺寸。

(3)总体尺寸：确定组合体总长、总宽、总高的外包尺寸。

如图 1-4-11 所示，直径 $d8$ 和 14 等为定形尺寸，20、7、15 等为定位尺寸，30、27、20 为总体尺寸。应注意的是，这三种尺寸的分类并不是绝对的，有时一个尺寸既可能是定形尺寸，同时还可能是定位尺寸或总体尺寸，如图 1-4-11 中的 30，其既是定形尺寸，又是总体尺寸。

在组合体尺寸的标注中应做到：

①组合体尺寸标注前需进行形体分析，弄清反映在投影图上的有哪些基本形体，然后注意

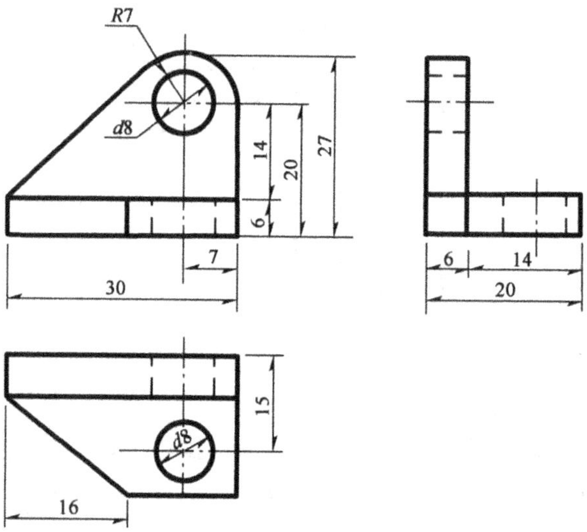

图 1-4-11　组合体的尺寸标注

这些基本形体的尺寸标注要求，做到简洁合理；

②对各基本形体之间的定位尺寸一定要先选好定位基准，再行标注，做到心中有数，不遗漏；

③由于组合体形状变化多，定形、定位和总体尺寸有时可以相互兼代；

④组合体各项尺寸一般只标注一次。

2）尺寸配置

组合体尺寸标注中应注意的问题：

①尺寸一般应布置在图形外，以免影响图形清晰；

②尺寸排列要注意大尺寸在外、小尺寸在内，并在尽量不出现尺寸重复的前提下，使尺寸构成封闭的尺寸链；

③反映某一形体的尺寸，最好集中标在反映这一基本形体特征轮廓的投影图上；

④两投影图的相关图应尽量注在两图之间，以便对照识读；

⑤尽量不在虚线图形上标注尺寸。

【例 1-4-3】　在图 1-4-12 所示组合体上标注尺寸。

（1）进行形体分析。该物体由底板、直墙和支撑板三部分组成，见图 1-4-12，依次标注各部分的定形尺寸和定位尺寸。

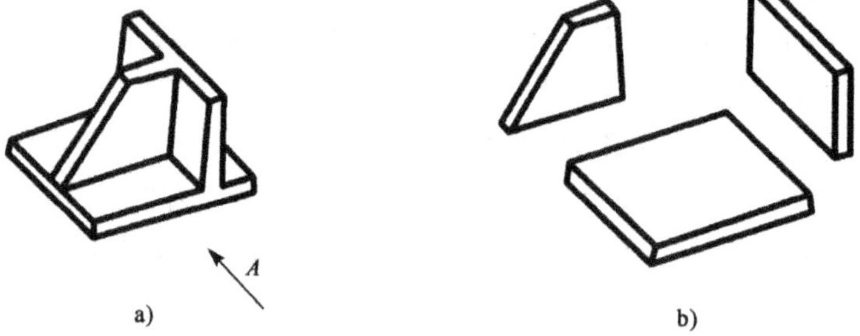

图　1-4-12

a）叠加式形体；b）叠加式形体分析

(2)标注定形尺寸。将各组成部分的定形尺寸标注在组合体的投影图上。如图1-4-13a)所示。底板四棱柱的尺寸为40、28和4，直墙四棱柱的尺寸为6、28和20，支撑板的尺寸为8、24、20和6。

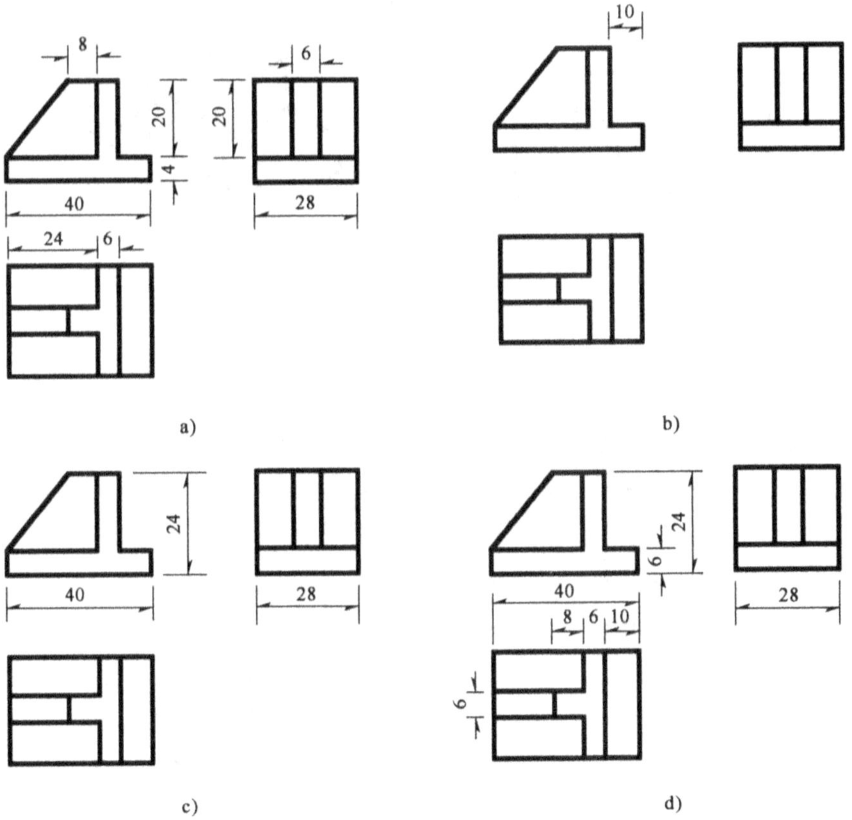

图1-4-13 标准尺寸

a)标注各基本体的定形尺寸;b)标注定位尺寸;c)标注整体尺寸;d)调整排列各尺寸，完成尺寸标注

(3)标注定位尺寸。如图1-4-13b)所示，直墙与底板左右不对齐，需标注定位尺寸10。

(4)标注总体尺寸。总长、总宽尺寸与底板的长、宽尺寸相同，不必再标注。所以只需注出总高尺寸24，如图1-4-13c)所示。

(5)尺寸调整排列，其中支撑板的定形尺寸24和20可省略。完成组合体的尺寸标注，如图1-4-13d)所示。

4. 组合体投影图的读图

读图又叫看图、识图、识读等，就是根据物体的投影图想象出物体的空间形状。画图是由物到图，而读图则是由图到物。读图时，除了应熟练地运用投影规律进行分析外，还应掌握读图的基本方法。读图的基本方法，可概括为形体分析法、线面分析法和画轴测图等方法。

1)形体分析法

形体分析法就是在组合体投影图上分析其组合方式、组合体中各基本体的投影特性、表面连接以及相互位置关系，然后综合起来想象组合体空间形状的分析方法，如图1-4-14所示。

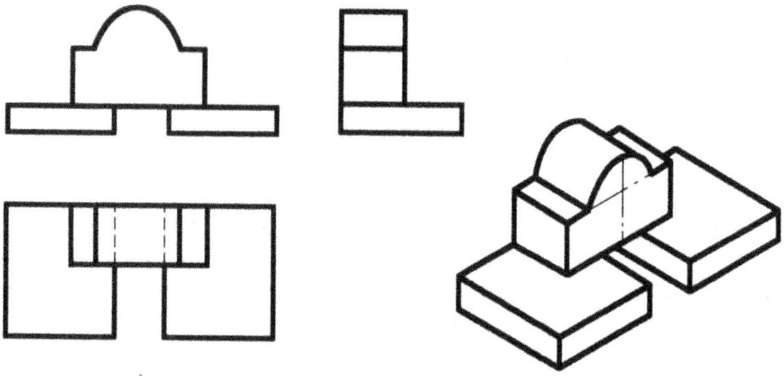

a)　　　　　　　　　　　　b)

图 1-4-14　形体分析法

a）三面投影图；b）轴测图

2）线面分析法

它是由直线、平面的投影特性，分析投影图中某条线或某个线框的空间意义，从而想象其空间形状，最后联想出组合体整体形状的分析方法，如图 1-4-15 所示。

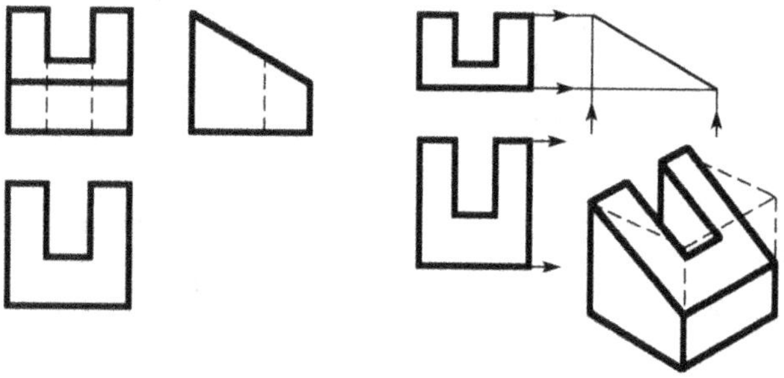

a)　　　　　　　　　　　　b)

图 1-4-15　线面分析法

a）三面投影图；b）线面分析联想整体

3）画轴测图法

画轴测图法就是利用画出正投影图的轴测图来想象和确定组合体的空间形状的方法。实践证明，此法是初学者容易掌握的辅助识图方法，同时，它也是一种常用的图示形式。

5. 读图的要点

1）联系各个投影想象（图 1-4-16）。

图 1-4-16　将已知投影图联系起来看

2）注意找出特征投影（图 1-4-17）。

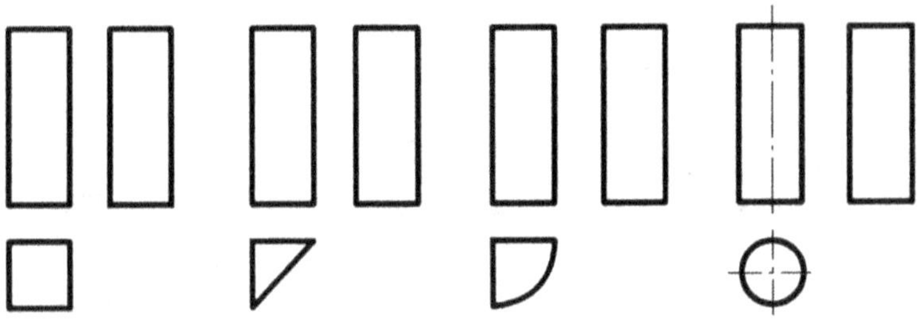

图 1-4-17　H 面投影均为特征投影

a）长方体；b）三棱柱体；c）1/4 圆柱体；d）圆柱体

3）明确投影图中直线和线框的意义（图 1-4-18）。

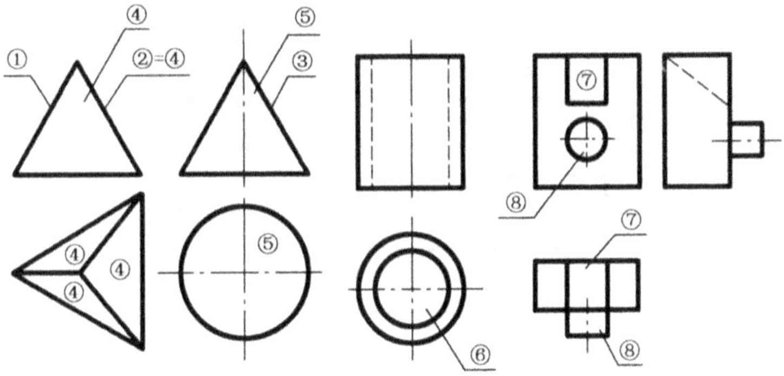

图 1-4-18　投影图中线和线框的意义

a）三棱锥体；b）圆锥体；c）圆筒体；d）带有槽口的长方体

（1）投影图中直线的意义。由上述可知，投影图中的一条直线，一般有如下三种意义：

①可表示形体上一条棱线的投影；

②可表示形体上一个面的积聚投影；

③可表示曲面体上一条轮廓素线的投影。

（2）投影图中线框的意义。由图 1-4-18 可知，投影图中的一个线框，一般也有三种意义：

①可表示形体上一个平面的投影；

②可表示形体上一个曲面的投影；

③可表示形体上孔、洞、槽或叠加体的投影。对于孔、洞、槽，其他投影上必对应有虚线的投影。

6. 组合体投影图读图的方法和步骤

（1）分析投影图。抓住主要特征，根据给出的投影，先“粗读”一遍，运用形体分析法作一个大概的分析，然后，采用线面分析法“精读”。对比较复杂的组合体，可同时采用两种方法互相补充。

（2）综合起来想象整体。在投影图上，根据对线框的分析，假想把组合体分解成几个组成部分，利用“三等关系”找出各组成部分在其他两个投影图中的对应投影，再根据基本形体的投影特性，想象出每一块基本形体的形状，最后根据它们的相对位置和表面连接情况，逐渐形成一个整体的形象。一般是以形体分析为主,综合线面分析,结合想象得出组合体的全貌。

【例 1-4-4】 补绘图 1-4-19a)中 H 投影所缺少的图线。

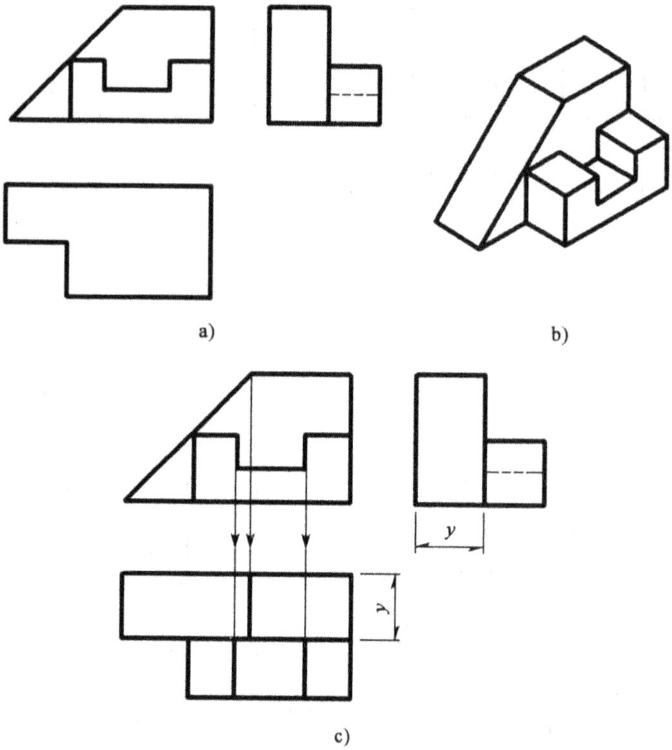

图 1-4-19 补绘 H 面投影所缺少的图线

a)已知条件;b)轴测图;c)补绘投影图

【例 1-4-5】 如图 1-4-20a)所示,已知形体的正面投影和侧面投影,求水平投影。

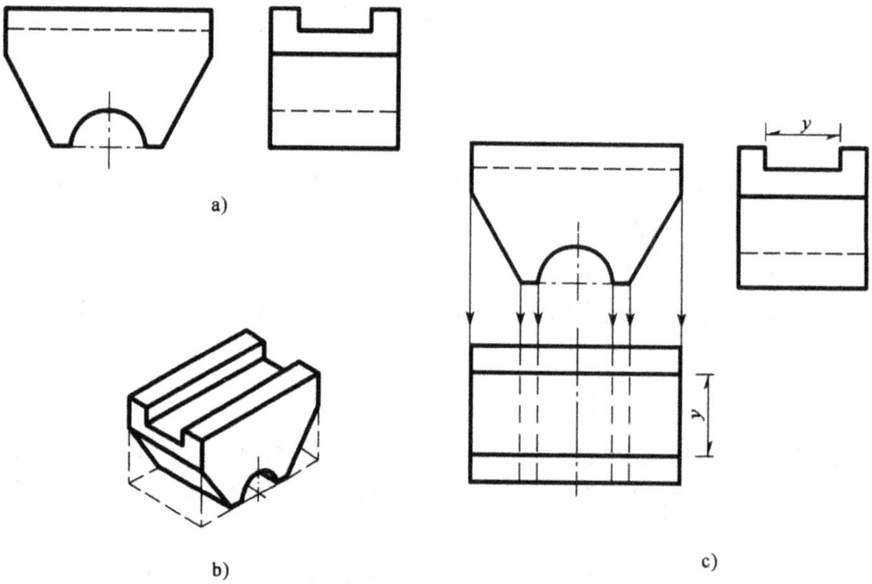

图 1-4-20 补绘 H 面投影

a)已知条件;b)轴测图;c)补绘投影图

二、任 务 实 施

1. 任务布置

任务一：识读组合体投影图

①已知形体的立体图和两面投影图，补画第三面投影图，如图 1-4-21 所示。

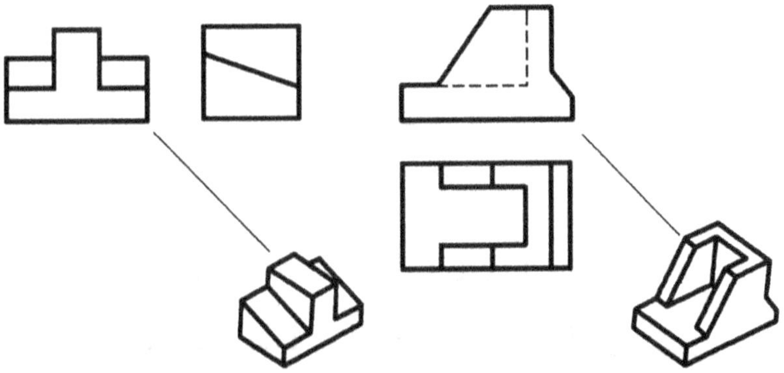

图 1-4-21　补画第三面投影图(一)

②已知重力式桥台的立体图和两面投影图，补画第三面投影图，如图 1-4-22 所示。

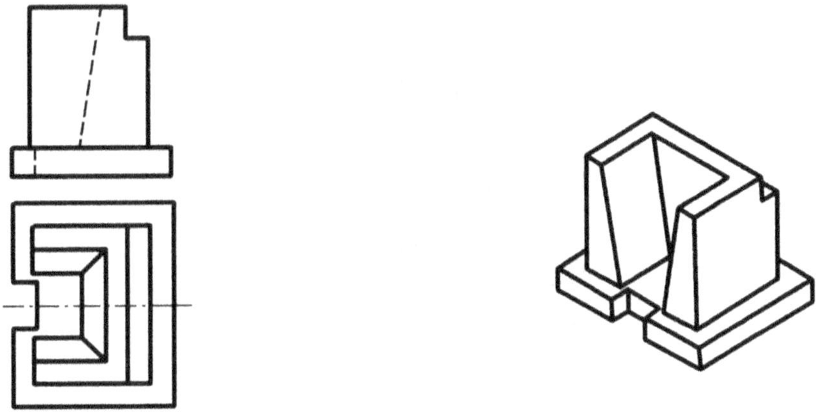

图 1-4-22　补画第三面投影图(二)

③已知形体的两面投影图，补画第三面投影图，如图 1-4-23 所示。

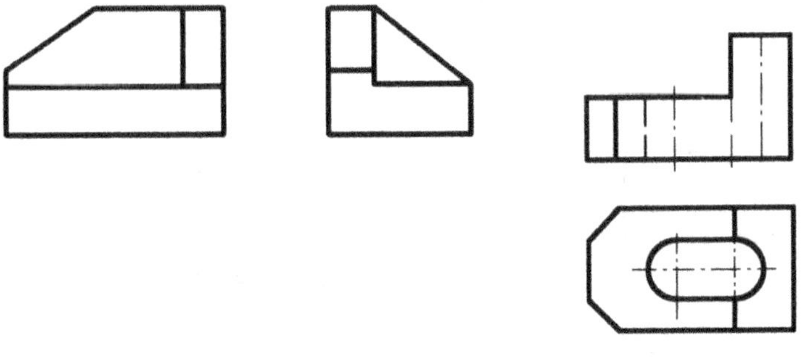

图　1-4-23

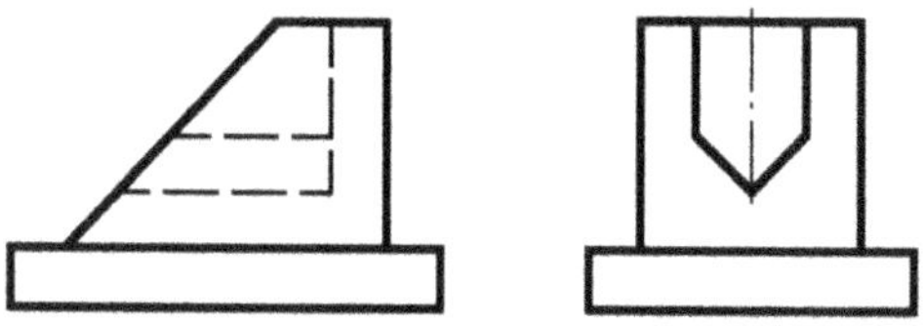

图 1-4-23　补画第三面投影图(三)

④补全投影图中所缺的线条,如图 1-4-24 所示。

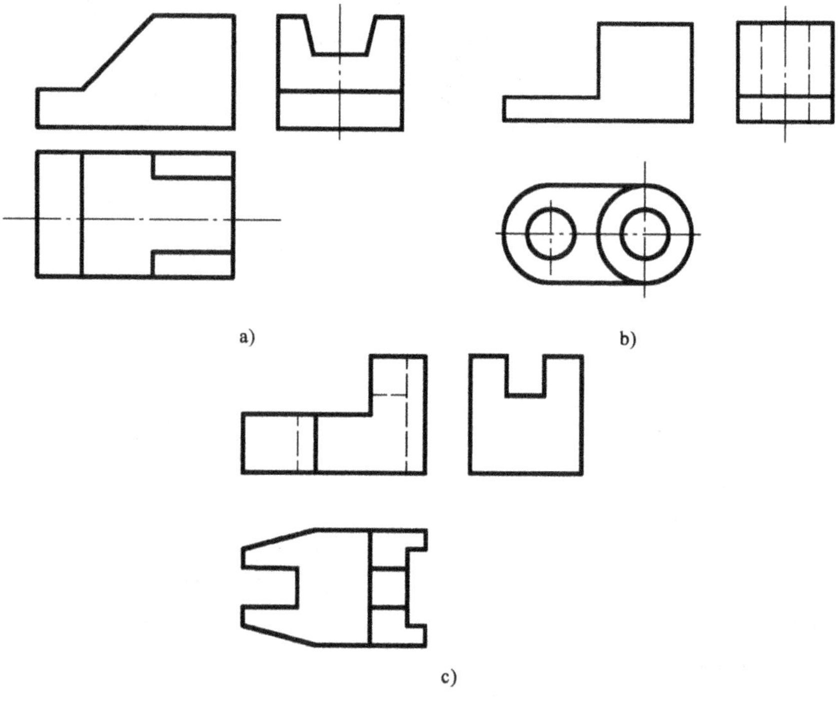

图 1-4-24　补全所缺线条

任务二:组合体投影图的尺寸标注

①已知形体的两面投影图及尺寸标注,指出图中定形尺寸、定位尺寸和总尺寸,如图 1-4-25所示。

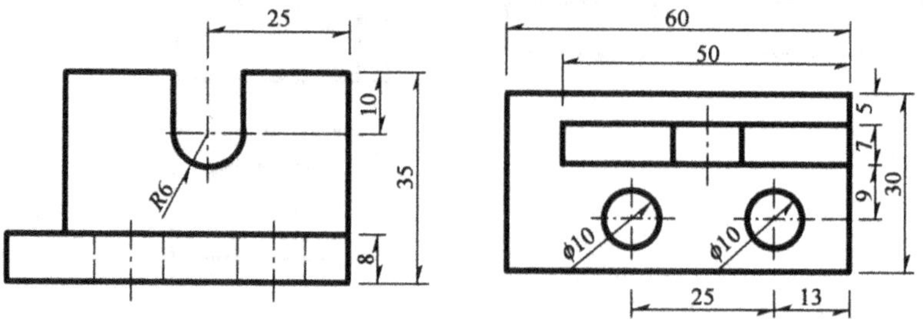

图 1-4-25　标注尺寸(一)

②已知形体的三面投影图，标注出形体的尺寸（尺寸数字按图实量）如图1-4-26所示。

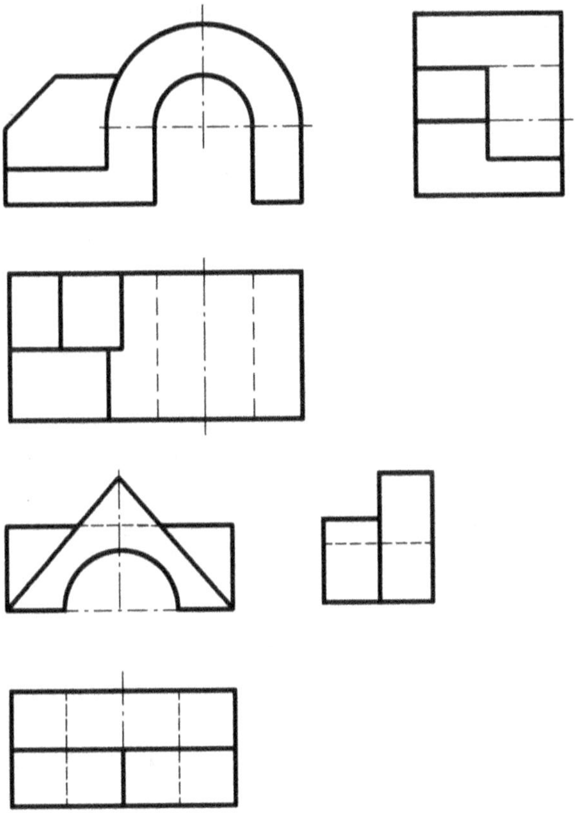

图1-4-26　标注尺寸（二）

三、学习效果评价反馈

1. 学生自评

每位学生根据本学习任务的学习目标，自主选择完成下述[自测1]~[自测4]，并根据表1-4-1的要求，完成自我检验。

[自测1] 识读组合体投影图，已知形体的立体图和两面投影图，补画出第三面投影图。

[自测2] 已知形体的两面投影图，补画第三面投影图。

[自测3] 补全投影图中所缺的线条。

[自测4] 组合体投影图的尺寸标注。

学生自评表　　表1-4-1

<table>
<tr><td colspan="8">任务名称:组合体的投影</td></tr>
<tr><td>组号</td><td></td><td>姓名</td><td></td><td>学号</td><td></td><td>自评成绩</td><td></td></tr>
<tr><td colspan="2">题号</td><td>自测1</td><td>自测2</td><td>自测3</td><td>自测4</td><td colspan="2">合计</td></tr>
<tr><td colspan="2">分数</td><td>20</td><td>20</td><td>20</td><td>40</td><td colspan="2">100</td></tr>
<tr><td colspan="2">得分</td><td></td><td></td><td></td><td></td><td colspan="2"></td></tr>
</table>

2. 任课教师评价

任课教师根据学生的学习态度，对识读组合体投影图，组合体投影图的尺寸标注等方面综合情况，按表1-4-2的要求，完成教师对学生的评价。

教师对学生的学习效果评价表　　表1-4-2

组号		姓名		学号		成绩	
任务名称：组合体的投影							
评价内容		评价依据				分数	得分
学习态度情况		上课纪律、学习主动性等评价				20	
任务自测情况		自测成果的正确性与准确性、完成成果的质量				30	
作业图面质量		布图匀称、图线清晰、图面整洁				20	
学生独立解决问题能力		主要对学生的创新思维能力、组织能力，学生在遇到问题时的判断能力等评价				30	
教师签名		日期				合计	

学习任务五　轴测投影图

学习目标

1. 叙述轴测投影的基本知识；
2. 知道正轴测投影图和斜轴测投影图的画法；
3. 分析正轴测投影和斜轴测投影的区别，确定土木工程中轴测投影的选取方法；
4. 根据轴测投影的基本知识完成课后[自测1]~[自测5]；
5. 正确绘制形体的轴测图，做到作图准确，图线分明，整洁美观。

任务描述

学生根据教师的授课内容，在已有《国标》学习的基础上，以个人为单位利用三角板、圆规等绘图工具，根据已知立体在三面投影体系中的投影，独立完成轴测投影图的绘制。

学习引导

本学习任务沿着以下脉络进行学习：

给出本节课的学习任务 → 介绍与任务相关的轴测图的基本知识 → 分析正等测和斜二测轴测图的区别及绘制方法 → 根据投影图绘制形体的轴测图

一、相关知识

1. 轴测投影的基本知识

1）轴测投影的形成

多面正投影图能完整地确定工程形体的形状及各部分的大小，作图简便，是工程上广泛采用的图示方法。但这种图立体感较差，不易看懂。如果能在形体的一个投影上同时反映形体的长、宽、高三个方向的尺寸，则这样的图便会具有立体感。

为此，可以选用一个不平行于任一坐标面的方向为投射方向，将形体连同确定该形体位置的直角坐标系用平行投影的方法一起投射到同一个投影面 P 上，这样得到的投影就能同时反映出形体的三个方向的尺寸。这种投影方法即为轴测投影法，得到的投影称为轴测投影，也称轴测图，如图 1-5-1 所示。

投影面 P 称为轴测投影面，坐标轴在轴测投影面上的投影称为轴测轴，分别标记为 O_1X_1、O_1Y_1、O_1Z_1。

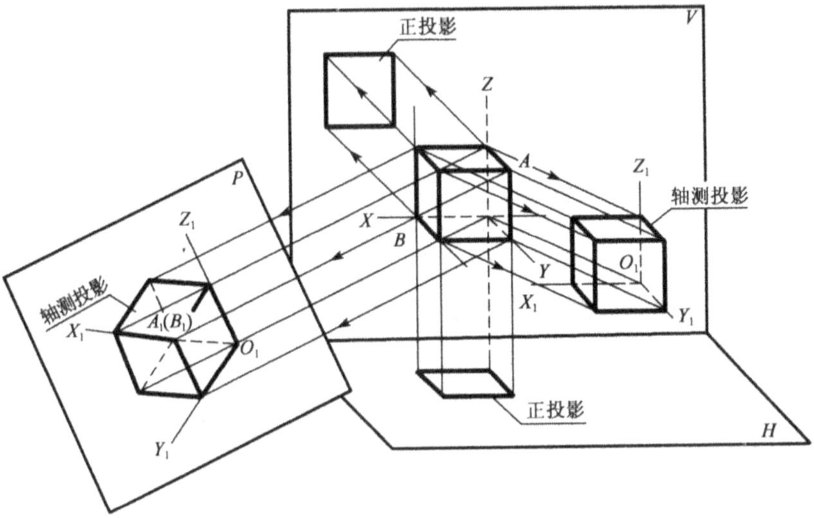

图 1-5-1　轴测投影的形成

2）轴测投影的分类

根据投射方向是否垂直于轴测投影面，轴测投影可分为两类。

（1）正轴测投影——投射方向垂直于轴测投影面。如图 1-5-2a）所示，将形体斜放，使其三个坐标轴方向都倾斜于一个投影面，然后用正投影的方法向该投影面投影，称为正轴测投影，由这种方法画出来的图称为正轴测投影图，简称正轴测图。

（2）斜轴测投影——投射方向倾斜于轴测投影面。如图 1-5-2b）所示，将形体正放，采用斜投影的方法向一个投影面投影，称为斜轴测投影，由这种方法画出来的图称为斜轴测投影图，简称斜轴测图。

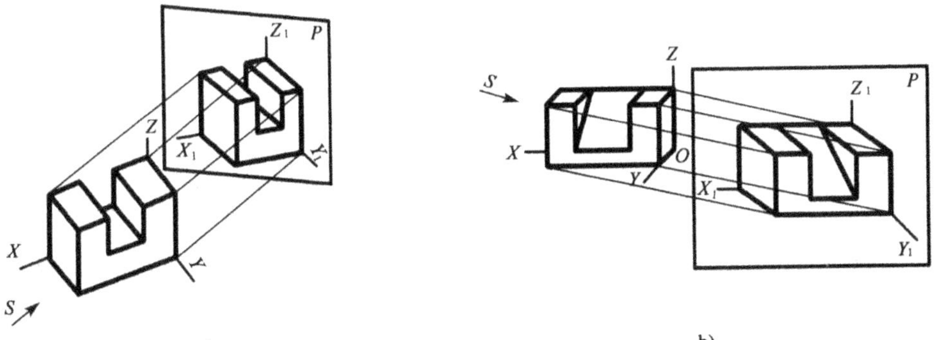

图 1-5-2　正轴测投影和斜轴测投影

a）正轴测投影 b）斜轴测投影

3）轴间角和轴向伸缩系数

如图1-5-1所示，在P平面上轴测轴O_1X_1、O_1Y_1、O_1Z_1之间的夹角$\angle X_1O_1Y_1$、$\angle Y_1O_1Z_1$、$\angle Z_1O_1X_1$称为轴间角。

直线OA、OB、OC分别在坐标轴OX、OY、OZ上，其轴测投影O_1A_1、O_1B_1、O_1C_1分别在其相应轴测轴O_1X_1、O_1Y_1、O_1Z_1上，人们习惯上把直线的轴测投影的单位长度与其相应于坐标轴上单位长度之比称为轴向伸缩系数。即：

X轴的轴向伸缩系数：$p = \dfrac{O_1A_1}{OA}$

Y轴的轴向伸缩系数：$q = \dfrac{O_1B_1}{OB}$

Z轴的轴向伸缩系数：$r = \dfrac{O_1C_1}{OC}$

轴测轴和轴向伸缩系数是绘制轴测图的两大基本要素。不同种类的轴测图，各有不同的轴测轴和轴向伸缩系数。

按照轴测图的轴向伸缩系数不同，可分为：

（1）正（斜）等测：

$$p = q = r$$

（2）正（斜）二测：

$$p = q \neq r \text{ 或 } p \neq q = r \text{ 或 } p = r \neq q$$

（3）正（斜）三测：

$$p \neq q \neq r$$

4）轴测投影的特性

由于轴测图是采用平行投影方法绘制的，因此各种轴测图都具有以下两点性质。

（1）空间平行直线的轴测投影仍然互相平行。所以与坐标轴平行的线段，其轴测投影也平行于相应的轴测轴。

（2）只有与坐标轴平行的直线，其投影长度才等于实长乘以相应的轴向伸缩系数，也就是说，只有沿轴的方向才能度量尺寸，凡不是沿轴方向的直线一律不能直接度量长度。

2. 正等测轴测投影

1）轴向伸缩系数及轴间角

（1）轴向伸缩系数。为了作图简便，人们在实际画图中，通常采用简化系数作图，常用的简化系数如下：

①在正等测中：$p = q = r = 1$；

②在正二测中：$p = q = r = 0.5$。

（2）轴间角。在正轴测投影中，只要确定了空间坐标系与轴测投影面的相对位置，则变形系数和轴间角也就随之确定了。

①正等测。$\angle X_1O_1Y_1 = \angle Y_1O_1Z_1 = \angle Z_1O_1X_1 = 120°$，画法如图1-5-3所示，但$O_1Z_1$轴一般应垂直。

②正二测。$\angle X_1O_1Y_1 = \angle Y_1O_1Z_1 = 131°25'$，$\angle Z_1O_1X_1 = 97°10'$。

2）正轴测投影图的画法。

（1）坐标法。对形体引入坐标系，量取各控制点的坐标，乘以相应的轴向伸缩系数，得各点的轴测尺寸，沿轴测轴截取这些尺寸，可得各点的轴测图。由点连成线，得形体的轴测投影。

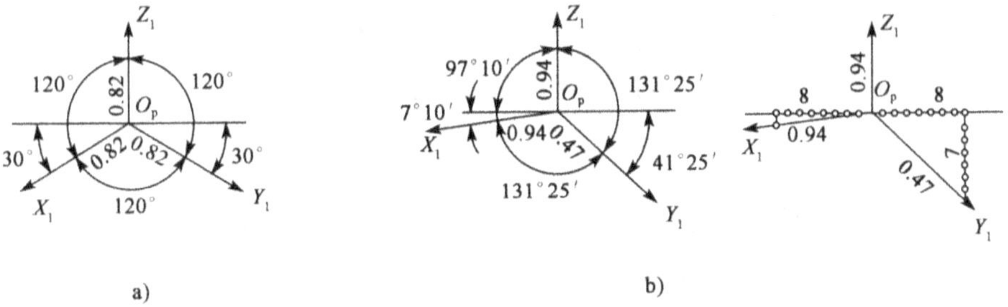

图 1-5-3　正轴测投影图的轴间角和轴向伸缩系数

a）正等测轴间角和轴向伸缩系数；b）正二测轴间角和轴向伸缩系数

【例 1-5-1】　已知四棱柱的投影图，如图（1-5-4a）所示，求作它的正等轴测图。

作图步骤：

①在正投影图上定出原点和坐标轴的位置，如图 1-5-4a）所示；

②画轴测轴，在 O_1X_1 和 O_1Y_1 上分别量取 a、b，画出四棱台底面的轴测图，如图 1-5-4b）所示；

③在底面上用坐标法根据尺寸 c、d 和 h 作棱台各角点的轴测图，如图 1-5-4c）所示；

④依次连接各点，擦去多余的线并描深，即得四棱台的正等测图，如图 1-5-4d）所示。

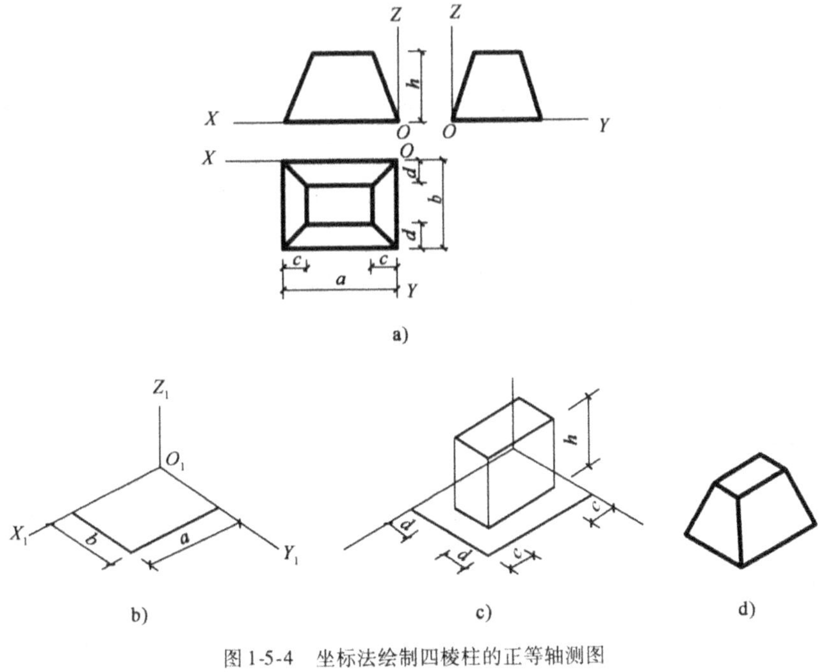

图 1-5-4　坐标法绘制四棱柱的正等轴测图

a）定出原点和坐标轴；b）四棱台底面轴测图；c）棱台各角点的轴测图；d）四棱台的正等轴测图

【例 1-5-2】　画圆的正轴测图。

现以 XOY 坐标面上圆的正轴测投影为例，如图 1-5-5 所示。

作图步骤：

①确定坐标原点，画出圆的外切正方形，如图 1-5-5a）所示；

②画出外切正方形的正轴测投影即菱形，如图 1-5-5b）所示；

③菱形的短对角线端点分别为 O_1、O_2，连接 O_1A_1、O_1B_1、O_2C_1、O_2D_1，它们分别垂直于菱形的相应边，并交长对角线于 O_3、O_4，得到四个圆心 O_1、O_2、O_3、O_4，如图 1-5-5c）所示；

④分别以 O_1、O_2 为圆心，O_1A_1 为半径作圆弧，如图 1-5-5d）所示；

⑤分别以 O_3、O_4 为圆心，O_3A_1 为半径作圆弧，如图 1-5-5e）所示。

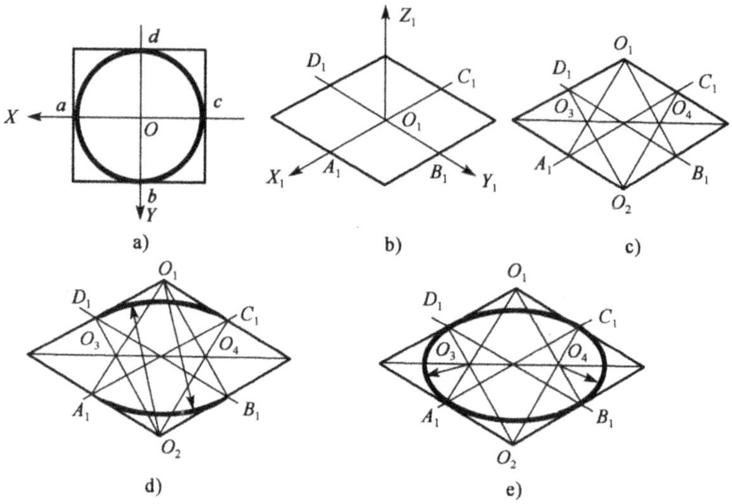

图 1-5-5　圆的正轴测图

a）画出圆的外切正方形；b）画出菱形；c）找出 O_1、O_2、O_3 和 O_4；d）以 O_1、O_2 为圆心，O_1A_1 为半径作圆弧；e）以 O_3、O_4 为圆心，O_3A_1 为半径作圆弧

（2）叠加法。当形体是由几个基本体叠加而成时，可逐一画出各个基本体的轴测图，然后再按基本体之间的相对位置将各部分叠加而形成叠加类形体的轴测图。

【例 1-5-3】　已知某桥台模型的投影图，求作它的正等轴测图（图 1-5-6）。

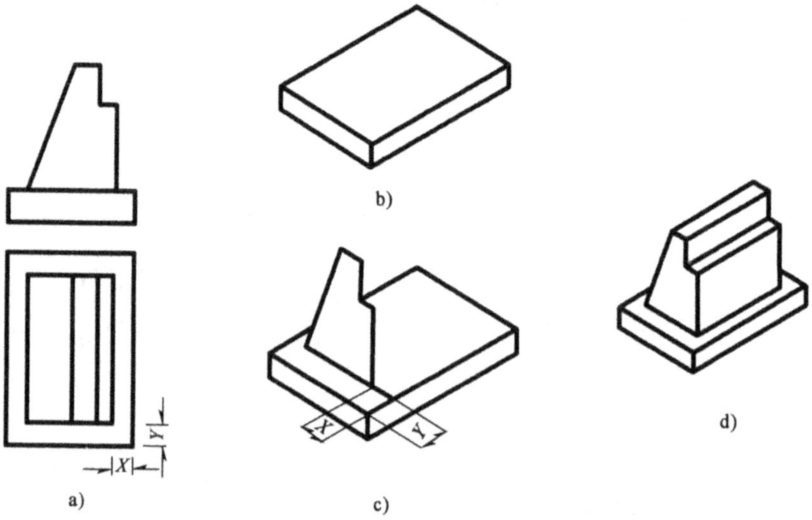

图 1-5-6　叠加法绘制桥台的正等轴测图

a）投影图；b）正等轴测图；c）画出台身端面；d）画完台身

作图步骤：

①根据轴测投影坐标系绘制基础的正等轴测图［图 1-5-6b）］；

②根据图 1-5-6a）在基础顶面上正确定位画出台身端面[图 1-5-6c）]；

③根据投影图中台身的长度画完台身[图 1-5-6d）]。

(3)切割法。对于能从基本形体经切割得到的形体，可以先画出基本形体的轴测图，然后再在轴测图上去掉应切除的部分。

【例 1-5-4】 已知某形体的三面投影图，求作它的正等轴测图（图 1-5-7）。

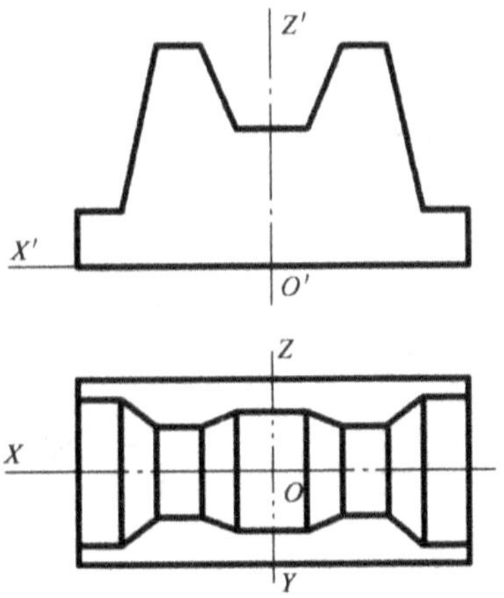

图 1-5-7　形体三面投影图

作图步骤：

①确定形体的中心，作出最外围的基本体四棱柱[图 1-5-8a）]；

②作出中间的四棱台[图 1-5-8b）]；

③切割四棱台两端部分[图 1-5-8c）]；

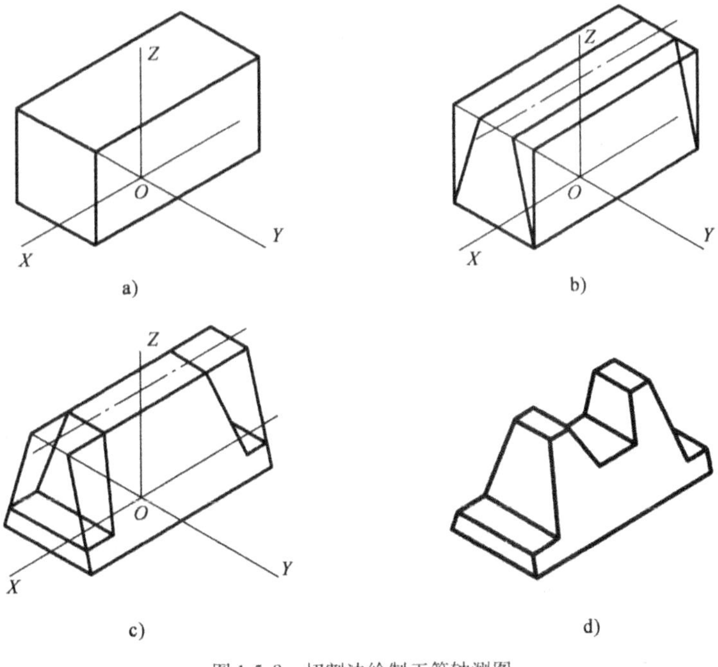

图 1-5-8　切割法绘制正等轴测图

a）作出基本体四棱柱；b）作出中间的四棱台；c）切割四棱台两端部分；d）切割中间部分，完图

④切割四棱台中间部分，擦去多余线条并加粗[图 1-5-8d)]。

【例 1-5-5】 根据带切口圆柱的投影图，作正等轴测图(图 1-5-9)。

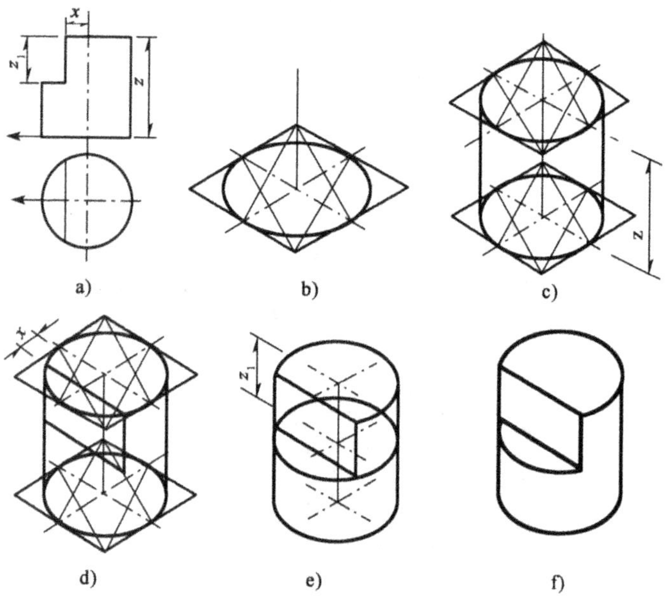

图 1-5-9 带切口圆柱的正等轴测图画法

a)选原点；b)底图的正等轴测图；c)圆柱的正等轴测图；d)切口侧平面的轴测投影；e)切口水平圆的正等轴测投影；f)该形体的正等轴测图

分析：先作出完整圆柱体的轴测投影，然后分别作出切口侧平面和水平面的轴测投影。

作图步骤：

①选择坐标原点于底圆圆心[图 1-5-9a)]；

②作出底图的正等轴测投影[图 1-5-9b)]；

③沿 O_1Z_1 方向量取 z，作出顶面图的正等轴测投影，作直线平行于 O_1Z_1 轴与椭圆相切即轮廓素线，得到圆柱的正等轴测图[图 1-5-9c)]；

④沿 O_1X_1 轴方向量取 x，作直线平行于 O_1Y_1 轴，作出切口侧平面的轴测投影[图 1-5-9d)]；

⑤沿 O_1Z_1 轴方向量取 z_1，作出切口水平圆的正等轴测投影[图 1-5-8e)]，即得到该形体的正等轴测图[图 1-5-9f)]。

3. 斜二测轴测投影

1)轴向伸缩系数及轴间角

图 1-5-10 是用平行斜投影得到的斜轴测投影。它是以平行于 XOZ 面的 P 面为轴测投影面。在这种轴测斜投影中，凡是平行于 XOZ 坐标面的平面图形，其斜轴测投影反映实形，故称为正面斜轴测投影。

正面斜轴测投影的轴向伸缩系数 $p = r = 1$，$q = 0.5$，轴间角 $\angle X_1O_1Y_1 = \angle Y_1O_1Z_1 = 135°$，$\angle Z_1O_1X_1 = 90°$，如图 1-5-11 所示。

2)正面斜轴测图

【例 1-5-6】 根据台阶的正投影图[图 1-5-12a)]，求作它的正面斜轴测图。

作图步骤：

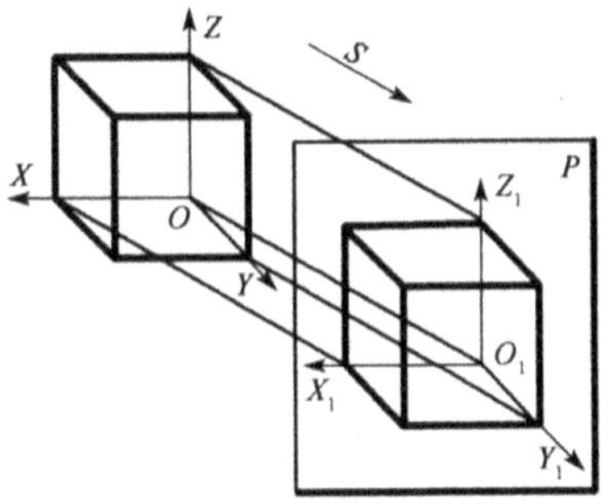

图 1-5-10　斜二测投影图

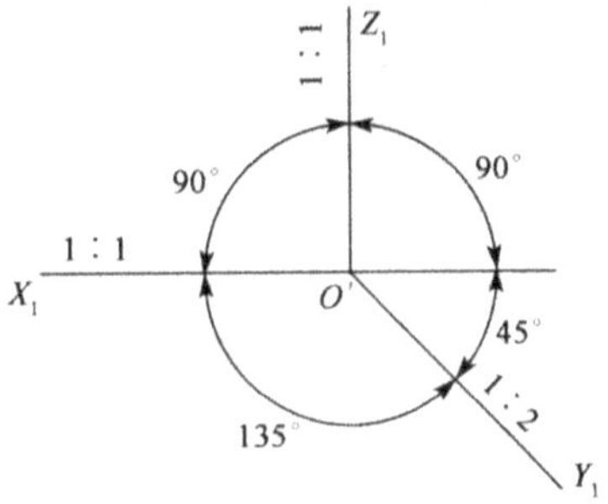

图 1-5-11　斜二测的轴间角和轴向伸缩系数

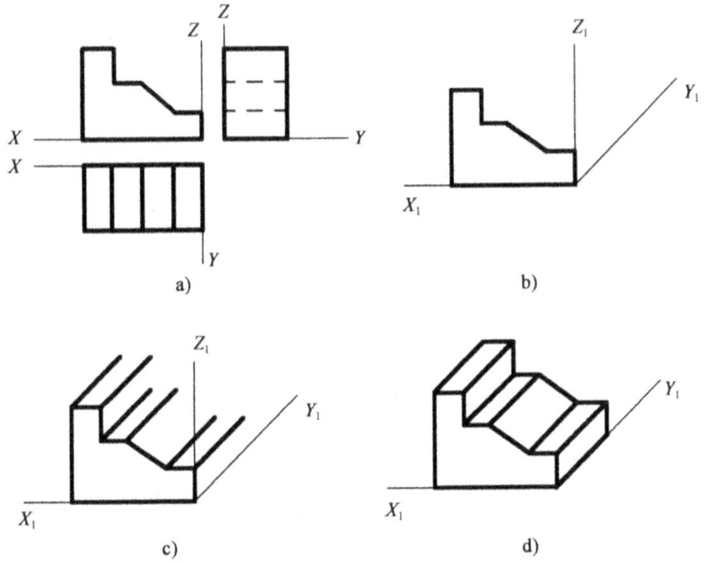

图 1-5-12　台阶的正面斜轴测图画法

a)定出原点和坐标轴；b)正立面图；c)作平行线；d)作出斜二测图

①在正投影图上定出原点和坐标轴的位置[图 1-5-12a)]；

②画出斜二测图的轴测轴，并在 X_1Z_1 坐标面上画出正立面图[图 1-5-12b)]；

③过各角点作 Y_1 轴平行线，长度等于宽度的一半[图 1-5-12c)]；

④将平行线各角点连起来加深即得其斜二测[图 1-5-12d)]。

4. 轴测投影图的选择

绘制物体轴测投影的主要目的是使所画图形能反映出物体的主要形状，赋予立体感，并大致符合我们日常观看物体时所得的形象。由于在轴测投影图中一般不画虚线，所以图形中物体各部分的可见性对于表达物体形状来说具有特别重要的意义。

(1)选择轴测投影应考虑的两个方面。选择哪一种轴测投影来表达一个物体，应按物体的形状特征和对立体感程度的要求综合考虑而确定。通常应从两个方面考虑，首先是直观性，也就是画出的轴测投影立体感强，尽可能多地表达清楚物体各部分的形状，尤其是要把物体的主要形状和特征表达清楚；其次是作图的简便性，也就是能够较为简捷地画出这个物体的轴测投影。

(2)对土木建筑工程中常用的几种轴测投影的一般比较。对表 1-5-1 所列的土木建筑工程中常用的五种轴测投影而言，在一般情况下，正二测的直观性和立体感最好，其次是正等测，再次是正面斜二测，正面斜等测和水平斜等测最差；但作图的简便性恰恰相反，正面斜等测和水平斜等测作图最简捷，其次是正面斜二测和正等测，正二测作图最复杂。

土木建筑工程中常用的几种轴测投影 表 1-5-1

轴测投影的类型	正　等　测	正　二　测	正面斜等测	正面斜二测	水平斜等测
轴间角和轴向伸缩系数或简化系数	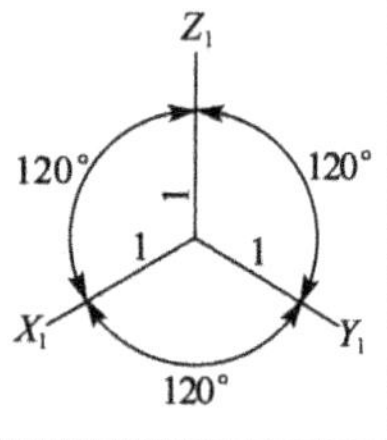	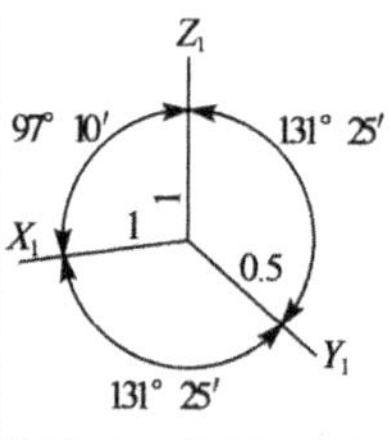	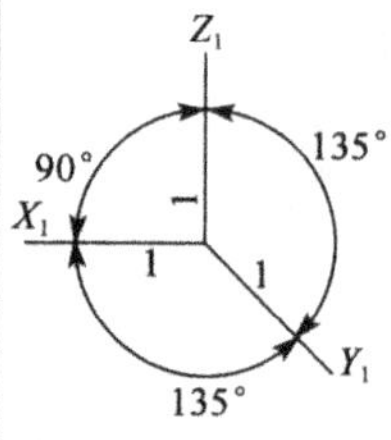	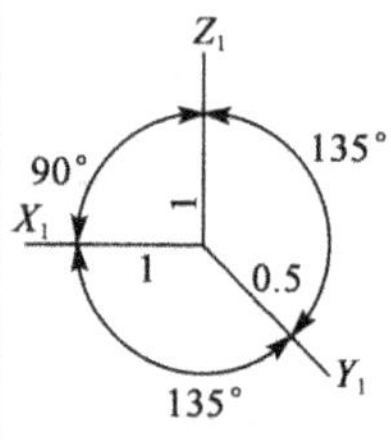	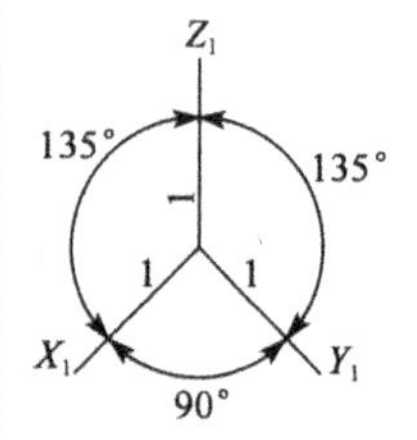
参考轴测轴和参考立方体的轴测图	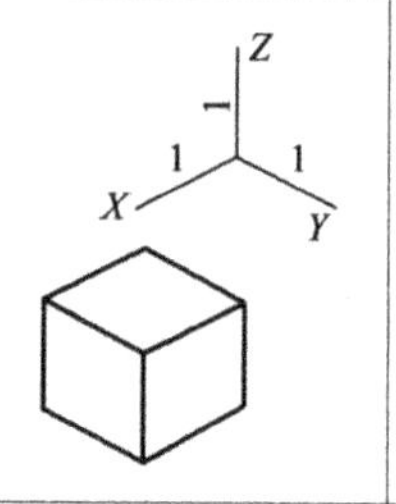	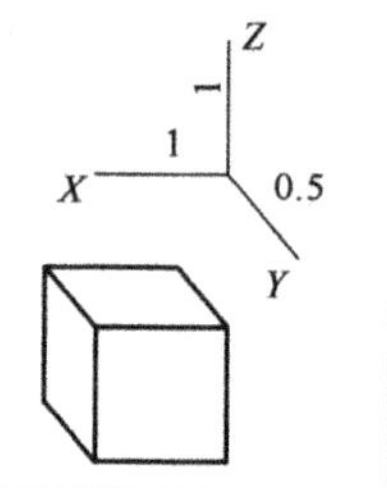	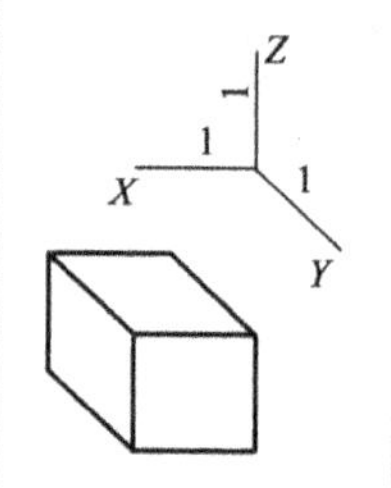	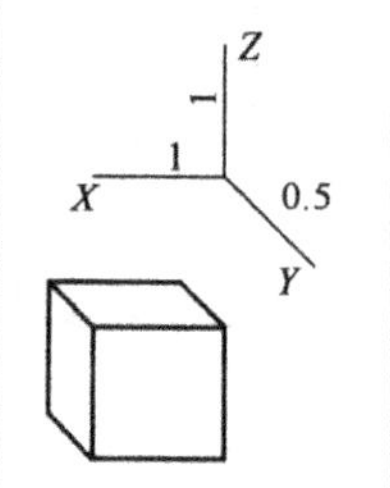	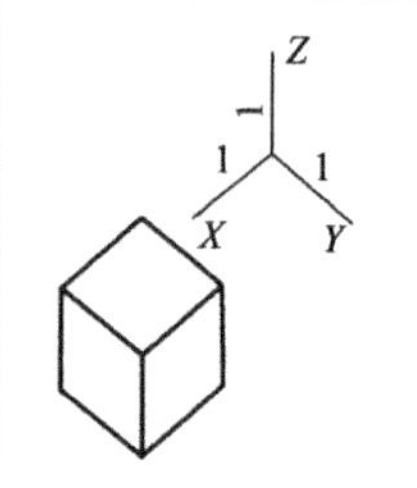
说明	表中所列的是简化系数，轴向伸缩系数是 $p_1=q_1=r_1\approx0.82$	表中所列的是简化系数，轴向伸缩系数是 $p_1=r_1\approx0.94$； $q_1\approx0.47$	表中所列的是轴向伸缩系数：Y 轴与 Z 轴的轴间角常用 120°、135°、150°，Z 轴保持铅直，可变动 Y 轴，最常用的是 135°	表中所列的是轴向伸缩系数：Y 轴与 Z 轴的轴间角常用 120°、135°、150°，Z 轴保持铅直，可变动 Y 轴，最常用的是 135°	表中所列的是轴向伸缩系数：Y 轴与 Z 轴的轴间角常用 120°、135°、150°，Z 轴保持铅直，可变动 X 轴和 Y 轴，最常用的 Y 轴与 Z 轴的轴间角是 135°

（3）增强轴测投影的直观性和立体感应注意的问题。当所要表达的物体部分成为不可见或有的表面成为一条线的时候，就不能把它表达清楚。例如图 1-5-13b）所示是图 1-5-13a）中物体的正等轴测投影，它不能反映出物体上的孔是不是通孔，但若画成图 1-5-13c）所示的正面斜二测投影，就能充分表示清楚了。

又如图 1-5-14b）所示是图 1-5-14a）所示物体的正等测投影，其未能反映出后壁左边的矩形孔，而画成图 1-5-14c）的正面斜二测投影，就要好得多。

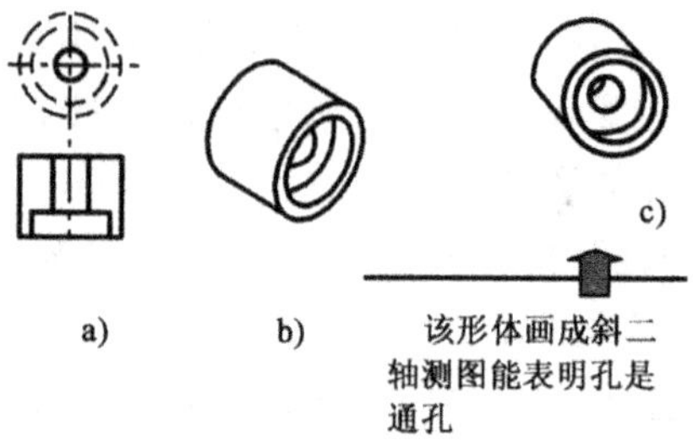

图 1-5-13　要反映物体的特征

a）投影图；b）正等轴测投影；c）正面斜二测投影

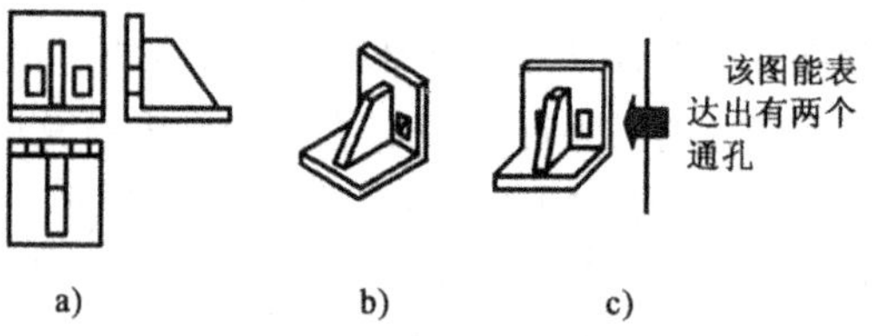

图 1-5-14　要反映物体的主要形状

a）投影图；b）正等测投影；c）正面斜二测投影

在图 1-5-15a）中，物体的正等轴测投影有两个平面成为直线，不能反映出物体的特征，而如图 1-5-15b）所示，由于画成正面斜二测投影，也就是改变了投射方向，可以得到较为满意的结果。

图 1-5-16a）中直立圆画成斜二测投影，有弯扭失真之感，不如画成图 1-5-16b）中的正等轴测投影。

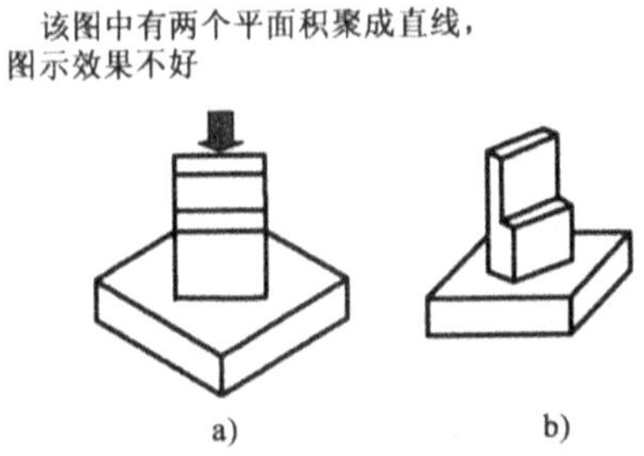

图 1-5-15　避免物体上表面投影成直线

a）正等轴测投影；b）正面斜二测投影

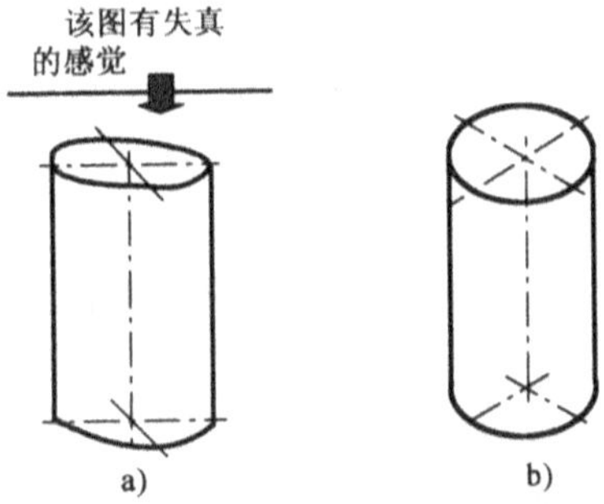

图 1-5-16　观察方向的选择

a）斜二测投影；b）正等轴测投影

观察方向对于表达物体形状，显示物体特征也具有十分重要的作用，例如图 1-5-17a）中的正面斜二等轴测投影是从左、前、上方投射物体所得的，比图 1-5-17b）中的从右、前、上方投射物体所得到的正面斜二等轴测投影要明显。

图 1-5-18a）中的柱头是从下向上投射得到的图形，要比图 1-5-18b）中的从上向下投射得到的图形更能说明问题。

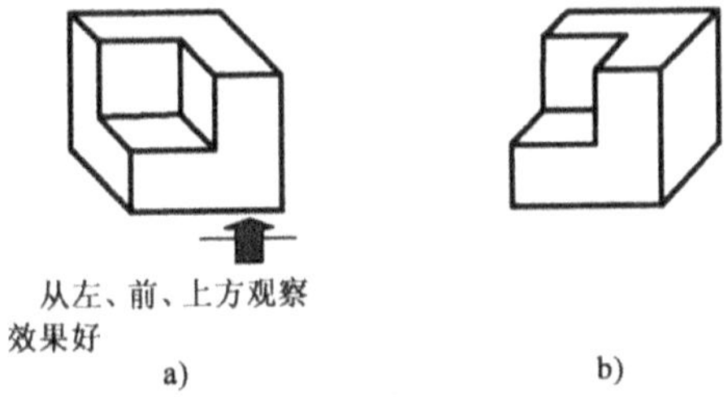

图 1-5-17　观察方向的选择

a）从左、前、上方投射；b）从右、前、上方投射

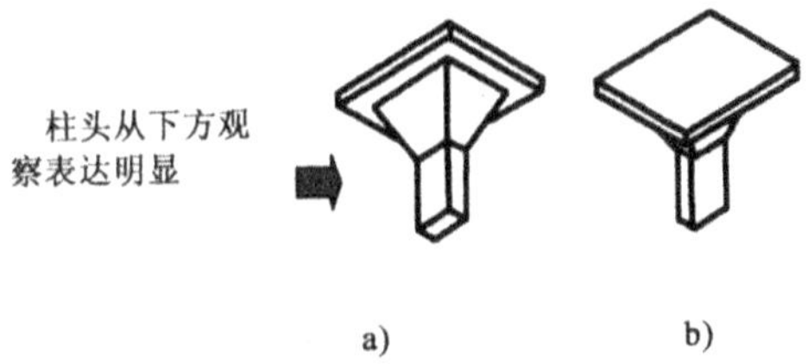

图 1-5-18　观察方向的选择

a）从下向上；b）从上向下

二、任 务 实 施

1. 任务布置

任务一：根据形体的三面投影图绘制形体的正等轴测图和形体的斜二测投影图。

1）基本资料

已知形体的三面投影图，如图 1-5-19 所示，图上尺寸以毫米（mm）为单位。

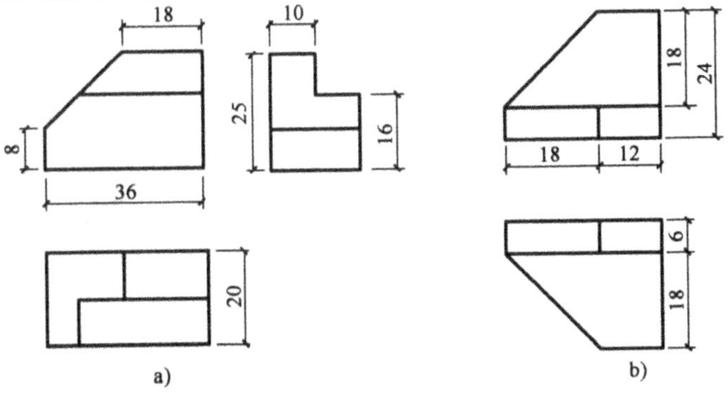

图 1-5-19　任务一

2）任务

根据已知形体的投影图作其正等轴测图。

3）要求

（1）先用2H铅笔轻而细地画出底图，待全图底图完成并经校对确认无误后，方可描黑加粗。

（2）做到作图正确，视图选择恰当。

（3）完成的作业图面质量应达到以下要求：

①图线清晰；

②图面整洁。

2. 案例教学

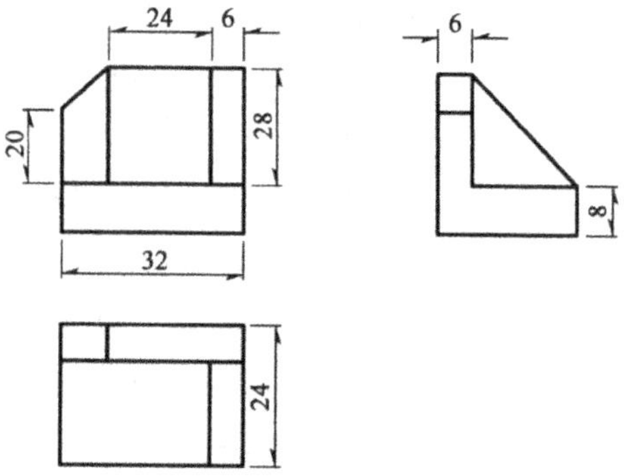

图1-5-20　案例1

［案例1］：作出形体的正等轴测图，如图1-5-20所示。

解：任务实施内容见表1-5-2（以叠加法为例）。

任务实施表

表1-5-2

序号	投影图	立体图（正等测）
1	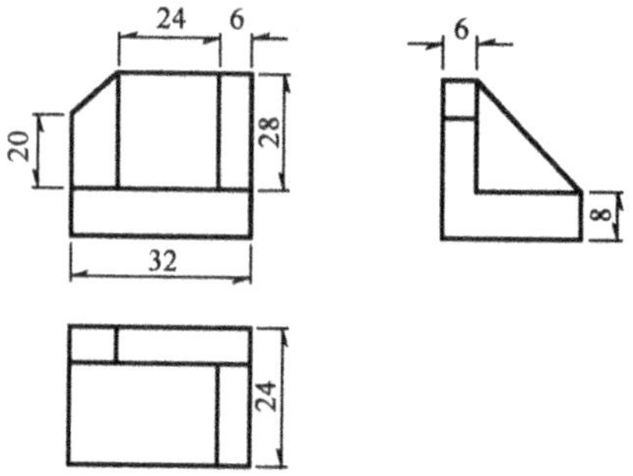	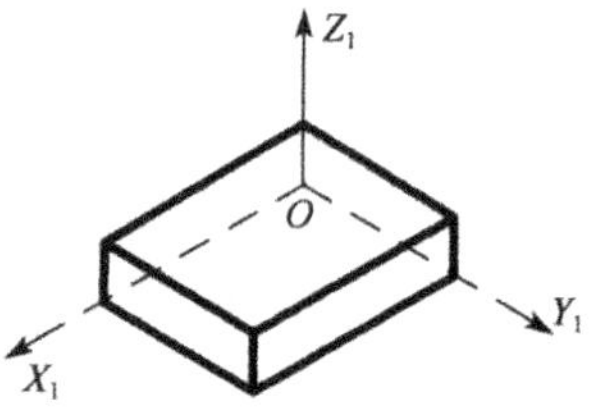
2	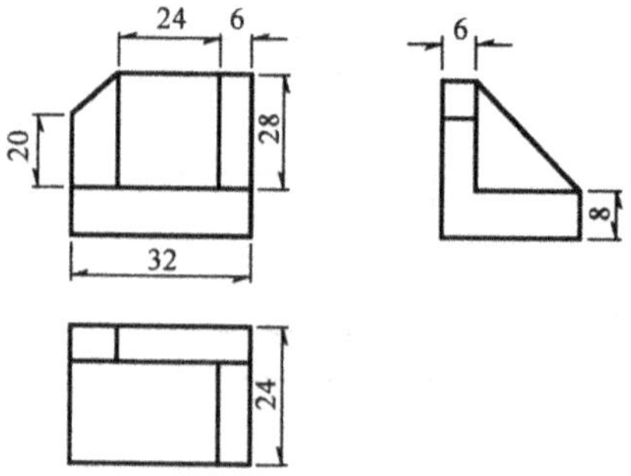	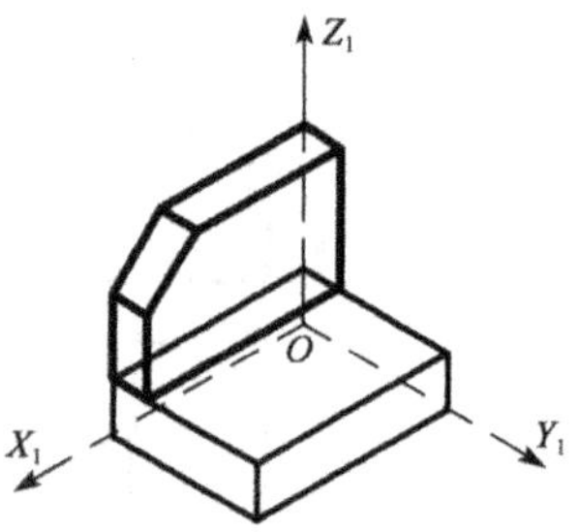

续上表

序号	投影图	立体图（正等测）
3	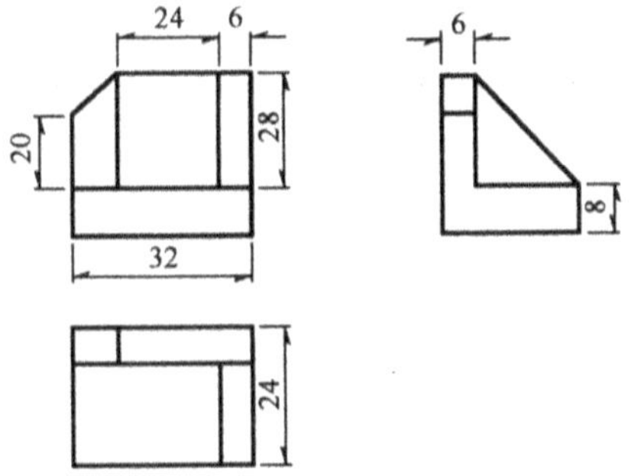	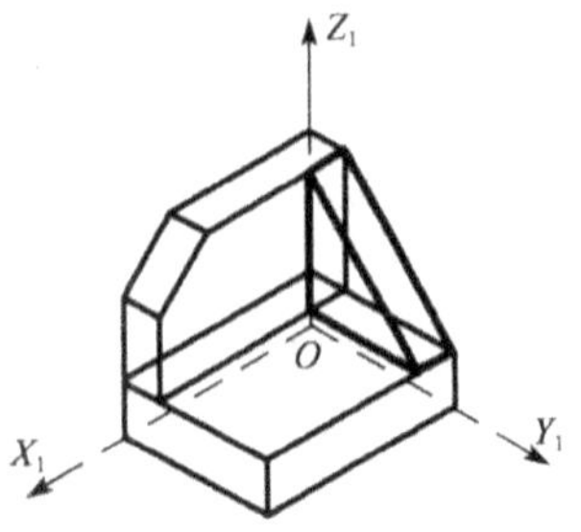
4	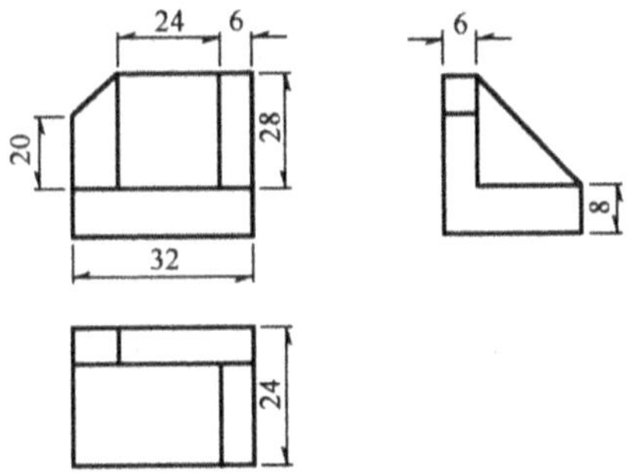	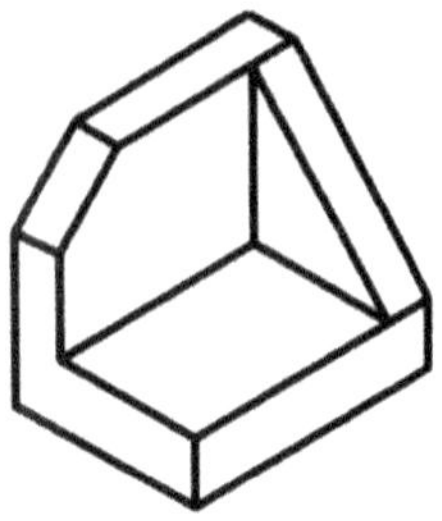

三、学习效果评价反馈

1. 学生自评

每位学生根据本学习任务的学习目标，自主完成下述[自测1]~[自测4]，并根据表1-5-3的要求，完成自我检验。

[自测1] 什么是轴测投影？如何分类？

[自测2] 正等轴测投影的轴间角和轴向伸缩系数的具体数值是多少？

[自测3] 如何绘制基本形体的正等测和斜二测轴测图？

[自测4] 用坐标法作出形体的正等测图，如图1-5-21所示。

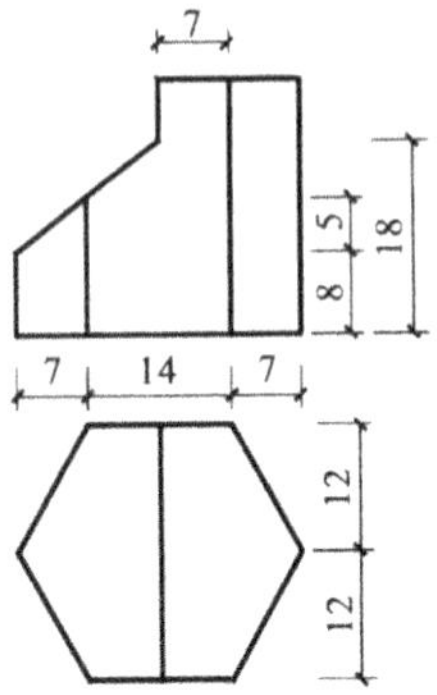

图1-5-21　自测4

学 生 自 评 表　　表1-5-3

任务名称：根据三视图绘制空间立体图							
组号		姓名		学号		自评成绩	
题号		自测1	自测2	自测3	自测4	合计	
分数		20	20	20	40	100	
得分							

2. 任课教师评价

主讲教师根据学生的学习态度，对学生知识的掌握情况作出综合评价，按表 1-5-4 的要求，完成教师对学生的评价。

教师对学生的学习效果评价表　　表 1-5-4

组号		姓名		学号		成绩	
任务名称：根据三视图绘制空间立体图							
评 价 内 容			评 价 依 据			分数	得分
学习态度情况			上课纪律、学习主动性等评价			20	
任务自测情况			自测成果的正确性与准确性			30	
作业图面质量			布图匀称、图线清晰、图面整洁			20	
学生独立解决问题能力			主要对学生的创新思维能力、组织能力，学生在遇到问题时的判断能力等评价			30	
教师签名			日期			合计	

学习情境二　路桥构件工程图

学习任务一　剖面图与断面图

学习目标

1. 叙述剖面图和断面图的概念、形成和用途；
2. 知道剖面图和断面图的画图方法、分类、使用条件及剖切符号的标注；
3. 分析各种剖面图、断面图的形成、适用范围及绘图要点；
4. 根据《国标》的要求完成作业；
5. 正确完成剖面图和断面图的剖切、标注和三面投影图。

任务描述

该任务是通过对内部复杂图形的三面投影的分析引出剖面图和断面图，然后详细讲解剖面图和断面图的概念、形成、绘图方法、标注及其分类和图示特点，以培养学生绘制和阅读剖面图和断面图的能力。该任务是采用教师课堂教学与学生讨论相结合的方式完成的，最终上交自测题答案。在接到任务后，学生应认真学习《国标》的相关要求，结合教师讲课并视需要收集其他相关信息以完成各项作业。

学习引导

本工作任务沿着以下脉络进行学习：

分析三面正投影的缺点→剖面图和断面图的产生→形体的剖切→剖切后的投影→投影的标注→剖面图和断面图的分类及使用范围

一、相关知识

1. 学习准备

在画物体的正投影图时，规定用实线表示物体的可见轮廓线，用虚线表示不可见的物体内部孔洞以及被外部遮挡的轮廓线。当物体的内部结构复杂或被遮挡的部分较多时，在投影中就会出现很多虚线，虚线间相互重叠或交叉，使图样不够清晰，较难识读，也不便于标注尺寸，如图 2-1-1 所示钢筋混凝土双杯基础的投影图。此外，工程上还常要求表示出工程建筑物的某一部分形状及所用建筑材料。为解决这一问题，假想用一个平面将形体切开，让其内部构造暴露出来，使形体中不可见的部分变成可见部分，然后用实线画出这些内部构造的投影图，这样既利于尺寸标注，又方便识图。这就是在工程上常采用的剖面图和断画图，如图 2-1-2 所示。

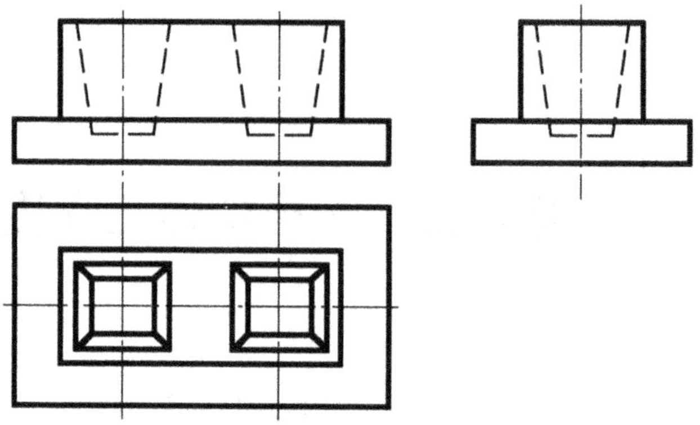

图 2-1-1　钢筋混凝土双杯基础的投影图

2. 剖面图

用假想剖切面剖开形体，将处在观察者和剖切面之间的部分移去，而将其余部分向投影面作投影，并将剖切面与物体接触面上剖面线或材料图例，这样得到的投影图称为剖面图。其目的是用于表达形体的内部结构。

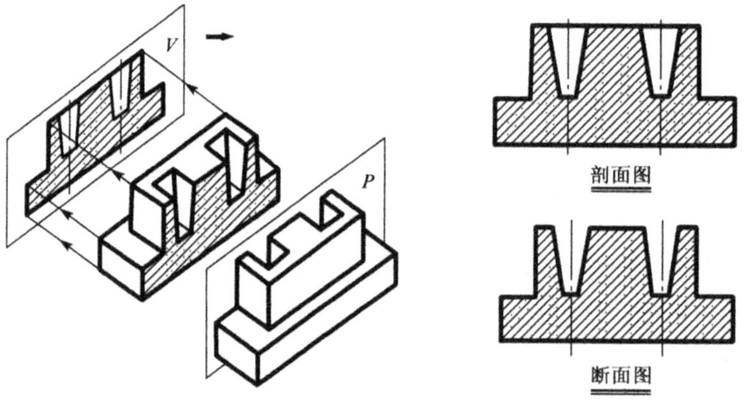

图 2-1-2　剖、断面图的形成

1）剖面图的绘制

（1）确定剖切平面的位置和数量。画剖面图时，应选择适当的剖切平面位置，使剖切后画出的图形能确切、全面地反映所要表达部分的真实形状。一般情况下选择的剖切平面应平行于投影面，并且通过形体的对称面或孔的轴线，从而使剖切平面与立体接触到的面（截断面）反映实形。在与之垂直的投影面上剖切平面的投影则积聚成一条直线，这条直线表示了剖切平面的剖切位置，称为剖切位置线，简称剖切线。在投影图中用断开的一对短粗实线表示，长度为 6 ~ 10mm。必要时也可以用投影面垂直面作剖切面。要注意剖切过程中不能产生新线。一个形体有时需画几个剖面图，应根据形体的复杂程度而定。

（2）画剖面图。剖面图除应画出剖切面剖切到的部分图形外，还应画出沿投射方向看到的部分，被剖切面切到部分的轮廓线用粗实线绘制，剖切面没有切到，但沿投射方向可以看到的部分，用中实线绘制。由于剖切是假想的，所以只在画剖面图时，才假想将形体切去一部分。而在画其他投影图时，应按完整的形体画出，如图 2-1-3 所示。

在制图基础阶段，常用粗实线画剖切到的和沿投影方向可见的轮廓线。

为了使图形更加清晰，剖面图中应省略不必要的虚线。

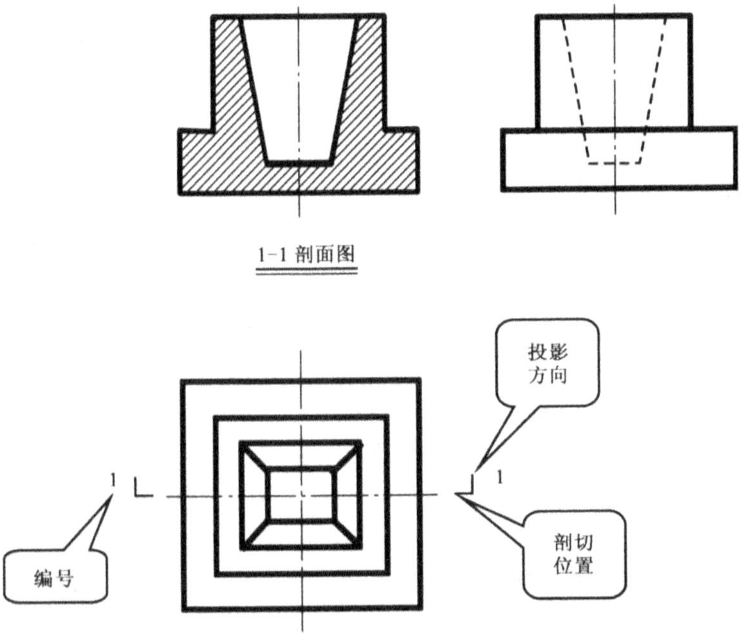

图 2-1-3　剖面图的绘制

(3)画材料图例。为区分形体的空腔和实体,剖切平面与物体接触部分应画出材料图例,同时表明构筑物是用什么材料建成的,如图 2-1-2 所示。材料图例见表 2-1-1。如果未注明该形体的材料,应在相应位置画出同向、同间距并与水平线成 45°角的细实线,也叫剖面线,如图 2-1-3 所示。

材 料 图 例　　表 2-1-1

材料名称	材 料 图 例	画 法 说 明	材料名称	材 料 图 例	画 法 说 明
天然土 夯实土壤	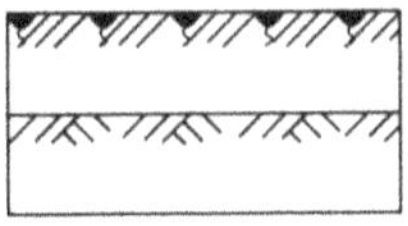	斜线为 45° 细实线	天然砂砾 浆砌片石	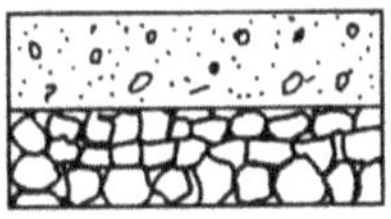	徒手画
石灰土 石灰粉煤灰	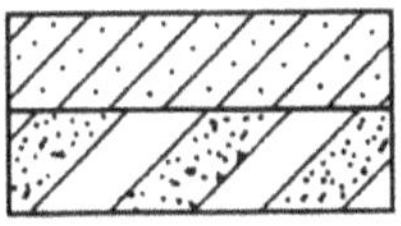	斜线为 45°细实线,其余徒手画,石灰、粉煤灰点在斜线相间处	水泥稳定土 水泥稳定砂砾	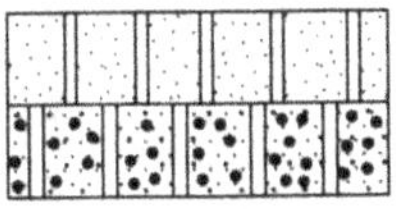	双竖直线为细实线,其余徒手画,砂砾不带棱角
石灰粉煤灰 碎砾石 浆砌块石	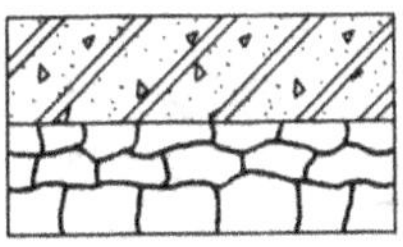	斜线为 45°细实线,其余徒手画	细粒式 沥青混凝土 粗粒土 沥青混凝土	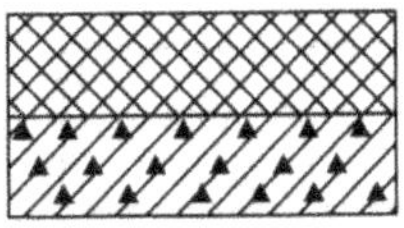	斜线为 45° 细实线,粗粒石子涂黑

续上表

材料名称	材料图例	画法说明	材料名称	材料图例	画法说明
木材 纵 横	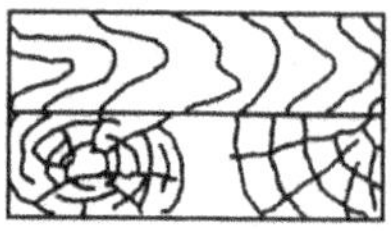	徒手画	水	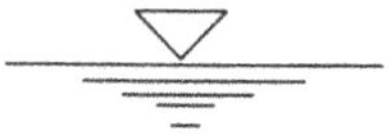	水画线为长线,其余成倒三角形细平行线,间距1mm
水泥混凝土 钢筋混凝土	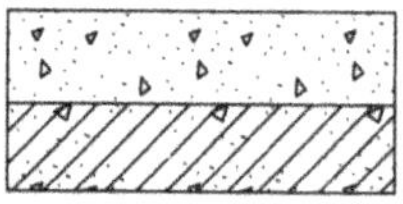	斜线为45°细实线,石子有棱角	金属 橡胶	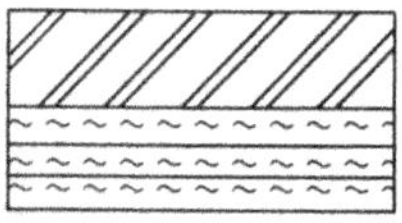	双斜线为45°细实线,橡胶弹性用倒S形徒手画

(4)剖面图的标注。用剖面图配合其他投影图表达物体时,为了明确投影图之间的投影关系,便于读图,对所画的剖面图一般应标注剖切符号,注明剖切位置、投射方向和剖面名称,如图2-1-3所示。

剖面图的剖切符号由剖切位置线、投射方向线及编号三部分组成。剖切位置线、投射方向线均应以粗实线绘制。剖切位置线长度宜为6~10mm,与剖切面的积聚投影在同一直线上;投射方向线应与剖切位置线垂直,画在剖切位置线的同一侧,长度应短于剖切位置线,宜为4~6mm。画图时,剖切符号不应与其他图线相接触。

为了区分同一形体上的剖面图,在剖切符号上宜用阿拉伯数字加以编号,数字应写在投射方向线一侧。在剖面图的下方应写上带有编号的图名,如图2-1-3所示"1-1剖面图"。

2)剖面图的分类

由于形体的形状不同,对形体作剖面图时所剖切的位置和作图方法也不同,通常所采用的剖面图有全剖面图、半剖面图、局部剖面图(分层剖面图)、阶梯剖面图、旋转剖面图和展开剖面图六种。

(1)全剖面图。用剖切面完全地剖开物体所得的剖面图。适用于外形较简单,内形较复杂,而图形又不对称时。对于一些具有空心回转体的构件,即使结构对称,但由于外形简单,亦常采用全剖面图,如图2-1-4所示。

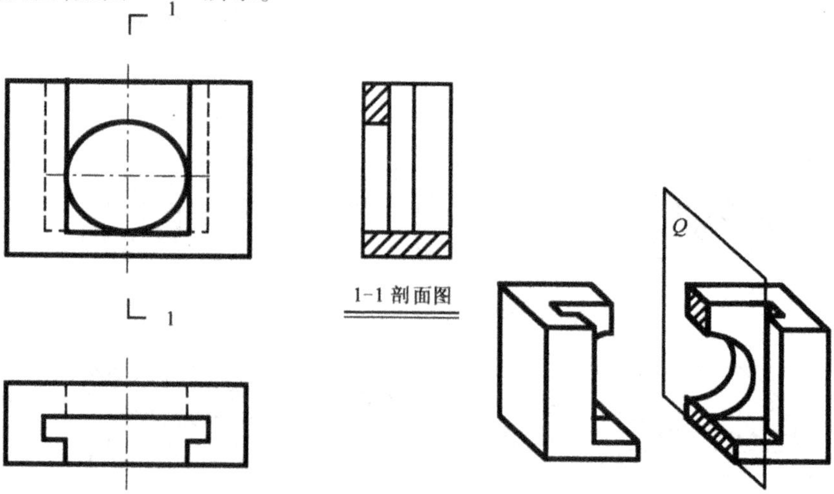

图2-1-4　全剖面图

(2)半剖面图。以对称线为界,一半画投影图,一半画剖面图。适用于内、外形都需要表达,而形状又基本对称时,如图 2-1-5 所示。

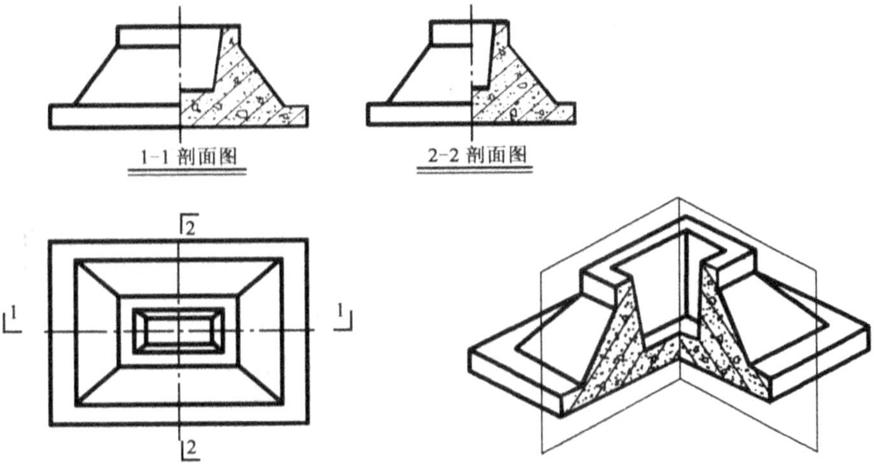

图 2-1-5　半剖面图

绘制半剖面图时应注意:

①画半剖面图,不得影响其他投影图的完整性。所有投影图都是完整的。

②剖面图一般画在右半部或下半部,分界线为点划线。

③半剖面图中,因构件的内部形状已由半个剖面图表达清楚,所以在不剖的半个外形投影图中,表达内部形状的虚线,应省去不画。

④不可见孔、洞的轴线仍需画出。

⑤半剖面图的标注方法与全剖面图的标注方法相同。

(3)局部剖面图(分层剖面图)。用剖切平面局部地剖开物体所得的剖面图,如图 2-1-6 所示。

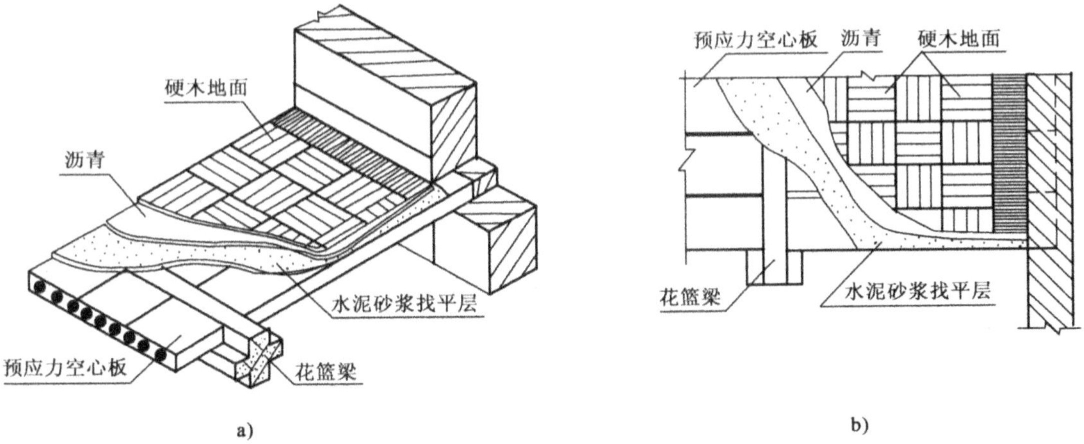

图 2-1-6　局部剖面图

a)立体图;b)局部剖面图

局部剖是一种较灵活的表示方法,适用范围较广。如实心杆上有孔、槽时,当需要同时表达不对称物体的内外形状时,当对称物体的轮廓线与中心线重合,不宜采用半剖面图时,当物体的内外形都较复杂,而图形又不对称时,当表达物体底板、凸缘上的小孔等结构时,可采用局部剖面图,如图 2-1-7 所示。

绘制局部剖面图应注意的问题：

①波浪线不能与图上的其他图线重合。

②波浪线不能穿空而过，也不能超出视图的轮廓线。

③当被剖结构为回转体时，允许将其中心线作为局部剖的分界线。

④在一个投影图中，局部剖面图的数量不宜过多。

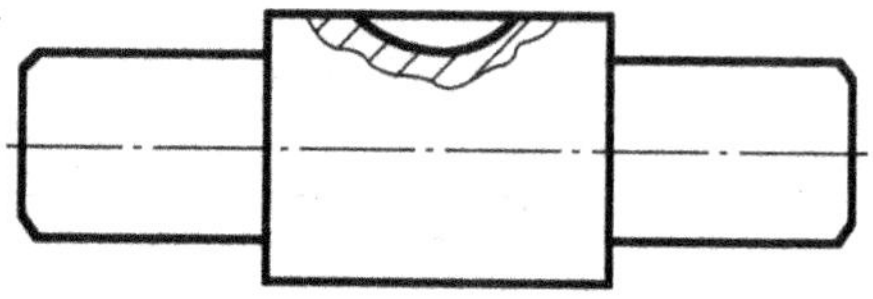

图 2-1-7　局部剖面图

(4)阶梯剖面图。当构件上具有几种不同的结构要素(如孔、槽等)，它们的中心线排列在几个互相平行的平面上时，宜采用几个平行的剖切面剖切，所得剖面图即为阶梯剖面图，如图 2-1-8 所示。阶梯剖面图适用于物体上的孔槽及空腔等内部结构不在同一平面内时。

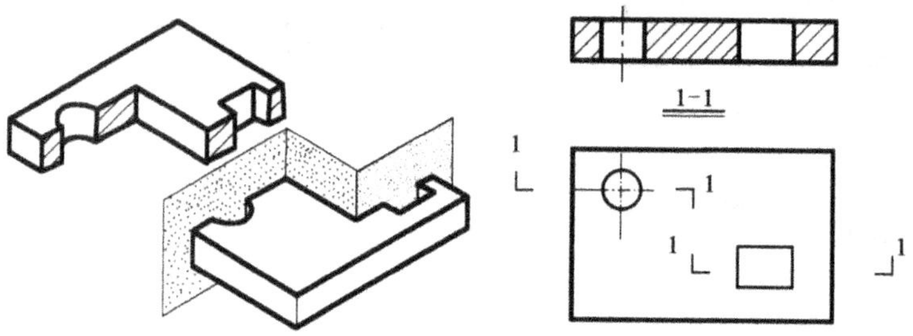

图 2-1-8　阶梯剖面图

绘制阶梯剖面图应注意的问题：

①两剖切平面的转折处不应与图上的轮廓线重合，在剖面图上不应在转折处画线。

②在剖面图内不能出现不完整的要素。只有当两个要素有公共对称中心线或轴线时，可以此为界各画一半。

(5)旋转剖面图。用两个相交的剖切面(交线垂直于某一基本投影面)剖开构件，以表达具有回转轴构件的内部形状，如图 2-1-9 所示。它适用于物体的内部结构形状用一个剖切平面剖切不能表达完全，且物体又具有回转轴时。

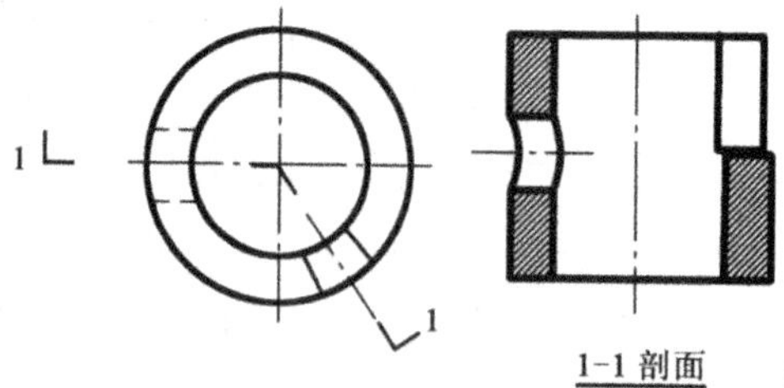

图 2-1-9　旋转剖面图

绘制旋转剖面图应注意的问题：

①两剖切面的交线一般应与物体的轴线重合。

②在剖切面后的其他结构仍按原来位置投射。

(6)展开剖面图。沿中心线剖切后，剖切面是曲面，把剖切面展开拉直后投影，如图 2-1-10 所示。它适用于道路路线、纵断面及带有弯曲结构的工程形体。

3. 断面图

假想用剖切面将物体某处切断，仅画出该剖切面与物体接触部分(区域内画上剖面线或材料图例)即剖切面截割物体的截断面图形，称为断面图，如图 2-1-11 所示。

1)断面图的绘制

用剖切平面将物体剖切后，仅画出断面的投影。

断面剖切符号：

(1)剖切位置线：长 6 ~ 10mm 的粗实线。注意：无投射方向线。

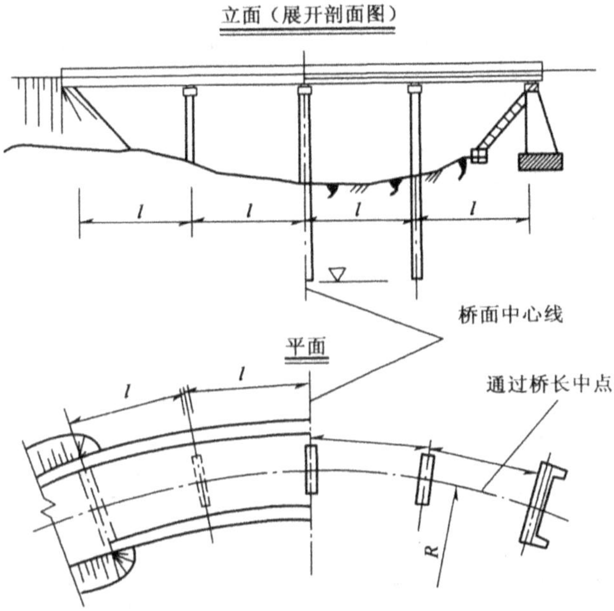

图 2-1-10　展开剖面图

(2)断面编号:阿拉伯数字,阿拉伯数字的注写位置表示投影方向。

2)断面图的分类

(1)移出断面图。画在投影图外的断面图称为移出断面图。如图 2-1-12 所示,挡土墙的断面图绘制在挡土墙下侧并按顺序依次排列。断面的轮廓线用粗实线画出,并在断面轮廓线内沿轮廓线的边缘画 45°细斜线或材料图例。移出断面图根据需要可用较大比例画出。移出断面图一般应标注剖切位置、投影方向和断面名称。

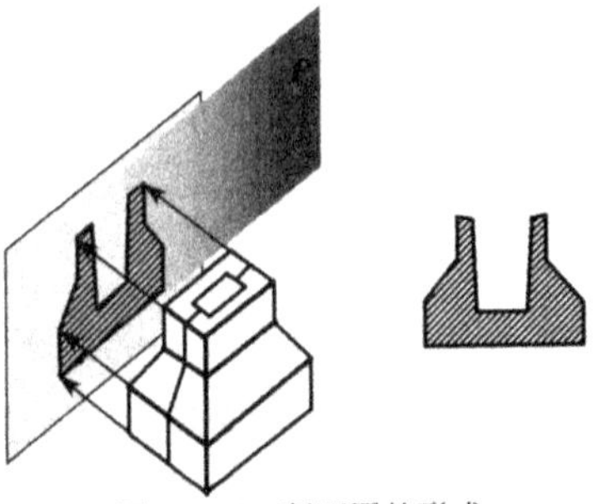

图 2-1-11　断面图的形成

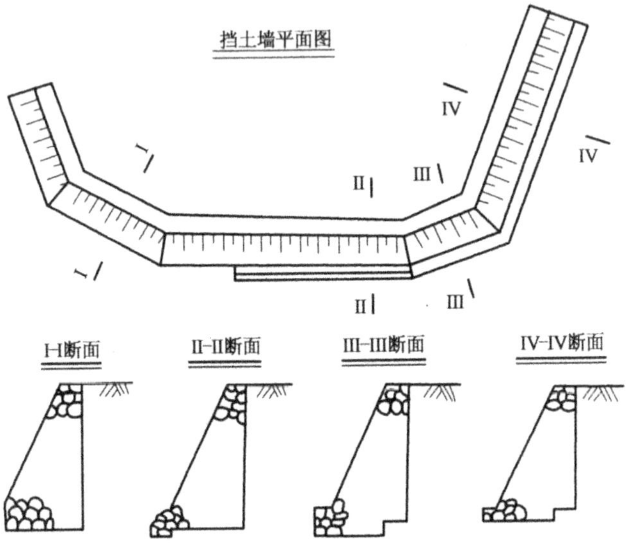

图 2-1-12　移出断面图

(2)重合断面图。画在视图之内,轮廓线用细实线绘制。当视图中的轮廓线与断面图的图线重合时,视图中的轮廓线仍应连续画出,如图 2-1-13 所示。有时为了表示墙面上凹凸的装饰构造,也可以采用这种形式的断面图。对于重合断面图,可不标注。

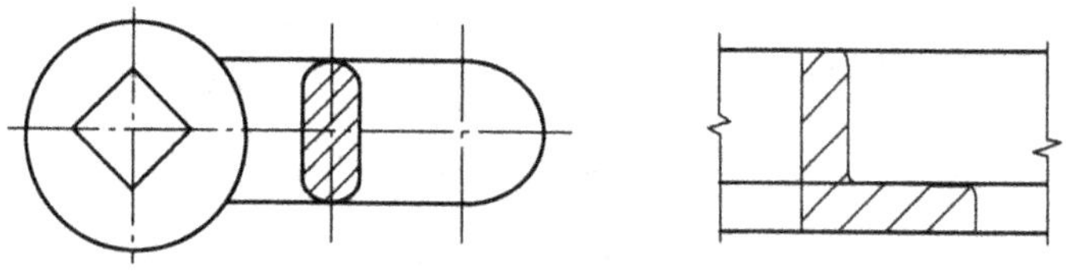

图 2-1-13 重合断面图

(3)中断断面图。断面图画在投影图的中断处,适用于具有单一断面的较长杆件及型钢。画中断断面图时,原投影长度可缩短,但应完整地标注尺寸。这样的断面图一般不加任何说明,图名还用原图名,如图 2-1-14 所示。

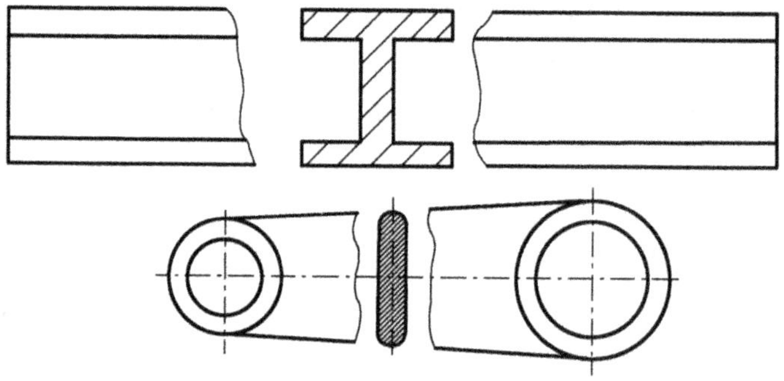

图 2-1-14 中断断面图

4. 剖面图和断面图的区别

断面图与剖面图的主要区别在于断面图只画形体被剖开后断面的投影,而剖面图要画出形体被剖开后整个余下部分的投影,如图 2-1-15 所示。断面图与剖面图的区别主要有以下几点。

(1)剖面图是形体剖切之后剩下部分的投影,是体的投影;断面图是形体剖切之后断面的投影,是面的投影。剖面图中包含断面图。

(2)剖面图用剖切位置线、投射方向线和编号来表示。断面图则只画剖切位置线与编号,用编号的注写位置来代表投射方向。

(3)剖面图可用两个或两个以上的剖切平面进行剖切,断面图的剖切平面通常只能是单一的。

5. 剖、断面图的尺寸标注

(1)外形尺寸与内部结构尺寸应分开标注。

(2)在半剖视图和局部视图上,由于省去了图上对称部分的虚线,故注写相关的结构尺寸时,只画一边的尺寸界线和箭头。

标注实例见图 2-1-16。

二、任务实施

1. 任务布置

根据上文所阐述的知识,独立绘制剖、断面图。

任务一:作出 1-1、2-2 剖面图,如图 2-1-17 所示。

任务二:作出图示 1-1 剖面图和 2-2 半剖面图,如图 2-1-18 所示。

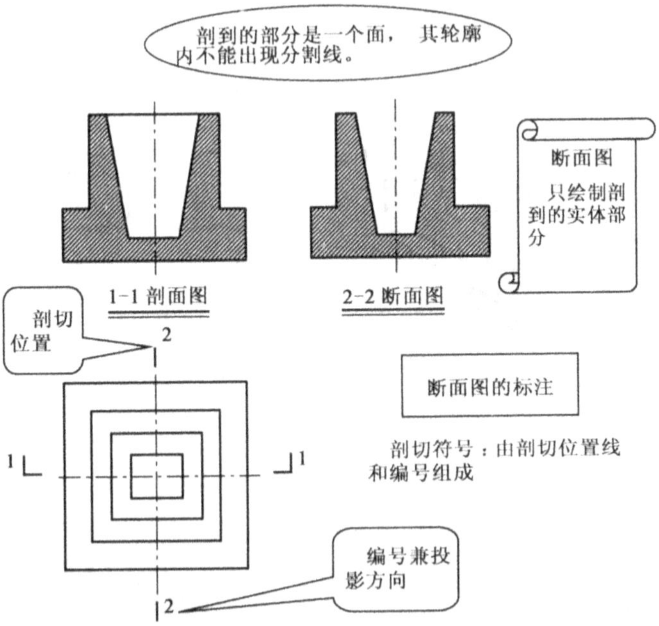

图 2-1-15　剖面图和断面图的区别

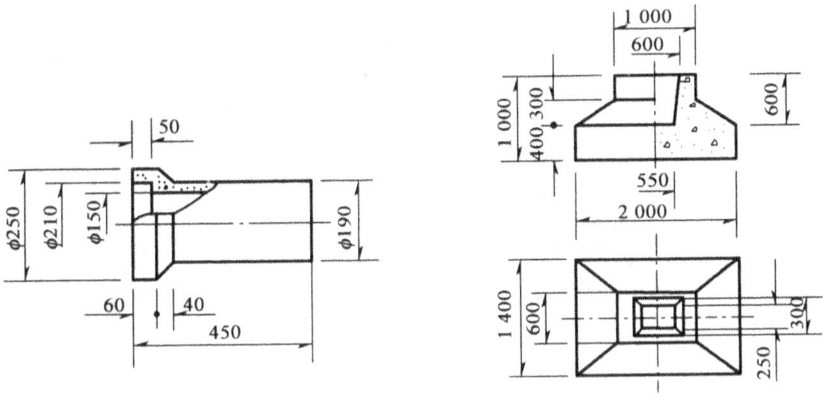

图 2-1-16　剖面图和断面图的尺寸标注(尺寸单位:cm)

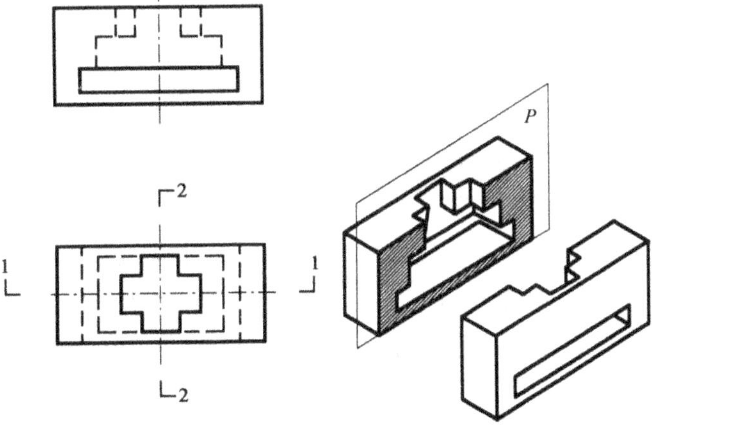

图 2-1-17　作 1-1、2-2 剖面图

任务三:作出梁的 1-1、2-2 断面图,如图 2-1-19 所示。

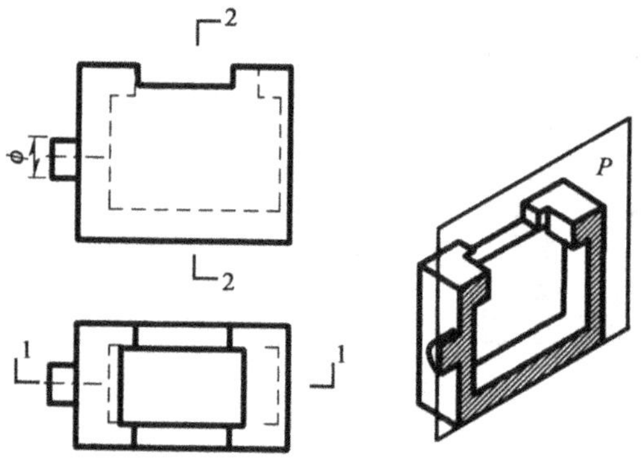

图 2-1-18　作 1-1 剖面图、2-2 半剖面图

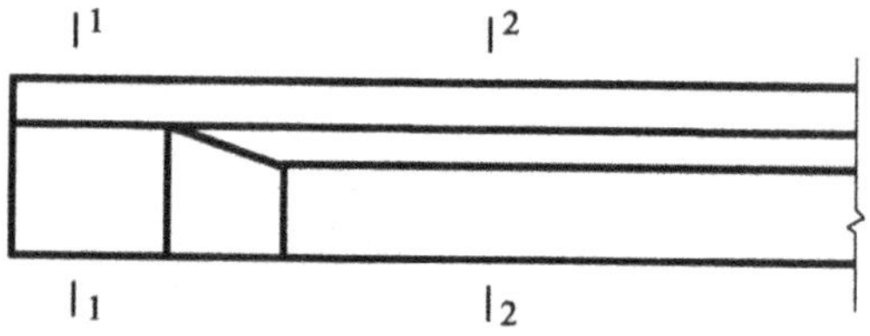

图 2-1-19　作 1-1、2-2 断面图

2. 课堂教学

案例一：将 *V* 面投影图改为剖面图（图 2-1-20～图 2-1-22）。

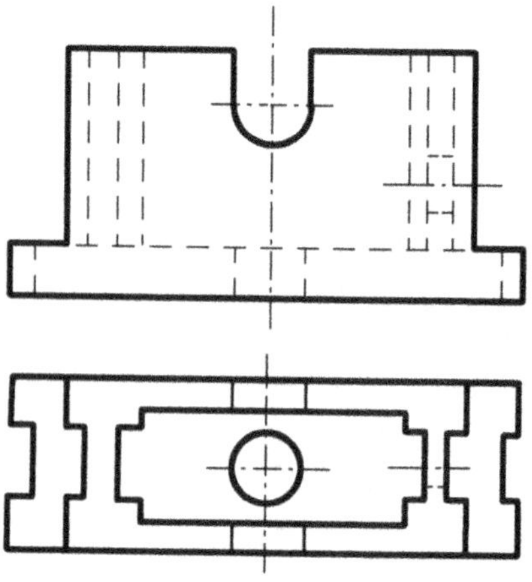

图 2-1-20　案例一

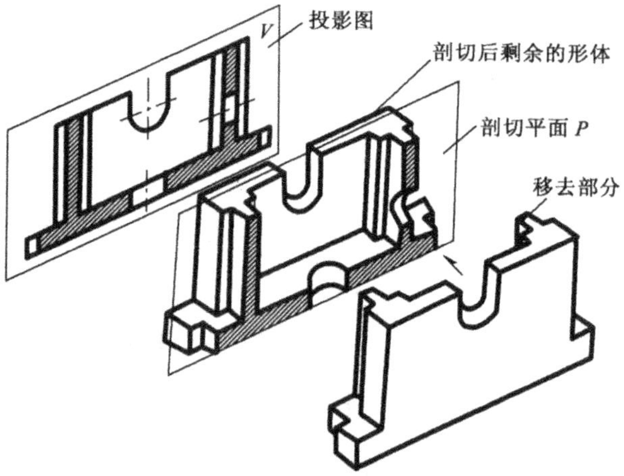

图 2-1-21　步骤一：剖切并移去剖下的一部分

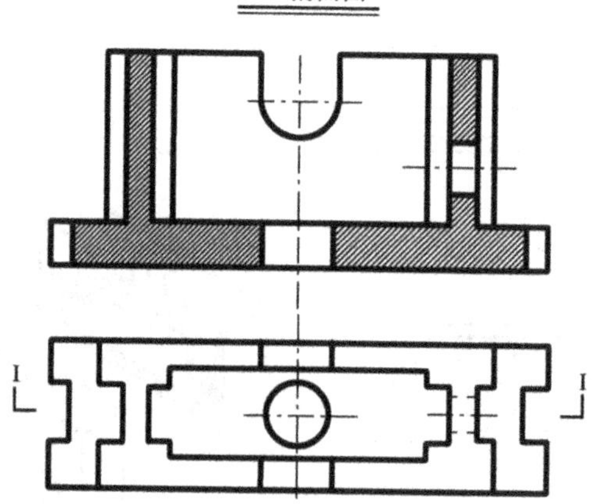

图 2-1-22　步骤二：画剖面图并进行标注

案例二：画立柱两个不同剖切位置的移出断面图(图 2-1-23 ~ 图 2-1-25)。

图 2-1-23　案例二

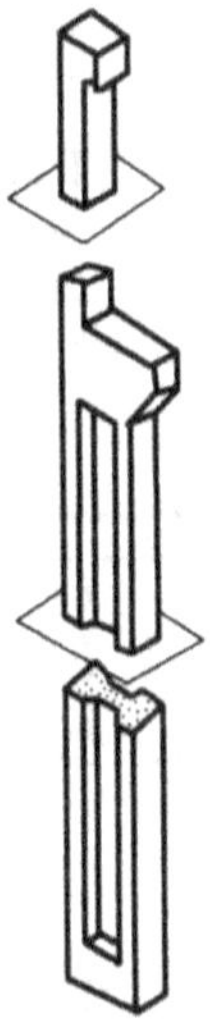

图 2-1-24　步骤一

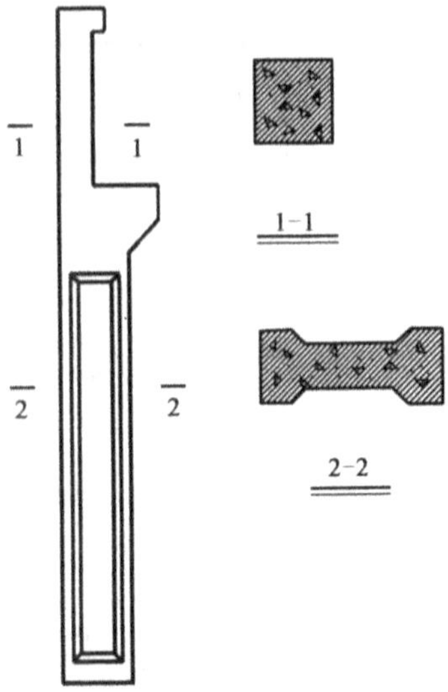

图 2-1-25　步骤二

三、学习效果评价反馈

1. 学生自评

每位学生根据本学习任务的学习目标，自主完成下述[自测 1] ~ [自测 6]，并根据表 2-1-2 的要求，完成自我检验。

[自测 1]　剖、断面图的特点和作用是什么？剖、断面图的分类有哪些？

[自测 2]　简述剖、断面图的作图步骤。

[自测 3]　简述剖、断面图的区别。

[自测 4]　画出 1-1 和 2-2 半剖面图(图 2-1-26)。

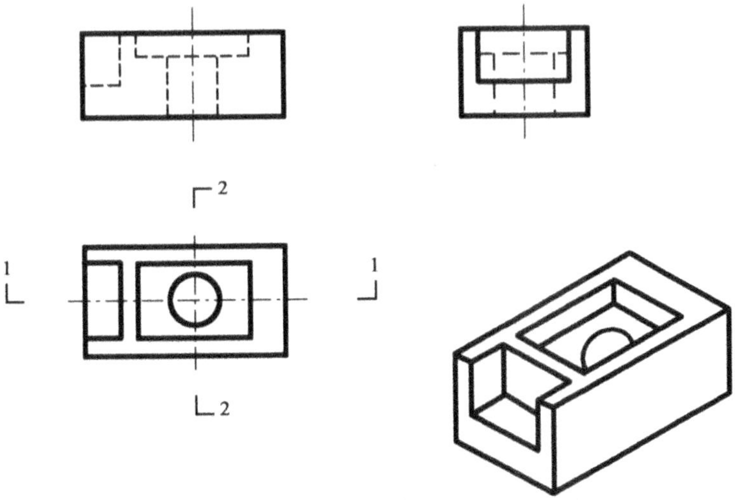

图 2-1-26　作 1-1、2-2 半剖面图

[自测 5]　画 1-1 剖面图和 1-1 断面图，并比较其异同(图 2-1-27)。

[自测 6]　作变截面 T 形梁的 1-1 断面图和 2-2 剖面图(图 2-1-28)。

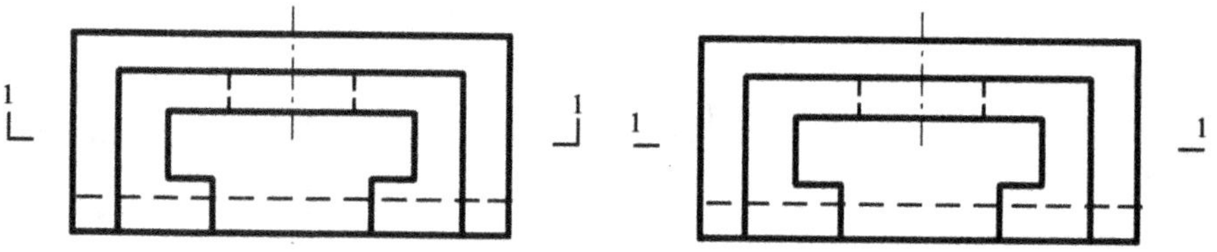

图 2-1-27　作 1-1 剖面图和 1-1 断面图

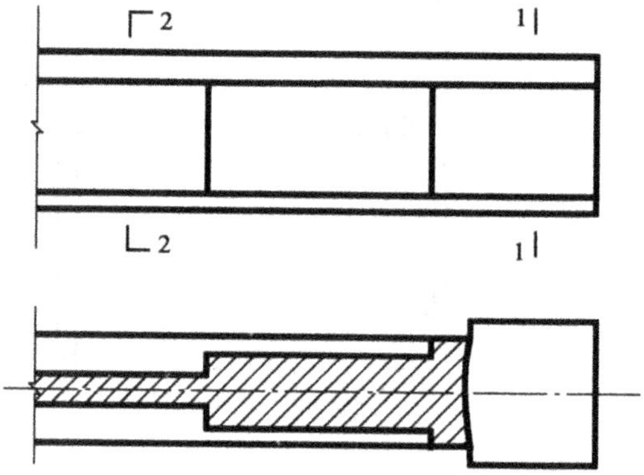

图 2-1-28　作 1-1 断面图和 2-2 剖面图

学 生 自 评 表　　表 2-1-2

任务名称:绘制形体的剖面图和断面图							
姓名			学号			自评成绩	
题号	自测 1	自测 2	自测 3	自测 4	自测 5	自测 6	合计
分数	10	10	10	20	25	25	100
得分							

2. 任课教师评价

主讲教师根据学生的学习态度,对剖、断面图特点的理解、作图步骤、图示方法等方面综合评价,按表 2-1-3 的要求,完成教师对学生的评价。

教师对学生的学习效果评价表　　表 2-1-3

姓名		学号		成绩	
任务名称:绘制形体的剖面图和断面图					
评 价 内 容		评 价 依 据		分数	得分
学习态度情况		上课纪律、学习主动性等评价		10	
任务自测情况		自测成果的正确性		40	
		剖切符号、剖面图和断面图编号及图例绘制的规范性		20	
		剖面图和断面图绘制完成后图面的整洁性和布局合理性		20	
学生独立解决问题能力		主要对学生的创新思维能力、组织能力,学生在遇到问题时的判断能力等评价		10	
教师签名		日期		合计	

学习任务二　道路路面结构图

学习目标

1. 叙述道路路面结构图的基本概念和图示方法；
2. 知道道路路面结构图的一般特点和图示主要内容；
3. 分析道路路面结构图的特点、功能与应用；
4. 根据《国标》要求完成作业；
5. 正确完成道路路面结构图的作图与识图。

任务描述

该任务是通过对道路路面结构图的阅读，讨论并分析归纳总结出道路路面结构图的特点、图示方法和图示内容。该任务是采用教师课堂教学与学生讨论相结合的方式完成的，最终上交自测题答案。在接到任务后，学生应认真学习《国标》的相关要求，结合教师讲课并视需要收集其他相关信息以完成各项作业。

学习引导

本工作任务沿着以下脉络进行学习：

分析路面的特点 → 讨论总结路面结构图的图示内容和表达方法 → 以典型路面结构图为例阐述其特点、图示方法和图示内容 → 阅读其他路面结构图 → 分析和讨论常用路面结构图的作图方法

一、相关知识

路面是指在路基顶面以上行车道范围内，用各种不同材料分层铺筑而成的一种层状构造物。路基是按照路线位置和一定技术要求修筑的，作为路面基础的带状构造物。路面根据其使用的材料和性能不同，可分为柔性路面和刚性路面两类。柔性路面如沥青混凝土路面、沥青碎石路面、沥青表面处治路面等；刚性路面如水泥混凝土路面。

1. 路面结构图

路面横向主要由中央分隔带、行车道、路肩、路拱等组成，如图 2-2-1 所示。路面纵向结构层由面层、基层、垫层、联结层等组成，如图 2-2-2 所示。

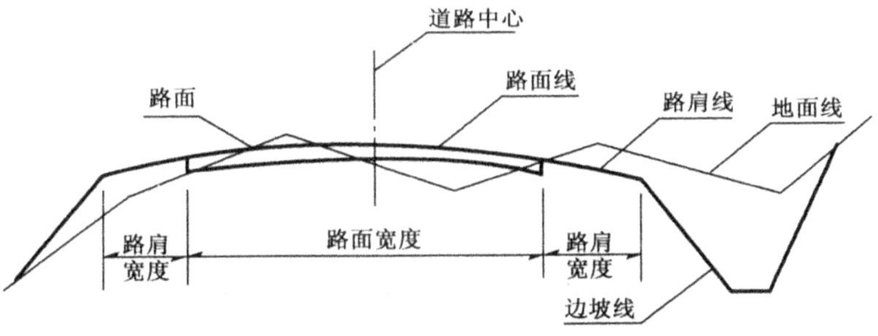

图 2-2-1　路面横向组成

路面结构图的主要作用是表达各结构层的材料和设计层厚度。

(1)面层。直接承受车轮荷载反复作用和自然因素影响的结构层叫面层,可由一至三层组成。因此,面层应具备较高的力学强度和稳定性,同时还应具备耐磨性和不透水性。

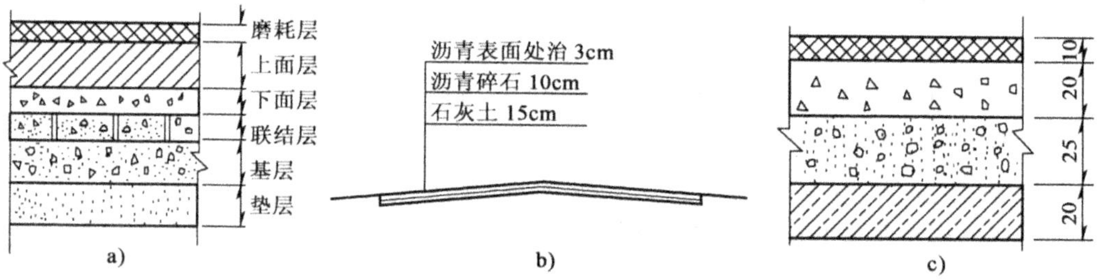

图 2-2-2 路面结构示意图(尺寸单位:cm)

a)路面结构;b)引出标注法;c)断面表示法

(2)基层。基层是设置在面层之下,并与面层一起将车轮荷载的反复作用传递到底基层、垫层和土基中。因此,对基层材料的要求是应具有足够的抗压强度、密度、耐久性和扩散应力(即应有较好的板性)。

(3)垫层。它是底基层和土基之间的层次,它的主要作用是加强土基、改善基层的工作条件,垫层往往是为蓄水、排水、隔热、防冻等目的而设置的,所以通常设在路基潮湿以及有冰冻翻浆现象的路段。

(4)联结层。联结层是在面层和基层之间设置的一个层次。它的主要作用是加强面层与基层的共同作用或减少基层的反射裂缝。

2. 沥青路面结构图

因路面较宽,为了更清楚地表达路面结构,图中只画出了路面的一半。路面结构图用示意图的方式画出了路面的外形,并标出了路面结构中的各种材料及各层厚度,图 2-2-3 所示。

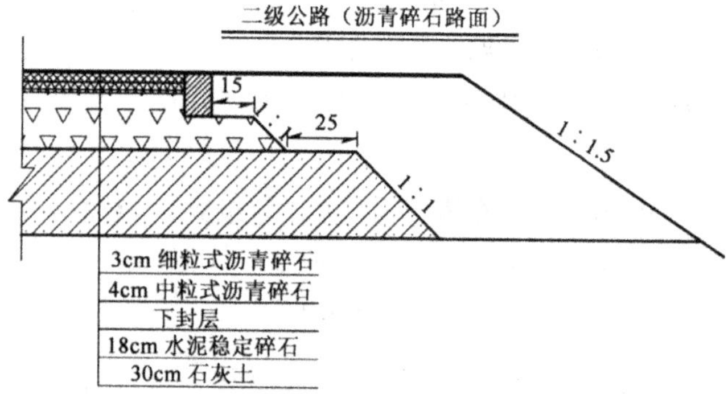

图 2-2-3 沥青路面结构图(尺寸单位:cm)

3. 路拱大样图

路拱是为了满足道路的横向排水要求而设计的,其形式有抛物线、双曲线和双曲线中插入圆曲线等。路拱大样图的任务是表达清楚路面横向的形状。为了清晰地表达路拱的形状,应按垂直向比例大于水平向比例的方法绘制路拱大样图,如图 2-2-4 所示。

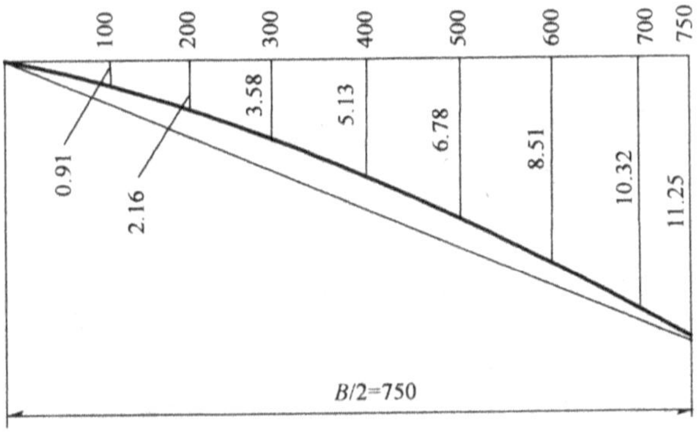

图 2-2-4　路拱大样图

二、任 务 实 施

1. 任务布置

根据上文所阐述的知识，独立进行路面结构图的绘制和阅读。

任务一：阅读图 2-2-5 水泥混凝土人行道路面结构图。

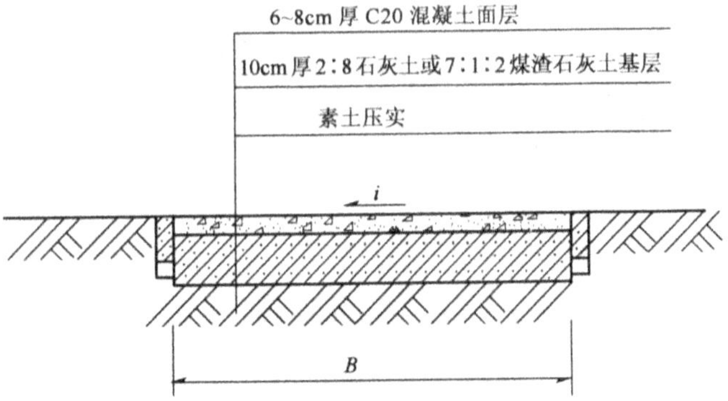

图 2-2-5　水泥混凝土人行道路面结构图

任务二：阅读图 2-2-6 沥青混凝土路面结构图。

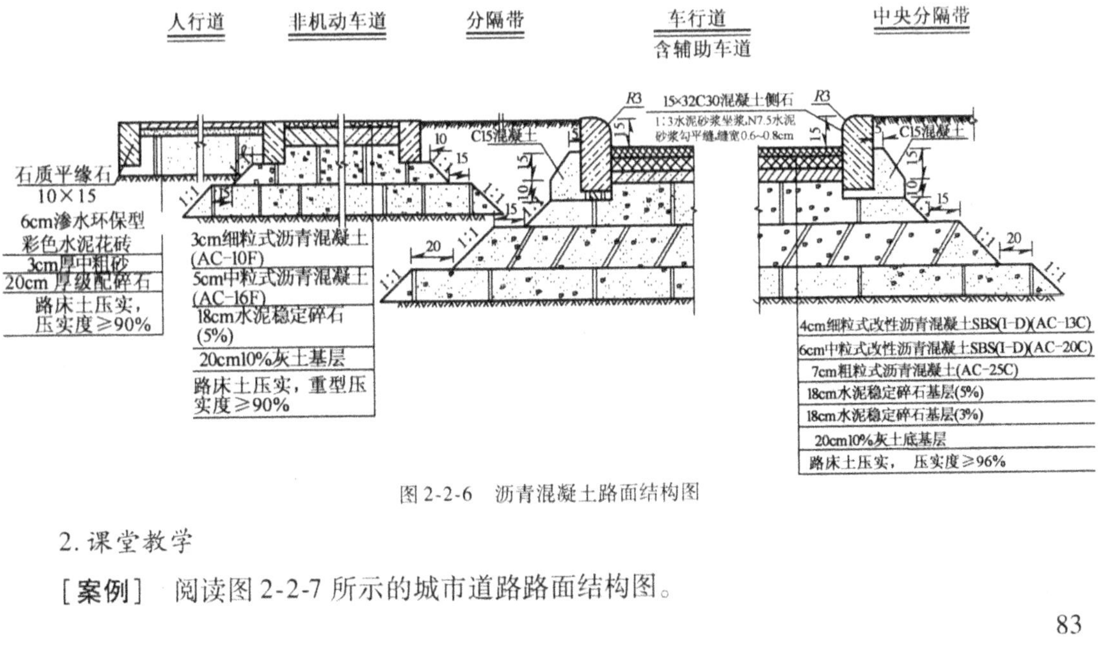

图 2-2-6　沥青混凝土路面结构图

2. 课堂教学

［案例］　阅读图 2-2-7 所示的城市道路路面结构图。

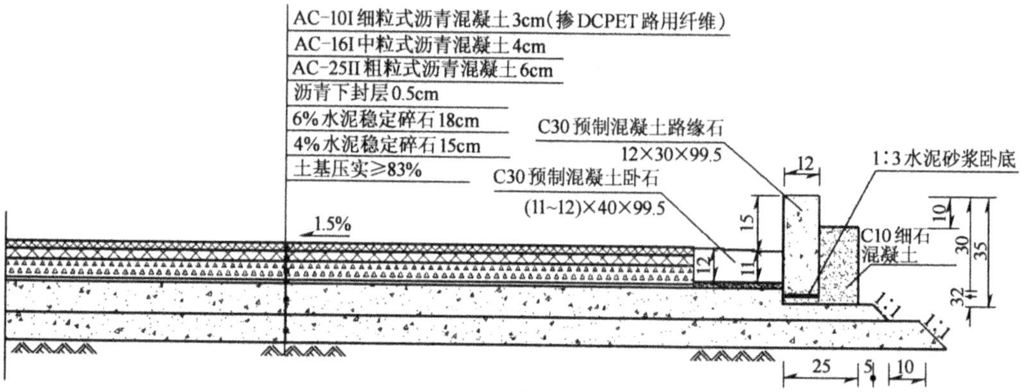

机动车道及路缘石结构图

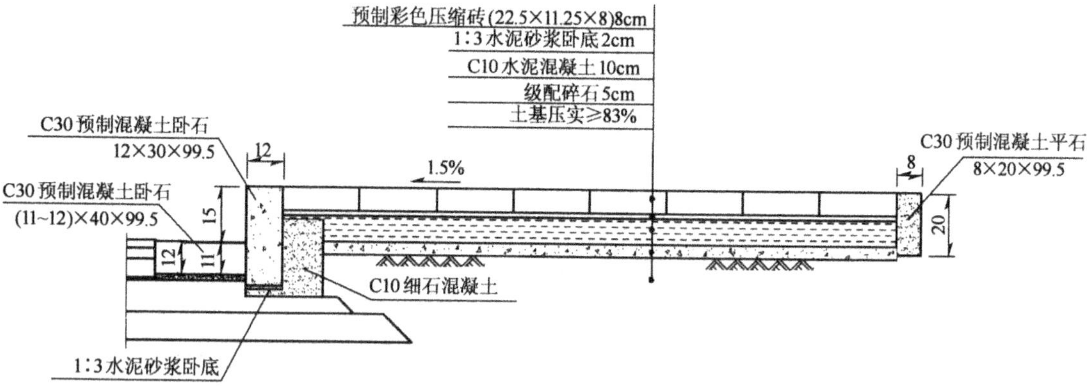

人行道及平缘石结构图

图 2-2-7 城市道路路面结构图

三、学习效果评价反馈

1. 学生自评

每位学生根据本学习任务的学习目标，自主完成下述［自测 1］~［自测 4］，并根据表 2-2-1 的要求，完成自我检验。

［自测 1］ 路面结构图的作用和特点是什么？

［自测 2］ 路面横向一般包括哪几部分？如何在图中表示？

［自测 3］ 路面纵向一般包括哪几部分？如何在图中表示？

［自测 4］ 抄绘图 2-2-7 城市道路路面结构图。

学 生 自 评 表 表 2-2-1

任务名称：绘制形体的剖面图和断面图					
姓名		学号		自评成绩	
题号	自测 1	自测 2	自测 3	自测 4	合计
分数	15	15	15	55	100
得分					

2. 任课教师评价

主讲教师根据学生的学习态度，对路面结构图的概念、图示方法和图示内容等方面的掌握程度进行综合评价，按表 2-2-2 的要求，完成教师对学生的评价。

教师对学生的学习效果评价表 表 2-2-2

<table>
<tr><td>姓名</td><td></td><td>学号</td><td></td><td>成绩</td><td></td></tr>
<tr><td colspan="6">任务名称:阅读路面结构图</td></tr>
<tr><td>评价内容</td><td colspan="3">评价依据</td><td>分数</td><td>得分</td></tr>
<tr><td>学习态度情况</td><td colspan="3">上课纪律、学习主动性等评价</td><td>10</td><td></td></tr>
<tr><td rowspan="2">任务自测情况</td><td colspan="3">自测成果的正确性与准确性</td><td>40</td><td></td></tr>
<tr><td colspan="3">语言表达的条理性和思路的清晰性</td><td>30</td><td></td></tr>
<tr><td>学生独立解决问题能力</td><td colspan="3">主要对学生的创新思维能力、组织能力，学生在遇到问题时的判断能力等评价</td><td>20</td><td></td></tr>
<tr><td>教师签名</td><td></td><td>日期</td><td></td><td>合计</td><td></td></tr>
</table>

学习任务三　桥梁构件图

学习目标

1. 叙述桥梁构件图的概念和作用；
2. 知道桥梁构件图的主要图示内容；
3. 分析各种桥梁构件图的图示特点及组成部分；
4. 根据《国标》要求完成作业；
5. 正确完成常见桥梁构件图的绘制和识读。

任务描述

该任务首先描述桥梁构件图的作用，通过讨论和分析归纳总结出桥梁构件图的特点、图示方法和图示内容。该任务是采用教师课堂教学与学生讨论相结合的方式完成，最终上交自测题答案。在接到任务后，学生应认真学习《国标》的相关要求，结合教师讲课并视需要收集其他相关信息以完成各项作业。

学习引导

本工作任务沿着以下脉络进行学习：

分析桥梁构件图的作用 → 讨论桥梁构件图应表达的内容 → 阅读典型桥梁构件图 → 阐述桥梁构件图的特点、图示方法和图示内容 → 通过阅读专业图纸进行加强 → 分析讨论常用桥梁构件图的作图方法

一、相关知识

一座桥梁是由许多构件组成的比较复杂的构筑物，如图 2-3-1 所示。在桥梁总体布置图中是无法详细图示每个构件的细部构造的，因此需要采用较大比例尺，分别将各个构件的形状、大小和构造组成等通过图样表达出来，以便制作和施工。这种图示构件形状、大小及构造

组成的图样称为构件结构图，简称构件图。由于构件图采用的比例尺比较大，通常为1:10～1:50，所以也称为构件详图，例如主梁结构图、桥台结构图、桥墩图、桩基图和防撞护栏图等。如果构件的某一局部在构件图中不能清晰完整地表达出来，则应采用更大的比例，一般为1:3～1:10，这类图样称为局部大样图。

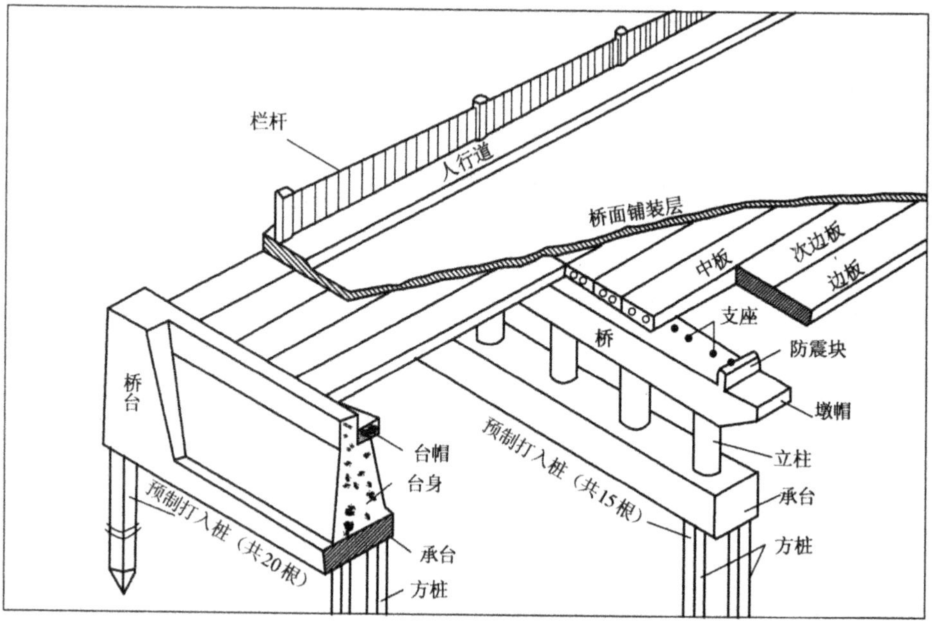

图2-3-1　桥梁各主要构件立体示意图

1. 主梁结构图

主梁指的是在上部结构中，支承各种荷载并将其传递至墩、台的梁。主梁是桥梁的主要承重结构，可做成实腹的板梁，杆件连成的刚架或桁架，主梁与桥面联结系结合而成的箱梁等。主梁结构图包括一般构造图和钢筋构造图，一般构造图主要图示主梁的形状、构造和尺寸，钢筋构造图主要图示主梁的钢筋配置情况。钢筋构造图详见钢筋混凝土结构图。在此着重介绍一般构造图。

1）T形主梁一般构造图

图2-3-2为T形主梁一般构造图，根据梁的位置分内梁和边梁，因梁纵向对称，立面图和平面图均只画出了一半，从立面图可以看出，内梁和边梁的厚度均为130cm，板长1 596cm；平面图为从板下剖切开的V-V剖面图，内梁和边梁仅分别画出了一块；侧面图为内梁和边梁的边跨和中跨断面图，内梁和边梁宽度均为218cm。

2）钢筋混凝土空心板图

图2-3-3为某桥空心板的一般构造图，由立面图、平面图和断面图组成，主要表达空心板的形状、构造和尺寸。整个桥宽由9块板拼成，按不同位置分为：中板（中间共7块）和边板（两边各1块）。两种板的厚度相同，均为40cm，故只画出了中板立面图。由于两种板的宽度和构造不同，故分别绘制了中板、边板的平面图，中板宽99cm，边板宽142cm，纵向是对称的，所以立面图和平面图均只画出了一半，中板和边板板长名义尺寸为800cm，但减去板接头缝后实际板长为796cm。分别绘制了两种板的跨中断面图，可以看出它们不同的断面形状和详细尺寸。另外还画出了板与板之间拼接的铰缝大样图，具体施工做法详见说明。

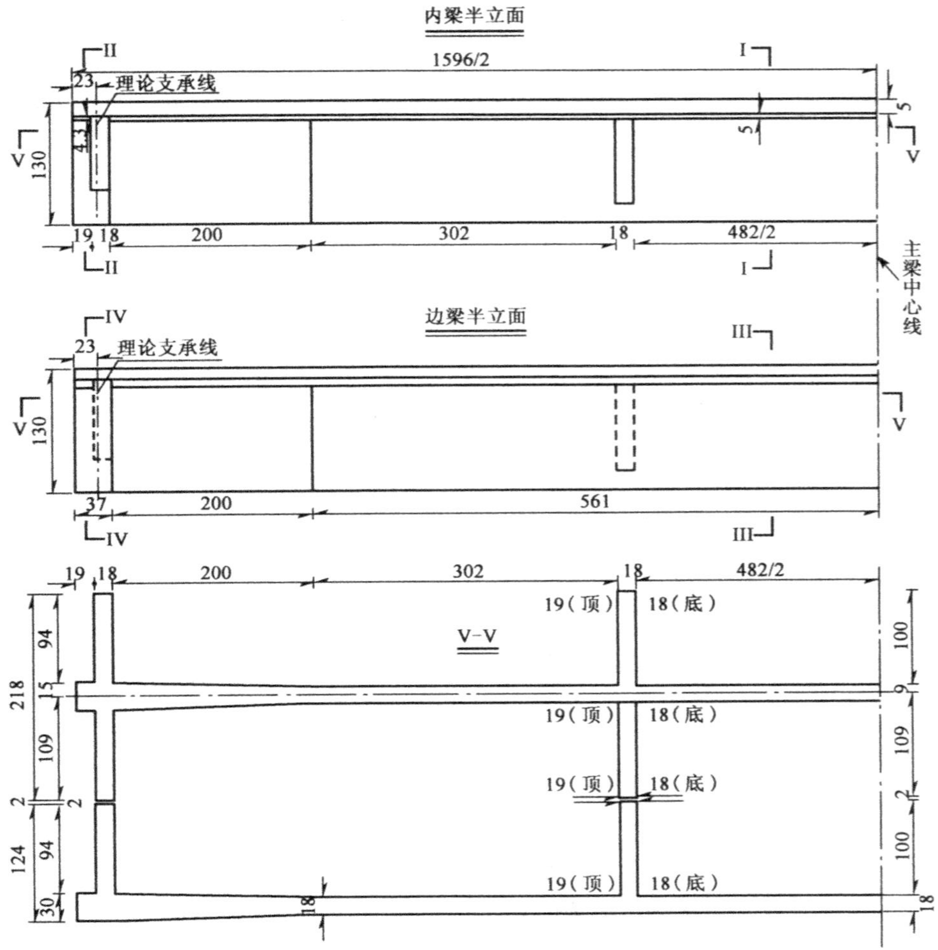

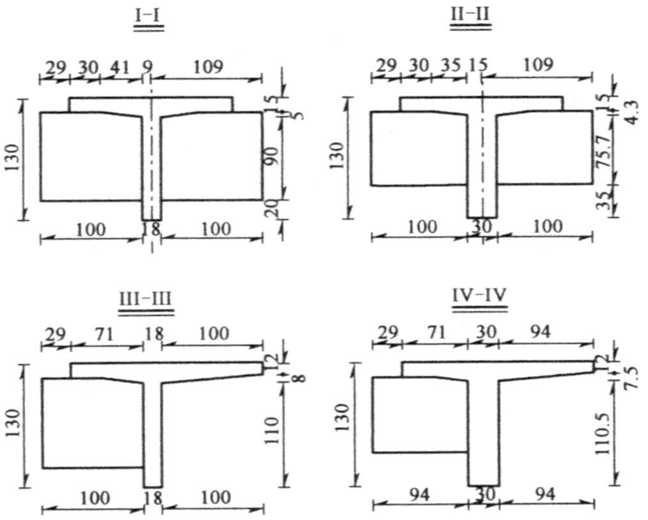

一片梁混凝土数量表

梁类	混凝土数量 (m³)		吊重 (t)
	预制	现浇	
内梁	9.03	1.44	22.58
边梁	9.10	0.72	22.75

注：
1. 本图尺寸均以厘米 (cm) 计。
2. 表中现浇混凝土是湿接缝处混凝土。
3. 注意预埋路缘石及伸缩缝处的预埋件。
4. 吊孔设在距梁端 1.5m 范围内且靠近腹板处， 翼缘板上注意留穿索孔。

图 2-3-2　T 形主梁一般构造图

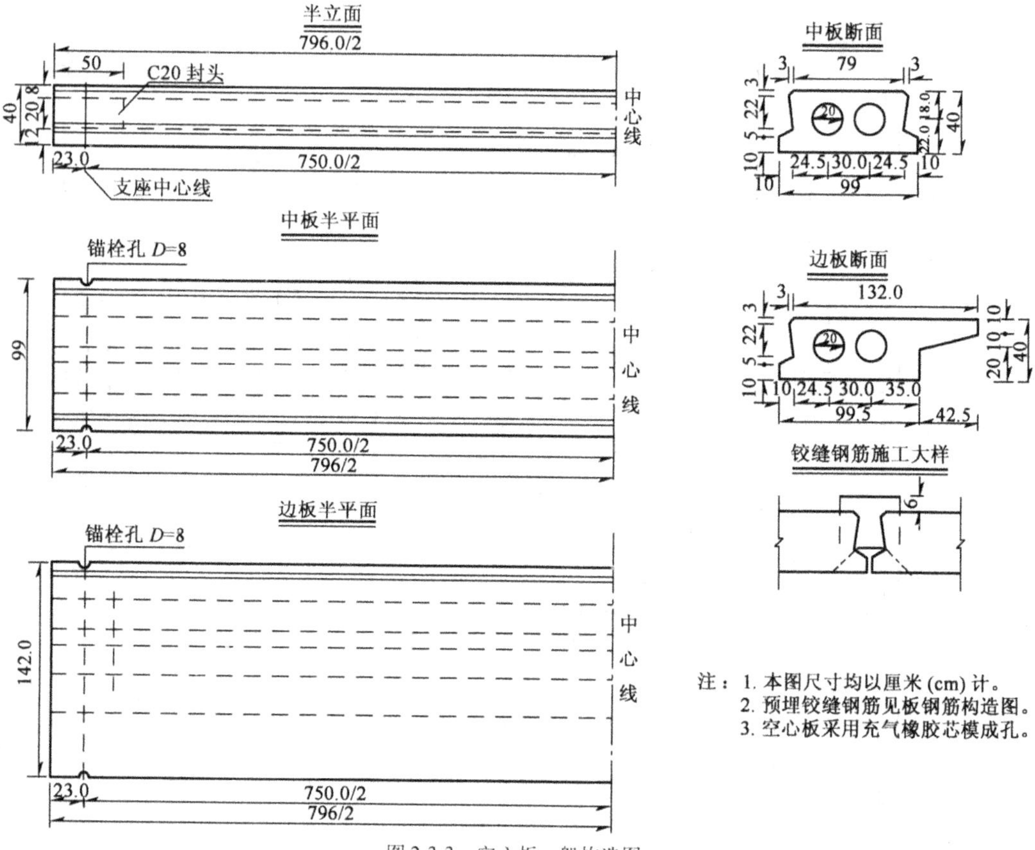

图 2-3-3　空心板一般构造图

2. 桥墩结构图

1)桥墩图的组成

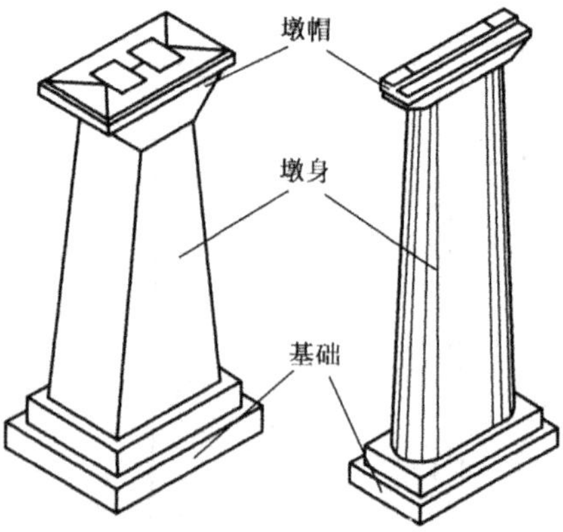

图 2-3-4　桥墩立体示意图

桥墩由基础、墩身和墩帽组成，如图 2-3-4 所示。

基础在桥墩的底部，埋在地面以下。基础可以采用扩大基础、桩基础或沉井基础。

扩大基础的材料多为浆砌片石或混凝土。墩身是桥墩的主体，上面小，下面大。

墩身分实心和空心，实心桥墩以墩身的横断面形状来区分类型，如圆形墩、矩形墩、圆端形墩、尖端形墩等。墩身的材料多为浆砌片石或混凝土，在墩身顶部 40cm 高的范围内放有少量的钢筋混凝土，以加强与墩帽的连接。

墩帽位于桥墩的上部，用钢筋混凝土材料制成，由顶帽和托盘组成。直接与墩身连接的是托盘，下面小，上面大，顶帽位于托盘之上，在其上面设置垫石以便安装桥梁支座。

表示桥墩的图样有桥墩图、墩帽图和墩帽钢筋布置图。

(1)桥墩图。图 2-3-5 为圆端形桥墩图，立面图为按照线路方向投射桥墩所得的投影图，顶帽上一边高一边低，高的一边安装固定支座，低的一边安装活动支座。

图 2-3-6 所示为圆形墩的桥墩图。立面图是半立面与半 3 – 3 剖面的合成投影图，半剖面

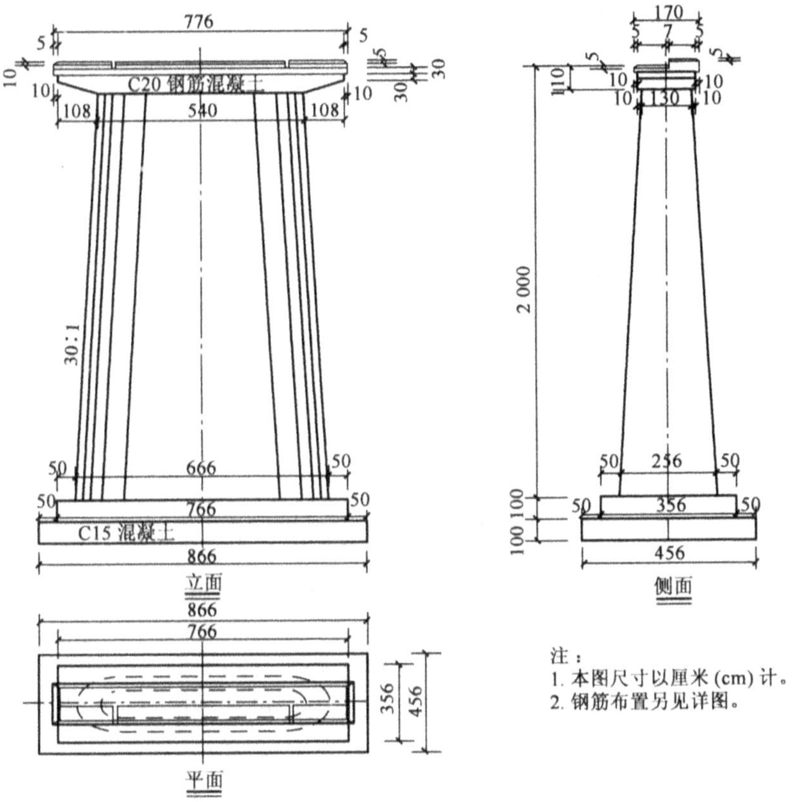

图 2-3-5　圆端形桥墩图

是为了表示桥墩各部分的材料，加注材料说明，画出虚线作为材料分界线。半立面图上的点画线，是托盘上的斜圆柱面的轴线和顶帽上的直圆柱面的轴线。平面图画成了基顶平面，它是沿基础顶面剖切后向下投射得到的剖面图。

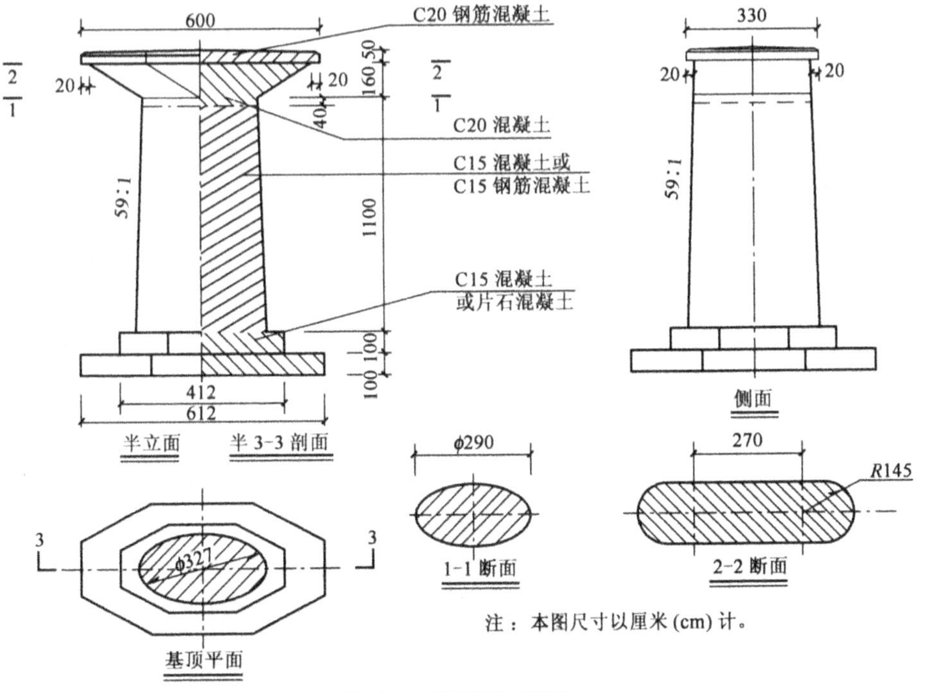

图 2-3-6　圆形墩的桥墩图

(2)墩帽图。用较大的比例单独画出墩帽图，如图 2-3-7 所示。立面图和侧面图中的虚线为材料分界线，点画线为柱面的轴线。

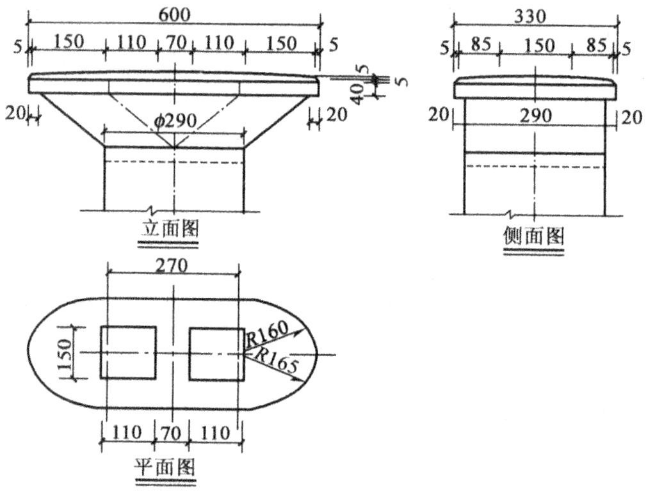

图 2-3-7　墩帽图

(3)墩帽钢筋布置图。墩帽钢筋布置图提供墩帽部分的钢筋布置情况，钢筋图的画法在钢筋结构图中讲述。墩帽形状和配筋情况不太复杂时也可将墩帽钢筋布置图与墩帽图合画在一起，不必单独绘制。

2)桥墩图的阅读

阅读桥墩图的方法和步骤如下：

(1)阅读标题栏和附注(说明)，了解桥墩的名称、尺寸单位以及有关施工、材料等方面的技术要求。

(2)阅读各投影图的名称，弄清各投影图的投影方向以及各投影图间的对应关系。

(3)找出桥墩各组成部分的投影，弄清它们的形状和大小。

(4)综合各部分的形状和大小，以及它们之间的相对位置，可以想象出桥墩的总体形状和大小。

3. 桥台结构图

桥台位于桥梁的两端，是桥梁与路基连接处的支柱。它一方面支撑着上部桥跨；另一方面支挡着桥头路基的填土。

1)桥台结构图的组成

桥台的形式很多，以 T 形桥台为例，桥台主要由基础、台身和台顶三部分组成。基础位于桥台的下部，一般都是扩大基础，图 2-3-8 桥台的基础是由两层 T 形棱柱叠置而成的。扩大基础使用的材料多为浆砌片石或混凝土。基础以上、顶帽以下的部分是台身，T 形桥台的台身，其水平断面的形状是 T 形。

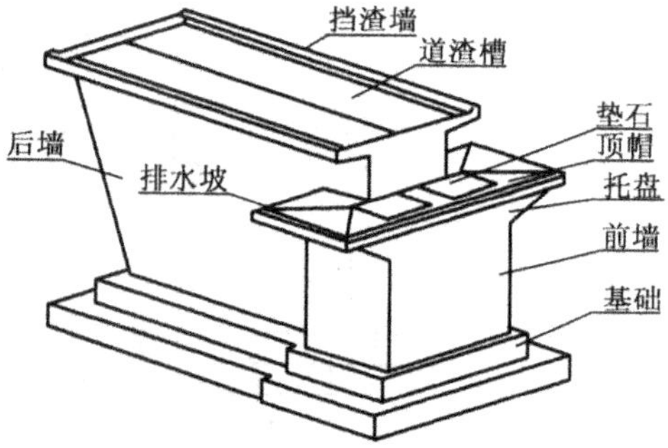

图 2-3-8　墩台立体示意图

从桥台的桥跨一侧顺着线路方向观看桥台，称为桥台的正面，台身上靠近河床的一端叫前墙。前墙上向上扩大的部分叫托盘。从桥台的路基一侧顺着线路方向观看桥台，称为桥台的背面，台身上与路基街接的一端叫后墙。台身使用的材料多为浆砌片石或混凝土。台身以上的部分称为台顶，台顶包括了顶帽和道渣槽。顶帽位于托盘上，上部有排水坡，周边有抹角。

前面的排水坡上有两块垫石用于安放支座。

道渣槽位于后墙的上部，形状如图 2-3-9 所示，它是由挡渣墙和端墙围成的一个中间高两边低的凹槽。两侧的挡渣墙比较高，前后的端墙比较低。挡渣墙和端墙的内表面均设有凹进去的防水层槽。道渣槽的底部表面是用混凝土垫成的中间高、两边低的排水坡，坡面上铺设有防水层，防水层四周嵌入挡渣墙和端墙上的防水层槽内。在挡渣墙的下部设有泄水管，用以排除道渣槽内的积水。道渣槽和顶帽使用的材料均为钢筋混凝土。

桥台按结构形式可分为带翼墙和不带翼墙的两大类。不带翼墙的桥台构造形式，常用的有 U 形、T 形、埋置式、耳墙式等多种。

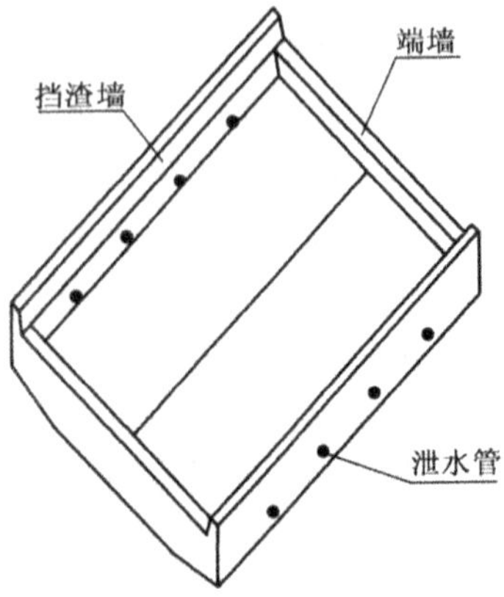

图 2-3-9　道渣槽立体示意图

桥台的总图，用以表示桥台的整体形状、大小以及桥台与线路的相对位置关系。除桥台总图外，还要用较大的比例画出台顶构造图。另外，还要表明顶帽和道渣槽内钢筋的布置情况，需要画出顶帽和道渣槽的钢筋布置图。

2）桥台构造图

（1）T 形桥台。图 2-3-10 为一 T 形桥台总图，图示了桥台的侧面、半平面及半基顶剖面、半立面及半背面等几个投影图。

立面图是桥台的侧面，表示垂直于线路方向观察桥台。将桥台本身全部画成是可见的，路基、锥体护坡及河床地面均未完整示出，只画出了轨底线、部分路肩线（图 2-3-10 中长度为 75cm 的水平线）、锥体护坡的轮廓线（图 2-3-10 中 1∶1 及 1∶1.25 的斜线）及台前台后的部分地面线，这些线及有关尺寸反映了桥台与线路的关系及桥台的埋深。前墙上距托盘底部 40cm 处的水平虚线是材料分界线。图 2-3-10 还注出了基础、台身及台顶在侧面上能反映出来的尺寸，有许多尺寸是重复标注的。大量出现重复尺寸是土建工程图的一个特点。

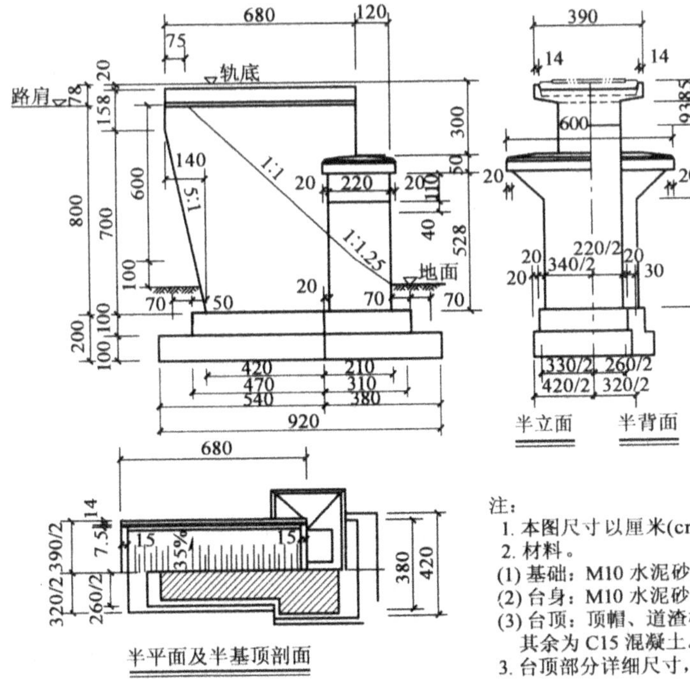

注：
1. 本图尺寸以厘米(cm)计。
2. 材料。
(1) 基础：M10 水泥砂浆砌片石；
(2) 台身：M10 水泥砂浆砌片石，块石镶面；
(3) 台顶：顶帽、道渣槽为 C20 钢筋混凝土，其余为 C15 混凝土。
3. 台顶部分详细尺寸，见台顶构造图。

图 2-3-10　T 形桥台

平面图是半平面及半基顶平面，这是由两个半投影图合成的投影图。对称轴线上方一半画的是桥台本身的平面图；对称轴线下方一半画的是沿着基顶剖切得到的水平剖面图。由于剖切位置已经明确，所以未再对剖切位置作标注。虽然基础埋在地下，但仍画成了实线。半平面及半基顶平面反映了台顶、台身、基础的平面形状及大小，按照习惯，合成投影图上对称部位的尺寸常注写成全长一半的形式，例如320/2。

侧面图是桥台的半正面及半背面合成的投影图，用以表示桥台正面和背面的形状和大小。图上重复标注了有关尺寸，只示出了一半的对称部位亦注写成全长一半的形式。

(2)埋置式肋式桥台。图2-3-11为埋置式肋式桥台构造图，埋置式肋式桥台由台帽(包括背墙、牛腿、耳墙)、两片肋台(台身)、承台和四根钻孔桩组成。它的工作状态是除台帽露出一部分以支撑桥面板外，其余均埋入土内，用立面图、平面图和侧面图三个投影图来表示。立面图采用单幅桥台的台前来表示。平面图同立面图一样，设想上部构造(主梁或拱圈)未安装，桥台也未填土，这就清楚地表示了台帽、耳墙、肋台、承台以及四根钻孔桩的平面位置和大小。侧面图反映了台帽、耳墙、牛腿、肋台、承台以及钻孔桩侧面的形状大小和位置。

3)桥台图的阅读

阅读桥台图时应同时阅读桥台总图和台顶构造图，并按从整体到局部的顺序进行。首先要了解桥台的类型，它在线路中的位置及与路基、地面、轨道的关系；进而弄清各主体部分的形状、材料、尺寸等；再进一步看懂台顶各部分的形状、构造和细部尺寸。若要知道顶帽和道渣槽的钢筋布置情况，还要再阅读这些部分的钢筋布置图。

4. 桩基图

桩基础是常用的桥梁基础类型，是由桩以及连接桩顶的承台或系梁所组成的基础，桩身可以全部或部分埋入地基土中，当桩身外露在地面上较高时，在桩之间还应加横系梁，以加强各桩之间的横向联系。若干桩在平面排列上可成为一排或几排，所有桩的顶部由承台联成一整体，在承台上再修筑桥墩、桥台和上部结构。桩基础的作用是将承台以上结构物传来的外力通过承台，由桩传到较深的地基持力层中去。桩基分灌注桩和预制桩。

桩基图包括一般构造图和配筋图，桩基形状不太复杂时可直接在桥台或桥墩构造图中表达出来，如图2-3-11所示，因桩基较长，为了节省空间，对于下部的桩采用了断开画法，长度应标实长。以图2-3-11为例，承台为长方体，长、宽、高分别为900cm、550cm和150cm；桩为圆柱形，从平面图上可以看出桩对称分布在承台下面的四角。

5. 支座一般布置图和构造图

支座位于桥梁上部结构和下部结构的连接处，桥墩的墩帽和桥台的台帽上均设有支座，板梁搁置在支座上。图2-3-12为支座一般布置图和构造图，立面图和平面图图示了支座在梁下面的具体位置，其中平面图为I-I剖面图，是由下向上投影的；支座顺桥向和横桥向布置图图示了支座在墩(台)帽上的位置，并用大样图图示了与支座相连的钢板的形状和尺寸，另有支座平面和立面图图示了支座的详细构造。

6. 人行道及桥面铺装构造图

图2-3-13为桥面铺装构造图，从图中可以看出：桥面的横向坡度为1%，桥面净宽600cm，立面图为II-II剖面图，桥面铺装为10cm 40号钢筋混凝土叠合层加8～9cm沥青混凝土，二者之间设置防水层，因桥较长，平面图采用了断开画法。

图2-3-14为人行道大样图，主要表达了人行道与绿化带和路面的相对位置及人行道详细组成和所用材料。

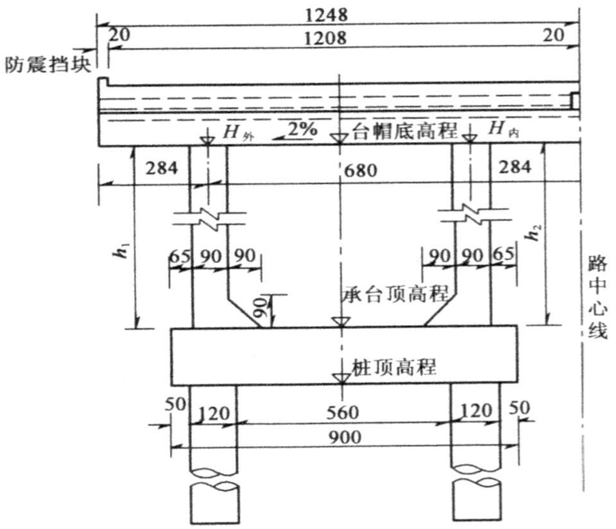

半立面

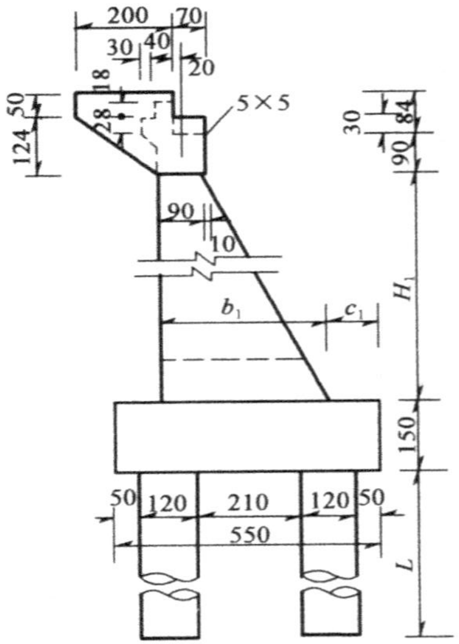

侧面图

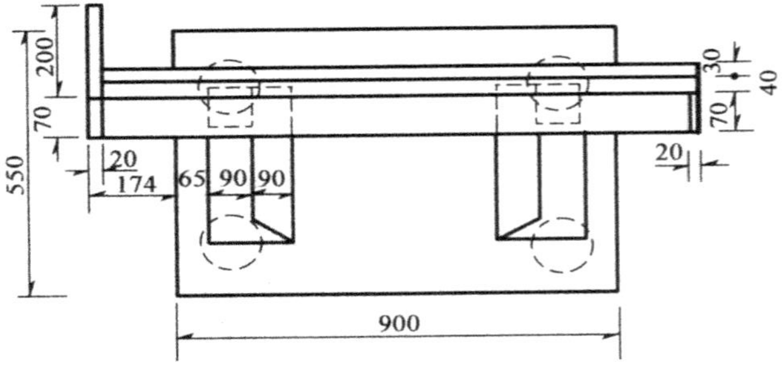

半平面

桥台混凝土强度等级表

部位	台帽	肋台	背墙、耳墙、牛腿	承台	桩
强度等级	C25	C20	C25	C20	C20

细部尺寸表（单位：cm）

方向	台号	h_1	h_2	b_1	b_2	c_1	c_2
九峰至富岭	0	253	266	216	223	171	164
	3	403	416	291	298	134	127
富岭至九峰	0	287	274	234	227	153	160
	3	437	424	309	302	116	123

注：1. 图中尺寸除注明外余均以厘米(cm)计。
2. 图中比例 1∶100。
3. 图中括号外为 0 号台尺寸，括号内为 3 号台尺寸。

桥台高程及尺寸表

方向	台号	台帽底高程	肋板顶高程 (m)		承台顶高程	桩顶高程	桩底高程	桩长 L	坡度 i
		(m)	$H_内$	$H_外$	(m)	(m)	(m)	(cm)	(%)
九峰至富岭	0	5.443	5.511	5.375	2.848	1.348	-21.652	2 300	2
	3	5.131	5.199	5.063	1.036	-0.464	-23.464	2 300	2
富岭至九峰	0	5.653	5.585	5.721	2.848	1.348	-21.652	2 300	2
	3	5.341	5.273	5.409	1.036	-0.464	-23.464	2 300	2

图 2-3-11 埋置式肋式桥台

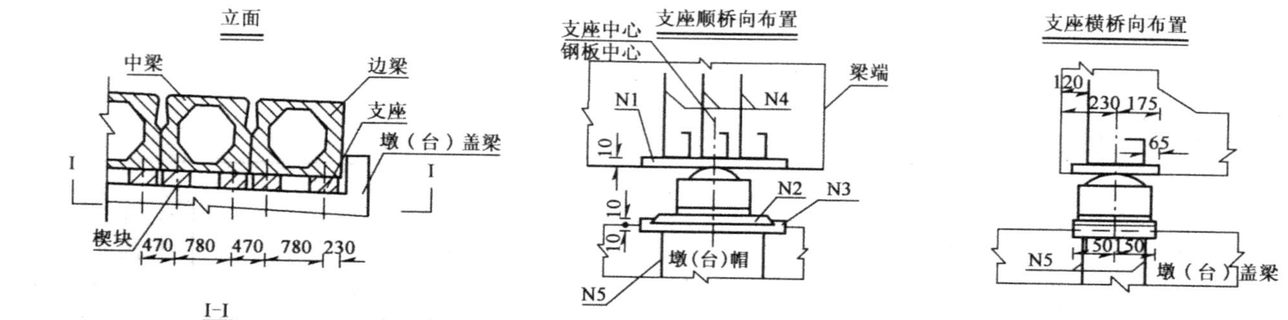

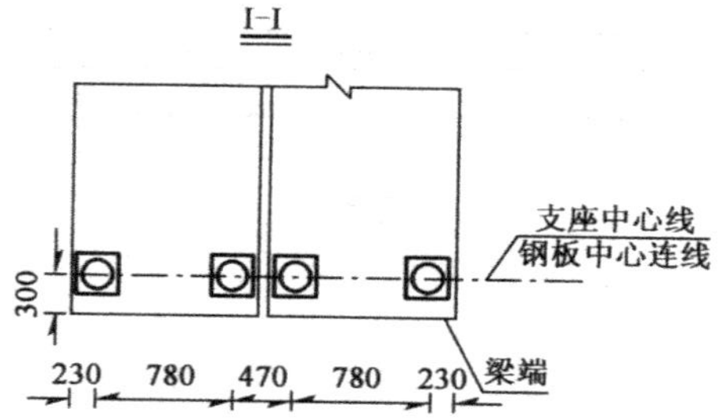

一个支座钢材明细表

编号	规格 (mm)	数量（件）	质量 (kg)
1	□350×10×350	1	9.62
2	□300×3×386	1	2.73
3	□300×20×450	1	21.20
4	ϕ12	3	1.92
5	ϕ16	2	2.52

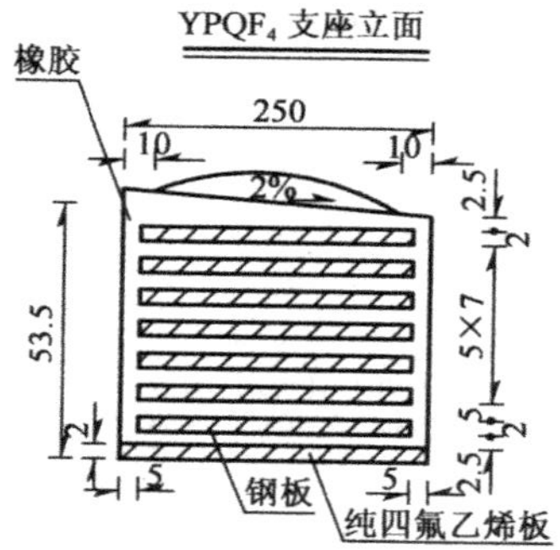

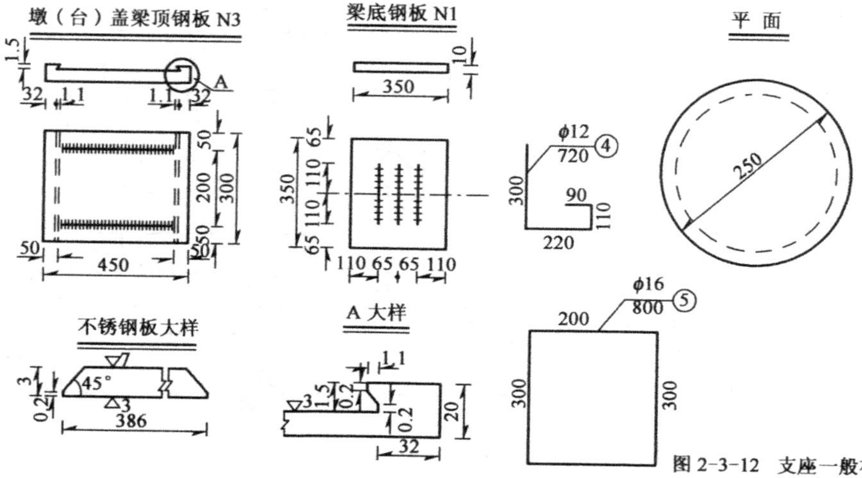

注：

1. 本图尺寸均以毫米 (mm) 计。
2. 桥面横坡由支座坡面及墩台帽顶楔块调整，支座要求水平放置。
3. 墩台帽顶楔块设计，详见本桥墩台帽顶楔块调整设计。
4. 支座最大坡面垂直于主梁方向设置。
5. 一个 $YPQF_4$ 支座体积为 $2750.9cm^3$。
6. 不锈钢板 N2 和墩（台）帽顶钢板 N3 应在主梁就位前用环氧树脂黏结，黏结前应进行除锈去油污处理，除不锈钢板 N2 外，其余的外露金属部分应作防锈处理。落梁时必须保证四氟乙烯板和不锈钢板接触面的清洁，钢板 N3 要求平整，当发生焊接变形时，应进行整形处理。
7. 梁底钢板 N1 和墩（台）盖梁顶钢板 N3 为碳素结构钢 (Q235)。
8. 钢板与锚固钢筋采用双面焊，焊接长度为钢板与钢筋接触长度。

图 2-3-12　支座一般布置和构造图

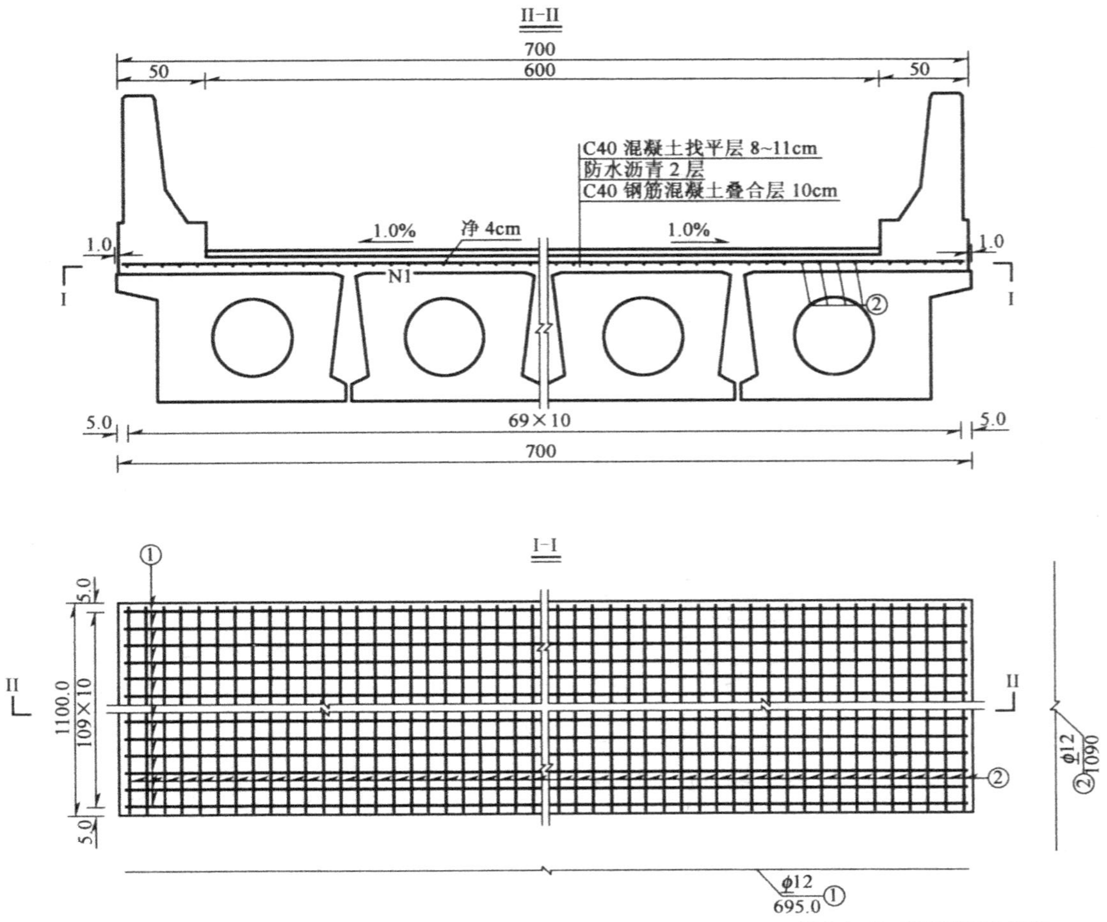

图 2-3-13 桥面铺装构造图

桥面铺装工程数量

跨径总和 (m)	φ (°)	编号	直径 (mm)	长度 (cm)	根数	共重 (kg)	C40 (m^3)
11.0	0.0	1	ϕ12	695.0	110	1356.4	24.7
		2		1090	70		

注：1. 本图尺寸均以厘米 (cm) 计。
2. 铰缝工程量已计入。
3. 全桥共 5 条铰缝。

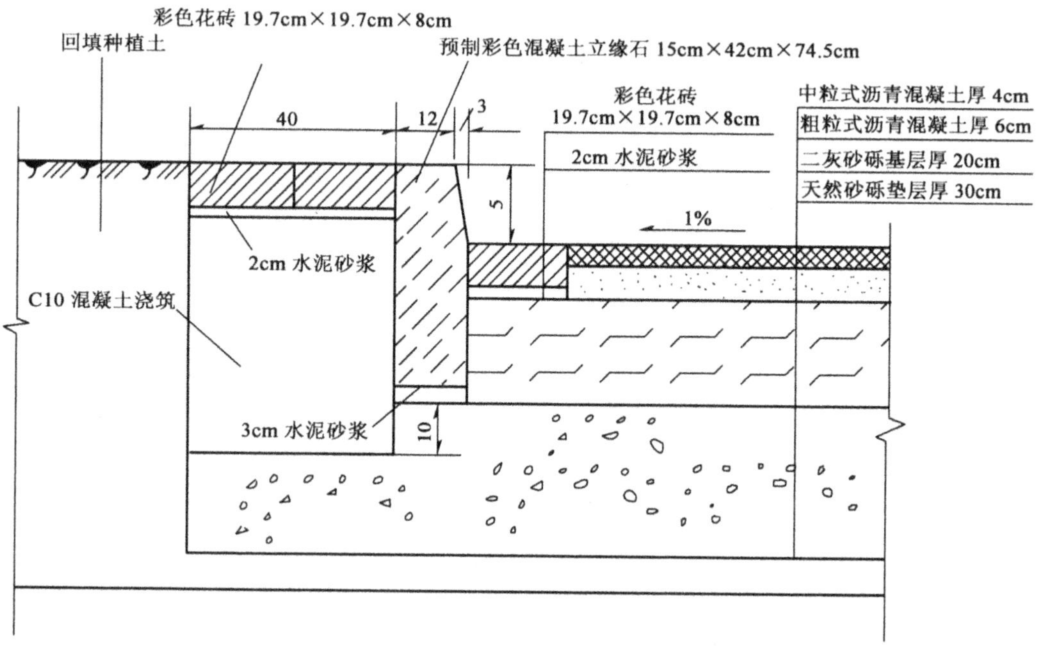

图 2-3-14　人行道结构大样图

二、任 务 实 施

1. 任务布置

学习桥梁构件图的最终目的就是能够读懂常见桥梁构件的施工图，以满足实际施工需要。现布置以下学习任务，供同学们课后复习讨论。

(1)结合图 2-3-1 ~ 图 2-3-14 展开讨论，提出各种桥梁构件施工图的识图要点及各种施工图中表达的重要信息。

(2)根据不同桥梁构件的结构形式进行桥梁构件施工图的分析，分析不同桥梁构件施工图的异同点。

(3)查阅有关桥梁规范，通过教师课堂讲解与课后组织讨论相结合，紧紧围绕《国标》展开学习。

2. 课堂教学

案例一：阅读图 2-3-15 主梁一般构造图。

读图分析：图 2-3-15 中画出了内梁和外梁的半立面图，平面图为外梁的 V-V 剖面图，侧面图为内梁和外梁的边部和中部剖面图。

案例二：阅读图 2-3-16 桥墩一般构造图。

读图分析：图 2-3-16 中画出了桥墩的立面图、平面图和侧面图，联系三图可以读出桥墩的形状、尺寸及其构造。

案例三：阅读图 2-3-17 桥台一般构造图。

读图分析：图 2-3-17 中画出了桥台的立面图、平面图和侧面图，联系三图可以读出桥台的形状、尺寸及其构造。

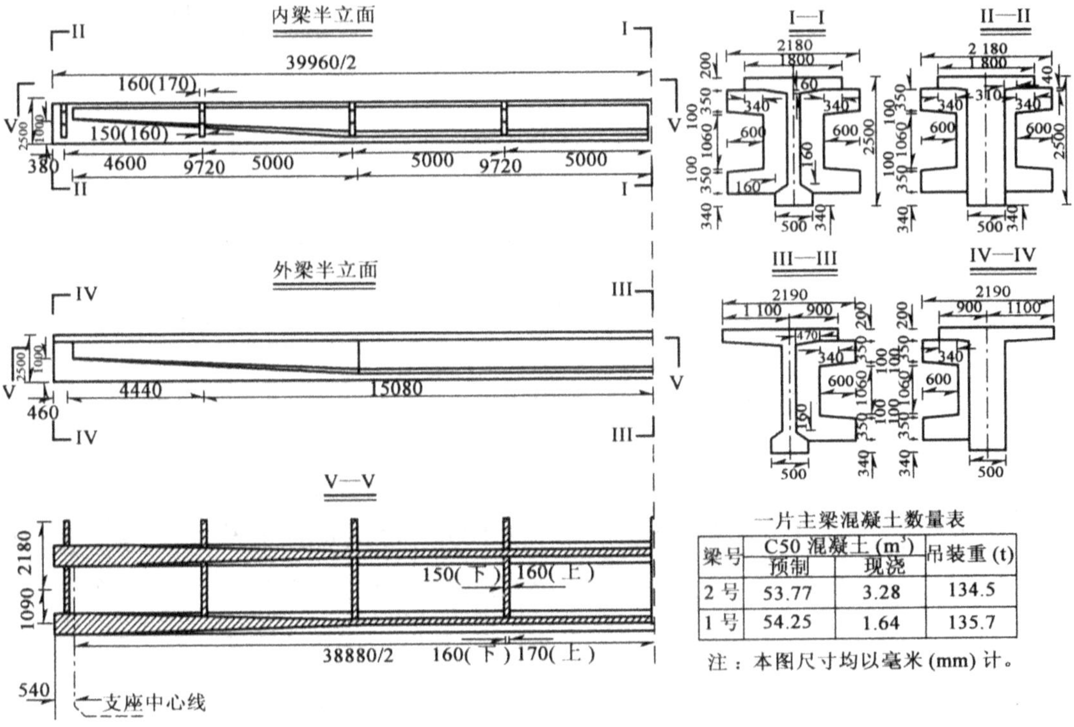

一片主梁混凝土数量表

梁号	C50 混凝土 (m^3) 预制	C50 混凝土 (m^3) 现浇	吊装重 (t)
2 号	53.77	3.28	134.5
1 号	54.25	1.64	135.7

注：本图尺寸均以毫米 (mm) 计。

图 2-3-15　主梁一般构造图

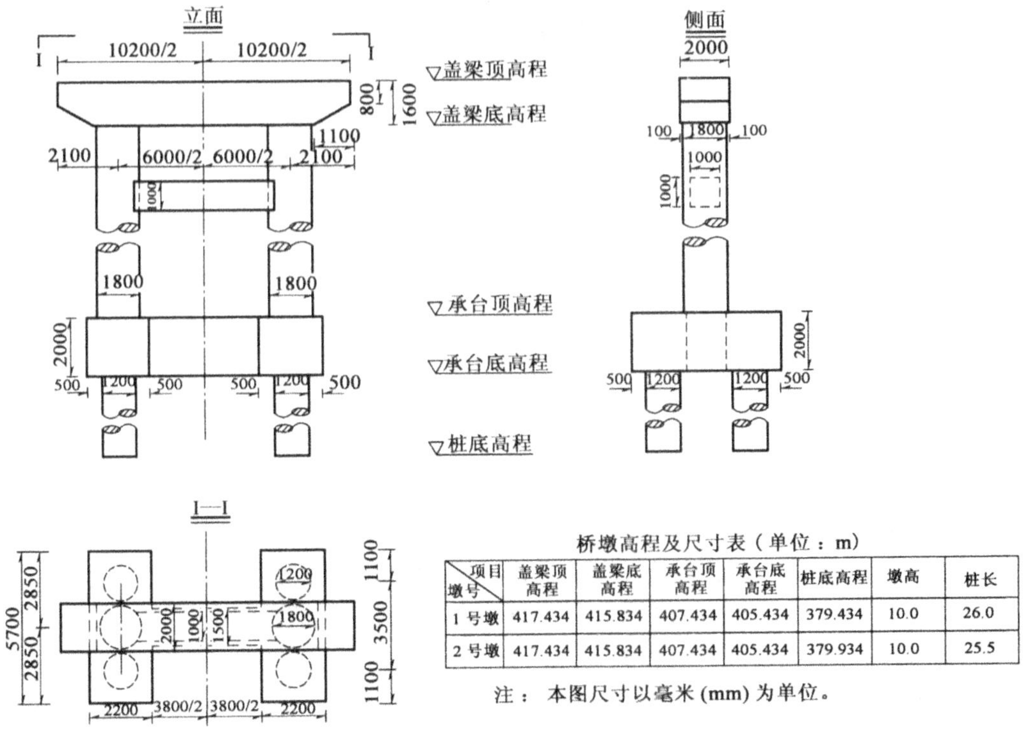

桥墩高程及尺寸表（单位：m）

项目 墩号	盖梁顶高程	盖梁底高程	承台顶高程	承台底高程	桩底高程	墩高	桩长
1 号墩	417.434	415.834	407.434	405.434	379.434	10.0	26.0
2 号墩	417.434	415.834	407.434	405.434	379.934	10.0	25.5

注：本图尺寸以毫米 (mm) 为单位。

图 2-3-16　桥墩一般构造图

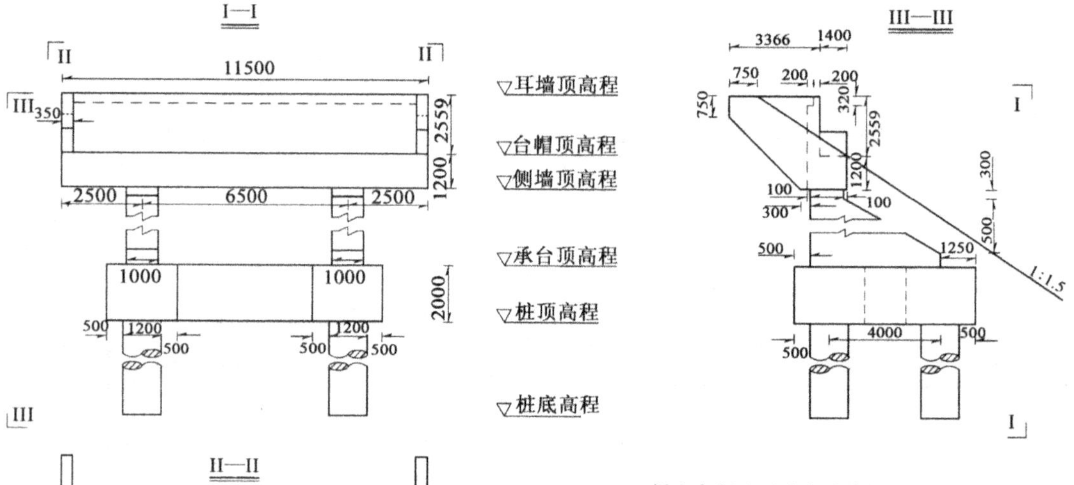

桥台高程及尺寸表（单位：m）

台号 \ 项目	耳墙顶高程	台帽顶高程	承台顶高程	桩顶高程	桩底高程	台高	桩长
0号台	419.193	416.634	411.194	409.194	388.194	7.999	21.0
3号台	419.193	416.634	411.194	409.194	387.194	7.999	22.0

注：本图尺寸均以毫米(mm)为单位。

图 2-3-17　桥台一般构造图

三、学习效果评价反馈

1. 学生自评

每位学生根据本学习任务的学习目标，自主完成下述[自测1]~[自测6]，并根据表2-3-1的要求，完成自我检验。

学 生 自 评 表　　　　表2-3-1

任务名称：桥梁构件图识读							
姓名		学号		自评成绩			
题号	自测1	自测2	自测3	自测4	自测5	自测6	合计
分数	10	10	10	10	30	30	100
得分							

[自测1]　桥梁构件图的作用是什么，包括哪几部分？

[自测2]　桥台在桥梁的整体结构中有什么作用？常见的桥台有哪些形式？

[自测3]　桥墩构件图包括哪几部分？

[自测4]　分析桥梁构件图之间的关系。

[自测5]　阅读图2-3-18、图2-3-19空心板梁一般构造图。

[自测6]　阅读图2-3-20墩台构造图。

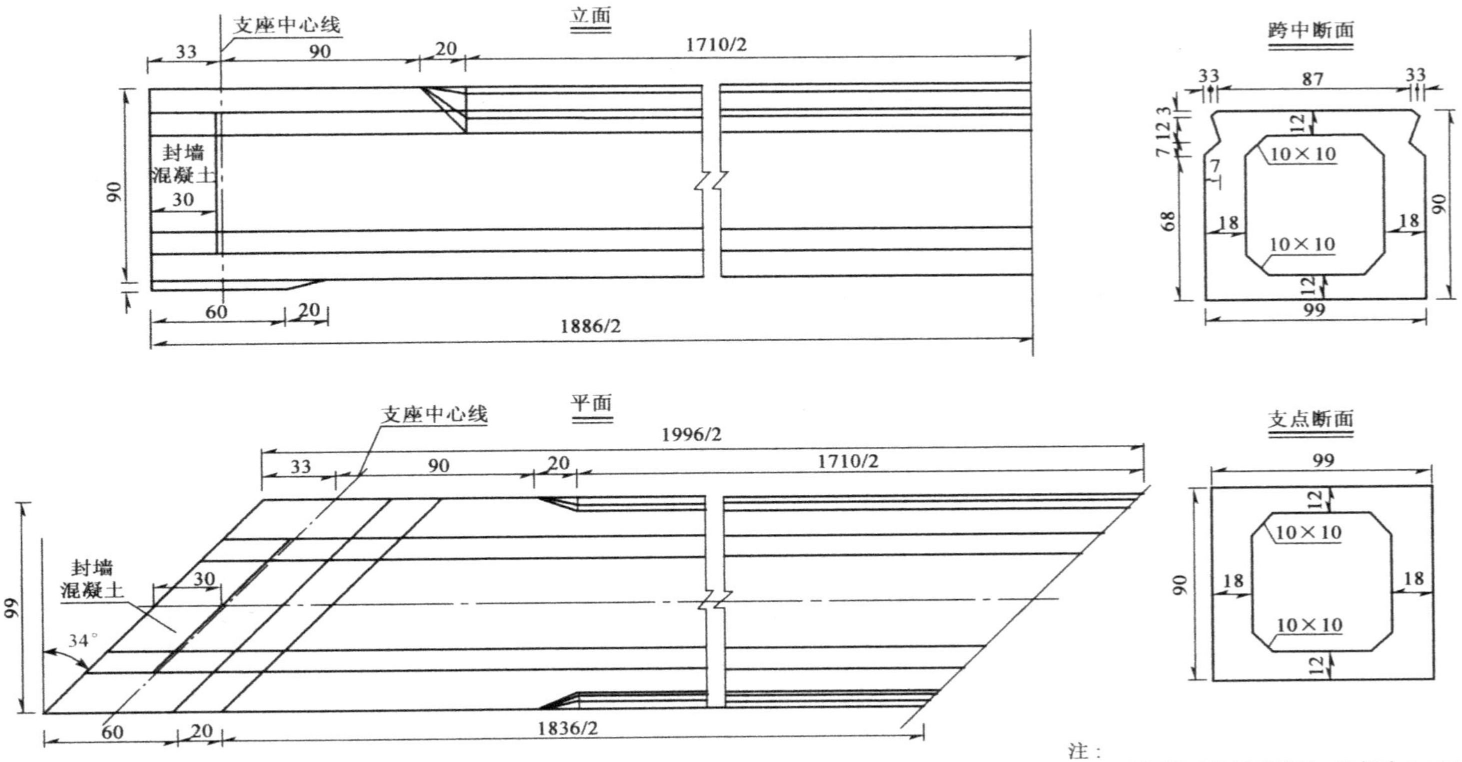

注：
1. 本图尺寸均以厘米计，比例为 1∶20。
2. 浇筑铰缝水泥混凝土前先用 M12.5 水泥砂浆填底缝，待砂浆强度达 50% 后方可浇筑铰缝水泥混凝土。
3. 内模脱模后即可浇筑封头水泥混凝土，注意务必封实。

图 2-3-18　中板一般构造

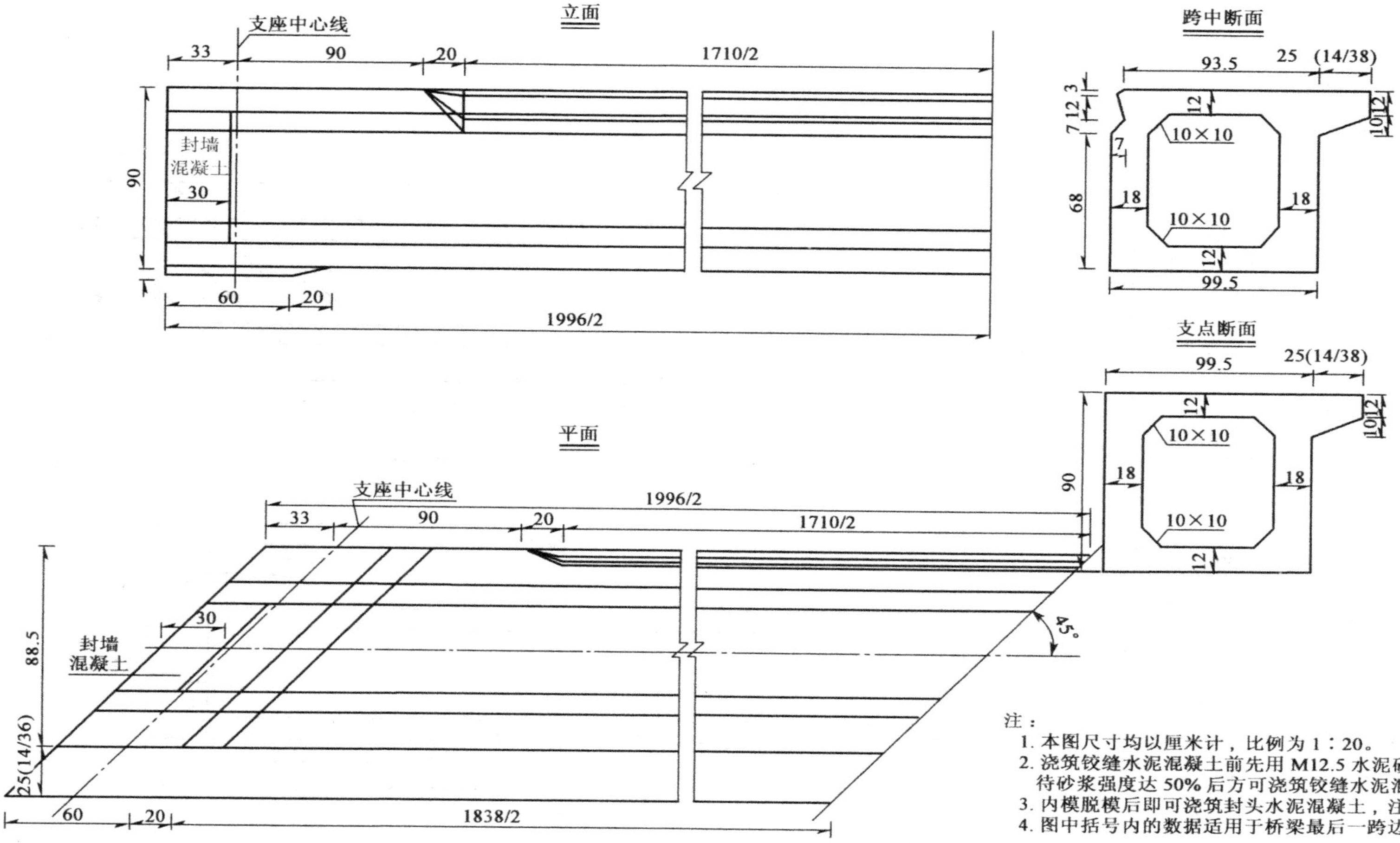

注：

1. 本图尺寸均以厘米计，比例为 1∶20。
2. 浇筑铰缝水泥混凝土前先用 M12.5 水泥砂浆填底缝，待砂浆强度达 50% 后方可浇筑铰缝水泥混凝土。
3. 内模脱模后即可浇筑封头水泥混凝土，注意务必封实。
4. 图中括号内的数据适用于桥梁最后一跨边板。

图 2-3-19　边板一般构造图

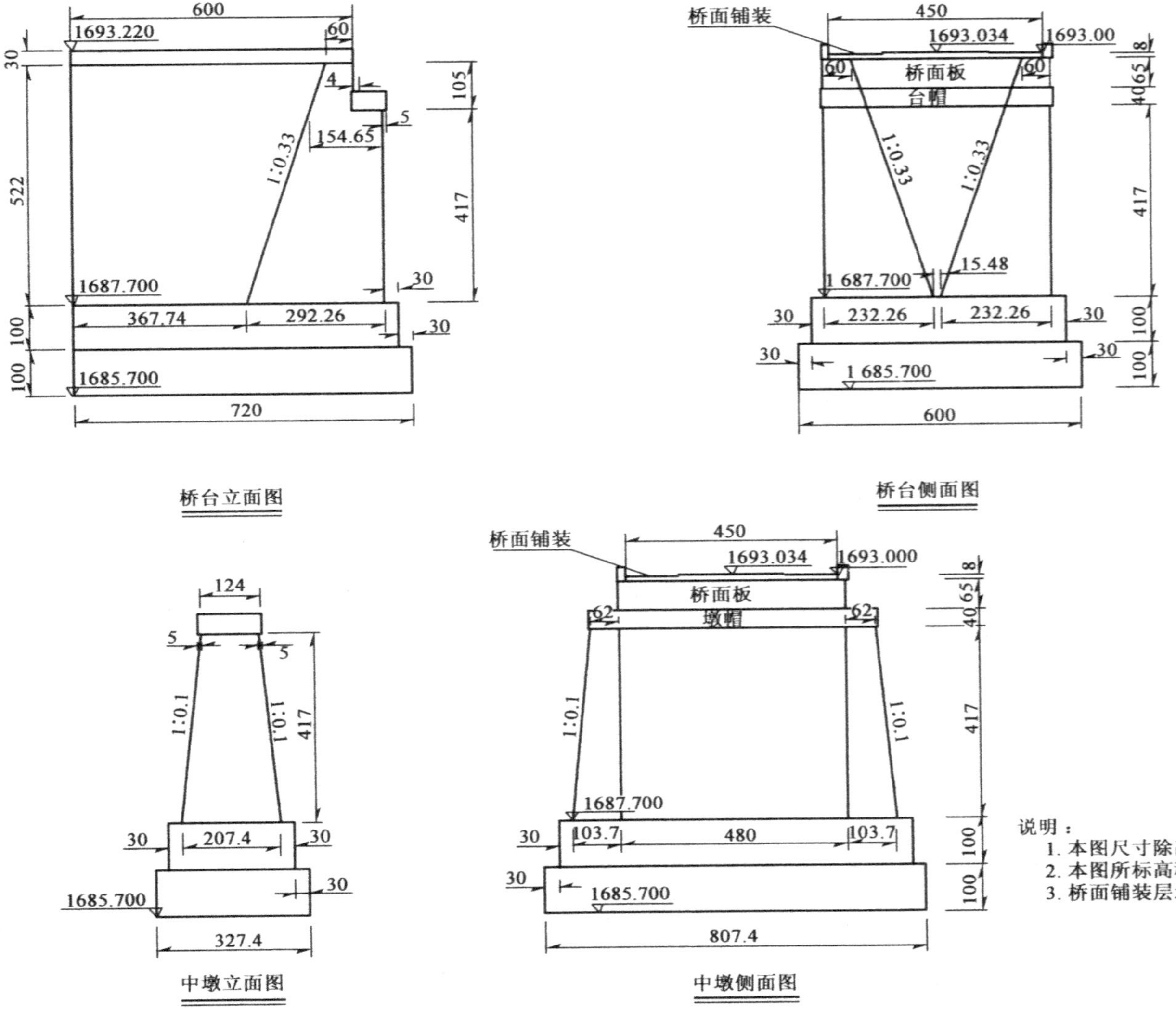

图 2-3-20　墩台一般构造图

说明：

1. 本图尺寸除高程外均以厘米计；
2. 本图所标高程 1693.00 包含桥面铺装厚度；
3. 桥面铺装层边厚为 8.00cm，路中厚为 11.4cm。

2. 任课教师评价

主讲教师根据学生的学习态度,对桥梁施工图阅读的熟练程度方面进行综合评价,按表2-3-2的要求,完成教师对学生的评价。

教师对学生的学习效果评价表 表2-3-2

姓名		学号		成绩	
任务名称:桥梁构件图识图分析					
评 价 内 容	评 价 依 据			分数	得分
学习态度情况	上课纪律、学习主动性等评价			20	
任务自测情况	自测成果的正确性与准确性、完成成果的质量、上交资料的规范程度等评价			20	
成果报告情况	识读桥梁构件图常见符号的正确性、识读桥梁构件图步骤的正确性			30	
完成的工作量	工作的完成情况			20	
学生独立解决问题能力	主要对学生的创新思维能力、组织能力,判断能力等评价			10	
教师签名		日期		合计	

学习任务四　钢筋混凝土结构图

学习目标

1. 叙述钢筋混凝土结构的概念及其分类;
2. 知道钢筋的分类、符号及弯折的常见形式;
3. 分析钢筋结构图的特点、图示方法和图示内容;
4. 根据《国标》要求完成作业;
5. 正确完成钢筋结构图的作图与识图。

任务描述

该任务通过对钢筋混凝土结构的分析,了解钢筋混凝土结构的各组成部分及钢筋混凝土工程施工图。该任务是采用教师案例教学与学生讨论相结合的方式完成的,教师根据学生人数分组(视班级总人数可分5~6人/组),每组推选一名组长负责任务的组织与实施,最终以组为单位上交《钢筋混凝土结构施工图分析报告》。各组在接到任务后,认真学习《国标》的相关要求,结合教师讲课并视需要收集其他相关信息,每组各成员单独准备分析材料,然后分组讨论,由一人做好记录并整理上交《钢筋混凝土结构施工图分析报告》。

学习引导

本工作任务沿着以下脉络进行学习:

钢筋混凝土结构简介 → 钢筋的基本知识 → 钢筋结构图的内容及图示特点 → 构件详图的绘制步骤

一、相 关 知 识

1. 钢筋混凝土结构简介

混凝土是由水泥、沙子、石子和水按一定的比例拌和而成,凝固后坚硬如石,受压能力好,但受拉能力差,容易因受拉而断裂[图 2-4-1a)]。为了解决这个矛盾,充分发挥混凝土的受压能力,常在混凝土受拉区域内或相应部位加入一定数量的钢筋,使两种材料黏结成一个整体,共同承受外力。这种配有钢筋的混凝土,称为钢筋混凝土[图 2-4-1b)]。

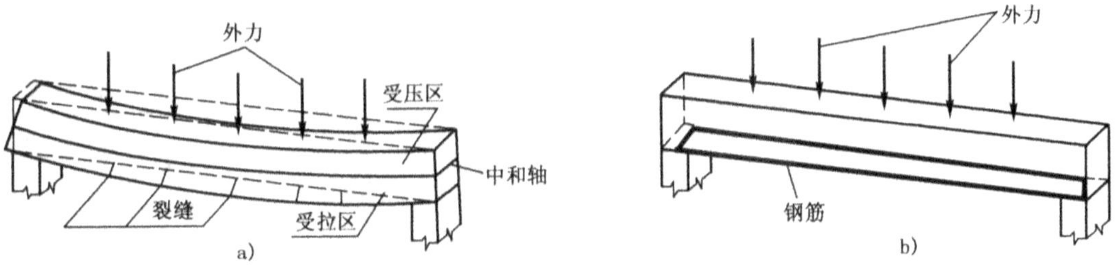

图 2-4-1 钢筋混凝土梁受力示意图

a)混凝土;b)钢筋混凝土

用钢筋混凝土制成的梁、板、柱、基础等构件,称为钢筋混凝土构件。钢筋混凝土构件,有的是在工地现场浇制的,称为现浇钢筋混凝土构件。也有的是在工厂、工地以外预先把构件制作好,然后运到工地安装的,这种构件称为预制钢筋混凝土构件。此外,还有的构件,制作时对混凝土预加一定的压应力以提高构件的强度和抗裂性能,称为预应力混凝土构件。

钢筋混凝土结构中的钢筋,按其作用可分为下列几类(图 2-4-2)。

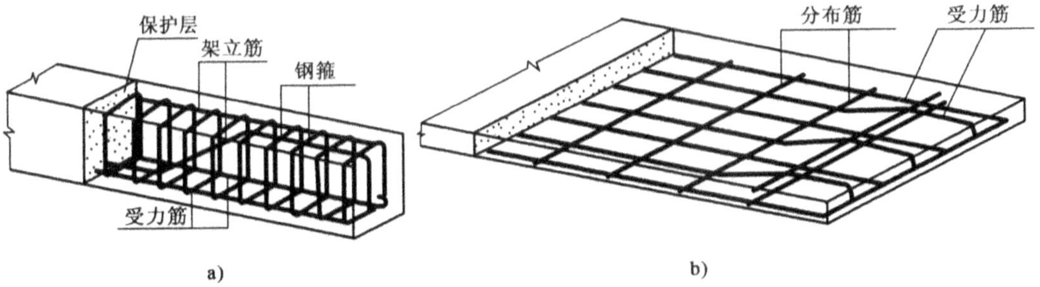

图 2-4-2 钢筋混凝土梁、板配筋示意图

a)梁;b)板

(1)受力筋——承受拉、压应力的钢筋,用于梁、板、柱等各种钢筋混凝土构件。

(2)箍筋——承受一部分斜拉应力,并固定受力筋的位置,多用于梁和柱内。

(3)架立筋——用以固定梁内钢箍位置,构成梁内的钢筋骨架。

(4)分布筋——用于屋面板、楼板内,与板的受力筋垂直布置,将承受的重力均匀地传给受力筋,并固定受力筋的位置,以及抵抗热胀冷缩所引起的温度变形。

(5)其他——因构件构造要求或施工安装需要而配置的构造筋,如预埋锚固筋、吊环等。

为了保护钢筋、防腐蚀、防火以及加强钢筋与混凝土的黏结力,在构件中的钢筋外面要留有保护层(图 2-4-2)。梁、板、柱等的保护层厚度应满足钢筋混凝土结构设计规范的规定。

2. 钢筋的基本知识

1)钢筋的种类与符号

按照《公路钢筋混凝土及预应力混凝土桥涵设计规范》(JTG D62—2004)的规定,公路混凝土桥涵的钢筋分为普通钢筋(钢筋混凝土构件中的钢筋和预应力混凝土构件中的非预应力钢筋)和预应力钢筋,其中普通钢筋有四种,预应力钢筋有两种,其种类、符号等见表 2-4-1 和表 2-42。

普通钢筋　　表 2-4-1

钢筋种类	公称直径	符号	外观形状	钢筋种类	公称直径	符号	外观形状
R235	$d=8\sim20$	ϕ	光圆	HRB400	$d=6\sim50$	ϕ	带肋
HRB335	$d=6\sim50$	ϕ	带肋	KL400	$d=8\sim40$	ϕ^{R}	带肋

预应力钢筋　　表 2-4-2

钢筋种类			符号
钢绞线	1×2(二股)	$d=8.0、10.0、12.0$	ϕ^{S}
	1×3(三股)	$d=8.6、10.8、12.9$	
	1×7(七股)	$d=9.5、11.1、12.7、15.2$	
消除应力钢丝	光面 螺旋肋	$d=4.5、6$ $d=7、8、9$	ϕ^{P} ϕ^{H}
	刻痕	$d=5、7$	ϕ^{I}
精轧螺纹钢筋		$d=18、25、32、40$	JL

2)混凝土保护层

为了防止钢筋裸露在大气中锈蚀,钢筋外表面到混凝土表面必须有一定厚度,这一层混凝土就称为钢筋的保护层,我们将此距离称为保护层厚度。在混凝土构件内,钢筋外表面之间的距离,称为钢筋的净距。

3)钢筋的弯钩和弯折

(1)弯钩。对于光圆受力钢筋,为了增加它与混凝土的黏结力,在钢筋端部做成弯钩,弯钩的标准形式有半圆弯钩、斜弯钩和直弯钩(180°、135°、90°)三种,如图 2-4-3 所示。根据需要,钢筋的实际长度要比端点长出 $6.25d$、$4.9d$ 和 $3.5d$,这时钢筋的长度要计算其弯钩的增长数值。

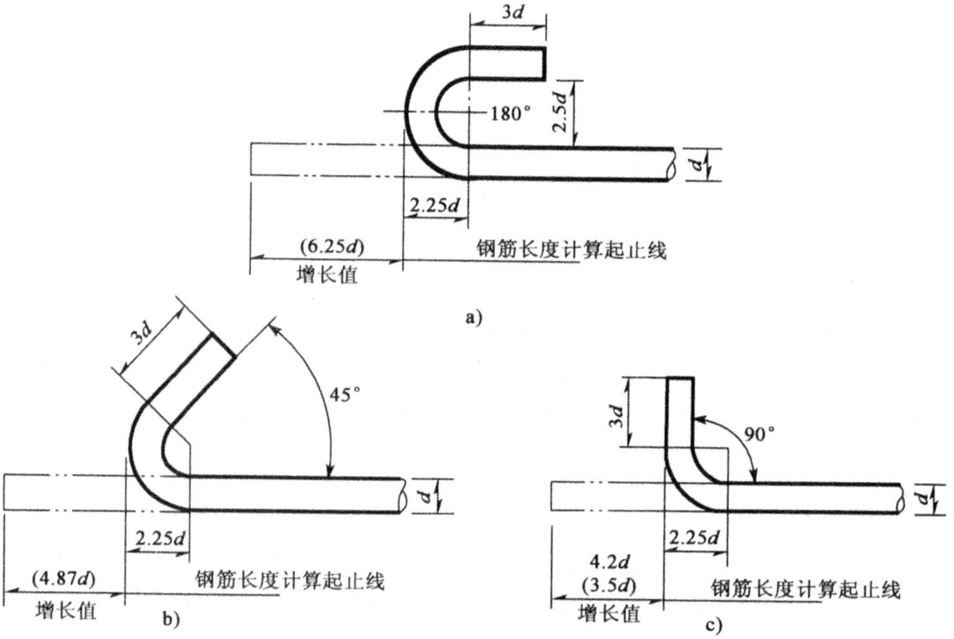

图 2-4-3　钢筋的标准弯钩

注:图中括号内数值为光圆钢筋的增长值。

(2)弯折。根据结构受力要求,有时需要将部分受力钢筋进行弯折,这时弧长比两切线之和短些,如图 2-4-4 所示,其计算长度应减去折减数值(钢筋直径小于 10mm 时可忽略不计)。45°与 90°的弯折为标准弯折。除标准弯折外,其他角度的弯折应在图中画出大样,并标出切线与圆弧的差值。

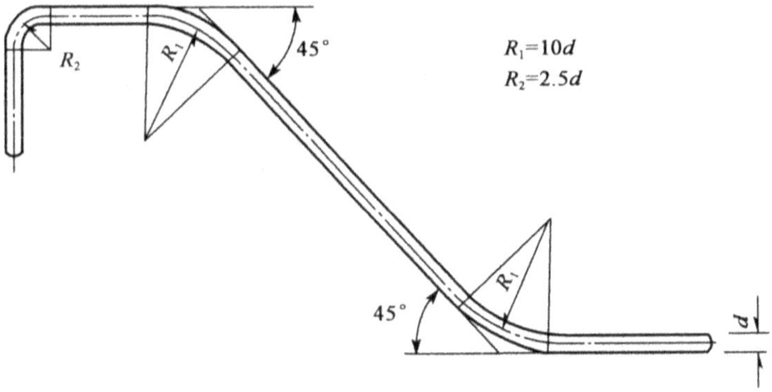

图 2-4-4　标准弯折

3. 钢筋混凝土结构图的内容及图示特点

1)钢筋混凝土结构图的内容

钢筋混凝土结构图包括两类图样,一类称为构件构造图(或模板图),即对于钢筋混凝土结构,只画出构件的形状和大小,不表示内部钢筋的布置情况;另一类称为钢筋结构图(或钢筋构造图或钢筋布置图),即主要表示构件内部钢筋的布置情况。

2)钢筋混凝土结构图的图示特点

为了突出表示钢筋的配置状况,在构件的立面图和断面图上,轮廓线用中或细实线画出,图内不画材料图例,而用粗实线(在立面图)和实心黑圆点(在断面图)表示钢筋,并要对钢筋加以说明标注。

(1)钢筋的一般表示法。在结构图中,通常用单根的粗实线表示钢筋的立面,用实心黑圆点表示钢筋的横断面。现将常见的具体表示方法列于表 2-4-3 中。

钢 筋 的 表 示　　　　表 2-4-3

名　　称	图　　例	说　　明
钢筋横断面		
无弯钩的钢筋端部		表示长短钢筋投影重叠时,可在短钢筋的端部用 45°短画线表示
预应力钢筋横断面		
预应力钢筋或钢绞线		用粗双点画线
无弯钩的钢筋搭接		
带半圆形弯钩的钢筋端部		
带半圆弯钩的钢筋搭接		
带直弯钩的钢筋端部		
带直弯钩的钢筋搭接		

续上表

名　　称	图　　例	说　　明
带丝扣的钢筋端部		
接触对焊(闪光焊)的钢筋接头	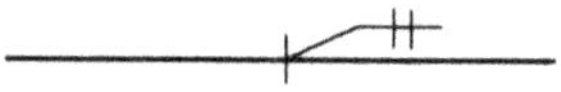	
单面焊接的钢筋接头		
双面焊接的钢筋接头		
焊接网	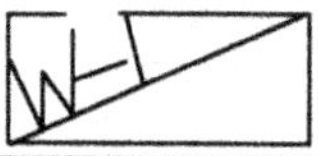	一张网平面图

(2)钢筋结构图的图示特点。

①绘制配筋图时,可假设混凝土是透明的,能够看清楚构件内部的钢筋,图中构件的外形轮廓用细实线表示。钢筋用粗实线表示,若箍筋和分布筋数量较多,也可画为中实线,钢筋的断面用实心小圆点表示。

②对钢筋的类别、数量、直径、长度及间距等要加以标注。

③通常在配筋图中不画出混凝土的材料符号。当钢筋间距和净距太小时,若严格按比例画则线条会重叠不清,这时可适当扩大绘制。同理,在立面图中遇到钢筋重叠时,亦要放宽尺寸使图面清晰。

在钢筋结构图中,不一定将三个投影图都画出来,而是根据需要来决定钢筋图,一般不画平面图,只用立面图和断面图来表示。

3)钢筋的编号和尺寸标注方式

在钢筋结构图中为了区分不同直径、不同长度、不同形状、不同类型的钢筋,要求对不同类型的钢筋加以编号,并在引出线上注明其规格和间距,编号用阿拉伯数字表示。钢筋编号和尺寸标注方式如下:

对钢筋编号时,宜先编主、次部位的主筋,后编主、次部位的构造筋。编号及尺寸标注的一般形式如下:

(1)编号标注在引出线右侧的细实线圆圈内。

(2)钢筋的编号和根数也可采用简略形式标注,根数注在 ϕ 字之前。编号注在 ϕ 字之后。在钢筋断面图中,编号可标注在对应的方格内,见图 2-4-5。

(3)尺寸单位。在路桥工程图中,钢筋直径的尺寸单位采用毫米(mm),其余尺寸单位均采用厘米(cm),图中无需注出单位。在建筑制图中,钢筋图中所有尺寸单位均为毫米(mm)。采用如下格式标注:

$$\frac{n\phi d}{l@s}\ \text{ⓜ}$$

式中:m——钢筋编号,圆圈直径为 4 ~ 8mm;

n——钢筋根数;

ϕ——钢筋直径符号,也表示钢筋的等级;

d——钢筋直径的数值,mm;

l——钢筋总长度的数值,cm;

@——钢筋中心间距符号;

s——钢筋间距的数值,cm。

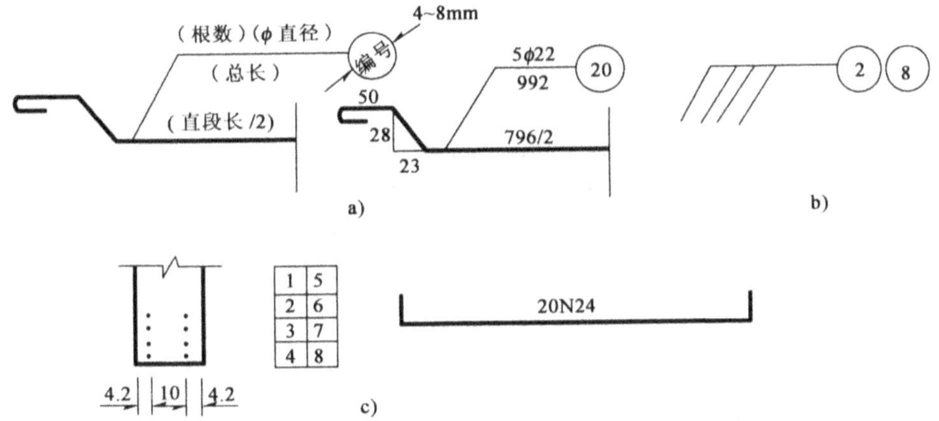

图 2-4-5　钢筋编号的标注

4. 构件详图的绘制步骤及要求

(1)确定图样数量,选择比例,布置图样。配筋立面图应布置在主要位置上,其比例一般为1:50、1:30、1:20。断面图可布置在任何位置上,但排列要整齐,其比例可与立面图相同,也可适当放大,如1:20、1:10。钢筋详图一般在立面图的下(上)方,但箍筋的位置可灵活些。钢筋表一般布置在图纸的右下角。

(2)画配筋立面图。画构件轮廓、钢筋、支座,用中粗虚线表示与梁有关的板及次梁(如为预制梁,后两部分可不画),标注剖切符号。

(3)画断面图。根据立面图的剖切符号,分别画出各断面图。先画轮廓,后画钢筋。在画钢筋的横断面时,黑圆点要圆,大小要适当、位置要准确(要紧靠箍筋)。

(4)画钢筋详图。将各类不同的钢筋单独抽出,画在与立面图相对应的地方,而且钢筋的排列顺序应与在立面图中的相一致。

(5)标尺寸、注高程。立面图中应标注轴线间距、支座宽、梁高及弯起筋起弯点到支座边等的尺寸。梁底或板面注出其结构高程。断面图只标注梁高及梁宽尺寸。保护层厚度一般不作标注。钢筋详图在沿各钢筋边标注各段设计长度及总的下料长度。

(6)标注钢筋的编号、数量(或间距)、类别和直径。这些内容一般标注在引出线的上方。引出线一端画一直径为6mm的圆圈,圈内写上编号。引出线可转折,但要清楚,避免交叉,方向及长短要整齐(图2-4-6)。有时,这些内容也可直接注在钢筋的上方(图2-4-7)。如立面图、断面图及钢筋详图都同时画出,这些内容应标注在钢筋详图上,画立面图、断面图只标出编号,其余内容均可省略。

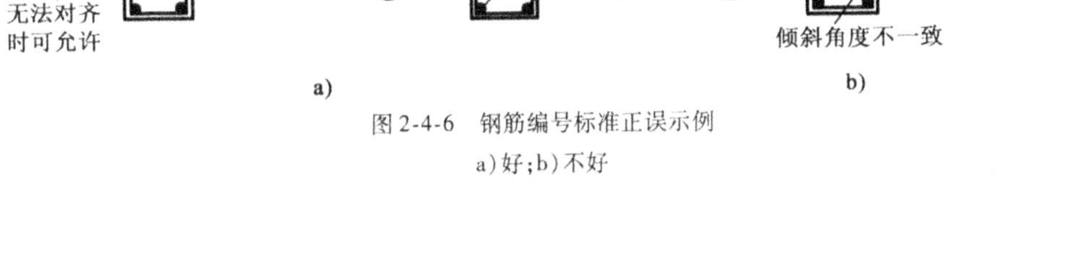

图 2-4-6　钢筋编号标准正误示例

a)好;b)不好

(7)钢筋数量表。在钢筋结构图中,一般还附有钢筋数量表,内容包括钢筋的编号、直径、每根长度、根数、总长及质量等,必要时可加画略图,如表 2-4-4 所示。

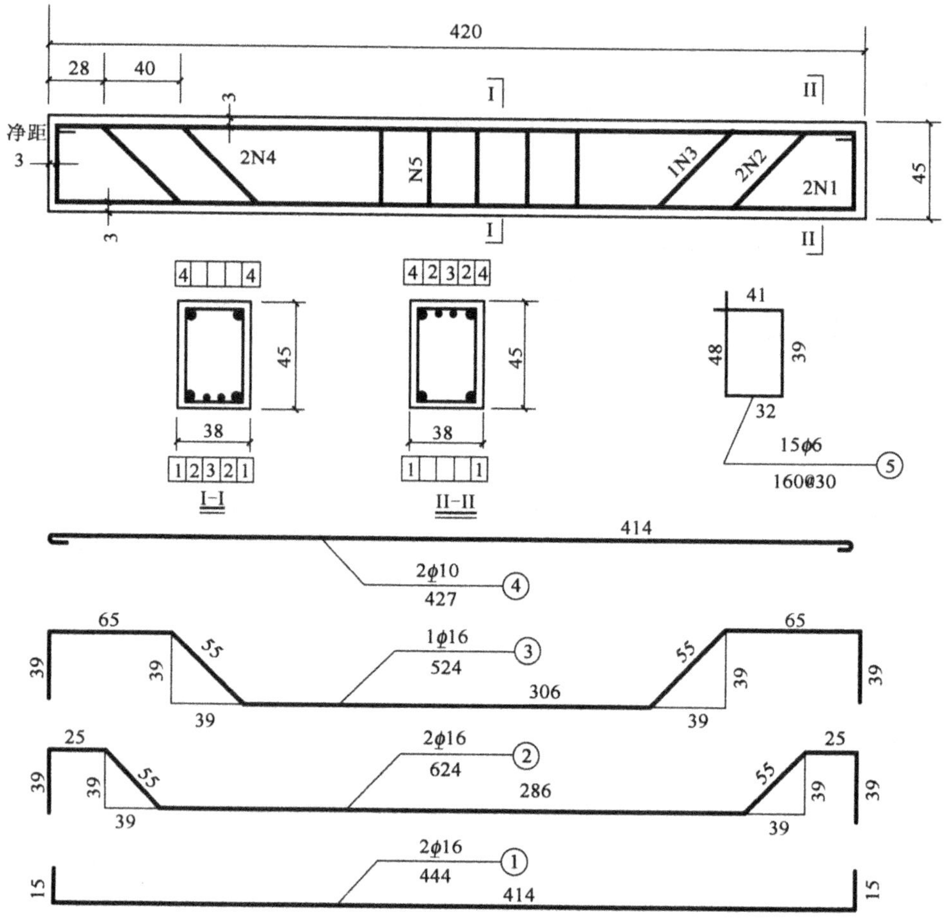

图 2-4-7 某梁的配筋图

(8)注写有关混凝土、砖、砂浆的强度等级及技术要求等说明。

钢筋混凝土梁钢筋数量表 表 2-4-4

编号	钢号和直径(mm)	长度(m)	根数	总长(m)	每米质量(kg/m)	总质量(kg)
1	ϕ22	528	1	5.28	2.984	15.76
2	ϕ22	708	2	14.16	2.984	42.25
3	ϕ22	892	2	17.84	2.984	53.23
4	ϕ22	881	3	26.43	2.984	78.87
5	ϕ12	745	2	14.90	0.888	13.23
6	ϕ6	198	24	47.52	0.222	10.55
总计						213.89
绑扎用铅丝 0.5%						1.07

二、任 务 实 施

1. 任务布置

根据上文所阐述的知识,分析图 2-4-8 钢筋混凝土构件的配筋图。

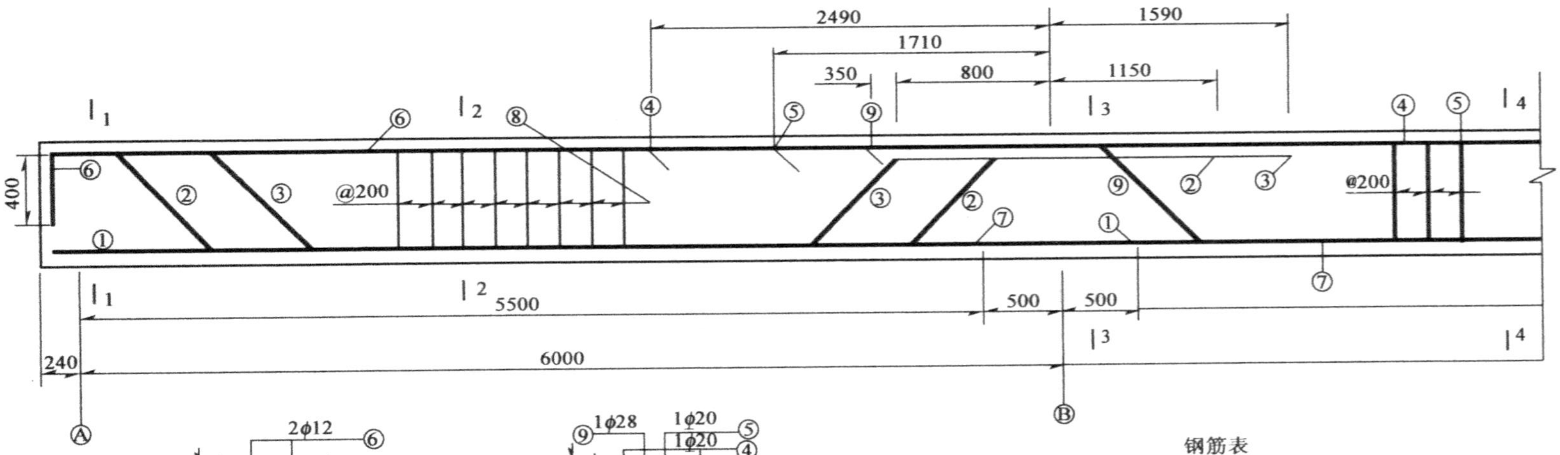

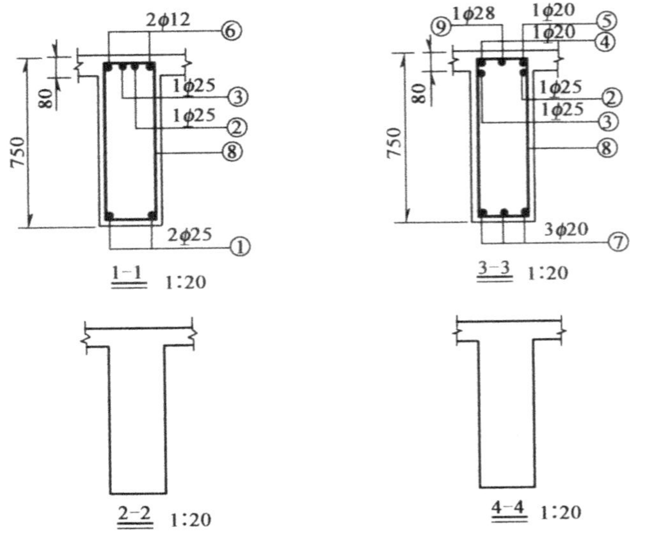

钢筋表

编号	简图	直径(mm)	单根长(cm)	根数	总长(m)
1	6720				
2	400 395 990 4260 950 1350				
3	400 1000 990 3060 950 2390				
4	10980				
5	9420				
6	6400				
7	7000				
8	200 700				
9	1350 990 4200 990 1350				

图 2-4-8　钢筋混凝土主梁配筋图

2. 案例教学

案例教学以混凝土构件中各种钢筋的布置为主线，根据各类不同构件进行钢筋混凝土图分析。现以某钢筋混凝土主梁为例进行教学。

阅读钢筋混凝土主梁配筋图（图 2-4-8），画出 2-2、4-4 断面中的配筋，并完成钢筋数量表。

三、学习效果评价反馈

1. 学生自评

每位学生根据本学习任务的学习目标，自主完成下述［自测 1］~［自测 4］，并根据表 2-4-5 的要求，完成自我检验。

［自测 1］ 常见混凝土结构的定义及分类是什么？

［自测 2］ 现行规范中常见的钢筋种类与符号是什么？

［自测 3］ 常见钢筋结构图的图示内容及图示特点是什么？

［自测 4］ 常见构件详图的绘图步骤及要求是什么？

学生自评表 表 2-4-5

任务名称：钢筋混凝土梁的施工图分析

组号		姓名		学号		自评成绩	
题号		自测 1	自测 2	自测 3	自测 4	合计	
分数		20	20	30	30	100	
得分							

2. 学习小组评价

主讲教师根据班级人数、学生学习情况等因素合理分组，然后以学习小组为单位，完成授课前布置的各种混凝土构件分析相关任务，组长根据组员的完成情况，按表 2-4-6 的要求，完成学习小组评价。

学习小组评价表 表 2-4-6

组号		姓名		学号		成绩	
任务名称：钢筋混凝土梁施工图识图分析							
评价内容			性质	评价标准		分数	得分
1. 常见混凝土构件的分类			参与完成	正确性评价		30	
2. 钢筋混凝土梁中钢筋的标注方法			参与完成	正确性评价		30	
3. 常见钢筋混凝土梁的识图及绘图步骤			参与完成	正确性与熟练程度评价		40	
组长签名			日期			合计	

3. 任课教师评价

主讲教师根据学生的学习态度，对各类钢筋混凝土构件进行分析等方面综合评价，按表 2-4-7 的要求，完成教师对学生的评价。

教师对学生的学习效果评价表

表 2-4-7

<table>
<tr><td>组号</td><td></td><td>姓名</td><td></td><td>学号</td><td></td><td>成绩</td><td></td></tr>
<tr><td colspan="8">任务名称:各类混凝土构件的施工图分析</td></tr>
<tr><td colspan="2">评 价 内 容</td><td colspan="4">评 价 依 据</td><td>分数</td><td>得分</td></tr>
<tr><td colspan="2">学习态度情况</td><td colspan="4">上课纪律、学习主动性等评价</td><td>20</td><td></td></tr>
<tr><td colspan="2">任务自测情况</td><td colspan="4">自测成果的正确性与准确性、完成成果的质量、上交资料的规范程度等评价</td><td>20</td><td></td></tr>
<tr><td colspan="2">小组成果报告情况</td><td colspan="4">钢筋标注的正确性、混凝土构件图绘图及识图的准确性等评价</td><td>30</td><td></td></tr>
<tr><td colspan="2">在小组中所起的作用</td><td colspan="4">学生参与讨论时发表的观点、在成果中采纳的情况等评价</td><td>10</td><td></td></tr>
<tr><td colspan="2">完成的工作量</td><td colspan="4">参与完成小组工作的贡献大小(完全参与为满分,基本参与得基本分)</td><td>10</td><td></td></tr>
<tr><td colspan="2">学生独立解决问题的能力</td><td colspan="4">主要对学生的创新思维能力、组织能力,学生在遇到问题时的判断能力等评价</td><td>10</td><td></td></tr>
<tr><td>教师签名</td><td></td><td colspan="2">日期</td><td colspan="2"></td><td>合计</td><td></td></tr>
</table>

学习情境三　道路工程专业图

学习任务一　标 高 投 影

学习目标

1. 叙述标高投影的基本概念；
2. 知道直线、平面和曲面的标高投影及地形图、地形断面图；
3. 分析标高投影的特性及工程应用；
4. 根据教材相关知识完成[自测1]~[自测3]；
5. 正确识读并绘制地形图、地形断面图，完成平面、曲面与地形面的交线绘制。

任务描述

学生在学习了识图准备知识的基础上，在老师引导下学习直线、平面和曲面的标高投影及工程应用，识读并绘制地形图、地形断面图。完成该任务是通过教师讲授与学生讨论进行的，最终上交自测题答案。在接到任务后，学生应认真学习《道路工程制图标准》(GB 50162—92)及《公路工程技术标准》(JTG B01—2003)的相关要求，结合教师讲课并视需要收集其他相关信息以完成平面、曲面与地形面的交线绘制及各项作业。

学习引导

本学习任务沿着以下脉络进行学习：

阐述标高投影的特点和应用 → 标高投影表示方法 → 学习任务布置，地形图、地形断面图的识读案例分析 → 学生讨论，在老师指导下，完成阅读并绘制标高投影自测练习图

一、相 关 知 识

1. 标高投影

在道路工程的设计和施工中，常常需要绘制表示地面起伏状况的地形图，以便在图纸上解决有关的工程问题。由于地面的形状往往比较复杂，长度方向尺寸和高度方向尺寸相差很大，如采用相互垂直的投影面上的多面正投影法表示，作图困难，且不易表达清楚，因此，在生产实践中，常采用标高投影法来表示地形图。

(1)标高投影：在物体的水平投影上加注某些特征面、线及控制点的标高数值和比例来表示空间物体的方法。

(2)基准面：在标高投影中，水平投影面 H 面称为基准面。

(3)标高：空间点到基准面 H 的距离。一般规定：H 面的标高为零，H 面上方点的标高为正值，下方点的标高为负值，单位为米。

标高投影图是一种单面正投影图，它必须标明比例，否则就无法根据单面正投影图来确定物体的空间形状和位置。在图中，如果长度单位没有标注则以米计。除了地形面外，一些复杂的曲面也常用标高投影法来表示。

在多面正投影中，当物体的水平投影确定以后，其正面投影的主要作用是提供物体各特征点、线、面的高度。若能在物体的水平投影中标明它的特征点、线、面的高度，就可以完全确定物体的空间形状和位置。如图 3-1-1a）所示，选水平面 H 为基准面，设其高度为零，点 A 在 H 面上方 4m，点 B 在 H 面下方 3m，若在 A、B 两点的水平投影 a、b 的右下角标明其高度数值 4、-3，就可得到 A、B 两点的标高投影图，如图 3-1-1b）所示。高度数值 4、-3 称为标高或标高，其单位以米计，在图上一般不需注明。

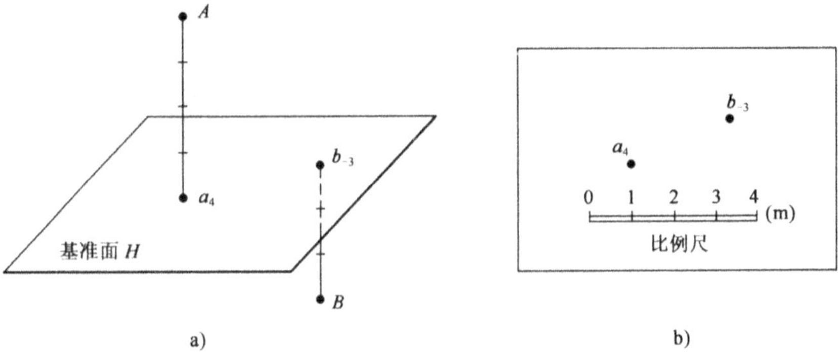

图 3-1-1　标高投影图

2. 直线的标高投影

在标高投影中，直线的位置由直线上的两个点或直线上一点及该直线的方向确定。因此，直线的表示法有两种。

(1) 直线的水平投影并加注直线上两点的标高，如图 3-1-2a）所示；

(2) 直线上一个点的标高投影并加注直线的坡度和方向。图中直线的方向用箭头表示，箭头指向下坡，如图 3-1-2b）所示。图中 1∶2 表示该直线的坡度。

1）直线的坡度与平距

(1) 坡度：直线上任意两点的高差与其水平距离之比，用符号 i 表示，即

$$坡度(i) = \frac{高差(H)}{水平距离(L)} = \tan\alpha \tag{3-1-1}$$

式(3-1-1)表明两点间的水平距离为 1 个单位时，两点间的高差即为坡度。图 3-1-2 中，直线 AB 的高差 $H=(5-2)=3\text{m}$，用比例尺量得其水平距离 $L=6\text{m}$，因此，该直线的坡度 $i=H/L=3/6=1/2$（或 1∶2）。

(2) 平距：当两点间的高差为 1 个单位时，它的水平距离称为平距，用符号 l 表示，即

$$平距\ l = \frac{水平距离\ L}{高差\ H} = \cot\alpha = \frac{1}{i} \tag{3-1-2}$$

从上两式可以看出，平距和坡度互为倒数，即 $i=\frac{1}{l}$。表明坡度越大，平距越小；反之，则平距越大。

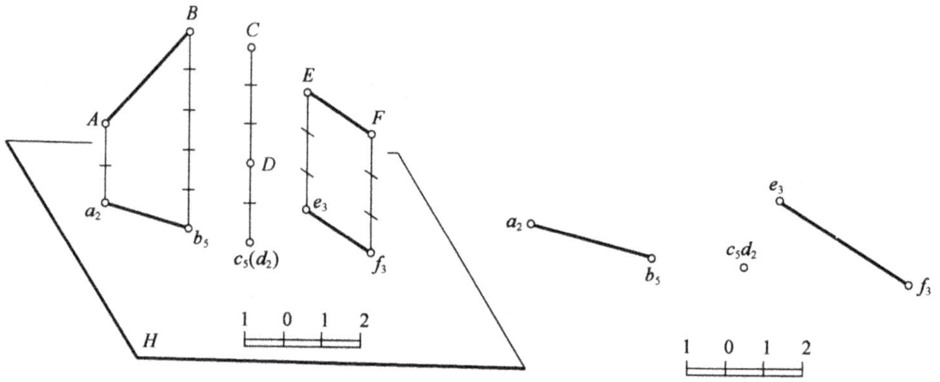

a)

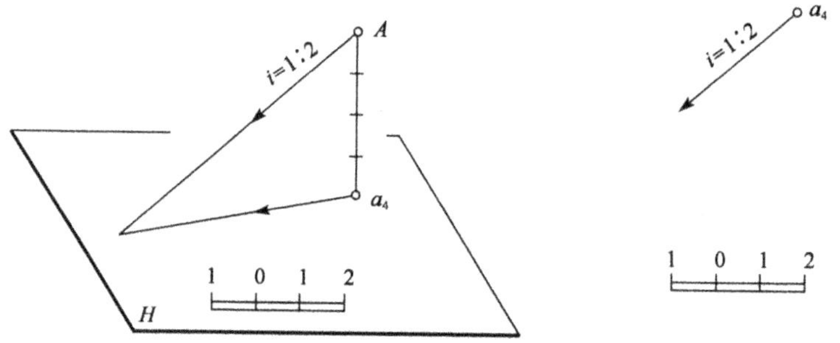

b)

图 3-1-2 直线的标高投影

[**例 3-1-1**] 求图 3-1-3 所示直线 ab 的坡度与平距，a 点的标高为 24.3m，b 点的标高为 12.3m，试求出直线上点 c 的标高。

解：先求坡度与平距：

$$H_{ab} = 24.3\text{m} - 12.3\text{m} = 12.0\text{m}$$

$$L_{ab} = 36.0\text{m}（用比例尺量得）$$

$$i = \frac{H_{ab}}{L_{ab}} = \frac{12.0}{36.0} = \frac{1}{3};l = \frac{1}{i} = 3$$

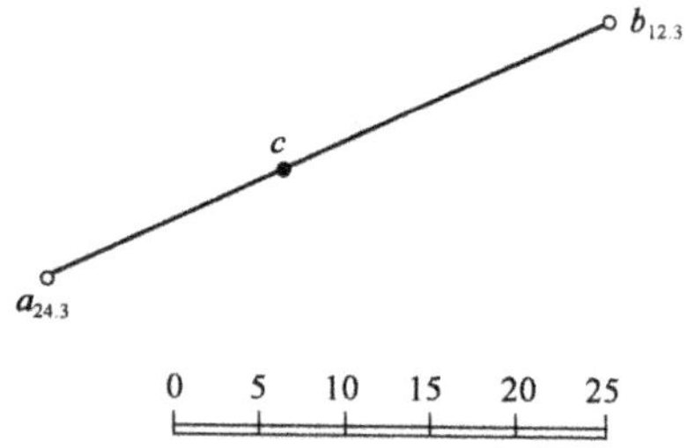

图 3-1-3 求直线的坡度、平距及 c 点标高

又量得 $L_{ac} = 15.0\text{m}$，因为直线上任意两点间坡度相同，由

$$\frac{H_{ac}}{L_{ac}} = i = \frac{1}{3};H_{ac} = L_{ac} \times i = 15.0\text{m} \times \frac{1}{3} = 5.0\text{m}$$

故 c 点的标高为：

$$24.3\text{m} - 5.0\text{m} = 19.3\text{m}$$

2）直线的实长和整数标高点

（1）直线的实长和倾角。

在标高投影中求直线的实长，可采用正投影中的直角三角形法。如图 3-1-4a）所示，以直线的标高投影作为直角三角形的一条直角边，以直线两端点的高差作为另一直角边，用给定的比例尺作出后，斜边即为直线的实长。斜边和标高投影的夹角为直线对于水平面的倾角 α，如图 3-1-4b）所示。

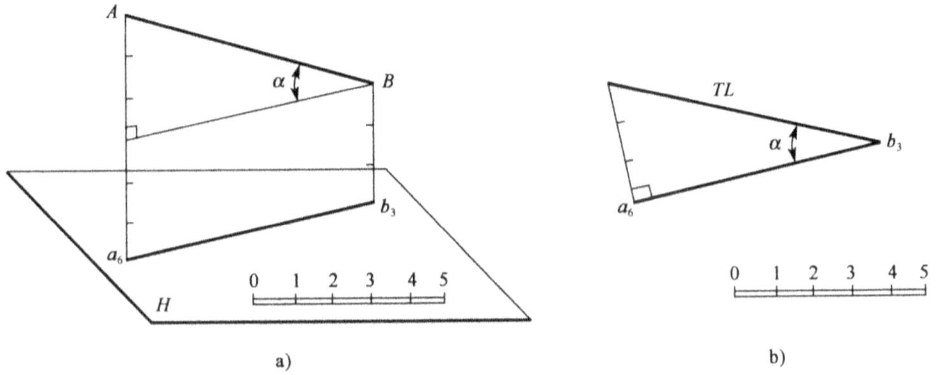

图 3-1-4　求实线段的实长和倾角

(2)直线上的整数标高点。

在实际工作中,常遇到直线两端的标高投影的标高并非整数,需要在直线的标高投影上作出各整数标高点。解决这类问题,可利用定比分割原理作图。

[例 3-1-2]　已知直线 AB 的标高投影 $a_{4.3}b_{7.8}$,求直线上各整数标高点,如图 3-1-5 所示。

分析:平行于直线 AB 作一辅助的铅垂面,采用标高投影比例尺作相应标高的水平线(水平线平行于 ab),最高一条为 8,最低一条为 4。根据 A、B 两点的标高在铅垂面上画出直线 AB,其与各整数标高的水平线交于 5 个点,自这些点向 $a_{4.3}b_{7.8}$ 作垂线,即得 c_5、d_6、e_7 各整数标高点。AB 反映实长,它与水平线的夹角反映该线对于水平面的倾角。

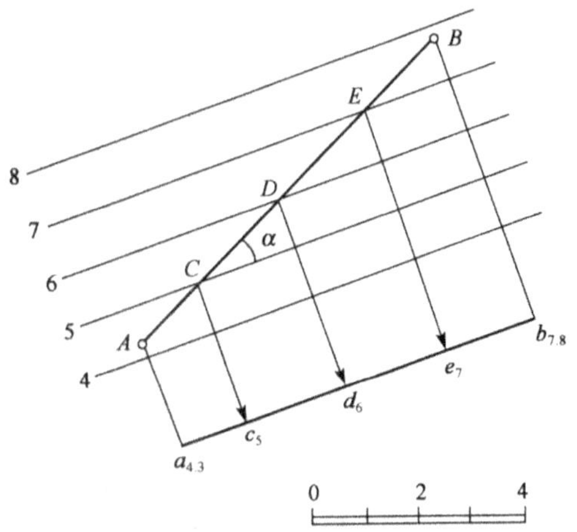

图 3-1-5　直线 AB 的标高投影

作图步骤如下:

①作互相平行且间距相等的五条等高线,令标高为 8、7、6、5、4;

②定 A、B 点,由直线标高投影两端点 $a_{4.3}b_{7.8}$ 作平行线组的垂线,按标高 4.3 和 7.8 定 A、B 两点;

③连接 A、B 点,得其与平行线组的交点 C、D、E;

④再把各交点投影到标高投影 $a_{4.3}b_{7.8}$ 直线上,得到直线上的各整数标高点。

3. 平面的标高投影

1)平面上的等高线和坡度线

等高线是指标高投影中,预定高度的水平面与所表示表面(平面、曲面、地形面)的截交线。平面上的水平线即平面上的等高线,也可看成是水平面与该平面的交线。在实际应用中常取整数标高的等高线,它们的高差一般取整数,如 1m、3m、5m 等,并且把平面与基准面的交线作为标高为零的等高线。等高线具有以下一些特性:

(1)等高线相互平行;

(2)平距相等;

(3)一组等高线的标高数字的字头应朝向高处,用细线表示。

平面上的等高线和坡度线如图 3-1-6 所示。

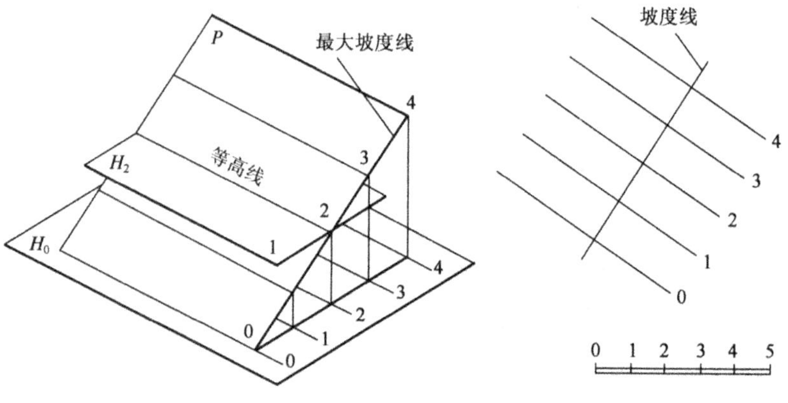

图 3-1-6 平面上的等高线和坡度线

2)坡度比例尺

工程上有时也将坡度线的投影附以整数标高,并画成一粗一细的双线,如图 3-1-7b)所示,称为平面的坡度比例尺。P 平面的坡度比例尺用字母 P_i 表示。

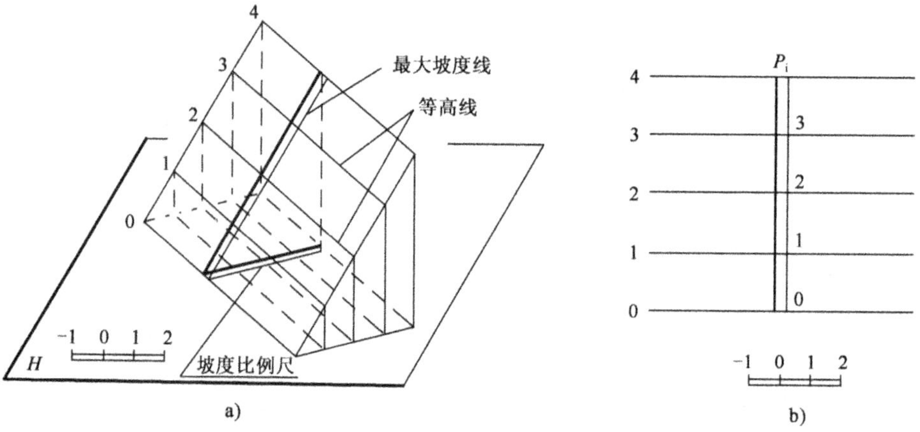

图 3-1-7 平面的坡度比例尺

3)平面的表示法

在标高投影中,平面的表示方法常采用等高线表示法、坡度比例尺表示法、平面上的一条等高线和平面的坡度表示法、平面上的一般位置直线和该平面的坡度与倾向表示法等四种表示法。

(1)等高线表示法。

这种表示法实质上是利用两平行直线表示平面,平面上的水平线称为平面上的等高线。在实际应用中常采用高差相等,标高为整数的一系列的等高线来表示平面,并把基准面 H 上的等高线,作为标高为零的等高线。如图 3-1-8a)所示。

(2)坡度比例尺表示法。

这种表示法已知平面的等高线组,利用等高线与坡度比例尺相互垂直的关系,作出平面上的坡度比例尺,反之亦然。如坡度比例尺已知,则平面对基准面 H 的倾角可以利用直角三角形法方便求得。

如图 3-1-8b)所示,坡度比例尺的位置和方向给定,平面的方向和位置也就随之确定。过坡度比例尺上的各整数标高点作它的垂线,就是平面上的相应标高的等高线。但要注意的是,在用坡度比例尺表示平面时,标高投影的比例尺或比例一定要给出。

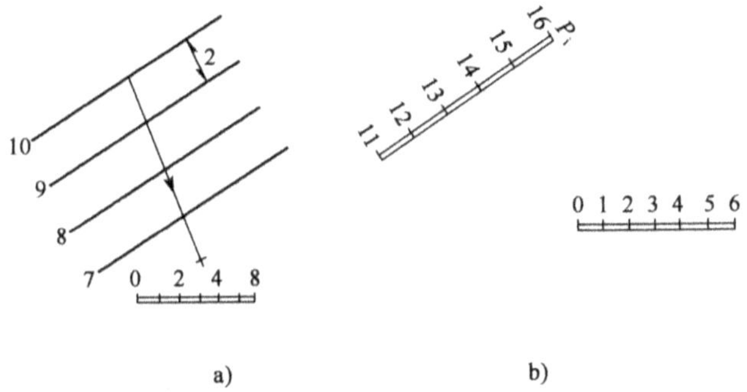

图 3-1-8　等高线、坡度比例尺表示平面

a)等高线;b)坡度比例尺

(3)用平面上的一条等高线和平面的坡度表示法。

图 3-1-9a)表示一个平面。已知平面上的一条等高线,就可定出坡度线的方向,由于平面的坡度已知,该平面的方向和位置就可确定了。如果作平面上的等高线,可利用坡度求得等高线的平距,然后作已知等高线的垂线,在垂线上按图中所给比例尺截取平距,再过各分点作已知等高线的平行线,即可作出平面上一系列等高线的标高投影,如图 3-1-9b)所示。

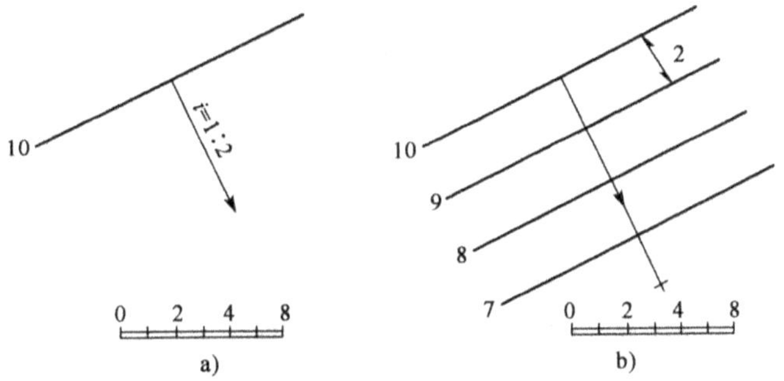

图 3-1-9　一条等高线和平面的坡度表示平面

(4)用平面上的一般位置直线和该平面的坡度与倾向表示法。

如图 3-1-10a)所示为一标高为 5m 的水平场地及一坡度为 1:3 的斜坡道路,斜坡道路两侧的倾斜平面 *ABC* 和 *DEF* 的坡度均为 1:2,这种倾斜平面可由平面内一条倾斜直线的标高投影加上该平面的坡度来表示。如图 3-1-10b)所示,图中 a_2b_5 旁边的箭头只是表明该平面向直线的某一侧倾斜,并不代表平面的坡度线方向,坡度线的准确方向需作出平面上的等高线后才能确定,所以用虚线表示。

4. 两平面的相对位置

两平面在空间的相对位置可分为平行与相交两种情况。

1)平行

如果两平面平行,则它们的坡度比例尺和等高线互相平行、平距相等、标高数字的增减方向一致,如图 3-1-11a)所示。

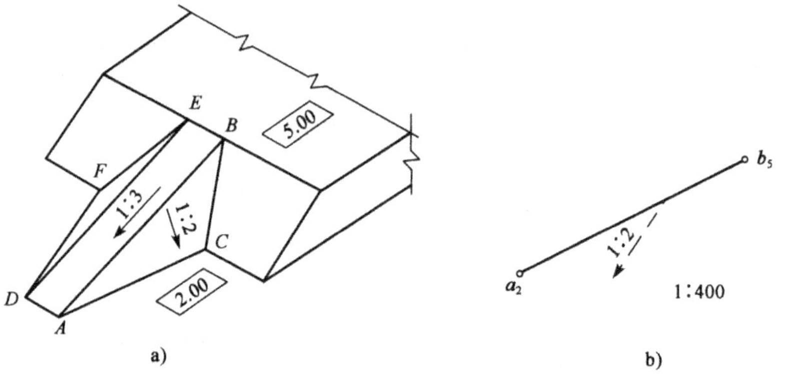

图 3-1-10　一般位置直线和平面坡度表示平面

2）相交

在标高投影中，求两平面的交线，是利用辅助平面法在相交两平面上求得两个共有点，其连线即为两平面的交线。通常采用水平面作为辅助面。如图 3-1-11b）所示，水平辅助面与 P、Q 两平面的截交线是两条相同标高的等高线，这两条等高线的交点就是两平面的共有点，分别求出两个共有点并连接起来，就可求得交线。

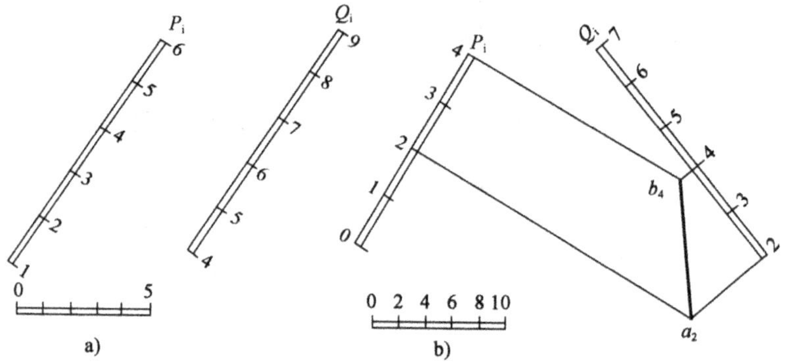

图 3-1-11　两平面相对位置

［**例 3-1-3**］　求 P、Q 两平面的交线，如图 3-1-11b）所示。

作图步骤：

（1）从 P、Q 平面各引出一条标高为 2 的等高线，得交点 a_2；再各引出一条标高为 4 的等高线，得交点 b_4；

（2）连接 a_2、b_4 即得两平面的交线。

［**例 3-1-4**］　已知两平面，求它们的交线，如图 3-1-12 所示。

解：可分别在两平面内作出相同标高的等高线 20m 和 25m（或其他相同标高），如图 3-1-12a）所示，分别得到 a、b 两个交点，连接 a、b 两点，则 ab 即为所求两平面交线的标高投影。

5. 道路边坡坡面交线、坡脚线和开挖线

在土建工程中，把建筑物相邻两坡面的交线称为坡面交线，坡面与地面的交线称为坡脚线（填方）或开挖线（挖方）。

示坡线：在土建工程中，坡面倾斜情况可用示坡线表示，如图 3-1-13c）所示。图中长短相间的细实线叫示坡线，其与等高线垂直，用来表示坡面，短划画在高的一侧。

［**例 3-1-5**］　已知主路堤和支路堤相交，顶面标高分别为 3m 和 2m，地面标高为 0m，各坡

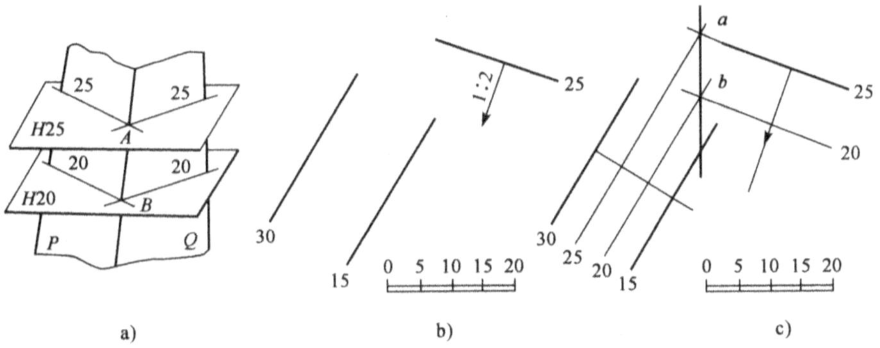

图 3-1-12　求两平面的交线

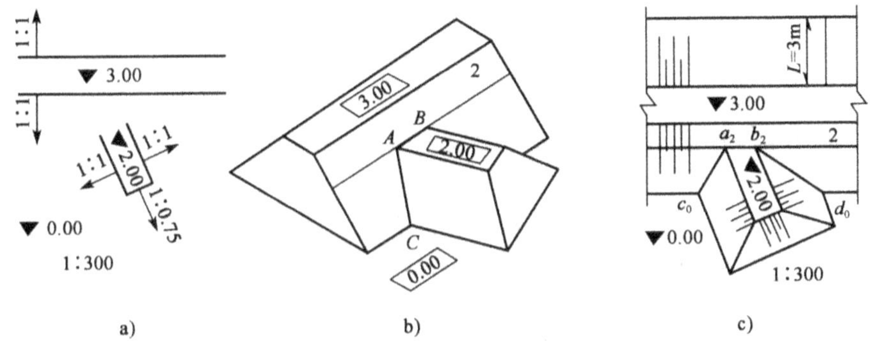

图 3-1-13　支路堤与主路堤相交的标高投影图

面坡度如图 3-1-13a)所示,试作相交两堤的标高投影图。

分析:作相交两堤的标高投影图,需求三种线:各坡面与地面交线,即坡脚线;支堤顶面与主堤坡面的交线;主堤坡面与支堤坡面的交线,如图 3-1-13b)所示。作图步骤如下[图 3-1-13c)]。

(1)求坡脚线。以主堤为例,先求堤顶边缘到坡脚线的水平距离 $L = H/i = (3-0)/1 = 3\text{m}$,再沿两侧坡面坡度线方向按 1∶300 比例量取,过零点作顶面边缘的平行线,即得两侧坡面的坡脚线。同样方法作出支堤的坡脚线。

(2)求支堤顶面与主堤坡面的交线。支堤顶面标高为 2m,与主堤坡面交线就是主堤坡面上标高为 2m 的等高线中的 a_2b_2 一段。

(3)求主堤坡面与支堤坡面的交线。它们的坡脚线交于 c_0、d_0、边 c_0a_2 和 d_0b_2,即得坡面交线 c_0a_2 和 d_0b_2。

(4)将最后结果加深,画出各坡面的示坡线。

[例 3-1-6]　已知坑底的标高为 −2m,坑底的大小和各坡面的坡度如图 3-1-14a)所示,地面标高为 2m,求作开挖线和坡面交线。

作图步骤如下[图 3-1-14b)]:

(1)求开挖线。地面标高为 2m,因此开挖线就是各坡面上标高为 2m 的等高线,它们分别与坑底的相应底边线平行,水平距离 $L_1 = 1.5\times4\text{m} = 6\text{m}$,$L_2 = 1\times4\text{m} = 4\text{m}$,$L_3 = 2\times4\text{m} = 8\text{m}$。

(2)求坡面交线。相邻两坡面标高相同的两条等高线的交点即两坡面的共有点,分别连接相应的两个共有点可得四条坡面交线。

(3)将结果加深,画出各坡面的示坡线。

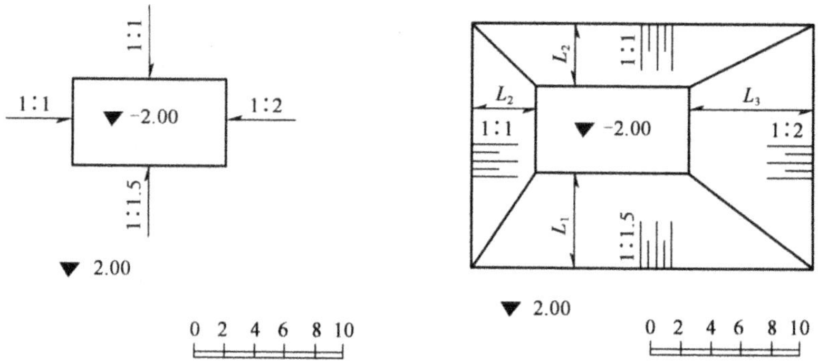

a)　　　　b)

图 3-1-14　求基坑的标高投影图

6. 曲面的标高投影

工程上常见的曲面有锥面、同坡曲面和地形面等。在标高投影中表示曲面，就是用一系列高差相等的水平面与曲面相截，画出这些截交线（即等高线）的投影。

1）正圆锥面

如图 3-1-15 所示，正圆锥面的等高线都是同心圆，当高差相等时，等高线间的水平距离相等。当锥面正立时，等高线越靠近圆心，其标高数字越大；当锥面倒立时，等高线越靠近圆心，其标高数字越小。圆锥面示坡线的方向应指向锥顶。画正圆锥面投影图时需要注意：

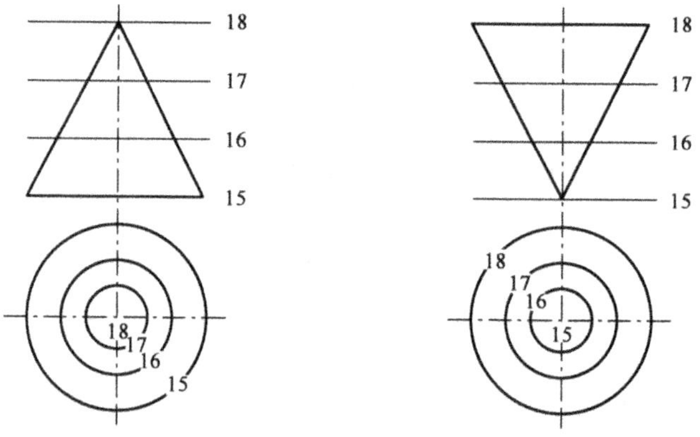

a)　　　　b)

图 3-1-15　正圆锥面的标高投影图

（1）必须注明锥顶标高，否则，无法区分圆锥与圆台；

（2）等高线在遇到标高数字时必须断开；

（3）标高字头朝向高处，以区分正圆锥与倒圆锥；

（4）等高线的疏密反映了坡度的大小。

2）同坡曲面

同坡曲面即各处的坡度皆相等的曲面，直圆锥即为一例。图 3-1-16a）是一段倾斜的弯道，它的两侧边坡是曲面，且曲面上任何地方的坡度都相同。各处的坡度皆相等的曲面即为同坡曲面。

工程上常用到同坡曲面，道路在弯道处，无论路面有无纵坡，其边坡均为同坡曲面。同坡曲面的形成如图 3-1-16b)所示,以一条空间曲线作导线,一个正圆锥的顶点沿此曲导线运动,当正圆锥轴线方向不变时,所有正圆锥的包络曲面就是同坡曲面。

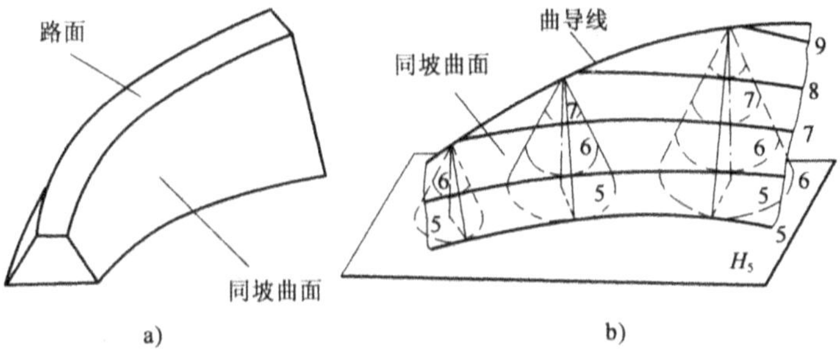

图 3-1-16　同坡曲面

要作出同坡曲面的等高线,应明确以下几点:

(1)运动的正圆锥与同坡曲面处处相切。

(2)如果两个曲面相切(同坡曲面和正圆锥面相切),则它们与同一水平面的交线也相切,即同坡曲面与运动的正圆锥的相同高度的等高线也相切。

(3)同坡曲面的等高线与运动正圆锥同标高的等高线相切。

[例 3-1-7]　图 3-1-17a)所示为一弯曲倾斜道路与主干道路相连,干道顶面标高为 9.00m,地面标高为 5.00m,弯曲引道由地面逐渐升高与干道相连,画出坡脚线与坡面交线。

分析:作图步骤如下[图 3-1-17b)]:

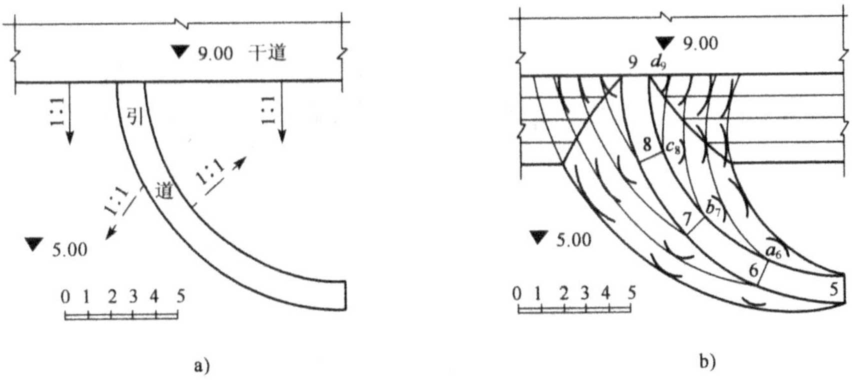

图 3-1-17　求道路与弯曲引道的标高投影图

(1)算出边坡平距。

(2)定出曲导线上整数标高点 a_6、b_7、c_8、d_9。

(3)以 a_6、b_7、c_8、d_9 为圆心,分别以 $R=1$、2、3、4 为半径画同心圆,即为各正圆锥的等高线。

(4)作正圆锥上相同标高等高线的公切曲线(包络线),即得边坡的等高线。同样可作出另一侧边坡的等高线。

(5)求同坡曲面与干道边坡的交线。

3)地形图

地面的标高投影也由等高线来表示。由于地形面一般都是不规则曲面,所以它的等高线是不规则的曲线。地形等高线有下列特性：

（1）等高线一般是封闭曲线（在有限的图形范围内可不封闭）；

（2）除悬崖、峭壁外，等高线不相交；

（3）同一地形内，等高线越密，地势越陡；反之，等高线越稀疏，地势越平坦。

用这种方法表示地形面，能够清楚地反映地形的起伏变化以及坡向等。地形图上等高线标高数字的字头按规定应朝向上坡方向。相邻等高线之间的高差称为等高距（图 3-1-18）。

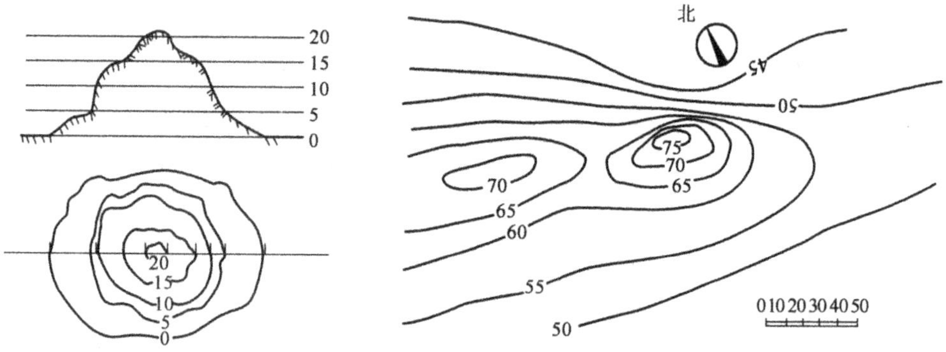

a)　　b)

图 3-1-18　地形面表示法

a）山丘；b）地形等高线图

在一张完整的地形等高线图中，为了便于看图，一般每隔四条等高线有一条画成粗线，这样的粗线等高线称为计曲线。不加粗的等高线称为首曲线。

为了便于阅读地形图，把典型地貌在地形图上的特征归纳如下（图 3-1-19）。

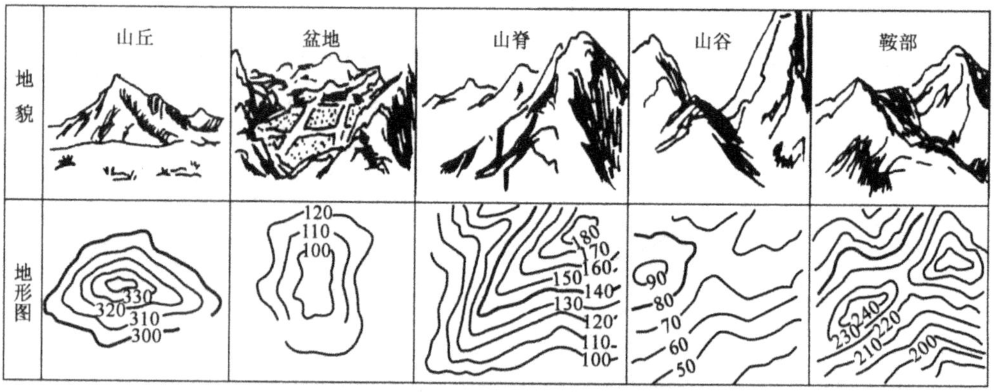

图 3-1-19　典型地貌在地形图上的特征

①山丘：等高线闭合圈由小到大标高依次递减，等高线亦随之渐稀，则对应地形是山丘。

②盆地：等高线闭合圈由小到大标高依次递增，等高线亦随之渐稀，则对应地形是盆地。

③山脊：等高线凸出方向指向低标高，则对应地形是山脊。

④山谷：等高线凸出方向指向高处，则对应地形是山谷。

⑤鞍部：相邻两峰之间，形状像马鞍的区域称为鞍部，在鞍部两侧的等高线形状接近对称。

4）地形断面图

用铅垂面剖切地形面，剖切平面与地形面的截交线就是地形断面，并画上相应的材料图例，称为地形断面图，其作图方法如图 3-1-20 所示。

(1)过 A-A 作铅垂面，它与地形面上各等高线的交点为 1、2、3…，如图 3-1-20a）所示。

(2)以 A-A 剖切线的水平距离为横坐标，以标高为纵坐标，按等高距及比例尺画一组平行线，如图 3-1-20b）所示。

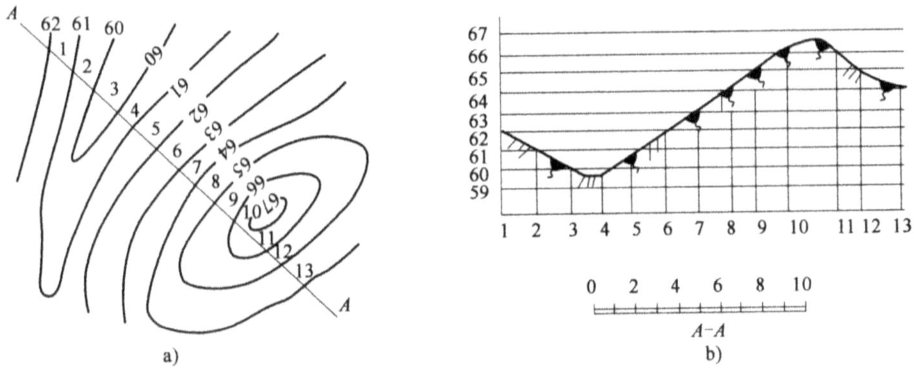

图 3-1-20　地形断面图的画法

(3)将图 3-1-20a）中的 1、2、3…各点转移到图 3-1-20b）中最下面一条直线上，并由各点作纵坐标的平行线，使其与相应的标高线相交得到一系列交点。

(4)光滑连接各交点，即得地形断面图，并根据地质情况画上相应的材料图例。

二、任 务 实 施

1. 识读标高投影图

(1)求如图 3-1-21 所示两平面的交线。

(2)求如图 3-1-22 所示直线与地形面的交线。

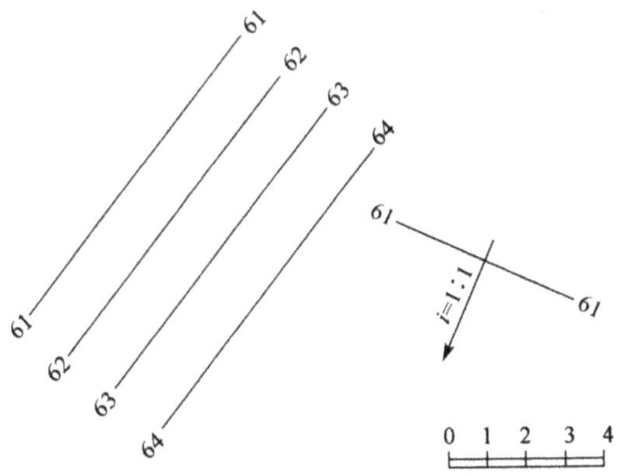

图 3-1-21　求两平面的交线

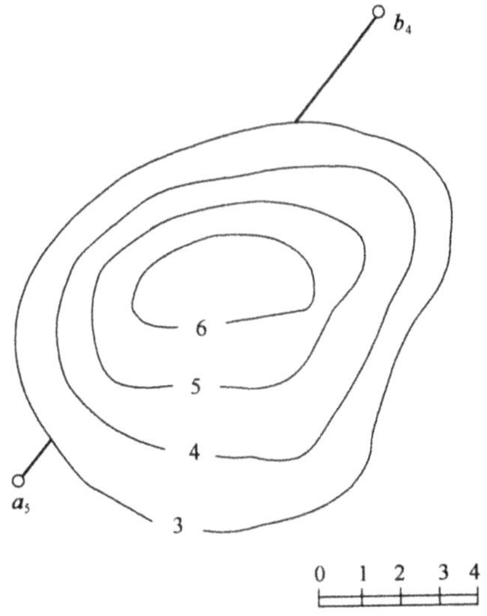

图 3-1-22　求直线与地形面的交线

(3)求如图 3-1-23 所示矩形广场坡面的交线及坡面与地形面的交线。

(4)在道路与河岸的相交处筑有护坡，如图 3-1-24 所示，作出坡面交线和坡脚线。

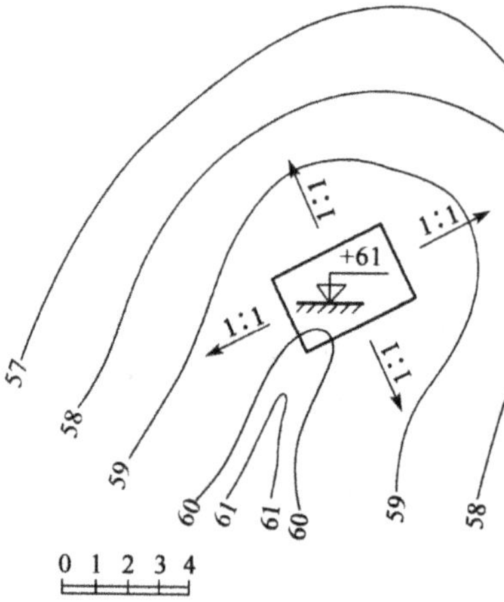

图 3-1-23　求矩形广场坡面的交线及坡面与地形面的交线

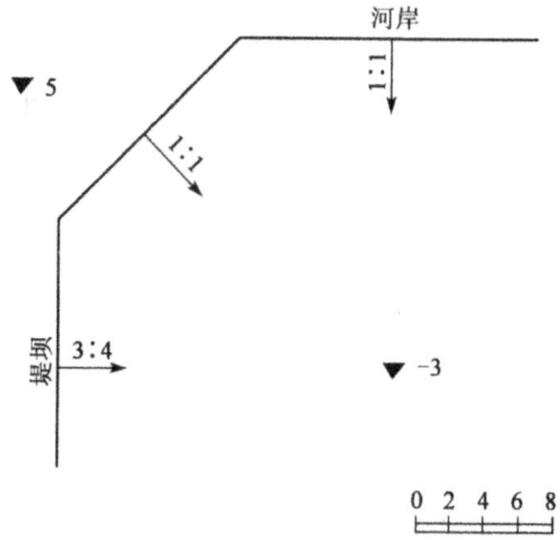

图 3-1-24　作坡面交线和坡脚线

2. 平面与地形面的交线

[案例 1]

(1)已知管线两端标高分别为 20m 和 42m,如图 3-1-25a)所示,求管线 *AB* 与地面的交点。

分析:求直线与地形面的交点,用包含直线作铅垂剖切面,作出其与地形面的截交线,再求直线与截交线的交点,就是直线与地形面的交点。

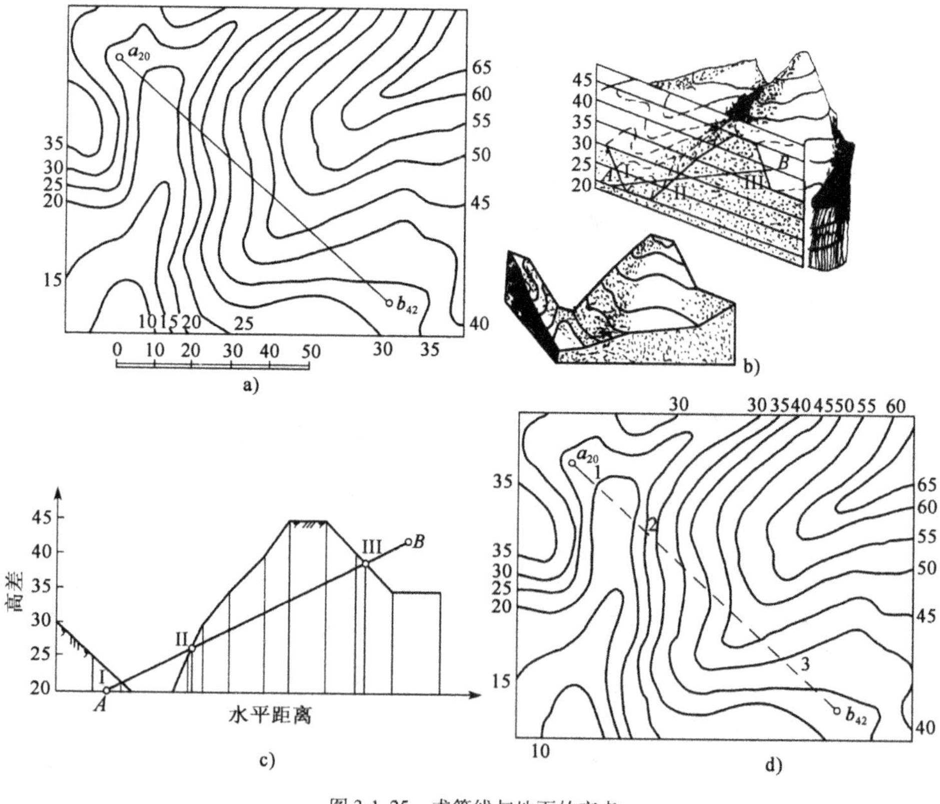

图 3-1-25　求管线与地面的交点

作图步骤:

①作间距为 5 个单位的平行线组,如图 3-1-25c)所示。

②将直线的标高投影 $a_{20}b_{42}$ 与各地形面上各等高线的交点按标高和水平距离点到平行线组中，连接各点得地形面截交线。

③将直线的标高投影 $a_{20}b_{42}$ 按其水平距离点到平行线组中，连接可得 AB 直线，AB 直线与截交线的交点即是 AB 直线与地面的交点。

④将所求交点返回到标高投影中，并将地面以下的部分画成虚线，如图 3-1-25d）所示。

（2）完成图 3-1-26 中坡面与地形面的交线。已知坡面的等高线、坡度及倾斜方向。

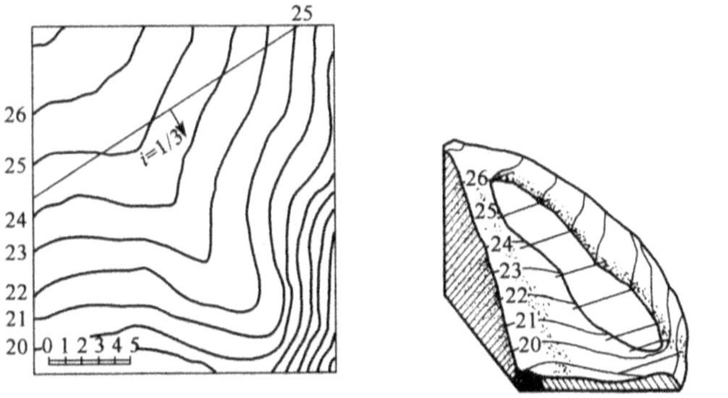

a)　　b)

图 3-1-26　求平面与地形面的交线

3. 曲面与地形面的交线

［案例 2］：

（1）在如图 3-1-27 所示的地形面上修筑道路，已知路面位置及道路标准剖面，求道路边坡与地形面的交线。

分析：路面标高为 60.00m，所以地形面低于 60m 的一端要填，高于 60m 的一端要挖。地形面标高 60m 的等高线通过路面的一段是填挖分界线。

采用剖面法，即用铅垂面作辅助面，每隔一定距离作一个与道路中线垂直的铅垂面（如图中的 A-A，B-B 面），用这个铅垂面剖切地面与道路，地形截交线与道路截交线的交点就是道路边坡与地面交线上的点，即坡脚线上的点。

作图：以 A-A 剖面为例。

①在适当的位置作剖面线 A-A。

②作地形的 A-A 剖面图，并在此图上定出道路中心线的位置 O-O。

③按道路标准剖面图画出路面及边坡线。因 A-A 处地面高出路面，所以边坡应按挖方剖面图画出，坡度为 1:1。

④在剖面图上标出道路边坡与地形剖面的交点Ⅰ、Ⅱ。然后在地形图的 A-A 剖切线上量取 O_1，O_2 分别等于 A-A 剖面上Ⅰ、Ⅱ两点到中心线的距离，得出 1、2 两点，即为开挖线上的点。

同法作 B-B、C-C、D-D 等剖面，又可求出交线上其他的交点，如 3、4、5…。将同侧的点依次连接，就是所求的各边坡与地面的交线，即开挖线或坡脚线。

（2）完成填挖边界线及各坡面交线。

已知条件如图 3-1-28a）所示，要在山坡上修筑一带圆弧的水平广场，其标高为 30m，填方坡度 1:2，挖方坡度为 1:1.5；求填挖边界线及各坡面交线。

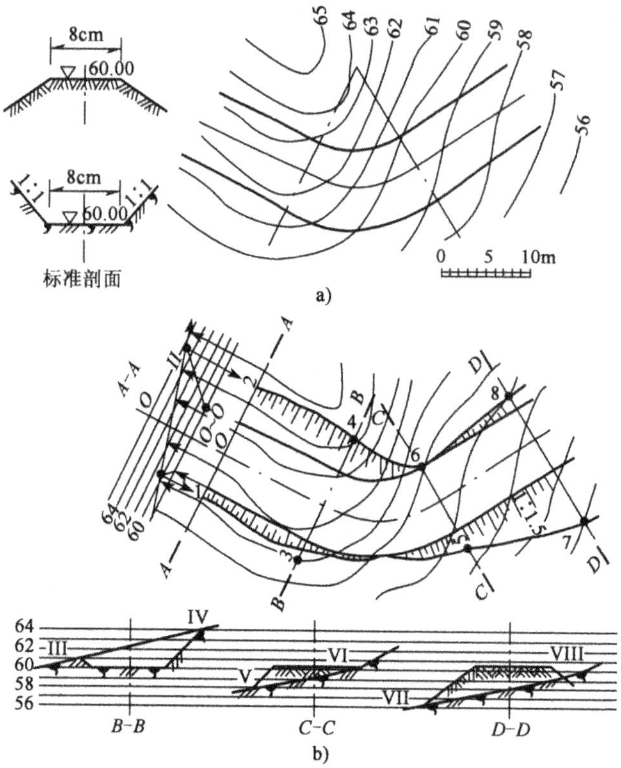

图 3-1-27　求道路边坡与地面的交线

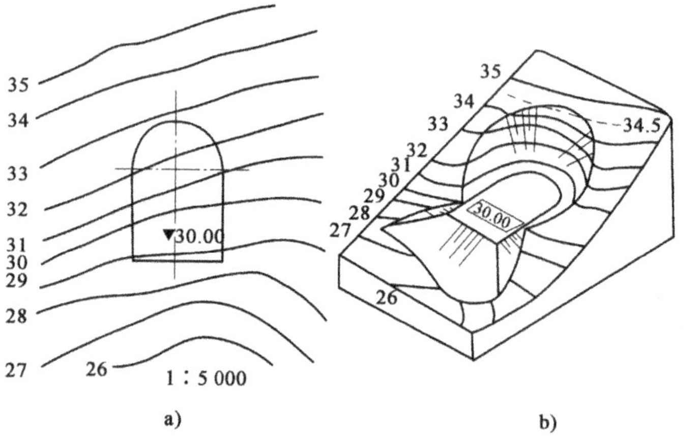

图 3-1-28　求水平广场的标高投影图

三、学习效果评价反馈

1. 学生自评

每位学生根据本学习任务的学习目标，自主选择完成下述[自测 1]～[自测 3]，并根据表 3-1-1 的要求，完成自我检验。

[自测 1]　识读标高投影图。

[自测 2]　平面与地形面的交线。

[自测 3]　曲面与地形面的交线。

学 生 自 评 表 表 3-1-1

任务名称:识读标高投影图							
组号		姓名		学号		自评成绩	
题号		自测1	自测2	自测3		合计	
分数		40	30	30		100	
得分							

2. 任课教师评价

主讲教师根据学生的学习态度,对学习直线、平面和曲面的标高投影及工程应用,识读并绘制地形图、地形断面图,完成平面、曲面与地形面的交线的绘制等方面进行综合评价,按表3-1-2的要求,完成教师对学生的学习效果评价。

教师对学生的学习效果评价表 表 3-1-2

组号		姓名		学号		成绩	
任务名称:任务一:识读标高投影图							
评 价 内 容		评 价 依 据				分数	得分
学习态度情况		上课纪律、学习主动性等评价				20	
任务自测情况		自测成果的正确性与准确性、完成成果的质量				40	
完成的工作量		参与完成小组工作的贡献大小(完全参与为满分,基本参与得基本分)				30	
学生独立解决问题的能力		主要对学生的创新思维能力、组织能力,学生在遇到问题时的判断能力等进行评价				10	
教师签名		日期				合计	

学习任务二 道路路线工程图

学习目标

1. 叙述道路路线工程图的基本概念、组成和图示方法;
2. 知道道路路线工程图的组成及图示方法;
3. 分析道路路线工程图的图示内容、特点及识绘注意事项;
4. 根据《道路工程制图标准》(GB 50162—92),参考《公路工程技术标准》(JTG B01—2003)规范完成作业;
5. 正确完成道路路线工程图的阅读与绘制。

任务描述

该任务是通过对道路路线的分析,了解道路路线工程图的基本概念、组成,在此基础上,掌握道路路线工程图的识图方法。完成该任务是通过教师案例教学与学生讨论进行的,最终上交自测题答案。在接到任务后,学生应认真学习《道路工程制图标准》及《公路工程技术标准》的相关要求,结合教师讲课并视需要收集其他相关信息以完成各项作业。

学习引导

本工作任务沿着以下脉络进行学习：

道路及其分类（公路、城市道路）→道路的组成（结构组成和线形组成）→道路工程图→道路路线工程图→道路路线工程图的图示方法→路线平面图的形成、内容及识绘注意事项→路线纵断面图的形成、内容及识绘注意事项→路线横断面图的形成、内容及识绘注意事项

一、相关知识

1. 学习准备

(1)以掌握组合体三面投影图、剖面图、断面图，以及高程投影等内容，作为学习新知识的储备。

(2)以"道路—道路的分类—道路的组成—道路工程图—道路路线工程图"等脉络，循序推进，引出道路路线工程图及其识绘。

1)道路及其分类

(1)道路：道路是一种主要承受汽车荷载反复作用的带状工程结构物。

(2)道路的分类：道路根据它们不同的组成和功能特点，可分为公路和城市道路两种。位于城市郊区及城市以外的道路称为公路，位于城市范围以内的道路称为城市道路。

2)道路的组成

包括线形组成和结构组成两大部分。

(1)结构组成：包括路基、路面、桥梁、涵洞、隧道、防护工程、排水设施和交通工程等构造物。

(2)线形组成：道路路线是指道路沿长度方向的行车道中心线。道路路线的线形，由于地形、地物和地质条件的限制，在平面上是由直线和曲线段组成，在纵面上是由平坡和上、下坡段及竖曲线组成。因此，从整体上来看，道路路线是一条空间曲线。

3)道路工程图

道路工程图由表达线路整体状况的路线工程图和表达各工程实体构造的桥梁、隧道、涵洞等工程图组合而成。

2. 道路路线工程图的组成及其图示方法

1)道路路线工程图

表达线路整体状况的路线工程图，即为道路路线工程图。

2)道路路线工程图的组成

道路路线设计的最后结果是以平面图、纵断面图和横断面图来表达。道路路线工程图主要是用路线平面图、路线纵断面图、路线横断面图，综合起来表达路线的空间位置、线形和尺寸。

3)道路路线工程图的图示方法

由于道路建筑在大地表面狭长地带上，道路竖向高差和平面的弯曲变化都与地面起伏形状紧密相关，因此，道路路线工程图的图示方法与一般的工程图样不完全相同，它是以地形、地物与路线的高程投影作为平面图，以纵向展开断面图作为立面图，以横断面图作为侧面图，并且大都各自画在单独的图纸上，利用平、纵、横三个图样，将道路的线形、道路与地形地物的关

系以及道路横向的总体布置表达清楚。

公路路线工程图与城市道路路线工程图的图示方法完全相同。

3. 道路路线工程图的形成、图示内容及识绘注意事项

1)路线平面图

(1)路线平面图的形成。

路线平面图是用高程投影法将路线的走向、平面线形(直线和左、右弯道)和行车道布置状况,以及沿线两侧一定范围内的地形、地物等,从上向下投影所绘制的水平投影图。

(2)路线平面图的图示内容。

如图 3-2-1 所示,为某公路从 K3 +200 ~ K5 +200 段的路线平面图。下面分地形和路线两部分来介绍平面图的画法特点和表达内容。

①地形部分。

a. 比例。由于地面广阔,图幅又不可能无限大,为了能反映路线全貌,又使图形清晰,通常根据地形起伏情况选用不同的比例绘制路线平面图,通常城镇区为 1∶500 或 1∶1 000,山岭区为 1∶2 000,丘陵和平原区为 1∶5 000 或 1∶10 000。

b. 方位。在路线平面图上,应画出指北针或测量坐标网,用来指明道路在该地区的方位与走向。本图采用指北针,箭头所指为正北方向,指北针宜用细实线绘制。方位的坐标网,其 X 轴向为南北方向(上为北),Y 轴向为东西方向。坐标值的标注应靠近被标注点,书写方向应平行网格或在网格延长线上,数值前应标注坐标轴线代号。

c. 地貌地物。路线所在地带的地形图一般是用等高线和图例表示的。

a)地貌。平面图中地面的高低起伏和各种不同形态的地貌用等高线来表示。如图 3-2-1 所示,每两根等高线之间的高差为 2m,每隔四条等高线画出一条粗的计曲线,并标有相应的高程数字。根据图中等高线的疏密可以看出,该地区西南和西北地势较高,东北方有一山峰,高约 45m,沿河流两侧地势低洼且平坦。

b)地物。地物和道路附属结构物,如河流、房屋、道路、桥梁、电力线、植被等,都是按规定图例绘制的。道路工程常用地物和地方图例如表 3-2-1 和表 3-2-2 所示。对照图例可知,该地区中部有一条白沙河自北向南流过,河岸两边是水稻田,山坡为旱地,并栽有果树。河西中部有一居民点,名为竹坪村。原有的乡间路和电力线沿河西岸而行,并通过该村。

道路工程常用地物图例 表 3-2-1

名　称	图　例	名　称	图　例	名　称	图　例
机场		港口		井	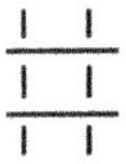
学校		交电室		房屋	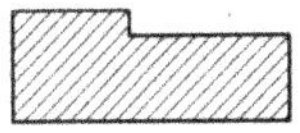
土提	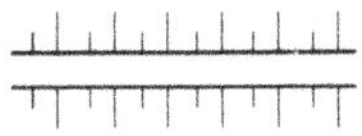	水渠	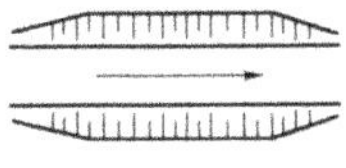	烟囱	
河流		冲沟	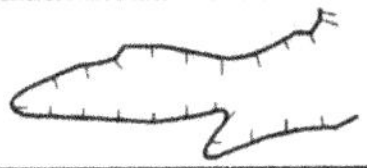	人工开挖	

续上表

名　　称	图　　例	名　　称	图　　例	名　　称	图　　例
铁路		公路		大车道	
小路		低压电力线 高压电力线	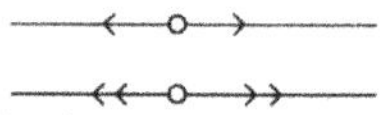	电信线	
果园		旱地		草地	
林地		水田		菜地	
导线点		三角点		图根点	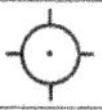
水准点		切线交点		指北针	
只有屋盖的简易房		石棉瓦	D	储水池	水
砖石或混凝土结构房屋	B	围墙		下水道检查井	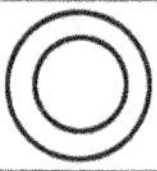
砖瓦房	C	非明确路边线		通信杆	

道路工程常用地形图例 表 3-2-2

名　　称	图　　例	名　　称	图　　例
涵洞		通道	
桥梁(大、中桥按实际长度绘制)	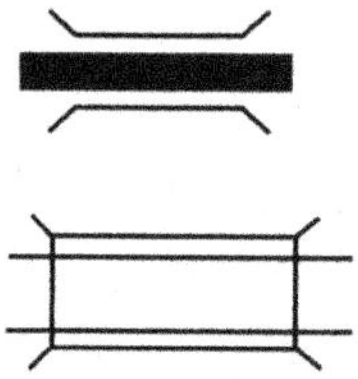	分离式立交 a)主线上跨 b)主线下穿	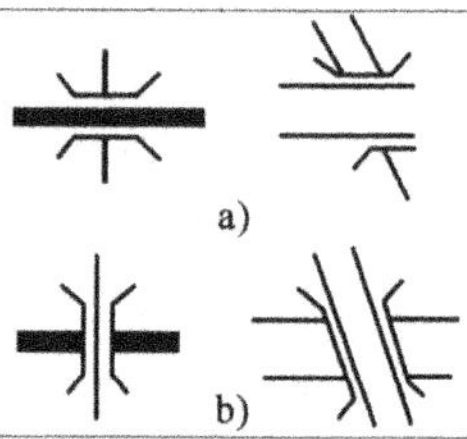
隧道		互通式立交 (采用形式绘)	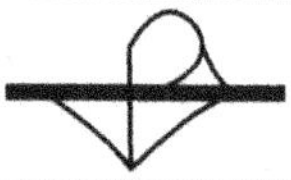
养护机构		管理机构	
隔离墩		防护栏	
箱涵		桥梁	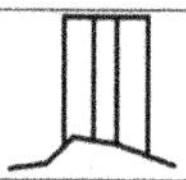
盖板涵	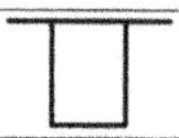	箱形通道	
拱涵		管涵	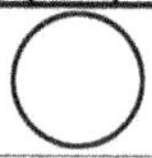
分离式立交 a)主线上跨 b)主线下穿	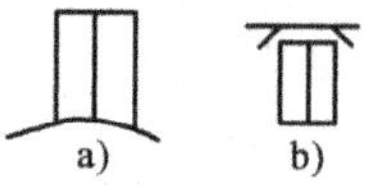	互通式立交 a)主线上跨 b)主线下穿	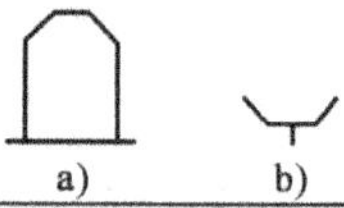

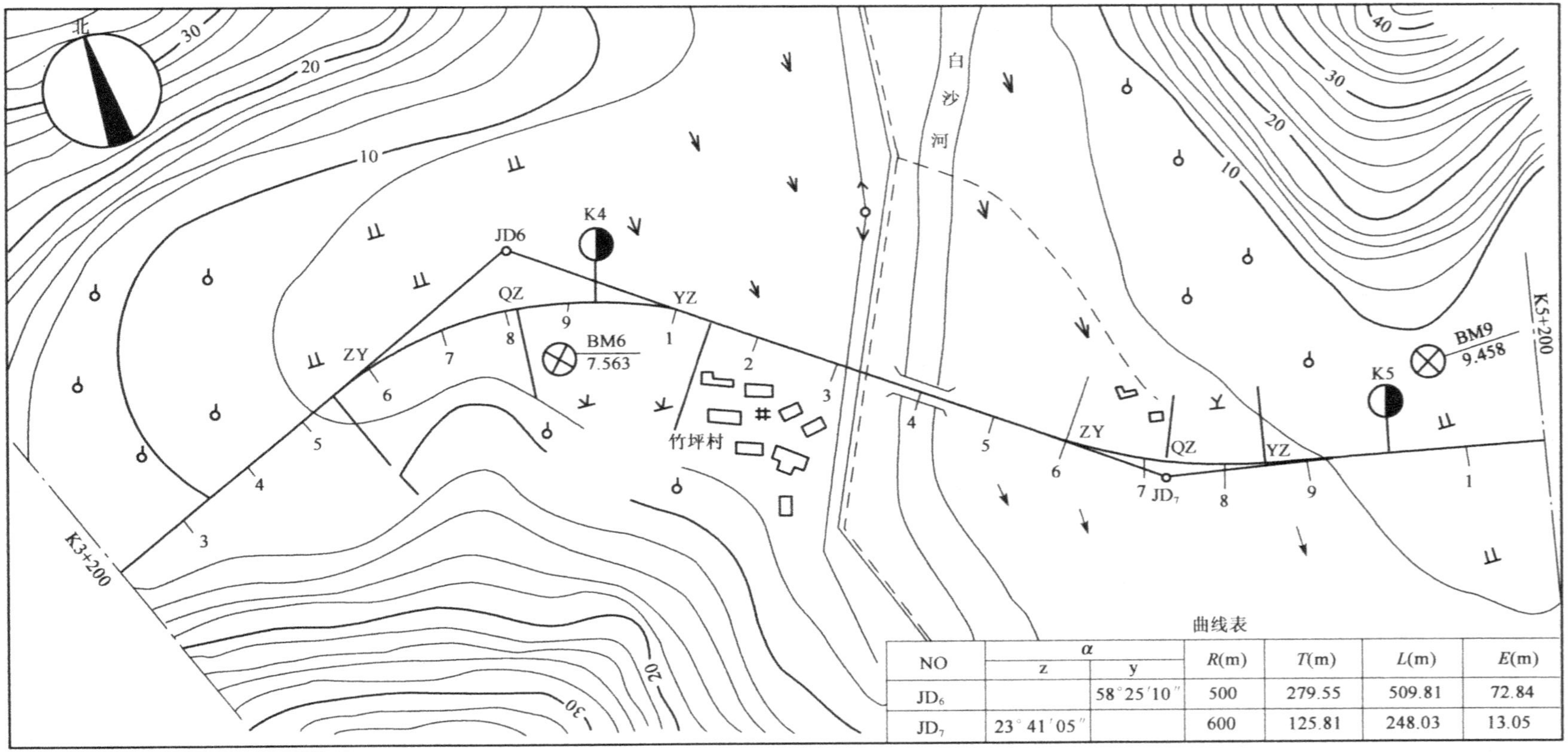

曲线表

NO	α		R(m)	T(m)	L(m)	E(m)
	z	y				
JD_6		58°25′10″	500	279.55	509.81	72.84
JD_7	23°41′05″		600	125.81	248.03	13.05

图 3-2-1 路线平面图

d. 水准点。沿路线附近每隔一段距离，在图中就标有水准点的位置，用于路线的高程测量。如$\otimes\frac{\text{BM}}{7.563}$，表示路线的第 8 个水准点，该点高程为 7.563m。

②路线部分。

a. 路线。由于路线的宽度相对于长度来说尺寸小得多，其宽度只有在较大比例的平面图中才能画清楚，因此，通常是沿道路中心线用粗实线表示路线的位置和方向。

b. 里程桩。道路路线的总长度和各段之间的长度用里程桩号表示。在平面图中，路线的前进方向是从左向右的，里程桩号应从路线的起点至终点依次顺序编号。里程桩分公里桩和百米桩两种。公里桩宜注在路线前进方向的左侧，用符号“◐”表示桩位，公里数注写在符号的上方，如“K6”表示离起点 6km。百米桩宜标注在路线前进方向的右侧，用垂直于路线的细短线表示桩位，用字头朝向前进方向的阿拉伯数字表示百米数，注写在短线的端部，例如在 K6 公里桩的前方注写的“4”，表示桩号为 K6 + 400，说明该点距路线起点为 6 400m。

c. 平曲线。道路路线在平面上是由直线段和曲线段组成的，在路线的转折处应设平曲线。最常见的、较简单的平曲线为圆弧，其基本的几何要素如图 3-2-2 所示。JD 为交角点，是路线的两直线段的理论交点；α 为转折角，是路线前进时向左（α_z）或向右（α_y）偏转的角度；R 为圆曲线半径，是连接圆弧的半径长度；T 为切线长，是切点与交角点之间的长度；E 为外距，是曲线中点到交角点的距离；L 为曲线长，是圆曲线两切点之间的弧长。

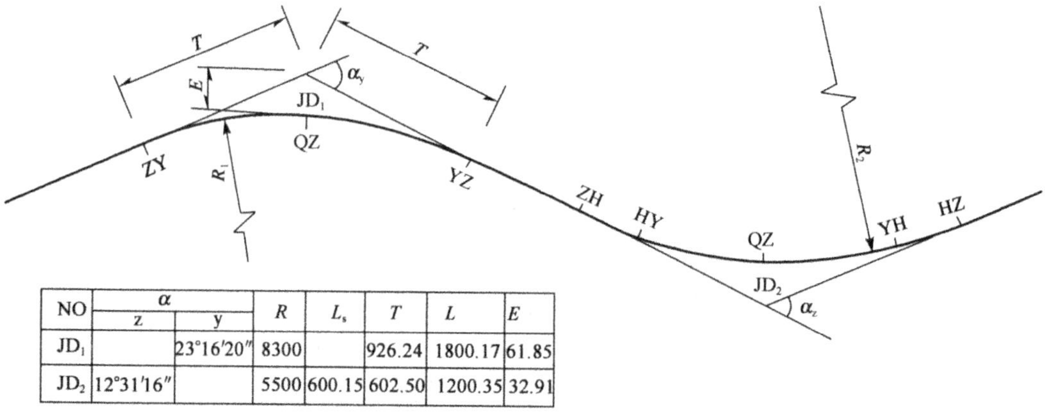

NO	α		R	L_s	T	L	E
	z	y					
JD_1		23°16′20″	8300		926.24	1800.17	61.85
JD_2	12°31′16″		5500	600.15	602.50	1200.35	32.91

图 3-2-2　平曲线几何要素

在路线平面图中，转折处应注写交角点代号并依次编号，如 JD_6 表示第 6 个交角点。还要注出曲线段的起点 ZY（直圆）、中点 QZ（曲中）、终点 YZ（圆直）的位置。为了将路线上各段平曲线的几何要素值表示清楚，一般还应在图中的适当位置列出平曲线要素表。如果设置缓和曲线，则将缓和曲线与前、后段直线的切点，分别标记为 ZH（直缓）和 HZ（缓直）；将圆曲线与前、后段缓和曲线的切点，分别标记为 HY（缓圆）和 YH（圆缓）。

通过读图 3-2-1 可以知道，新设计的这段公路是从 K3 + 200 处开始，由西南方地势较低处引来，在交角点 JD_6 处向右转折，$\alpha_y = 58°25'10''$，圆曲线半径 $R = 500$m，从竹坪村北面经过，然后通过白沙河桥，到交角点 JD_7 处再向左转折，$\alpha_z = 23°41'05''$，圆曲线半径 $R = 600$m，公路从山的南坡沿山脚向东延伸。

（3）识绘道路路线平面图应注意的事项：

①比例。道路路线平面图所用比例一般较小，通常在城镇区为 1∶500 或 1∶1000，山岭区

为 1∶2000，丘陵和平原区为 1∶5000 或 1∶10000。

②线形。先画地形图，等高线按先粗后细步骤画出，要求线条顺滑。再画路线中心线，从左向右绘制，桩号为左小右大。

道路设计线一般以 2 倍左右于计曲线（粗等高线）粗度的粗实线绘制，路线比较线以粗虚线绘制。对于城市道路平面图而言，因其所采用的绘图比例较公路路线平面图大，因此道路的宽度可按比例画出，道路中心线用点画线表示，并在道路中心线上标有里程。

③角标。每张图纸的右上角应绘制角标，用以注明图纸的序号及总张数。

④平面图的植物图例，应朝上或向北绘制。

⑤平面图的拼接。由于道路路线具有狭长曲折的特点，需要分段画在若干张图纸上，使用时将图拼接起来。路线分段应在直线部分取整数桩号断开，断开的两端均应画出垂直于路线的细点画线作为接图线。相邻图纸拼接时，应以道路中心线为准，将接图线重合，如图 3-2-3 所示。在路线平面图上绘有的指北针，除用以指出路线所在地区的方位外，还能在拼接图纸时作为核对之用。

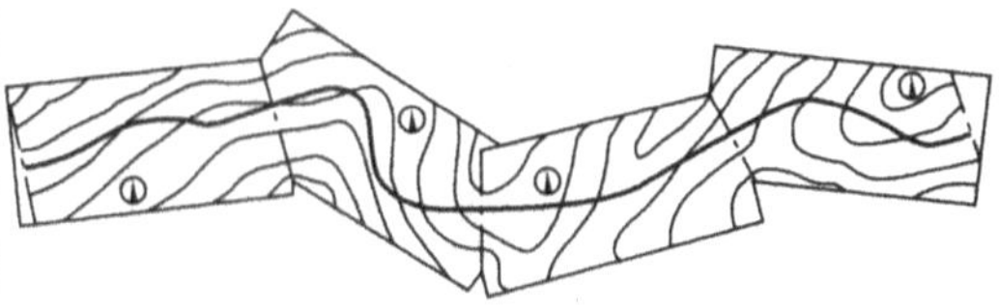

图 3-2-3　路线平面图的拼接

2）路线纵断面图

（1）路线纵断面图的形成。

假想用铅垂剖切面沿道路中心线进行剖切，由于道路中心线是由直线和曲线组合而成，因此剖切面也是由平面和曲面组成。用展开剖面法将剖得的断面展开成一平面，即为路线的纵断面图，用以表达路线中心纵向线形以及沿线地面起伏状况、地质和沿线设置构造物的概况。

如图 3-2-4 所示，是假设铅垂面沿着道路中心线进行剖切时的示意图。

图 3-2-4　路线纵断面图形成示意图

（2）路线纵断面图的图示内容。

路线纵断面图包括图样和资料表两部分，一般图样画在图纸的上部，资料表布置在图纸的下部。图 3-2-5 所示为某公路从 K6 + 000 ~ K7 + 630 段的纵断面图。

①图样部分。

图样在图纸的上部，有两条从左至右贯穿全图的线，即地面线和设计坡度线，并标注了竖曲线、水准点和桥涵的位置。

a. 比例。纵断面图的水平方向表示路线的长度（前进方向），竖直方向表示设计线和地面的高程。由于路线的高差比路线的长度相比要小得多，为了能清楚地表示其高度方向的变化，距离与高程宜按不同的比例绘制。一般竖向比例要比水平比例放大 10 倍，例如本图的水平比例为（山岭区）1∶2000，而竖向比例就为 1∶200（图中尺寸已略小），这样画出的路线坡度就比

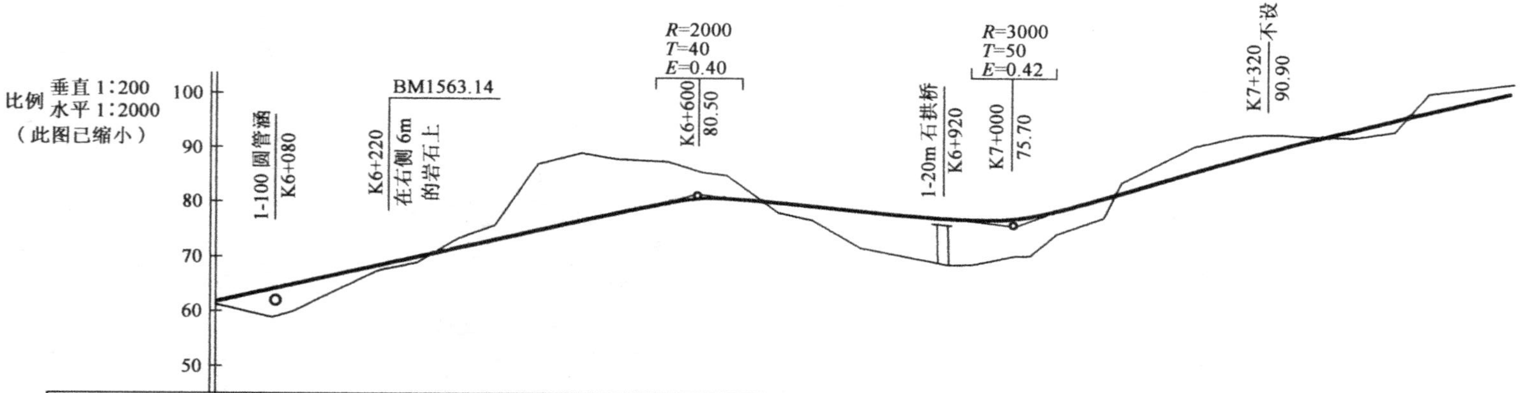

地质概况	普通黏土	坚石	普通黏土	坚石

坡度 (%) / 距离 (m)	3.0 / 600	1.0 / 400	4.5 / 320	3.5 / 310

里程桩号	地面高程	设计高程	填高	挖深
6+000.00	61.20	62.50	1.30	
-6+080.00	58.65	64.90	6.25	
-6+100.00	60.10	65.50	5.40	
-6+200.00	67.02	68.50	1.48	
-6+220.00	67.60	69.10	1.50	
-6+234.37	68.74	70.14	1.40	
-6+300.00	73.15	71.50		1.65
-6+350.10	75.56	73.00		2.56
-6+400.00	86.80	74.50		12.30
-6+455.47	88.26	76.16		12.10
-6+500.00	87.91	77.50		10.41
-6+560.00	86.80	79.30		7.50
-6+600.00	85.30	80.10		5.20
-6+640.00	84.16	80.10		4.06
-6+700.00	77.70	79.50	1.80	
-6+740.00	76.60	79.10	2.50	
-6+800.00	72.69	78.50	5.81	
-6+900.00	68.66	77.50	8.84	
-6+930.00	68.40	77.20	8.80	
-6+980.00	69.10	76.85	7.75	
-7+000.00	70.65	76.92	6.27	
-7+030.00	71.69	77.92	6.23	
-7+100.00	76.75	81.00	4.25	
-7+114.04	77.38	81.63	4.25	
-7+200.00	88.50	85.50		3.00
-7+285.96	93.65	89.37		4.28
-7+300.00	93.68	90.00		3.68
-7+320.00	93.50	90.90		2.60
-7+400.00	93.26	93.70	0.44	
-7+450.00	93.12	95.45	2.33	
-7+500.00	99.25	97.20		2.05
-7+600.00	103.25	100.70		2.55
-7+630.00	103.45	101.75		1.70

平曲线				
	JD_9 R=300 α=40°15″	JD_{10} α=3°27″	JD_{11} R=500 α=19°42″	JD_{12} α=4°10″

图 3-2-5 路线纵断面图

实际大，看上去也较为明显。丘陵与平原区地形起伏变化较小，横向比例采用1:5000，纵向比例采用1:500。

b. 设计线和地面线。

a)点绘地面线。地面线是剖切面与原地面的交线。点绘时将各里程桩处的地面高程点到图样坐标中，用细折线连接各点即为地面线。地面线是根据原地面上沿线各点的实测中心桩高程而绘制的。

b)设计线拉坡。设计线是剖切面与设计道路的交线，绘制时将各里程桩处的设计高程点到图样坐标中，用粗实线拉坡即为设计线。设计线是根据地形起伏和公路等级按相应的工程技术标准而确定的，设计线上各点的高程通常是指路基边缘的设计高程。

c)填挖高度。比较设计线与地面线的相对位置，可决定填挖高度。

c. 竖曲线。设计线是由直线和竖曲线组成的，在设计线的纵向坡度变更处（变坡点），为了便于车辆行驶，按技术标准的规定应设置圆弧竖曲线。竖曲线分为凸形和凹形两种，在图中分别用"⊤"和"⊥"的符号表示。符号中部的竖线应对准变坡点，竖线左侧标注变坡点的里程桩号，竖线右侧标注变坡点的高程。符号的水平线两端应对准竖曲线的始点和终点，竖曲线要素（半径 R、切线长 T、外距 E）的数值标注在水平线上方。在本图中的变坡点处桩号为K6+600，变坡点的高程为80.50m，设有凸形竖曲线（$R=2000\text{m}$，$T=40\text{m}$，$E=0.40\text{m}$）；在变坡点K7+000处设有凹形竖曲线（$R=3000\text{m}$，$T=50\text{m}$，$E=0.42\text{m}$），在变坡点K7+320处由于坡度变化较小，注明不设竖曲线。

d. 工程构筑物。道路沿线的工程构筑物，如桥梁、涵洞等，应在设计线的上方或下方用竖直引出线标注，竖直引出线应对准构筑物的中心位置，并注出构筑物的名称、规格和里程桩号。例如，图中在涵洞中心位置用"○"表示，并进行标注，表示在里程桩K6+080处设有一座单孔直径为100cm的圆管涵洞。例：$\frac{\text{4-20 预应力混凝土连续 T 梁}}{\text{K128 + 600}}$表示在里程桩K128+600处设有一座桥，该桥为预应力混凝土T形连续梁桥，共四跨，每跨20m。

e. 水准点。沿线设置的测量水准点也应标注，竖直引出线对准水准点，左侧注写里程桩号，右侧写明其位置，水平线上方注出其编号和高程。如水准点BM15设置在里程K6+220处的右侧距离为6m的岩石上，高程为63.14m。

②资料表部分。

路线纵断面图的测设数据表与图样上下对齐布置，以便阅读。这种表示方法，较好地反映出纵向设计在各桩号处的高程、填挖方量、地质条件、坡度以及平曲线与竖曲线的配合关系。资料表主要包括以下项目和内容：

a. 地质概况。根据实测资料，在图中注出沿线各段的地质情况。

b. 坡度/距离。标注设计线各段的纵向坡度和水平长度距离。表格中的对角线表示坡度方向，左下至右上表示上坡，左上至右下表示下坡，坡度和距离分注在对角线的上下两侧。如图中第一格的标注"3.0/600"，表示此段路线是上坡，坡度为3.0%，路线长度为600m。

c. 高程。表中有设计高程和地面高程两栏，它们应和图样互相对应，分别表示设计线和地面线上各点（桩号）的高程。

d. 填挖高度。设计线在地面线下方时需要挖土，设计线在地面线上方时需要填土，挖或填的高度值应是各点（桩号）对应的设计高程与地面高程之差的绝对值。

e. 里程桩号。沿线各点的桩号是按测量的里程数值填入的，单位为米，桩号从左向右排列。在平曲线的起点、中点、终点和桥涵中心点等处可设置加桩。

f. 平曲线。为了表示该路段的平面线形，通常在表中画出平曲线的示意图。直线段用水平线表示，道路左转弯用凹折线表示，右转弯用凸折线表示，有时还需注出平曲线各要素的值。当路线的转折角小于规定值时，可不设平曲线，但需画出转折方向，如 JD_9“∧”符号表示路线向右转弯，JD_{10}“∨”符号表示向左转弯。

(3)识绘路线纵断面图应注意的事项。

①比例。一般纵向比例要比横向比例放大 10 倍。为了便于画图和读图，一般还应在纵断面图的左侧按竖向比例画出高程标尺。纵横比例一般在第一张图的注释中说明。

②线形。画纵断面图与画路线平面图一样，从左向右按里程桩号顺序绘出，设计线用粗实线，地面线用细实线。

③变坡点。当路线坡度发生变化时，变坡点应用直径为 2mm 的中粗线圆圈表示；切线应采用细实线表示；竖曲线应采用粗实线表示，如图 3-2-6 所示。

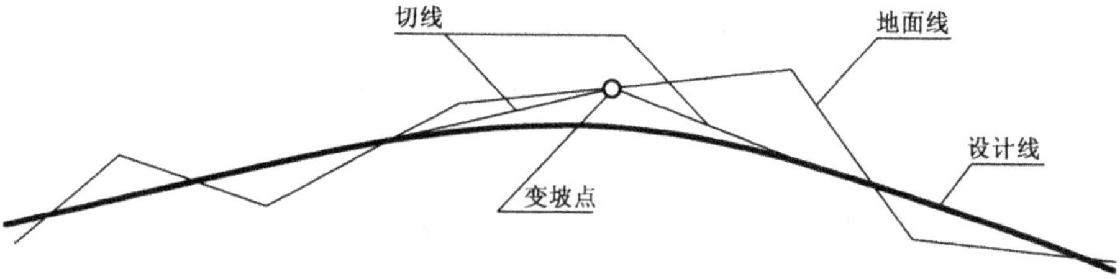

图 3-2-6　道路设计线

④角标。每张图纸右上角应有角标，注明图纸序号及总张数。

⑤标题栏。标题栏绘在最后一张图或每张图的右下角，注明路线名称，纵、横比例等。

⑥路线纵断面图与平面图在特殊情况下可放在同一张图纸上。对于高等级公路，由于平曲线半径较大，平面图与纵断面图长度相差不大，故放在同一张图纸上，方便相互对照。

3)路线横断面图

由于道路路线具有狭长、曲折、随地形起伏变化较大的特点，故画不出路线的侧面图，因而用路基横断面图代替侧面图。

(1)路线横断面图的形成。

在路线每一中心桩处，假想用垂直于路中心线的剖切平面进行剖切，画出剖切面与地面的交线，再根据填挖高度和规定的路基宽度和边坡坡度，画出路基横断面设计线，即为路基横断面图。路基横断面图主要用以计算土石方的数量和作为路基施工的依据。

(2)路基横断面图的图示内容。

①路基横断面图的基本形式。

根据道路的设计高程(公路为路基边缘线；城市道路为道路中心线)和横断面土石方的不同填挖情况，横断面有三种基本形式：路堤、路堑、半填半挖。

a. 填方路基，称为路堤。

如图 3-2-7a)所示，整个路基全为填土区称为路堤。填土高度等于设计高程减去路面高程。填方边坡一般为 1:1.5。在图下注有该断面的里程桩号、中心线处的填方高度 H_T(m)以及该断面的填方面积 A_T(m^2)。

b. 挖方路基，称为路堑，路基底部两侧的槽形为边沟。

如图 3-2-7b)所示，整个路基全为挖土区称为路堑。挖土深度等于地面高程减去设计高程，挖方边坡一般为1∶1。图下注有该断面的里程桩号、中心线处挖方高度 H_W（m）以及该断面的挖方面积 A_W（m^2）

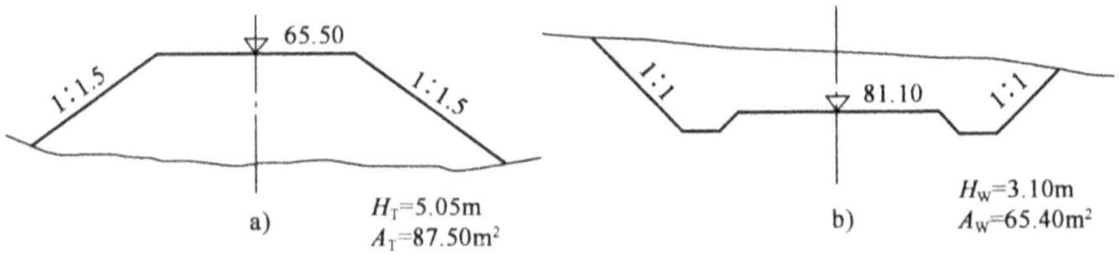

图3-2-7　路基横断面图的基本形式

a）路堤；b）路堑

c. 半填半挖路基。

如图3-2-8所示，路基断面一部分为填土区，一部分为挖土区，是前两种路基的综合。在图下注有该断面的里程桩号、中心线处的填（或挖）高度 H 以及该断面的填方面积 A_T 和挖方面积 A_W。

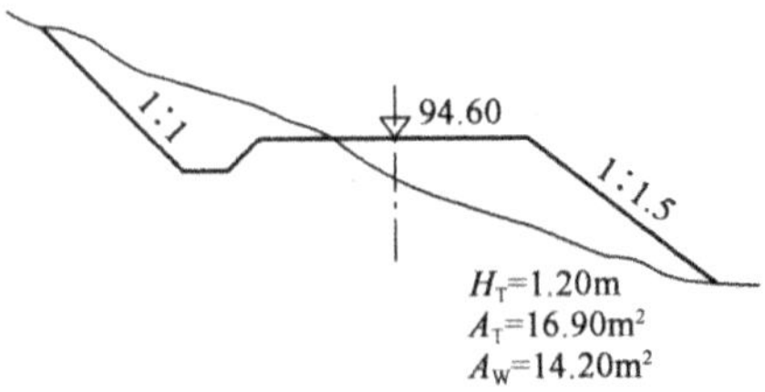

图3-2-8　半填半挖路基横断面图的形式

②路基典型横断面图。

路基典型横断面是指在公路设计中经常被采用的路堤、路堑、半填半挖等基本断面形式及其派生的一系列类似的断面形式。

a. 一般路堤。

如图3-2-9a）所示，一般路堤为路基填土高度小于20m，大于0.5m的路堤常用形式。路堤小于0.5m的矮（低）路堤，为满足最小填土高度和排除路基及公路附近地面水的需要，应在边坡坡脚处设置边沟。边沟常用梯形断面，底宽和深度一般不小于0.4m，内侧（靠路基一侧）的边坡坡度常用1∶1.0～1∶1.5，外侧视土质而定。当路堤高度大于2m时，以满足填土的需要，但此时为保证路基边坡的稳定，应在坡脚与取土坑间设不小于1m宽的护坡道。

b. 一般路堑。

如图3-2-9b）所示，为路基挖方深度小于20m、一般地质条件下的路堑常用形式。路堑路段均应设置边沟。边沟断面可据土质情况采用梯形、矩形或三角形，内侧边坡可采用1∶0（矩形）、1∶0～1∶1.5（梯形）、1∶2～1∶3（三角形），外侧边坡与路堑边坡相同。为拦截上侧地面径流以保证边坡的稳定，应在坡顶外至少5m处设置截水沟，截水沟的底宽一般应不小于0.5m，深度视需拦截排除的水量而定，边坡与边沟的相仿。路堑路段所废弃的土石方，应做成规则形状的弃土堆，一般置于下侧坡顶外至少3m处。当路堑边坡高度大于6m或土质变化处，边坡应随之做成折线形。路堑边坡高度大于20m为深路堑，应另行设计。

c. 半填半挖路基。

如图3-2-9c）所示，为一般山坡路段的路基常用形式，是路堤和路堑的综合形式。当地面横坡陡于1∶5时（包括一般路堤在内），为保证填土的稳定，应将基底（原地面）挖成台阶，台阶的宽度应不小于2m，台阶的底面应有2%～4%的向内斜坡，台阶的高度，填土时视分层填筑的高度而定，一般每层不大于0.5m，填石时视石料的大小而定。其余可按路堤或路堑而采用与之相应的形式。

d. 陡坡路基。

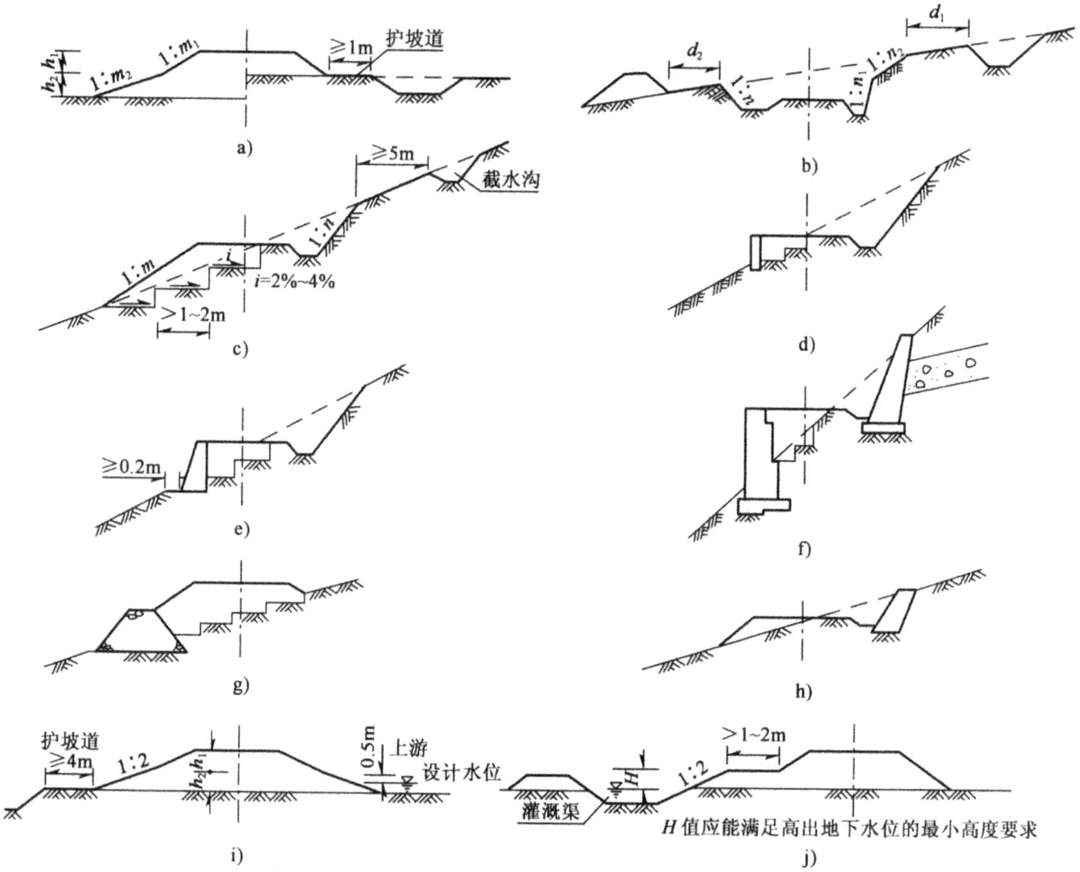

图 3-2-9　路基典型横断面图

a)一般路基；b)一般路堑；c)半填半挖路基；d)护肩路基；e)砌石路基；f)挡土墙路基；g)护脚路基；h)矮墙路基；i)沿河路基；j)利用挖渠土填筑路基

如图 3-2-9d) ~ 图 3-2-9h)所示，为山区陡坡路段的路基常用形式。

a)护肩路基。当地面横坡较陡，填土高度不大但坡脚太远不易填筑时，可采用护肩路基，如图 3-2-9d)所示。护肩的高度一般不超过 2m，内、外坡面可直立，基底为 1∶5 的向内斜面，顶宽一般随护肩高度而定，高度≤1m 时，顶宽 0.8m；高度≤2m 时，顶宽 1m。

b)砌石路基、挡土墙路基。当填土高度较大，坡脚难以填筑，或地面横坡太陡，坡脚落空不能填筑时，可采用砌石路基或挡土墙路基，如图 3-2-9e)或图 3-2-9f)所示。砌石路基可用干砌或浆砌片石构造物支挡填方，稳定路基，它与挡土墙不同的是，砌体与路基几乎成为一个整体，而挡土墙不依靠路基也能独立稳定。

c)护脚路基。当陡坡路堤的填方坡脚伸出较远且不稳定，或坡脚占用耕地时，可采用护脚路基，如图 3-2-9g)所示。

d)矮墙路基。当挖方边坡土质松散易产生碎落时，可采用矮墙路基，如图 3-2-9h)所示。矮墙路基与护肩路基相似，但外墙的墙面坡度可采用 1∶0.3 ~ 1∶0.5。当挖方边坡地质不良可能发生滑坍时，可采用挡土墙支挡，如图 3-2-9f)所示。

e. 沿河路基。

如图 3-2-9i)所示，为桥头引道、河滩路堤的常用形式。路堤浸水部分的边坡坡度，可采用 1∶2，并视水流情况采用相应的加固防护措施，如植草、铺草皮、干砌或浆砌片石等。

f. 利用挖渠土填筑的路基。

如图 3-2-9j）所示，为与当地农田水利建设相结合的常用形式。此时，需综合考虑、慎重对待，尤其是渠道的设计流量、流速、水位、纵坡等是否危及公路的正常使用，路堤的高度和加固防护措施是否满足路基强度和稳定性的要求等。

③路基标准横断面图。

路基标准横断面图是交通运输部根据设计交通量、交通组成、设计车速、通行能力和满足交通安全的要求，按公路等级、断面类型、路线所处地形而规定的路基横断面各组成部分横向尺寸的行业标准。

如图 3-2-10a）所示为高速公路和一级公路的标准路基横断面，分为整体式和分离式两类。上下行的公路横断面由一个路基形成的，称为整体式；由两个路基分别独立形成的，称为分离式。整体式断面包括行车道、中间带、路肩、紧急停车带、爬坡车道、变速车道等；分离式断面没有中间带，其他部分和整体式断面相同。

如图 3-2-10b）所示为二、三、四级公路标准路基横断面，采用整体式，不设中间带，它的组成包括行车道、路肩以及错车道等。

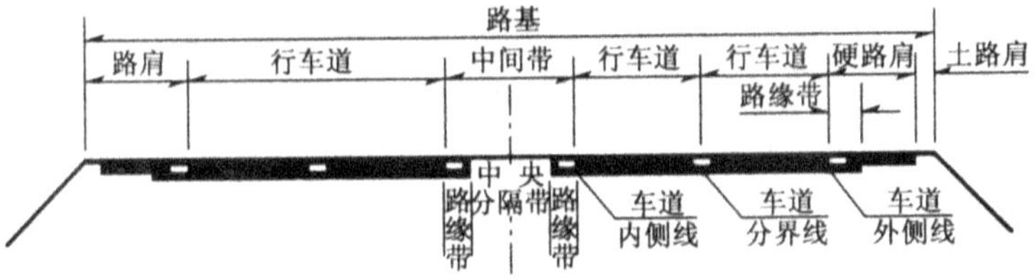

a)

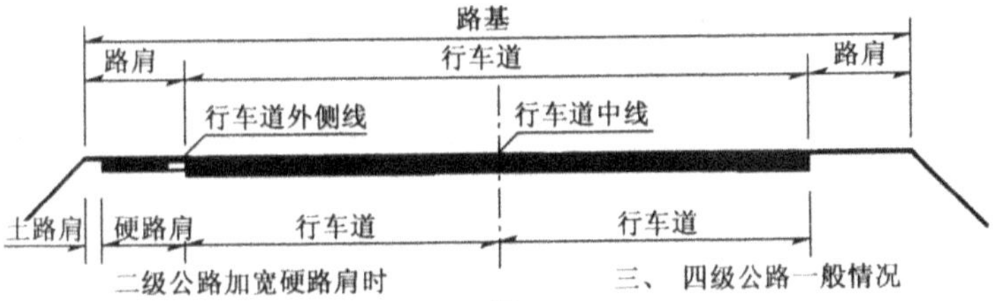

b)

图 3-2-10　各级公路标准横断面图

a）高速公路、一级公路；b）二、三、四级公路

④城市道路横断面图。

由于城市道路所处的地形一般都比较平坦，并且城市道路的设计是在城市规划与交通规划基础之上实施的，交通性质和组成部分比公路复杂得多，因此体现在横断面图上，城市道路比公路复杂得多。

城市道路横断面图是道路中心线法线方向的断面图，其由行车道、人行道、绿化带和分离带等部分组成。

a. 城市道路横断面图布置的基本形式

根据机动车道和非机动车道不同的布置形式，道路横断面的布置有以下四种基本形式。

a）单幅式，俗称“一块板”断面。把所有车辆都组织在同一车行道上行驶，但规定机动车在中间，非机动车在两侧，如图 3-2-11a）所示。

b）双幅式，俗称“两块板”断面。用一条分隔带或分隔墩从道路中央分开，使往返交通分离，但同向交通仍在一起混合行驶，如图 3-2-11b）所示。

c）三幅式，俗称“三块板”断面。用两条分隔带或分隔墩把机动车和非机动车交通分离，把行车道分隔为三块：中间为双向行驶的机动车道，两侧为方向彼此相反的单向行驶非机动车车道，如图 3-2-11c）所示。

d）四幅式，俗称“四块板”断面。在“三块板”断面的基础上增设一条中央分离带，使机动车分向行驶，如图 3-2-11d）所示。

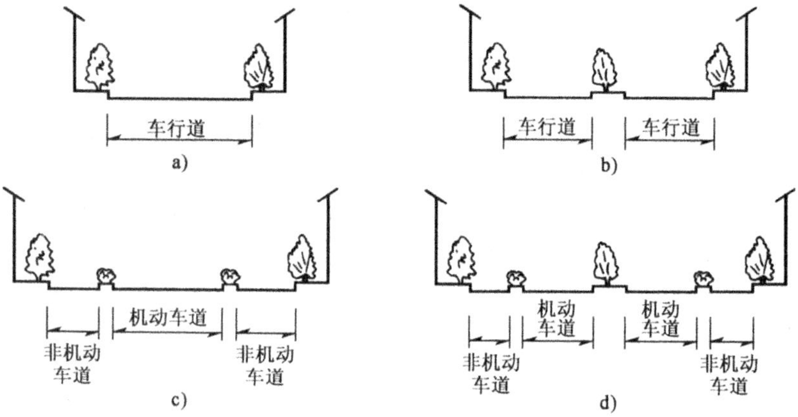

图 3-2-11　城市道路横断面布置的基本形式

a）“一块板”断面；b）“二块板”断面；c）“三块板”断面；d）“四块板”断面

b. 横断面图的内容

横断面设计的最后成果用标准横断面设计图表示。图中要表示出横断面各组成部分及其相互关系。图 3-2-12 为某路设计横断面图。为了清晰地表示高差变化情况，高度方向（纵向）采用了 1∶50，水平方向（横向）采用 1∶200 的绘图比例。

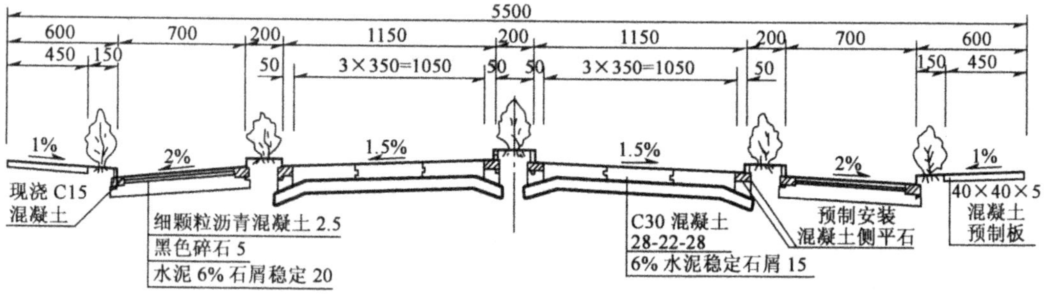

图 3-2-12　设计横断面图（尺寸单位：cm）

图 3-2-12 表示了该路段采用了“四块板”断面形式，使机动车与非机动车分道单向行驶。两侧为人行道，中间有五条绿化带。图中还表示了各组成部分的宽度以及结构设计要求。

除了需绘制近期设计横断面图之外，对分期修建的道路还要画出远期规划设计横断面图。为了设计土石方工程量和施工放样，与公路横断面图相同，需绘出各个中线桩的现状横断面，并加绘设计横断面图，标出中线桩的里程和设计高程，称为施工横断面图。

（3）识绘路基横断面图应注意的事项。

①比例：一般为 1∶200，也可用 1∶100 和 1∶50，纵横方向采用同一比例。

②线形：原有地面线用细实线表示，设计路基轮廓线（路面线、路肩线、边坡线、护坡线）均用粗实线表示，路面厚度用中粗实线表示，路中心线用细点画线表示。道路的超高、加宽也应在图中表示出。

③桩号应标注在图样下方，填高 H_T、挖深 H_W、填方面积 A_T 和挖方面积 A_W 应标注在图样

右下方，并用中粗点划线示出征地界线。

④角标：在每张图的右上角应绘制角标，用以注明图纸的序号及总张数。

⑤标题栏：在最后一张图的右下角绘制标题栏。

⑥布图：在同一张图纸内绘制的路基横断面图，应按里程桩号顺序排列，从图纸的左下方开始，先由下而上，再自左向右排列，如图 3-2-13 所示。

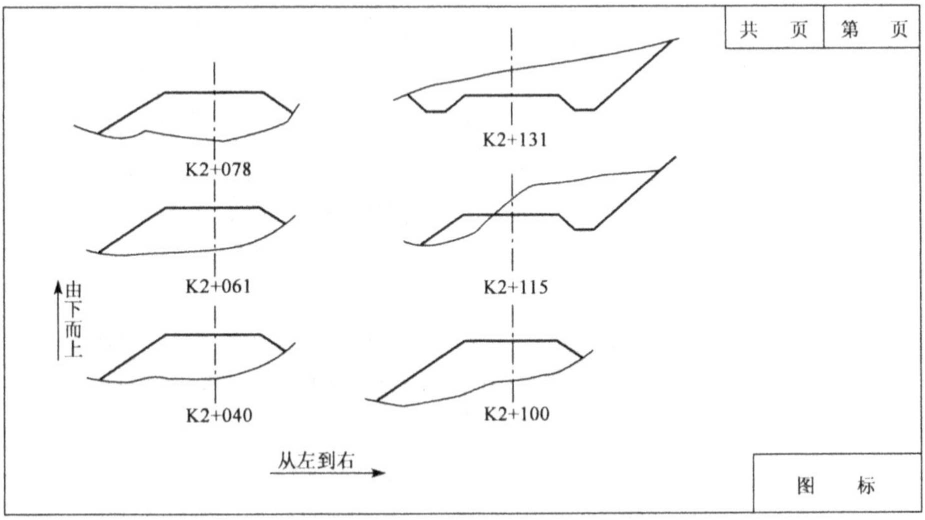

图 3-2-13　路基横断面布图

二、任 务 实 施

1. 识读路线平面图

1）基本资料

如图 3-2-14 所示，已知某公路路线平面图。

2）任务

根据已知路线平面图，进行识读。

3）要求

（1）推算出该图所采用的比例。

（2）识读路线的方位和走向。

（3）根据等高线和图例符号，识读并描述路线所在地带的地形、地物情况。

（4）查阅出道路的起始点、里程桩、百米桩、曲线要素桩等。

2. 补全路线纵断面图

1）基本资料

如图 3-2-15 所示，已知某路线纵断面图。

2）任务

请补全地面线（细线）、设计线（粗线）和填高、挖深。

3）要求

（1）先用 2H 铅笔轻而细地画出底图，待全图底图完成并经校对确认无误后，方可描黑加粗。

（2）计算无误，作图正确。

（3）完成的作业图面质量应达到以下要求：

①图线清晰；

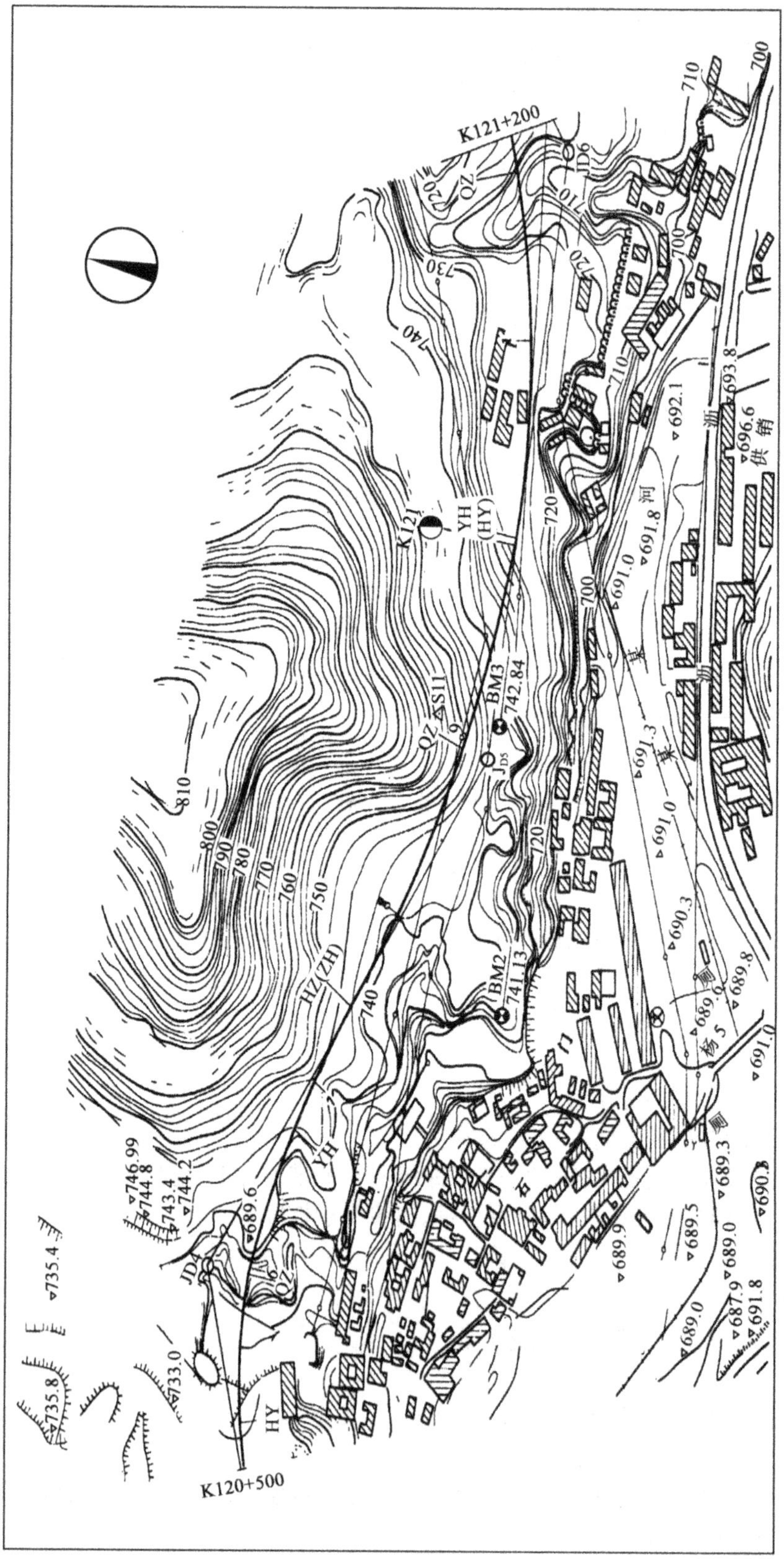

图 3-2-14 某公路路线平面图

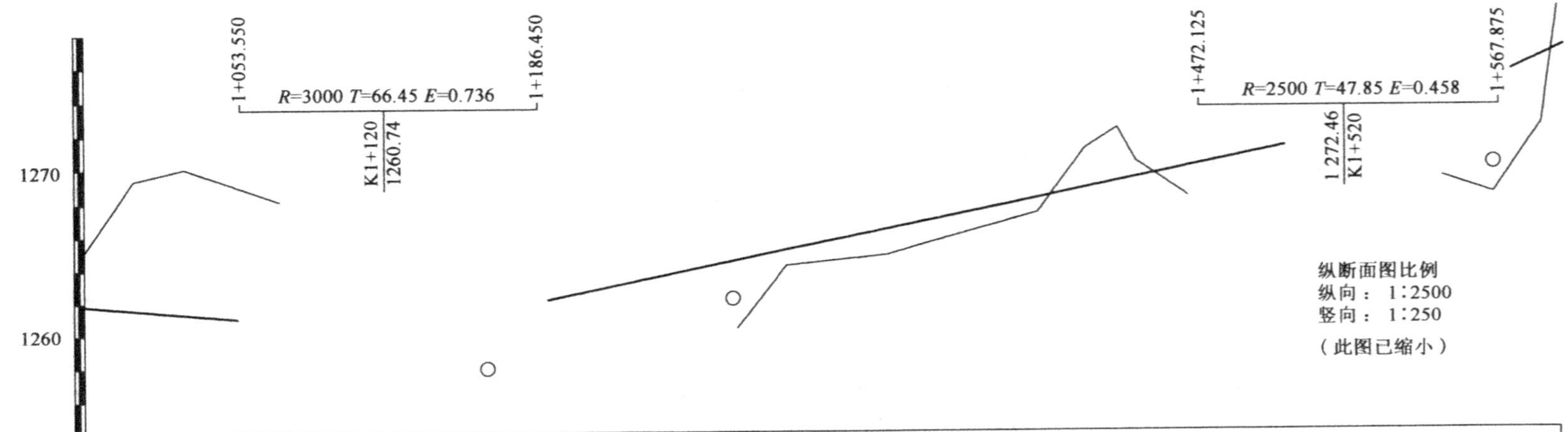

桩号	原地面高	设计高程	挖深	填高
1+000	1265.50	1261.71	3.79	
1+020	1269.50	1261.42	8.08	
1+040	1270.00	1261.14	8.86	
1+060	1269.00	1260.86	8.14	
1+080	1268.00	1260.68	7.32	
1+100	1264.50	1260.64	3.86	
1+120	1261.00	1260.74		
1+140	1258.00	1260.96		
1+160	1256.00	1261.32		
1+180	1258.00	1261.81		
1+200	1266.00	1262.40		
1+220	1265.00	1263.00		
1+240	1262.20			
1+260	1260.00			
1+280	1264.00	1264.80		
1+300	1264.30			
1+309.20	1264.50	1265.00		
1+320	1264.60	1266.00		
1+340	1265.30	1266.60		
1+360	1266.00	1267.20		1.20
1+361.17	1266.10			1.14
1+380	1267.00	1267.24 1267.80		0.80
1+400	1271.00	1268.40	2.60	
1+413.14	1272.00	1268.79	3.21	
1+420	1270.00	1269.00	1.00	
1+440	1268.00	1269.60		1.60
1+460	1268.00	1270.20		2.20
1+463.14	1268.00	1270.29		2.29
1+480	1270.00	1270.80		0.80
1+500	1272.00	1271.55	0.45	
1+520	1272.00	1272.46		0.46
1+540	1269.00	1273.52		4.52
1+560	1268.00	1274.74		6.74
1+580	1272.00	1276.10		4.10

地质情况			
坡度距离	1.43 / 420	3.00 / 400	6.83 / 410
平曲线		JD₅ α_y=40° R=220	JD₆ α_y=14° R=1031.620

图 3-2-15 某路线纵断面图

②图面整洁。

3. 案例教学

[**案例**]根据某道路路线纵断面图(图 3-2-16),补全地面线(细线)、设计线(粗线)和填高、挖深。

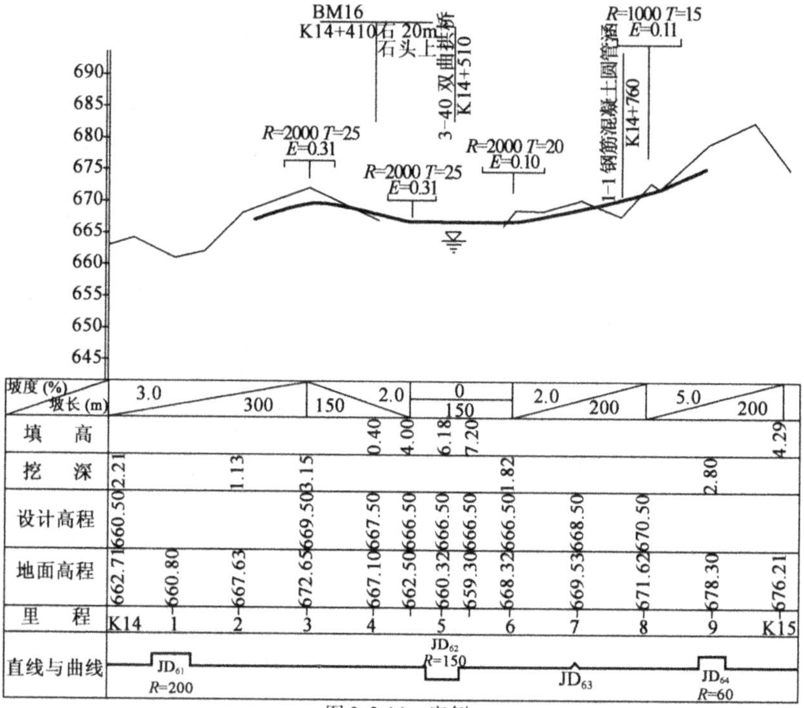

图 3-2-16 案例

解:任务实施内容见表 3-2-3。

任 务 实 施 表

表 3-2-3

1. 给定的不完善的纵断面图	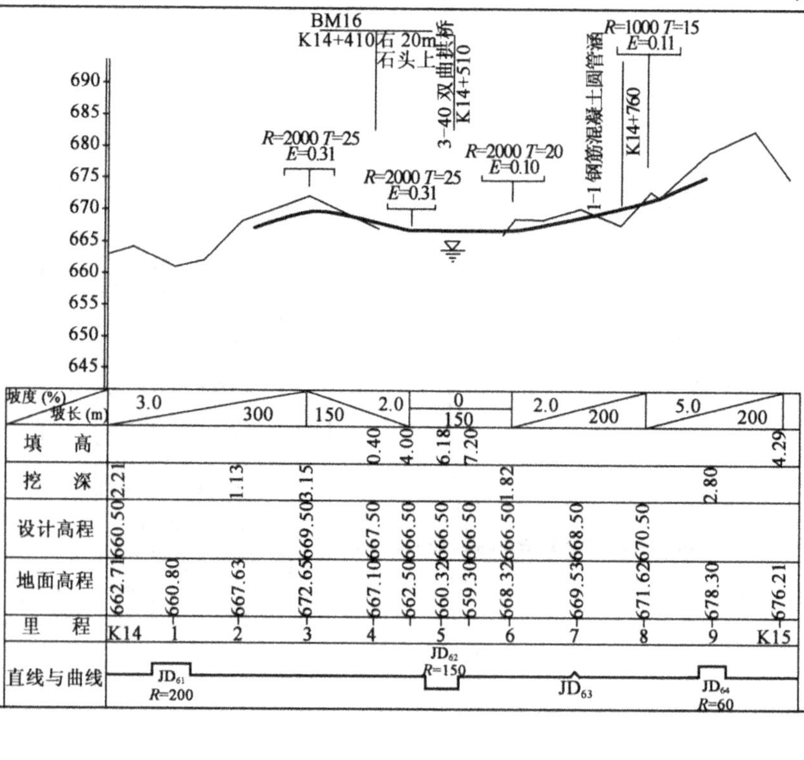

2. 补全原地面线

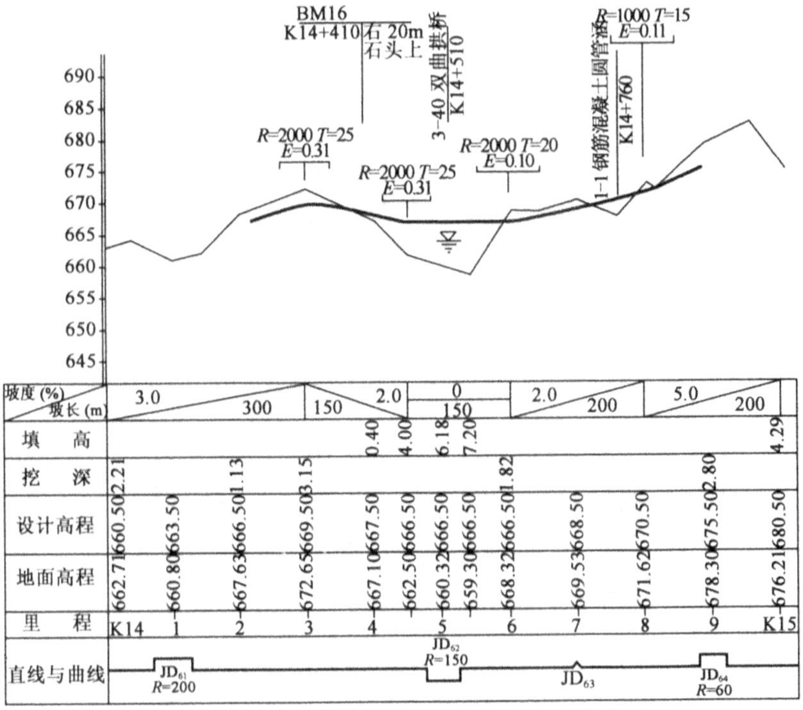

3. 补全设计高程及设计线

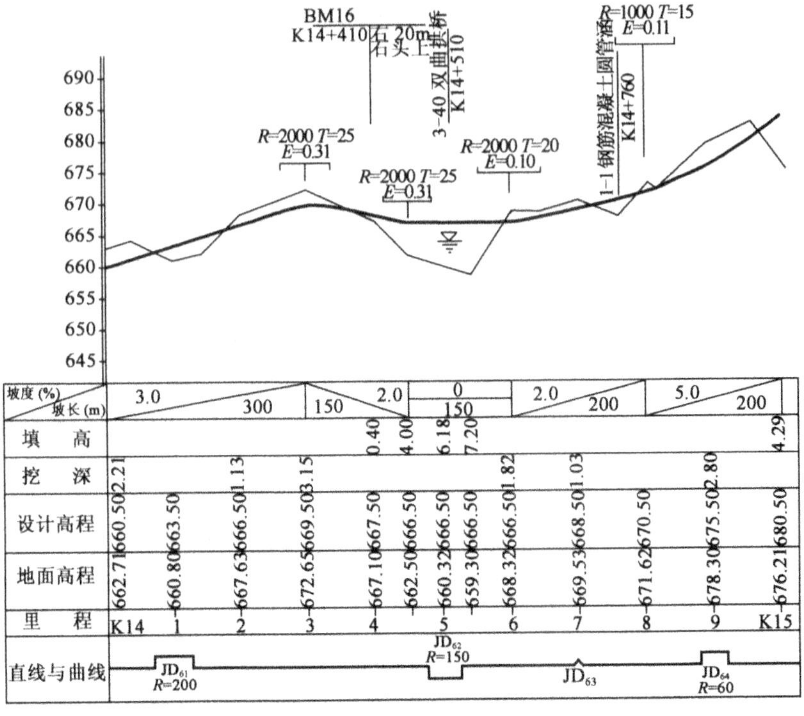

4. 补全填高挖深完善纵断面图	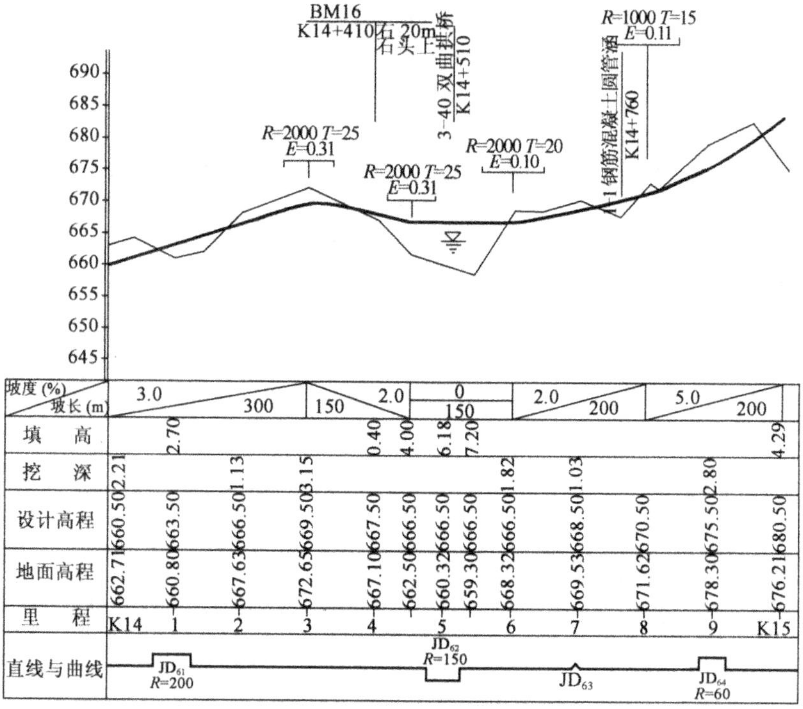

三、学习效果评价反馈

1. 学生自评

每位学生根据本学习任务的学习目标，自主完成下述[自测1]~[自测4]，并根据表3-2-4的要求，完成自我检验。

[自测1] 道路路线工程图的图示方法与一般工程图样有何不同？道路路线工程图的三个图样是如何形成的？

[自测2] 路线平面图、纵断面图、横断面图的绘图比例分别有何规定？

[自测3] 路线平面图、纵断面图、横断面图的图示包括哪些内容？识绘中有哪些注意事项？

[自测4] 如图3-2-17所示，补绘纵断面图中的地面线，并依据标准横断面图绘制给定桩号处的路基横断面(比例1:500)。

学 生 自 评 表 表3-2-4

任务名称：识绘道路路线工程图							
组号		姓名		学号		自评成绩	
题号		自测1	自测2	自测3	自测4	合计	
分数		20	10	30	40	100	
得分							

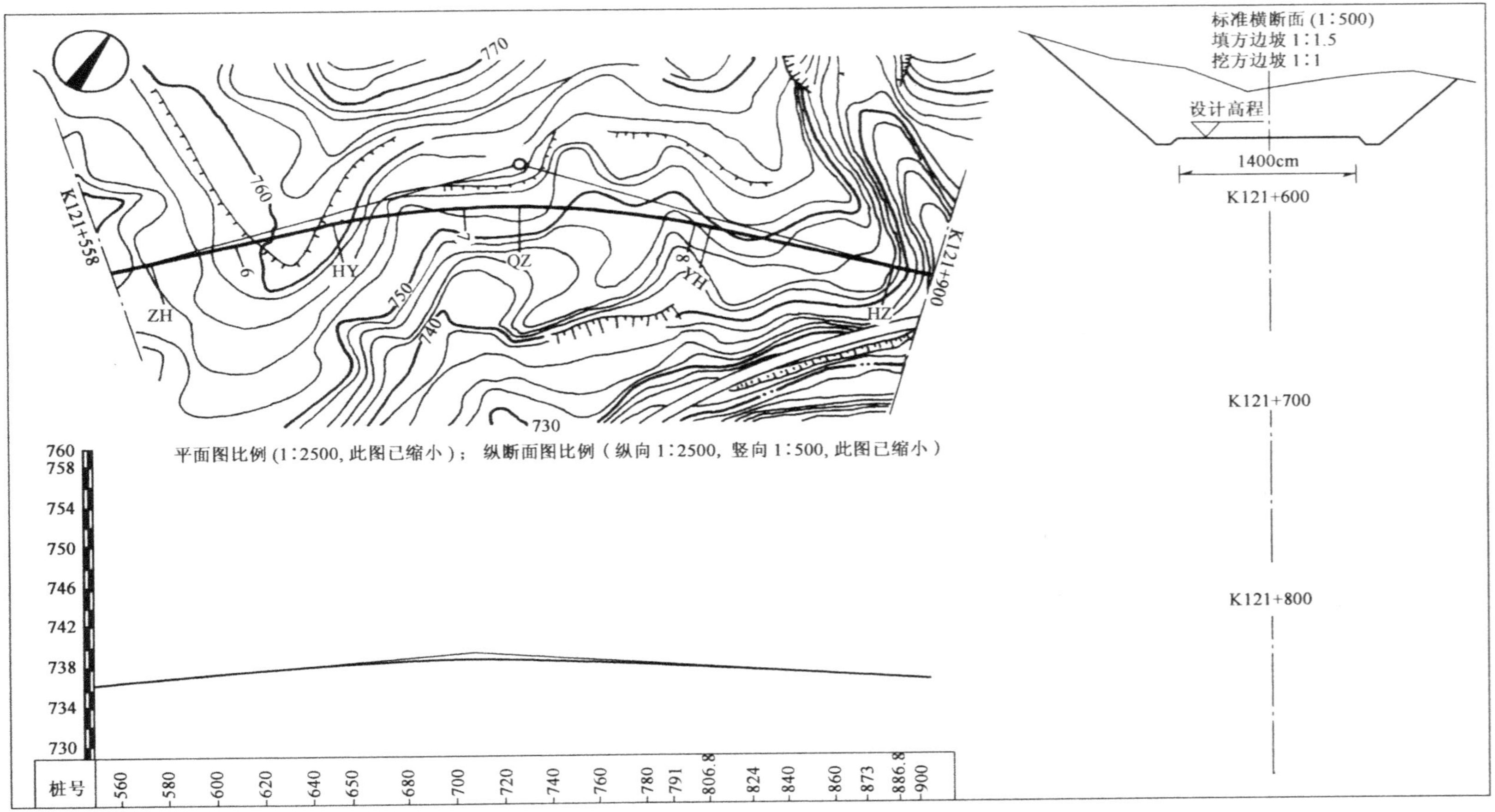
标准横断面 (1∶500)
填方边坡 1∶1.5
挖方边坡 1∶1
设计高程
1400cm
K121+600
K121+700
K121+800
K121+558
K121+900
ZH
HY
QZ
YH
HZ
770
760
750
740
730
6
7
8
平面图比例 (1∶2500, 此图已缩小)； 纵断面图比例（纵向 1∶2500, 竖向 1∶500, 此图已缩小）
760
758
754
750
746
742
738
734
730
桩号
560
580
600
620
640
650
680
700
720
740
760
780
791
806.8
824
840
860
873
886.8
900

图 3-2-17 纵断面图

2. 任课教师评价

主讲教师根据学生的学习态度，对学生知识的掌握情况作出综合评价，按表 3-2-5 的要求，完成教师对学生的学习效果评价。

教师对学生的学习效果评价表 表 3-2-5

组号		姓名		学号		成绩	
任务名称：识绘道路路线工程图							
评价内容		评价依据				分数	得分
学习态度情况		上课纪律、学习主动性等评价				20	
任务自测情况		自测成果的正确性与准确性				30	
作业图面质量		计算复核无误、图线清晰、图面整洁				20	
学生独立解决问题的能力		主要对学生的创新思维能力、组织能力，学生在遇到问题时的判断能力等进行评价				30	
教师签名		日期				合计	

学习情境四　桥涵工程专业图

学习任务一　桥梁工程图

学习目标

1. 叙述常见桥梁的组成及其分类；
2. 了解桥梁施工图产生的阶段及施工图的分类；
3. 知道桥梁施工图中常见符号；
4. 能够读懂常见桥梁的施工图。

任务描述

该任务是通过对桥梁组成的分析，了解桥梁的常见分类及各组成部分，在此基础上，掌握桥梁工程图的识图方法。完成该任务是通过教师案例教学与学生讨论进行的，教师根据学生人数分组（视班级总人数可分5～6人/组），每组推选一名组长负责任务的组织与实施，最终以组为单位上交《桥梁工程施工图组成分析报告》。各组在接到任务后，认真学习标准及规范的相关要求，结合教师讲课并视需要收集其他相关信息，每组各成员单独准备分析材料，然后分组讨论，由一人做好记录并整理上交《桥梁工程施工图组成分析报告》。

学习引导

本学习任务沿着以下脉络进行学习：

桥梁组成及其分类 → 桥梁施工图产生及分类 → 桥梁施工图常用符号 → 举例分析桥梁工程图

一、相关知识

当修筑道路通过江河、山谷、道路（铁路）和低洼地带时，需要修筑桥梁以保证车辆的正常行驶和宣泄水流，并要考虑船只通行。桥梁施工图是将一座拟建桥梁的内外形状和大小，以及各部分的结构、构造、装修、设备等内容，按照国标的规定，用正投影方法，详细准确地画出的图样，它是用以指导施工的一套图纸，所以称为“施工图”。

1. 桥梁的组成及其分类

1）桥梁的基本组成

概括地说，桥梁由四个基本部分组成，即上部结构、下部结构、支座和附属设施。

图4-1-1为一座梁式桥的概貌，涉及一般桥梁工程的几个主要名词解释如下。

上部结构是在线路中断时跨越障碍的主要承重结构，是桥梁支座以上（无铰拱起拱线或刚架主梁底线以上)跨越桥孔的总称。当跨越幅度越大时,上部结构的构造也就越复杂,施工难度也相应增加。

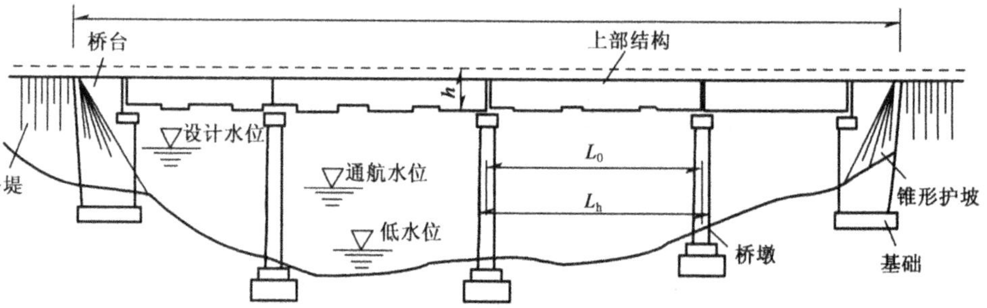

图 4-1-1　梁式桥概貌

下部结构包括桥墩、桥台和基础。

桥墩和桥台是支承上部结构并将其传来的恒载和车辆等活载再传至基础的结构物。通常设置在桥两端的称为桥台,设置在桥中间部分的称为桥墩。桥台除了上述作用外,还与路堤相衔接,并抵御路堤土压力,防止路堤填土的坍落。单孔桥只有两端的桥台,而没有中间桥墩。

桥墩和桥台底部的奠基部分,称为基础,基础承担了从桥墩和桥台传来的全部荷载,这些荷载包括竖向荷载以及地震力、船舶撞击墩身等引起的水平荷载,由于基础往往深埋于水下地基中,在桥梁施工中是难度较大的一个部分,也是确保桥梁安全的关键之一。

支座是设在墩(台)顶,用于支承上部结构的传力装置,它不仅要传递很大的荷载,并且要保证上部结构按设计要求能产生一定的变形。

桥梁的基本附属设施,包括桥面系、伸缩缝、桥梁与路堤衔接处的桥头搭板和锥形护坡等。

河流中的水位是变动的,枯水季节的最低水位称为低水位,洪峰季节河流中的最高水位称为高水位。桥梁设计中按规定的设计洪水频率计算所得的高水位(很多情况下是推算水位)称为设计水位。在各级航道中,能保持船舶正常航行时的水位,称为通航水位。

2)桥梁的分类简述

除了上述按受力特点分成不同的结构体系外,人们还习惯按桥梁的用途、大小规模和建桥材料等其他方面将桥梁进行分类。

(1)按用途来划分,有公路桥、铁路桥、公铁两用桥、农桥、人行桥、水运桥、管线桥。

(2)按桥梁全长和跨径的不同,分为特殊大桥、大桥、中桥、小桥和涵洞,如表 4-1-1 所示。

桥梁按长度分类表　　表 4-1-1

桥 梁 分 类	多孔跨径总长 L(m)	单孔跨径 L_0(m)	桥 梁 分 类	多孔跨径总长 L(m)	单孔跨径 L_0(m)
特大桥	$L \geqslant 500$	$L_0 \geqslant 100$	中桥	$30 < L < 100$	$20 \leqslant L_0 < 40$
大桥	$100 \leqslant L < 500$	$40 \leqslant L_0 < 100$	小桥	$8 \leqslant L \leqslant 30$	$5 \leqslant L_0 < 20$

(3)按照主要承重结构所用的材料划分,有圬工桥(包括砖、石、混凝土桥)、钢筋混凝土桥、预应力混凝土桥、钢桥、钢—混凝土组合桥和木桥等。

(4)按跨越障碍的性质,可分为跨河桥、立交桥、高架桥和栈桥。高架桥一般是指跨越深沟峡谷以替代高路基的桥梁以及在城市中跨越道路的桥梁。

(5)按桥跨结构的平面布置,可分为正交桥、斜交桥和弯桥。

(6)按上部结构的行车道位置,分为上承式桥、中承式桥和下承式桥。

2. 施工图的产生及其分类

桥梁的建造一般需经设计和施工两个过程，而设计工作一般又分为两个阶段：一是初步设计，二是施工图设计。对一些技术上复杂而又缺乏设计经验的工程，还应增加技术设计（或称扩大初步设计）阶段，作为协调各工种的矛盾和绘制施工图的准备。

初步设计的目的是提出方案，详细说明该桥梁的平面布置、立面处理、结构选型等内容。施工图设计是为了修改和完善初步设计，以符合施工的需要。现将两阶段的设计工作，简单介绍如下。

1）初步设计阶段

（1）设计前的准备。接受任务，明确要求，学习有关政策，收集资料，调查研究。

（2）方案设计。方案设计主要通过平面、剖面和立面等图样，把设计意图表达出来。

（3）绘制初步设计图。方案设计确定后，需进一步去解决构件的选型、布置和各工种之间的配合等技术问题，从而对方案作进一步的修改，图样用绘图仪器按一定比例绘制好后，送交有关部门审批。

2）施工图设计阶段

施工图设计主要是将已经批准的初步设计图，从满足施工的要求予以具体化。为施工安装，编制施工图预算，安排材料、设备和非标准构配件的制作，提供完整的、正确的图纸依据。

一套完整的施工图，根据其专业内容或作用的不同，一般分为：

（1）图纸目录。先列出新绘制的图纸，后列出所选用的标准图纸或重复利用的图纸。

（2）设计总说明（即首页）。内容一般应包括：施工图的设计依据；本工程项目的设计规模；本项目的相对高程与总图绝对高程的对应关系；说明，或用表格说明，也可直接在图上引注或加注索引符号，采用新技术、新材料或有特殊要求的做法说明；以上各项内容，对于简单的工程，可分别画在各专业图纸上。

（3）桥位平面图。桥位平面图主要表明桥梁和路线连接的平面位置，通过实际地形测量绘出桥位处的道路、河流、水准点、地质钻孔位置、附近的地形和地物（如房屋、旧桥、旧路等），以便作为设计桥梁、施工定位的依据。

（4）桥位工程地质图。它包括桥位地质平面图和地质断面图（对于弯桥，则为沿桥纵轴线的展开剖面图）。

（5）桥型总体布置图。桥梁总体布置图主要表明桥梁的形式、跨径、孔数、总体尺寸、各主要部分的相互位置关系及高程、材料数量和总技术说明等。桥梁总体布置图中，还应表明桥位处的地质及水文资料和桥面设计高程、地面高程、纵坡及里程桩号，作为施工时确定墩台位置、安装构件和控制高程的依据。

（6）构件结构图。为了进行制作施工，还必须根据总体布置图采用较大的比例画出构件结构图，例如主梁结构图、桥台结构图、桥墩图、桩基图和防撞护栏图等。

3. 施工图中常用的符号

1）高程符号

在总平面图、平面图、立面图和剖面图上，经常用高程符号表示某些部位的高度。各图上所用高程符号应按图 4-1-2a）所示形式以细实线绘制。图 4-1-2b）所示为具体的画法。高程数值以米为单位，一般注至小数点后三位数（总平面图中为两位数）。如高程数字前有“－”号的，表示该处完成面低于零点高程；如数字前没有符号的，则表示高于零点高程。高程零点采用“ ± ”表示。

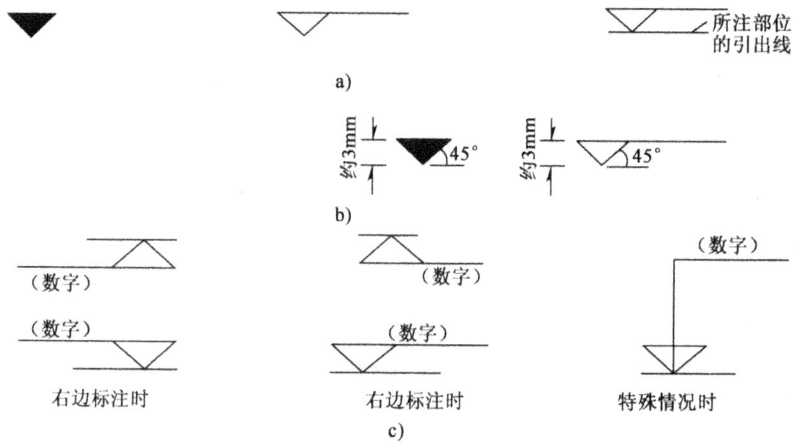

图 4-1-2　高程的标注方法

a）高程的标注形式；b）具体画法；c）立面图与剖面图上高程符号标注法

2）索引符号与详图符号

为方便施工时查阅图样，在图样中的某一局部或构件，如需另见详图时，常常用索引符号注明画出详图的位置、详图的编号以及详图所在图纸编号，按《国标》规定，标注方法如下。

（1）索引符号。用一引出线指出要画详图的地方，在线的另一端画一细实线圆，其直径为10mm。引出线应对准圆心，圆内过圆心画一水平线，上半圆中用阿拉伯数字注明该详图的编号，下半圆中用阿拉伯数字注明该详图所在图纸的图纸号[图 4-1-3a）]。如详图与被索引的图样同在一张图纸内，则在下半圆中间画一水平细实线[图 4-1-3b）]。索引出的详图，如采用标准图，应在索引符号水平直径的延长线上加注该标准图册的编号[图 4-1-3c）]。

（2）详图符号。本符号表示详图的位置和编号，它用一粗实线图绘制，直径为 14mm。详图与按索引的图样同在一张图纸内时，应在符号内用阿拉伯数字注明详图编号（图 4-1-4）。如不在同一张图纸内，可用细实线在符号内画一水平直径，在上半圆中注明详图编号，在下半圆中注明被索引图纸号[图 4-1-4b）]。也可不注被索引图纸的图纸号。

（3）钢筋、杆件、零件、设备等的编号。本编号应用阿拉伯数字按顺序编写，并应以直径为6mm 的细实线圆绘制（图 4-1-5）。

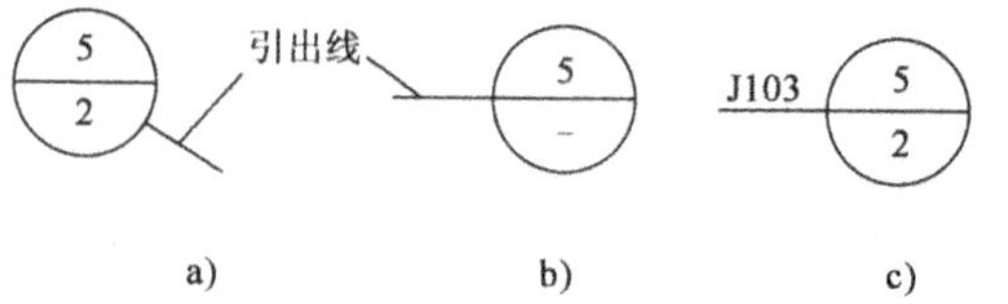

图 4-1-3　索引符号

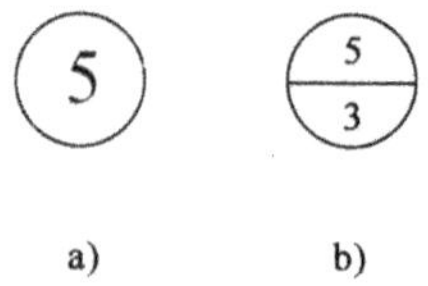

图 4-1-4　详图符号

图 4-1-5　钢筋、零件等编号

（4）指北针。指北针用细实线绘制，圆的直径宜为 24mm。指针尖为北向，指针尾部宽度宜为 3mm。需用较大直径绘制指北针时，指针尾部宽度宜为直径的 1/8（图 4-1-6）。

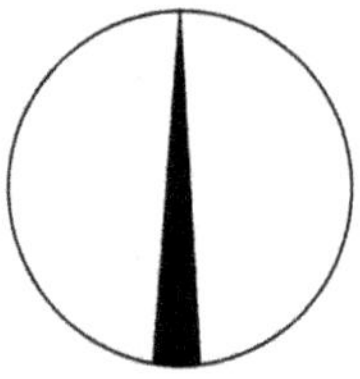

图 4-1-6　指北针

根据上面相关知识我们可以知道，虽然各种桥梁的结构形式和建筑材料不同，但图示方法基本上是相同的。下面我们运用前面所学理论和方法，结合桥梁的图示特点来阅读钢筋混凝土空心板梁桥工程图与钢筋混凝土 T 形梁桥工程图。

4. 钢筋混凝土空心板梁桥工程图的阅读

1）桥位平面布置图

桥位平面图主要表示桥梁的所在位置与路线的连接情况，以及与地形、地物的关系，其画法与路线平面图相同，只是所用的比例较大。通过地形测量绘出桥位处的道路、河流、水准点、钻孔及附近的地形和地物，以便作为设计桥梁、施工定位的根据。如图 4-1-7 所示，为某桥的桥位平面布置图。除了表示路线平面形状、地形和地物外，还表明了钻孔、里程、水准点的位置和数据。

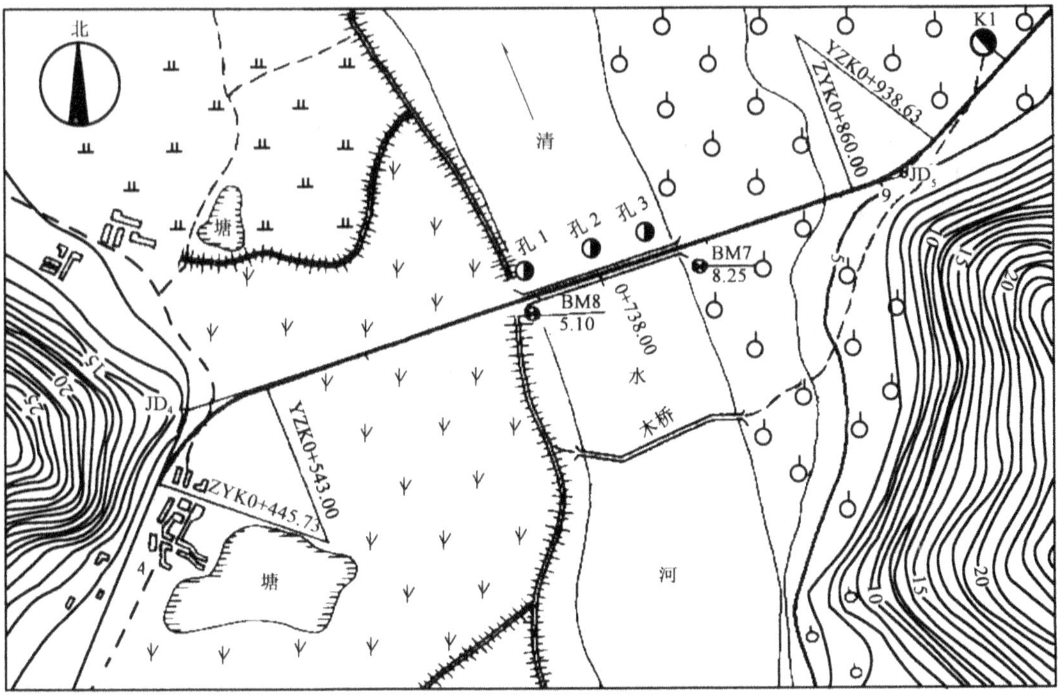

图 4-1-7　桥位总体平面布置图

桥位平面图中的植被、水准符号等均应以正北方向为准，而图中文字方向则可按路线要求及总图标方向来决定。

2）桥位地质断面图

桥位地质断面图是根据水文调查和地质钻探所得的资料绘制的河床地质断面图，表示桥梁所在位置的地质水文情况，包括河床断面线、最高水位线、常水位线和最低水位线，作为桥梁设计的依据。小型桥梁可不绘制桥位地质断面图，但应写出地质情况说明。地质断面图为了显示地质和河床深度变化情况，特意把地形高度（高程）的比例较水平方向比例放大数倍画出。如图 4-1-8 所示，地形高度的比例采用 1∶200，水平方向比例采用 1∶500。

3）桥梁总体布置图

桥梁总体布置图和构件图是指导桥梁施工的最主要图样，它主要表明桥梁的形式、跨径、孔数、总体尺寸、桥面高程、桥面宽度、各主要构件的相互位置关系，桥梁各部分的高程、材料数

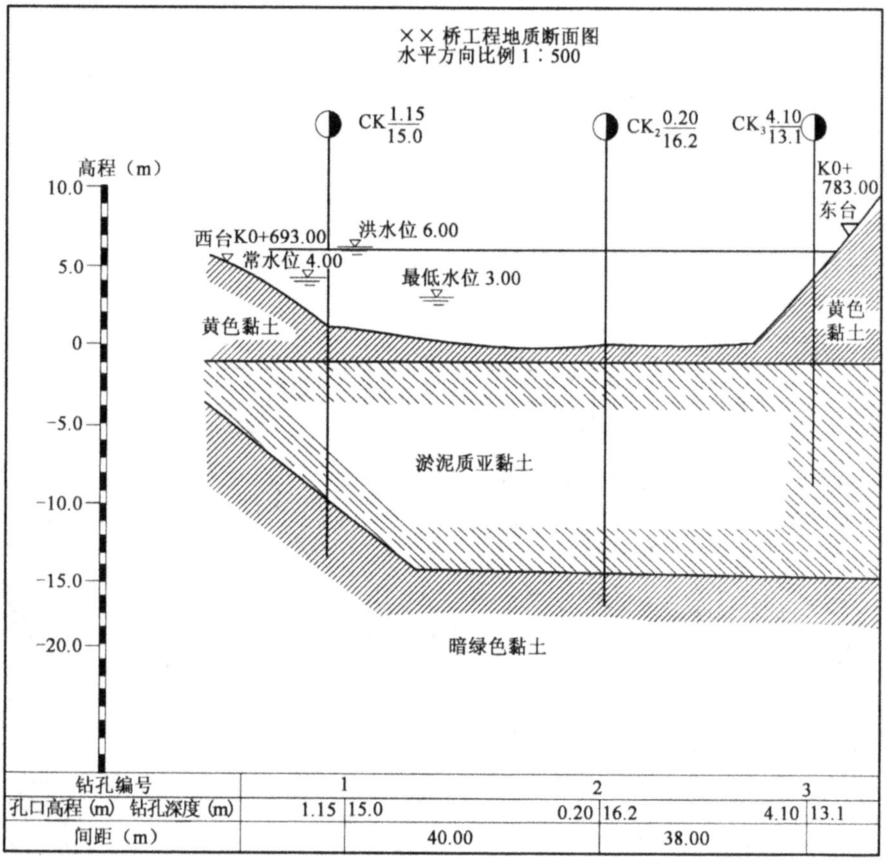

图 4-1-8　桥梁地质断面图

量以及总的技术说明等，作为施工时确定墩台位置、安装构件和控制高程的依据，一般由立面图、平面图和剖面图或断面图组成。

图 4-1-9 为某桥的总体布置图，绘图比例采用 1∶200。该桥为三孔钢筋混凝土空心板简支梁桥，总长度 34.90m，总宽度 14m，中孔跨径 13m，两边孔跨径 10m。桥中设有两个柱式桥墩，两端为重力式混凝土桥台，桥台和桥墩的基础均采用钢筋混凝土预制打入桩。桥上部承重构件为钢筋混凝土空心板梁。

（1）立面图。桥梁一般是左右对称的，所以立面图常常是由半立面和半纵剖面合成的。左半立面图为左侧桥台、1 号桥墩、板梁、人行道栏杆等主要部分的外形视图。右半纵剖面图是沿桥梁中心线纵向剖开而得到的，2 号桥墩、右侧桥台、板梁和桥面均应按剖开绘制。图中还画出了河床的断面形状，在半立面图中，河床断面线以下的结构如桥台、桩等用虚线绘制；在半剖面图中，地下的结构均画为实线。由于预制桩打入到地下较深的位置，不必全部画出，为了节省图幅，采用了断开画法。图中还注出了桥梁各重要部位如桥面、梁底、桥墩、桥台、桩尖等处的高程，以及常水位（即常年平均水位）等。

（2）平面图。桥梁的平面图也常采用半剖的形式。左半平面图是从上向下投影得到的桥面俯视图，主要画出了车行道、人行道、栏杆等的位置。由所注尺寸可知，桥面车行道净宽为 10m，两边人行道各 2m。右半部采用的是剖切画法（或分层揭开画法），假想把上部结构移去

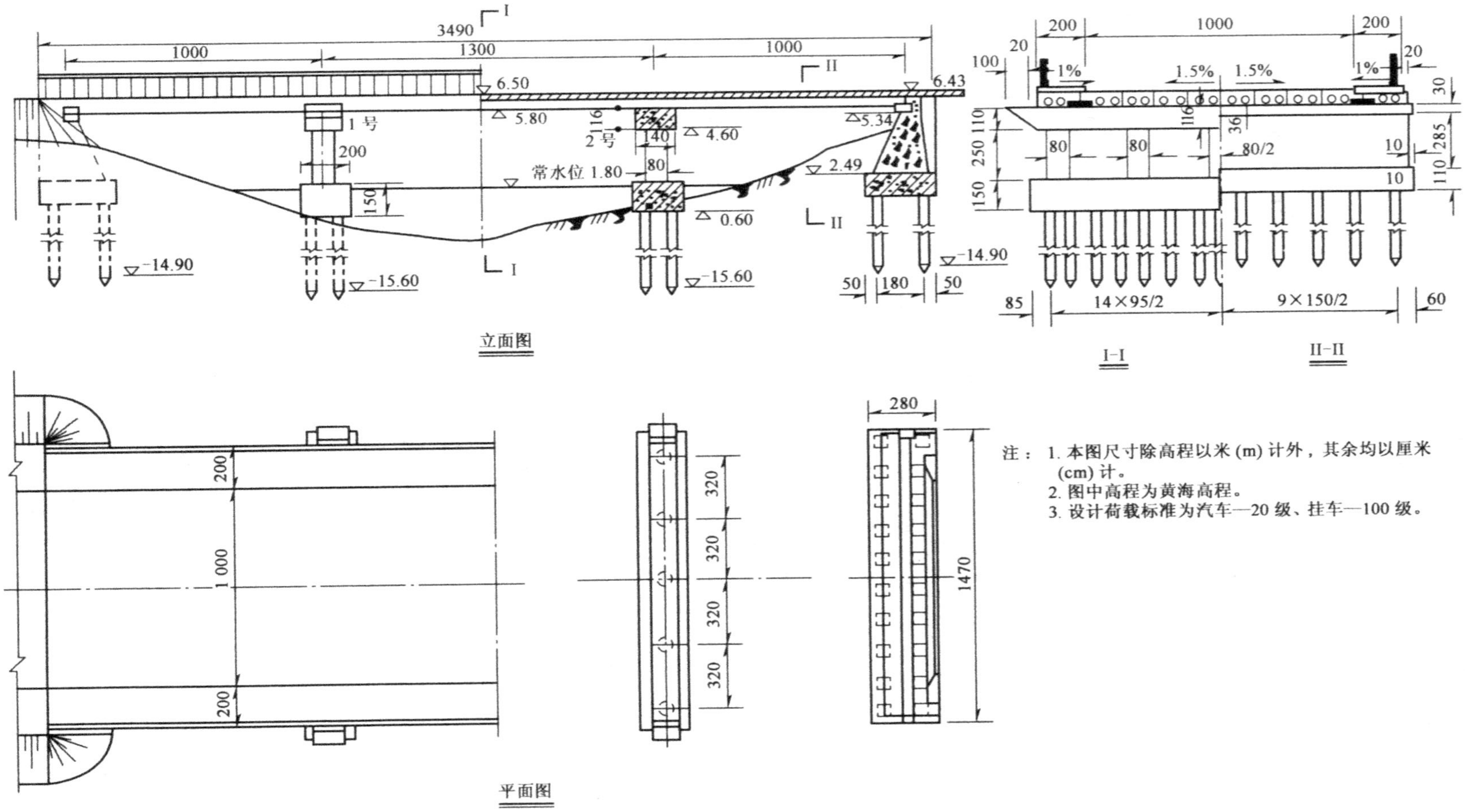

注：1. 本图尺寸除高程以米 (m) 计外，其余均以厘米 (cm) 计。
2. 图中高程为黄海高程。
3. 设计荷载标准为汽车—20 级、挂车—100 级。

图 4-1-9　桥梁总体布置图

后，画出了2号桥墩和右侧桥台的平面形状和位置。桥墩中的虚线圆是立柱的投影，桥台中的虚线正方形是下面方桩的投影。

（3）横剖面图。根据立面图中所标注的剖切位置可以看出，I-I剖面是在中跨位置剖切的，II-II剖面是在边跨位置剖切的，桥梁的横剖面图是左半部I-I剖面和右半部II-II剖面拼成的。桥梁中跨和边跨部分的上部结构相同，桥面总宽度为14m，是由10块钢筋混凝土空心板拼接而成，图中由于板的断面形状太小，没有画出其材料符号。在I-I剖面图中画出了桥墩各部分，包括墩帽、立柱、承台、桩等的投影。在II-II剖面图中画出了桥台各部分，包括台帽、台身、承台、桩等的投影。

4）构件详图

（1）钢筋混凝土空心板图。钢筋混凝土空心板是该桥梁上部结构中最主要的受力构件，它两端搁置在桥墩或桥台上，中跨为13m，边跨为10m。图4-1-10为边跨10m的空心板构造图，由立面图、平面图和断面图组成，主要表达空心板的形状、构造和尺寸。整个桥宽由10块板拼成，按不同位置分为中板（中间共6块）、次边板（两侧各1块）、边板（两边各1块）三种。三种板的厚度相同，均为55cm，故只画出了中板立面图。由于三种板的宽度和构造不同，故分别绘制了中板、次边板和边板的平面图，中板宽124cm，次边板宽162cm，纵向是对称的，所以立面图和平面图均只画出了一半，边跨板长名义尺寸为10m，但减去板接头缝后实际上板长为996cm。三种板均分别绘制了跨中断面图，可以看出它们不同的断面形状和详细尺寸。另外还画出了板与板之间拼接的铰缝大样图，具体施工做法见说明。

每种钢筋混凝土板都必须绘制钢筋布置图，现以边板为例介绍，图4-1-11为10m板边板的配筋图。立面图是用I-I纵剖面表示的。由于板中有弯起钢筋，所以绘制了跨中横断面II-II和跨端横断面III-III。可以看出，②号钢筋在中部时是位于板的底部，在端部时则位于板的顶部。为了更清楚地表示钢筋的布置情况，还画出了板的顶层钢筋平面图。

整块板共有十种钢筋，每种钢筋都绘出了钢筋详图。这样几种图互相配合，对照阅读，再结合列出的钢筋明细表，就可以清楚地了解该板中所有钢筋的位置、形状、尺寸、规格、直径、数量等内容，以及几种弯筋、斜筋与整个钢筋骨架的焊接位置和长度。

（2）桥墩图。图4-1-12为桥墩构造图，主要表达桥墩各部分的形状和尺寸。这里绘制了桥墩的立面图、侧面图和I-I剖面图，由于桥墩是左右对称的，故立面图和剖面图均只画出一半。该桥墩由墩帽、立柱、承台和基桩组成。根据所标注的剖切位置可以看出，I-I剖面图实质上为承台平面图，承台基本为长方体，长1500cm，宽200cm，高150cm。承台下的基桩分两排交错（呈梅花形）布置，施工时先将预制桩打入地基，下端到达设计深度（高程）后，再浇筑承台，桩的上端深入承台内部80cm，在立面图中这一段用虚线绘制。承台上有五根圆形立柱，直径为80cm，高为250cm。立柱上面是墩帽，墩帽的全长为1650cm，宽为140cm，高度在中部为116cm，在两端为110cm，有一定的坡度，为的是使桥面形成1.5%的横坡。墩帽的两端各有一个20cm×30cm的抗震挡块，是为防止空心板移动而设置的。墩帽上的支座，详见支座布置图4-1-16。

（3）桥台图

桥台属于桥梁的下部结构，主要是支承上部的板梁，并承受路堤填土的水平推力。我国公路桥梁桥台的形式主要有重力式桥台、埋置式桥台、轻型桥台、组合式桥台等，下面举例说明重力式桥台构造。

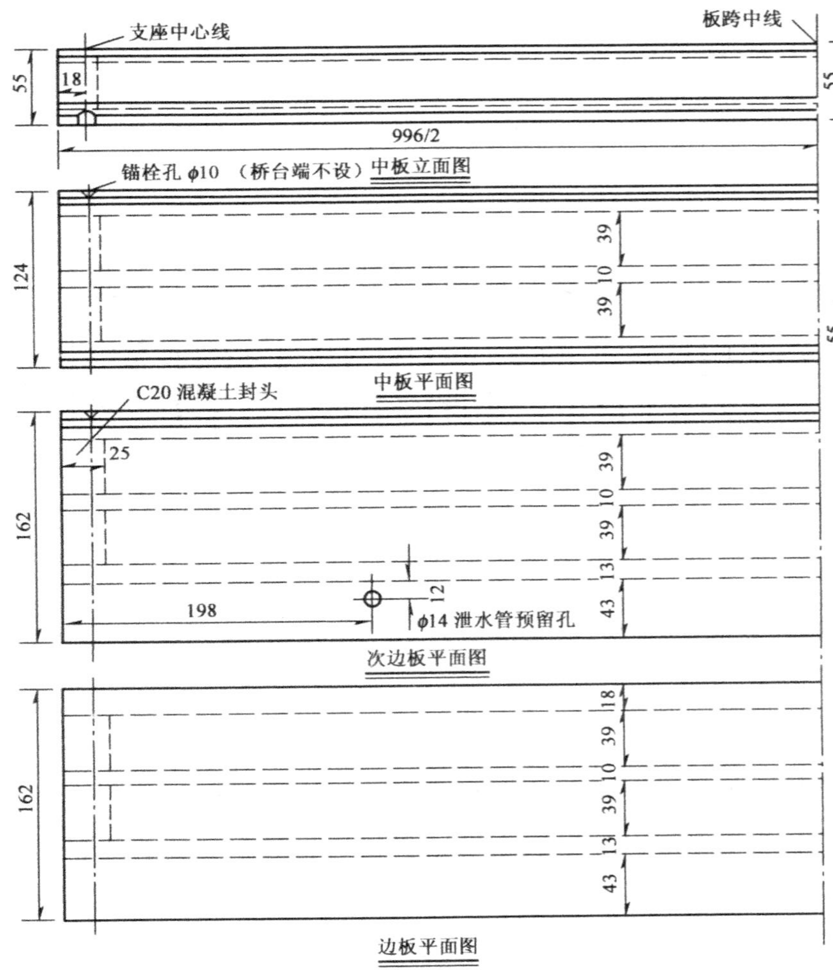

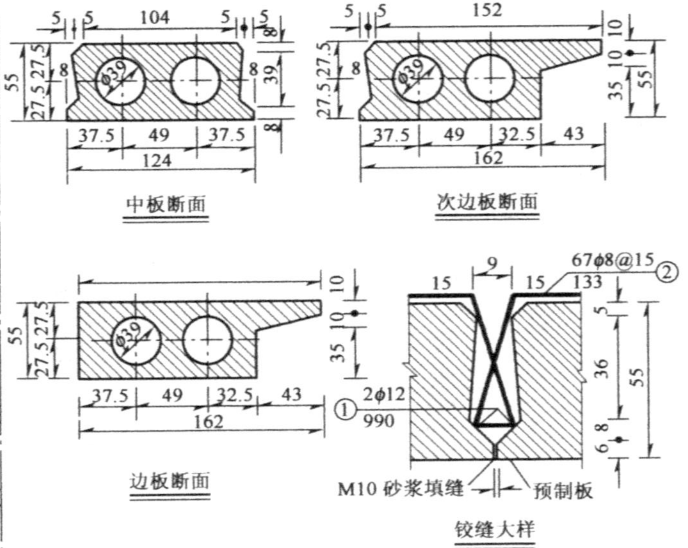

一块空心板混凝土数量表

封头	中板		边板		次边板	
C20 混凝土 (m^3)	C25 混凝土 (m^3)	安装质量 (t)	C25 混凝土 (m^3)	安装质量 (t)	C25 混凝土 (m^3)	安装质量 (t)
0.119	3.874	9.762	4.081	13.3	4.523	11.44

注：1. 本图尺寸除钢筋直径以毫米 (mm) 计外，余均以厘米 (cm) 计。

2. 浇筑铰缝混凝土前，先用 M10 水泥砂浆填底缝，待砂浆强度达 50% 后方可浇筑铰缝。

3. 铰缝钢筋①、②号先绑扎好再放入铰缝内，并与预制板中伸出的箍筋绑扎在一起，②号钢筋每隔 15cm 扎一根。

图 4-1-10　边跨 10m 的空心板构造图

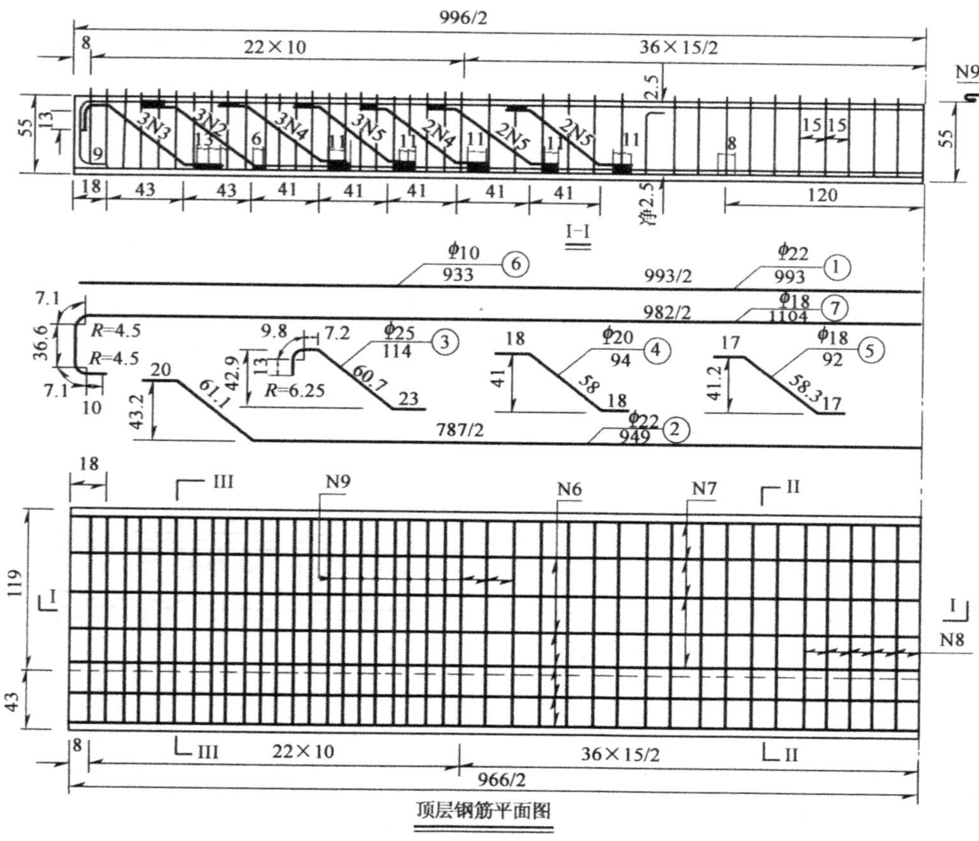

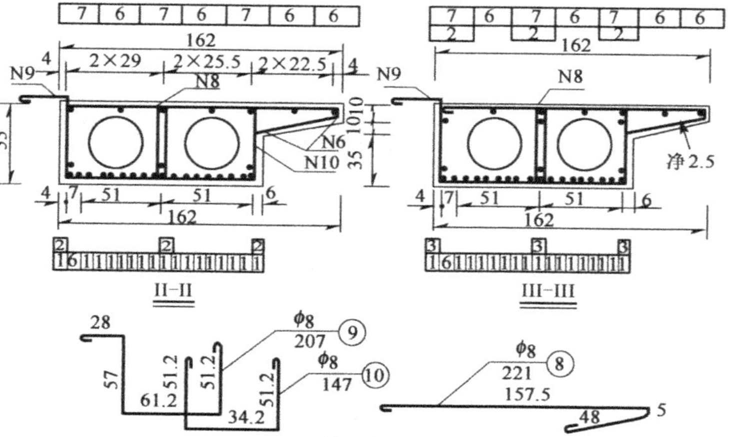

一块板钢筋明细表

编号	直径 (mm)	每根长度 (mm)	根数	总长 (m)	质量 (kg)
1	φ22	993	17	168.8	503
2	φ22	949	3	28.5	85
3	φ25	114	6	6.8	26
4	φ20	94	10	9.4	23
5	φ18	92	14	12.9	26
6	φ10	993	8	79.4	49
7	φ18	1 104	3	33.1	66
8	φ10	22	81	179	71
9	φ8	207	81	167.7	66
10	φ8	167	81	135.3	53

注：1.本图尺寸除钢筋直径以毫米 (mm) 计外，其余均以厘米 (cm) 为单位。
2.焊接钢筋均采用双面焊，焊接长度按“公路桥规”办理。
3.N8与N9、N10钢筋对应设置，N9钢筋弯直伸入人行道。

图 4-1-11　10m 板边板的配筋图

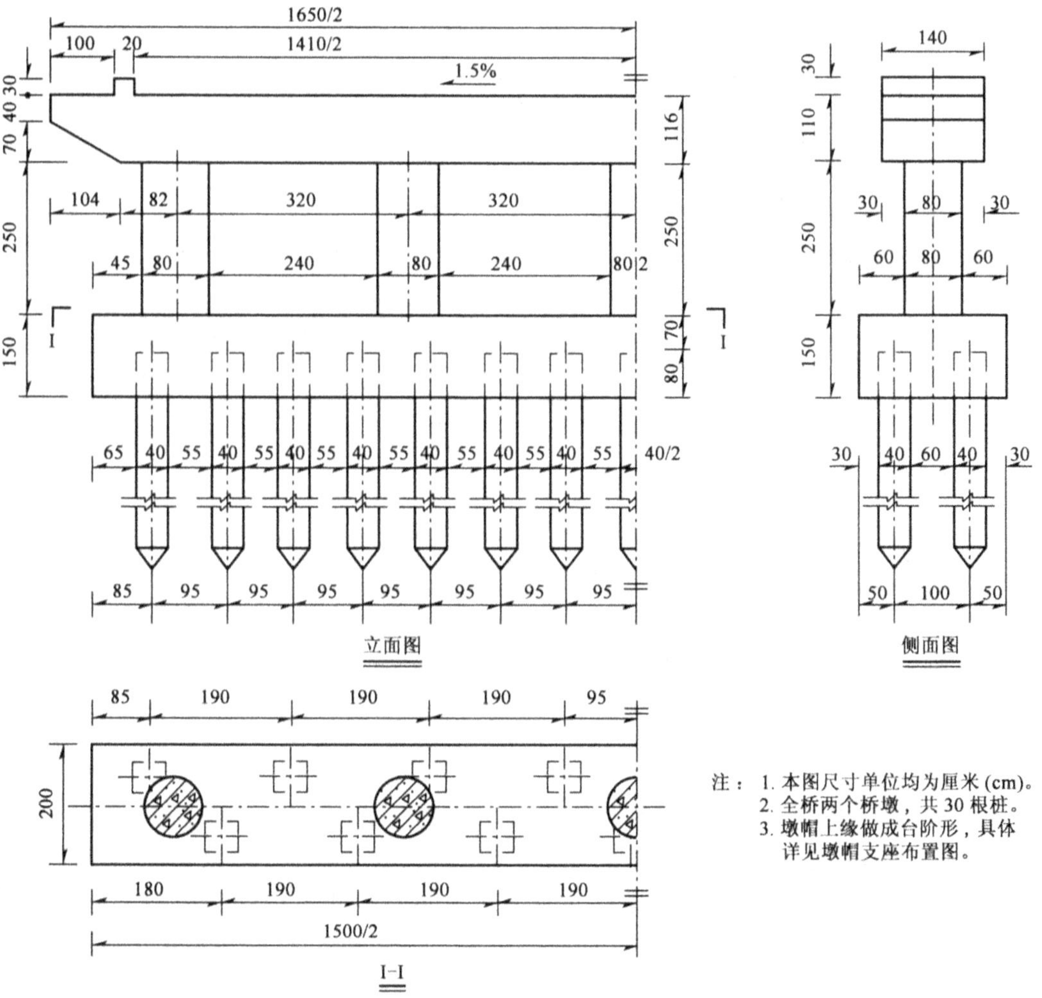

图 4-1-12　桥墩构造图

图 4-1-13 为重力式混凝土桥台的构造图，用剖面图、平面图和侧面图表示。该桥台由台帽、台身、侧墙、承台和基桩组成。这里桥台的立面图用 I-I 剖面图代替，既可表示出桥台的内部构造，又可画出材料符号。该桥台的台身和侧墙均用 C30 混凝土浇筑而成，台帽和承台的材料为钢筋混凝土。桥台的长为 280cm，高为 493cm，宽 1470cm。由于宽度尺寸较大且对称，所以平面图只画出了一半。侧面图由台前和台后两个方向视图各取一半拼成，所谓台前是指桥台面对河流的一侧，台后则是桥台面对路堤填土的一侧。为了节省图幅，平面图和侧面图都采用了断开画法。桥台下的基桩分两排对齐布置，排距为 180cm，桩距为 150cm，每个桥台有 20 根板。桥台的承台等处的配筋图略。

（4）钢筋混凝土桩配筋图。该桥梁的桥墩和桥台的基础均为钢筋混凝土预制桩，桩的布置形式及数量已在上述图样中表达清楚。图 4-1-14 为预制桩的配筋图，主要用立面图和断面图以及钢筋详图来表达。由于桩的长度尺寸较大，为了布图的方便常将桩水平放置，断面图可画成中断断面或移出断面。由图能看出该桩的断面为正方形（40cm × 40cm），桩的总长为 17m，分上下两节，上节桩长为 8m，下节桩长为 9m。上节桩内布置的主筋为 8 根①号钢筋，桩顶端有钢筋网 1 和钢筋网 2 共三层，在接头端预埋 4 根⑩号钢筋。下节桩内的主筋为 4 根

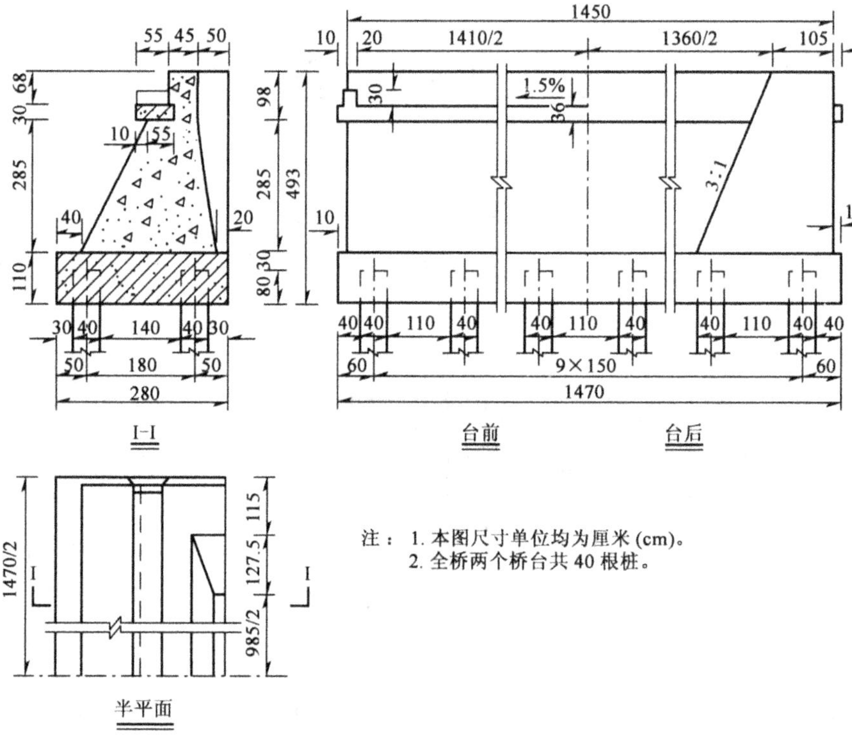

图 4-1-13　重力式混凝土桥台的构造图

②号钢筋和4根号钢筋，一直通过桩尖部位。⑧号钢筋为桩尖部位的螺旋形钢筋。④和⑤号为大小两种方形箍筋，套叠在一起放置，每种箍筋沿桩长度方向有三种间距，④号箍筋从两端到中央的间距依次为5cm、10cm、20cm，⑤号箍筋从两端到中央的间距分别为10cm、20cm、40cm，具体位置详见标注。画出的I-I剖面图实际上是桩尖视图，主要表示桩尖部的形状及⑦号钢筋的位置。桩接头处的构造另有详图，这里未示出。

以上介绍了钢筋混凝土预制桩，工程上还常采用钻孔灌注桩。下面以图4-1-15为例介绍其桥墩基桩钢筋构造图。桥墩柱桩的钢筋布置图中①、②分别为柱、桩的主筋，③、④为柱、桩的定位箍筋，⑤、⑧为柱、桩的螺旋分布筋，⑦为钢筋骨架定位筋。

该图用一个立面图和I-I、II-II两个断面即已表达清楚。断面图中钢筋采用了夸张的画法，即N3与N5、N4与N6间距适当拉大画出。

(5)支座布置图

支座位于桥梁上部结构与下部结构的连接处，桥墩的墩帽和桥台的台帽上均设有支座，板、梁搁置在支座上。上部荷载由板梁传给支座，再由支座传给桥墩或桥台，可见支座虽小但很重要。图4-1-16为桥墩支座布置图，用立面图、平面图及详图表示。在立面图上详细绘制了预制板的拼接情况，为了使桥面形成1.5%的横坡，墩帽上缘做成台阶形，以安放支座。立面图上画的不是很清楚，故用更大比例画出了局部放大详图，即A大样图，图中注出台阶宽1.88cm。

在墩帽的支座处受压较大，为此在支座下增设有钢筋垫，由①号和②号钢筋焊接而成，以加强混凝土的局部承压能力。平面图是将上部预制板移去后画出的，可以看出支座在墩帽上是对称布置的，并注有详细的定位尺寸。安装时，预制板端部的支座中心线应与桥墩的支座中心线对准。支座是工业制成品，本桥采用的是圆板式橡胶支座，直径为20cm，厚度为2.8cm。

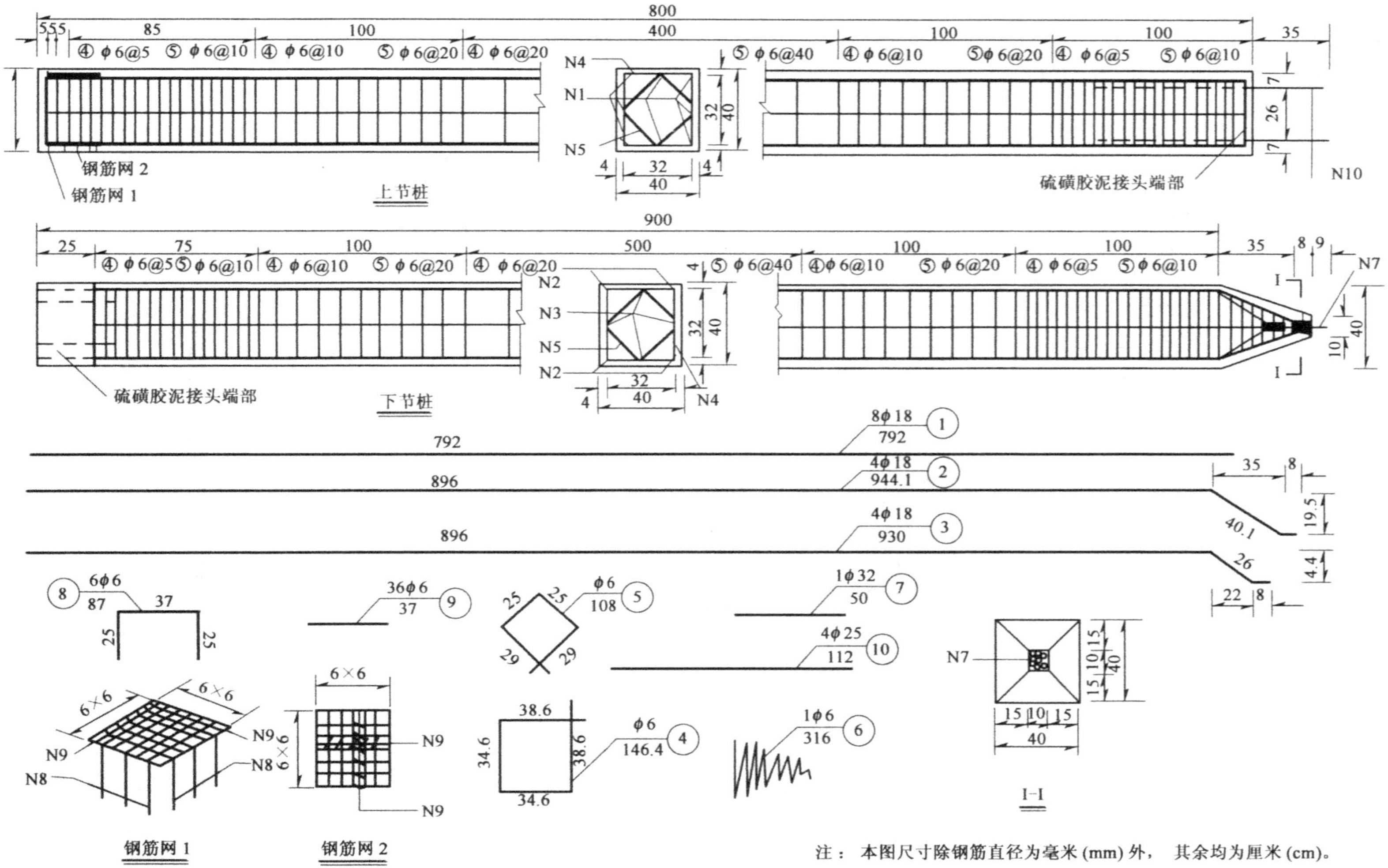

注：本图尺寸除钢筋直径为毫米(mm)外，其余均为厘米(cm)。

图 4-1-14　预制桩配筋图

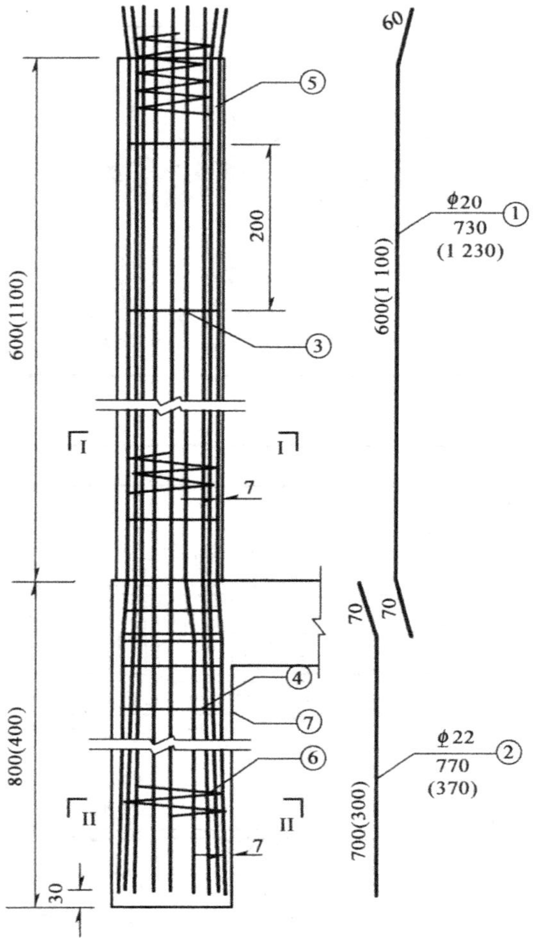

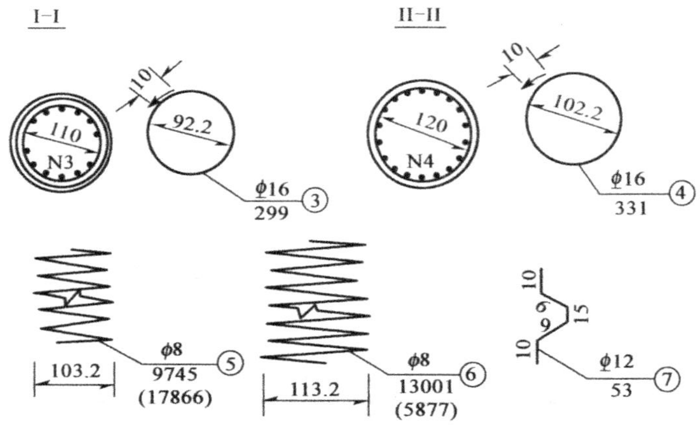

一根桩材料数量表

编号	直径（mm）	每根长（cm）	根数	总长（m）	总质量（kg）	C25 混凝土（m^3）
1	ϕ20	730 (1 230)	24	175.20 (295.20)	432.7 (729.1)	14.7 (14.98)
2	ϕ22	770 (370)	24	184.80 (88.80)	550.7 (264.6)	
3	ϕ16	299	4 (6)	11.96 (17.94)	18.96 (28.3)	
4	ϕ16	331	5 (3)	16.55 (9.93)	26.1 (15.7)	
5	ϕ8	9 745 (17 866)	1	97.45 (178.66)	38.5 (70.6)	
6	ϕ8	13 001 (5 877)	1	130.01 (58.77)	51.4 (23.2)	
7	ϕ12	53	36 (36)	19.08 (19.08)	16.9 (16.9)	

注：1. 图中尺寸钢筋直径以毫米 (mm) 计，余均以厘米 (cm) 计。
2. 图表中尺寸带括号者，括号内数字用于 3 号、4 号桥墩，括号外数字用于 2 号桥墩。
3. 定位筋 7 号钢筋每隔 2m 沿圆周等间距布设 4 根。

图 4-1-15　桥墩基桩钢筋构造图

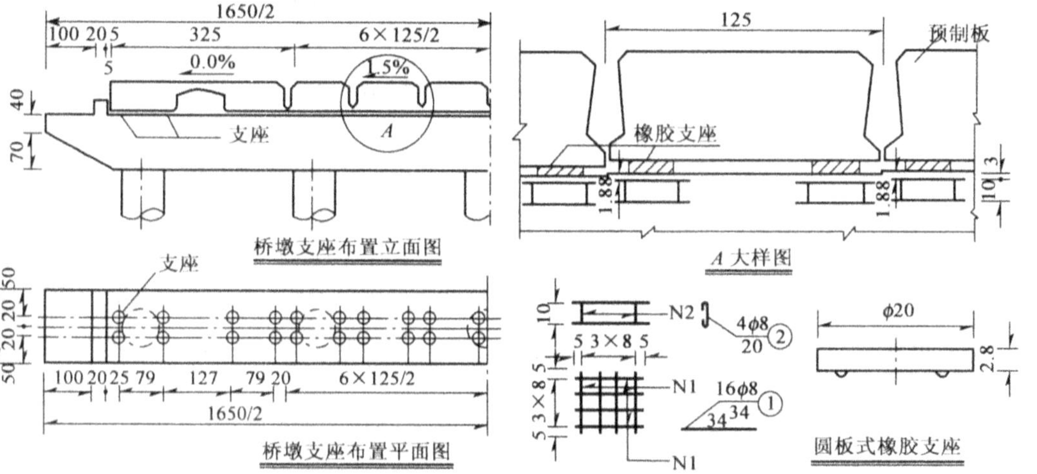

注：1. 图中尺寸除钢筋直径以毫米 (mm) 计外，其余均以厘米 (cm) 为单位。
2. 抗震挡块与空心板之间 5cm 填塞油浸纤维板。

全桥桥墩支座材料表

钢筋总质量 (kg)ϕ8	圆板式橡胶支座（套）
93.5	80

图 4-1-16　桥墩支座布置图

5. 钢筋混凝土 T 梁桥施工图的阅读

1) 桥梁总体布置图

如图 4-1-17 所示，为一座全长为 58.42m 的 T 形梁式桥。

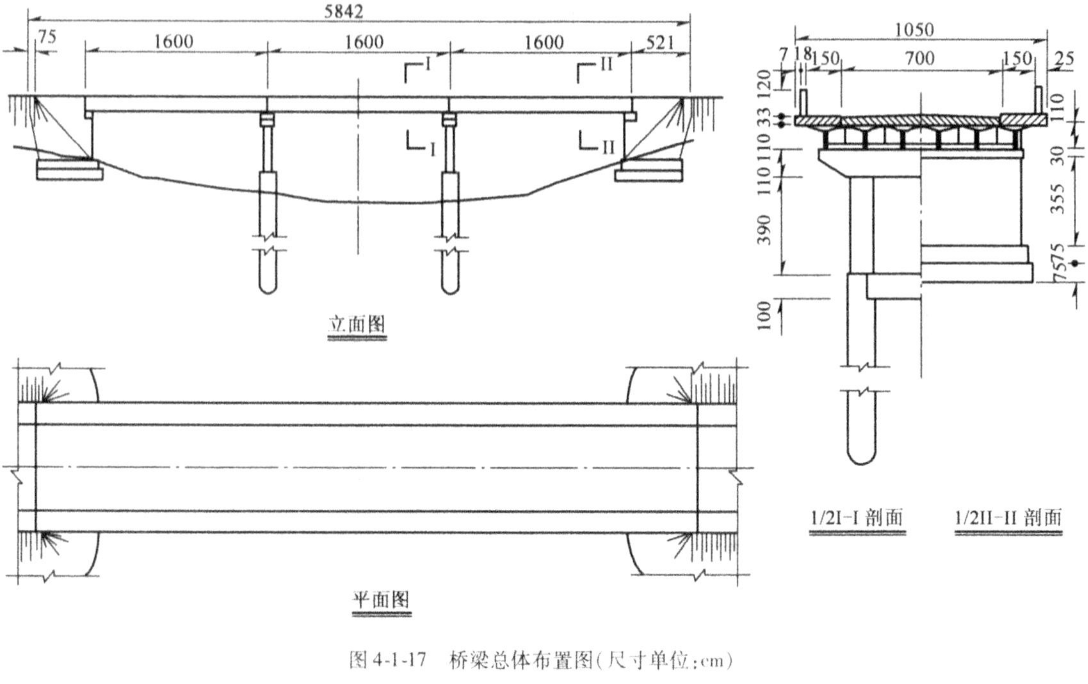

图 4-1-17　桥梁总体布置图（尺寸单位：cm）

(1) 立面图

在立面图中，反映出该桥净跨径为 15m，总路径为 45m，共 3 孔的梁式桥，桥台为重力式桥台，桥墩为桩柱式轻型桥墩，由于桩基础较长，故采用折断画法。由于立面图的比例较小，因此桥面铺垫层、人行道和栏杆均未表示出。为了表达清晰，假设桥梁没有填土或填土为透明的，因此埋入土体中的基础和桥台部分就能看见，用实线画出，不可见部分可省略不画。

(2)平面图

由于比例较小，桥栏杆未表示，只画出车行道和人行道的宽度，以及锥形护坡的一部分投影。平面图与立面图一样只画出可见部分的投影。

(3)侧面图

为了表达清楚，侧面图选用的比例比立面图和平面图要大，工程上常采用 1/2I-I 剖面和 1/2II-II 剖面拼接成一个图的表示方法。由图中可以看出，桥梁的上部结构为 6 片 T 形梁组成，桥面宽为 10.50m，单行道宽为 7m，人行道宽为 1.5m，净宽为(7.0 + 2 × 1.5)m。下部构造用一半为桥台，一半为桥墩拼接成一个图的表示方法，且只画出可见部分，详细尺寸及构造在构造详图中介绍。

2)构件详图

(1)桥台图。

重力式 U 形桥台是用于支承桥跨结构的主要构件，靠它的自重和土压力来平衡由主梁传来的压力，防止倾覆。如图 4-1-18 所示，为一个平面形式像 U 字形的桥台，故称为 U 形桥台。它由台身和基础组成，台身又由前墙、侧墙和台帽三部分组成，由于桥台各部分尺寸均较大且笨重，属于重力式桥台。

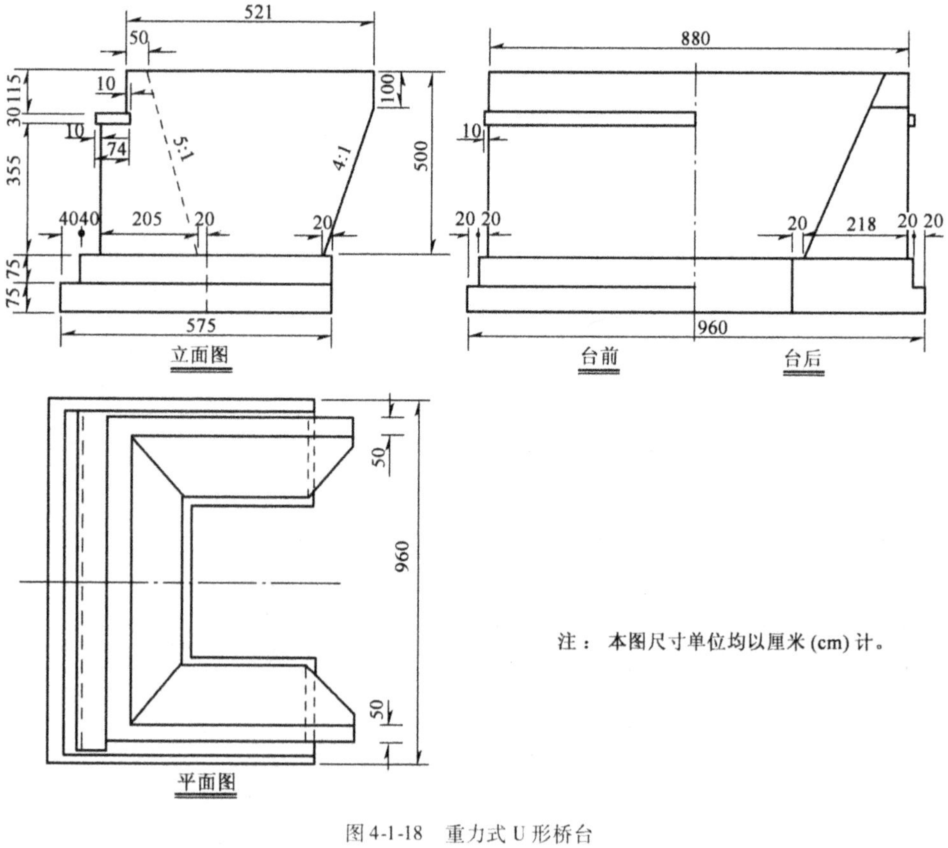

图 4-1-18　重力式 U 形桥台

(2)桥墩图。

①一般构造图。如图 4-1-19 所示为桥墩构造图，该桥墩为钻孔双柱式桥墩，由墩帽(上盖梁)、双柱、联系梁和桩基础组成。本图用立面图和侧面图两面视图表示。

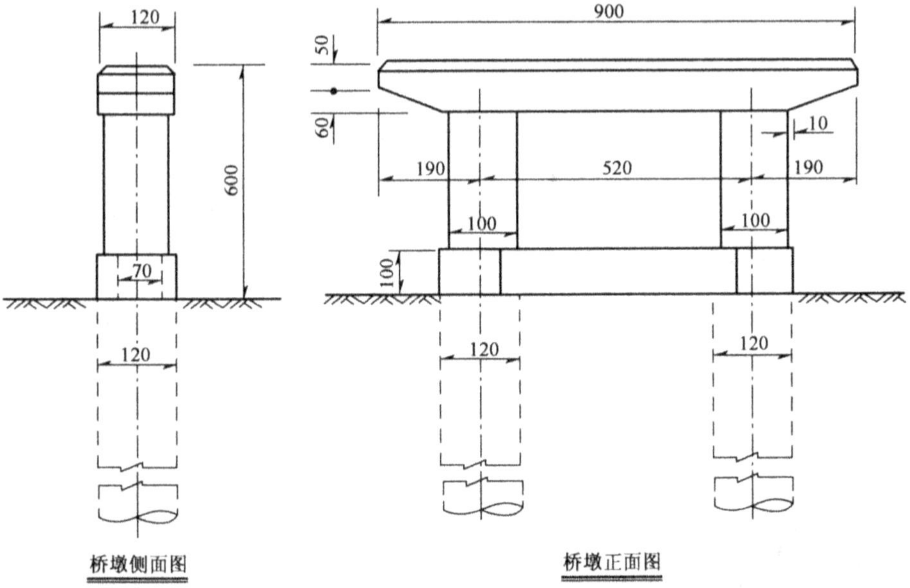

图 4-1-19　桥墩构造图(尺寸单位:cm)

②墩帽(上盖梁)钢筋布置图。钢筋布置图(钢筋结构图)最大的特点是假设混凝土为透明体,构件外形用细实线画出,钢筋用粗实线画出。如图 4-1-21 所示,由于上盖梁为对称结构,所以立面图和平面图只画一半,侧面图用两个断面图代替,断面图中方格内的数字表示钢筋的编号。在钢筋成型图中,因为⑦号钢筋布置在墩幅坡度处,高度有变化,所以只表示出平均高度。

(3)主梁图(T 形梁)。

T 形梁是由梁肋、横隔板(横隔梁)和翼板组成,在桥面宽度范围内往往由几根梁并在一起,两侧的主梁称为边主梁,中间的主梁称为中主梁。主梁之间用横隔板联系,沿着主梁长度方向,有若干个横隔板,两端的横隔板称为端隔板,中间的横隔板称为中隔板。其中,边主梁一侧有横隔板,中主梁两侧有横隔板,如图 4-1-20 所示。

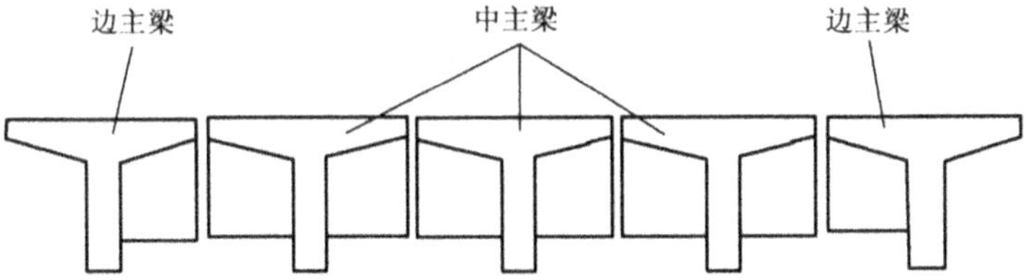

图 4-1-20　T 梁与横隔板示意图

(4)主梁钢筋布置图。

如图 4-1-22 所示为 16m T 梁的主梁钢筋结构图,其中①、②、③、⑤为主筋(受力钢筋),④为架立钢筋,⑪、⑫为箍筋,⑩为分布钢筋,⑥、⑦、⑧、⑨也为受力钢筋。

以上介绍了桥梁中一些主要构件的画法,主梁横隔板、翼板钢筋布置图及隔板接头构造图的图示方法与梁肋钢筋布置图基本相同,实际上要绘制的构件图和详图还有许多,但表示方法基本相同,故在此不赘述。

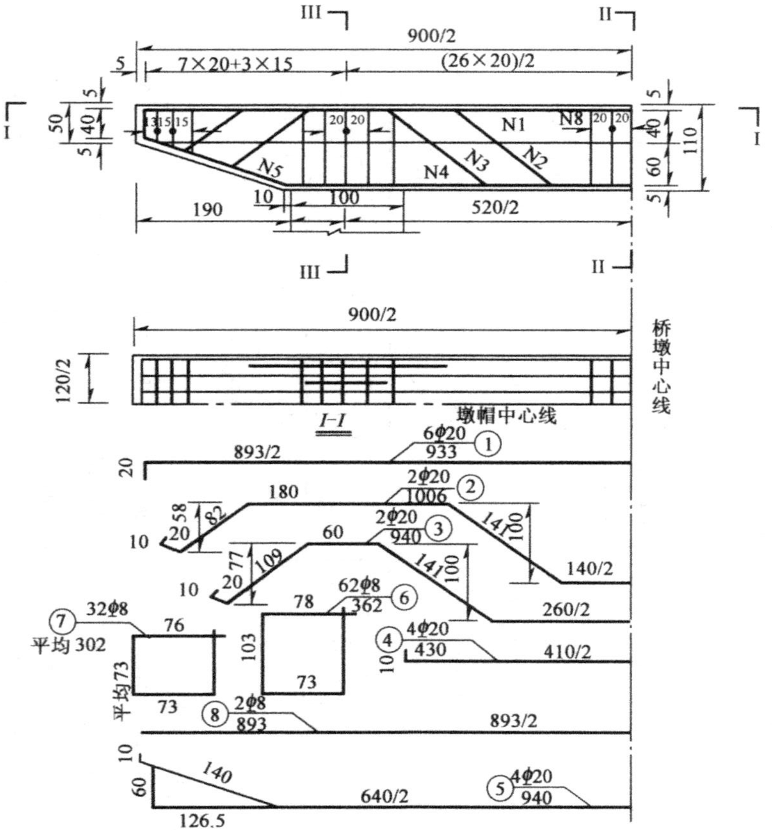

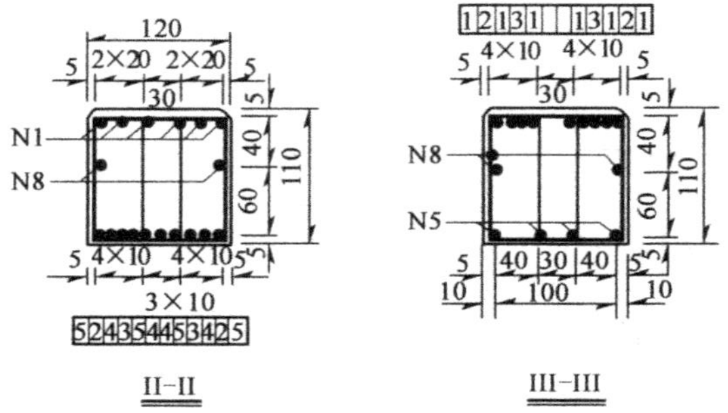

钢筋明细表

编号	直径 (mm)	每根长 (cm)	根数	共长 (m)
1	φ20	933	6	56.0
2	φ20	1 006	2	20.2
3	φ20	940	2	18.8
4	φ20	430	4	17.2
5	φ20	940	4	37.6
6	φ8	362	62	224.4
7	φ8	平均302	32	96.6
8	φ8	893	2	17.9

材料表

直径 (mm)	总长度 (m)	总质量 (kg)
φ20	149.8	369.4
φ8	418.7	165.4
合计		534.8

注：本图尺寸除钢筋直径以毫米(mm)计外，其余均以厘米(cm)计。

钻孔桩双柱式桥墩跨径16m	汽—20 挂车—100
墩帽钢筋布置	净 -7+2×10.5

图 4-1-21 墩帽钢筋布置图

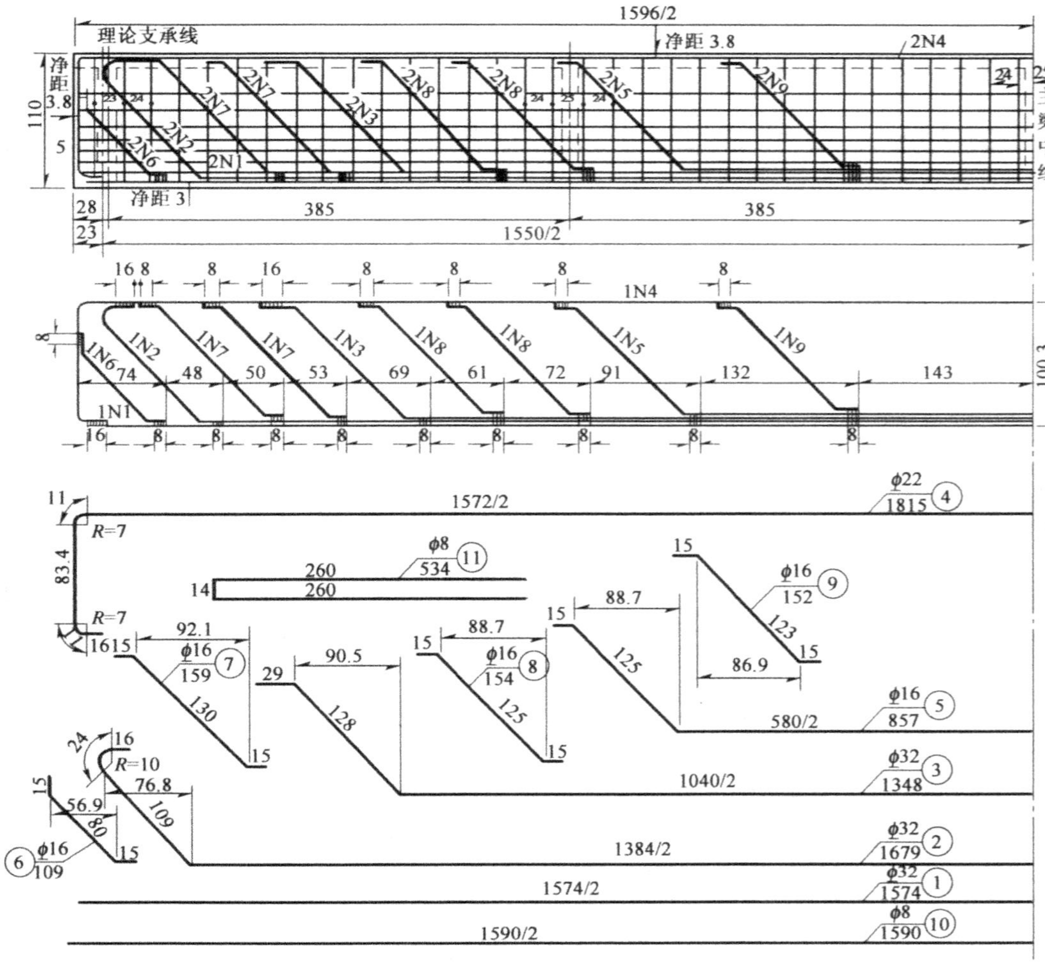

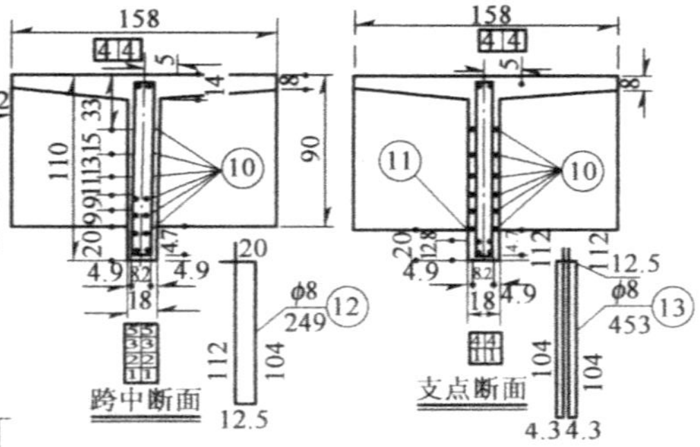

一片主梁钢筋明细表

编号	直径 (mm)	每根长度 (cm)	数量（根）	共长 (m)
1	φ32	1574	2	31.48
2	φ32	1679	2	33.58
3	φ32	1348	2	26.96
4	φ22	1815	2	36.30
5	φ16	857	2	17.14
6	φ16	109	4	4.36
7	φ16	159	8	12.72
8	φ16	154	8	12.32
9	φ16	152	4	6.08
10	φ8	1590	12	19.08
11	φ8	534	2	10.68
12	φ8	249	60	149.40
13	φ8	453	6	27.18

一片主梁钢筋总表

直径 (mm)	总长 (m)	单位质量 (kg/m)	总质量 (kg)	钢筋等级
φ32	92.02	6.313	580.9	II 级
φ22	36.30	2.984	108.3	II 级
φ16	52.62	1.578	83.0	II 级
φ8	378.06	0.395	149.3	I 级
φ32,22,12	小　计		772.2	II 级
φ8	小　计		149.3	I 级
总　计			921.5	

注：1. 本图尺寸除钢筋直径以毫米 (mm) 计外，其余均以厘米 (mm) 为单位。

2. 本图钢筋焊缝均以双面焊，一片主梁的焊缝总长度为21.8m。

3. 一片平面骨架的质量为0.39t。

图4-1-22　主梁钢筋布置图

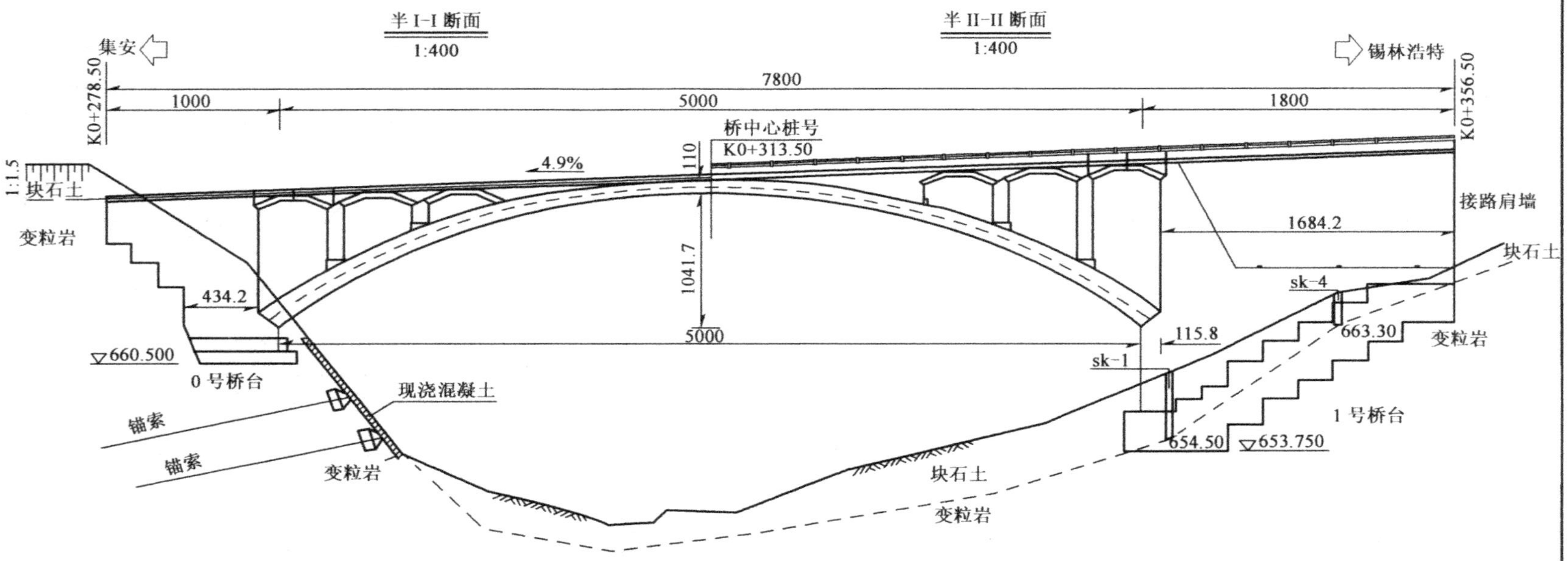

平面
1:400

注：1. 本图尺寸除高程、里程以米 (m) 计外，余均以厘米 (cm) 计。
2. II-II 断面图中护拦仅为示意，平面图中护栏未示出。
3. 地质情况，从地面往下依次为：
（1） 第一层 块石土，地基容许承载力 $[\sigma_o]$=500kPa;
（2） 第二层 变粒岩，地基容许承载力 $[\sigma_o]$=1 000kPa。

××省公路勘测设计院	国道集锡公路五女峰隧道	青沟大桥桥型布置图	设计		复核		审核		图号	BS5-3-2	日期	2003.3

a)

图4-1-23 某桥梁总体布置图

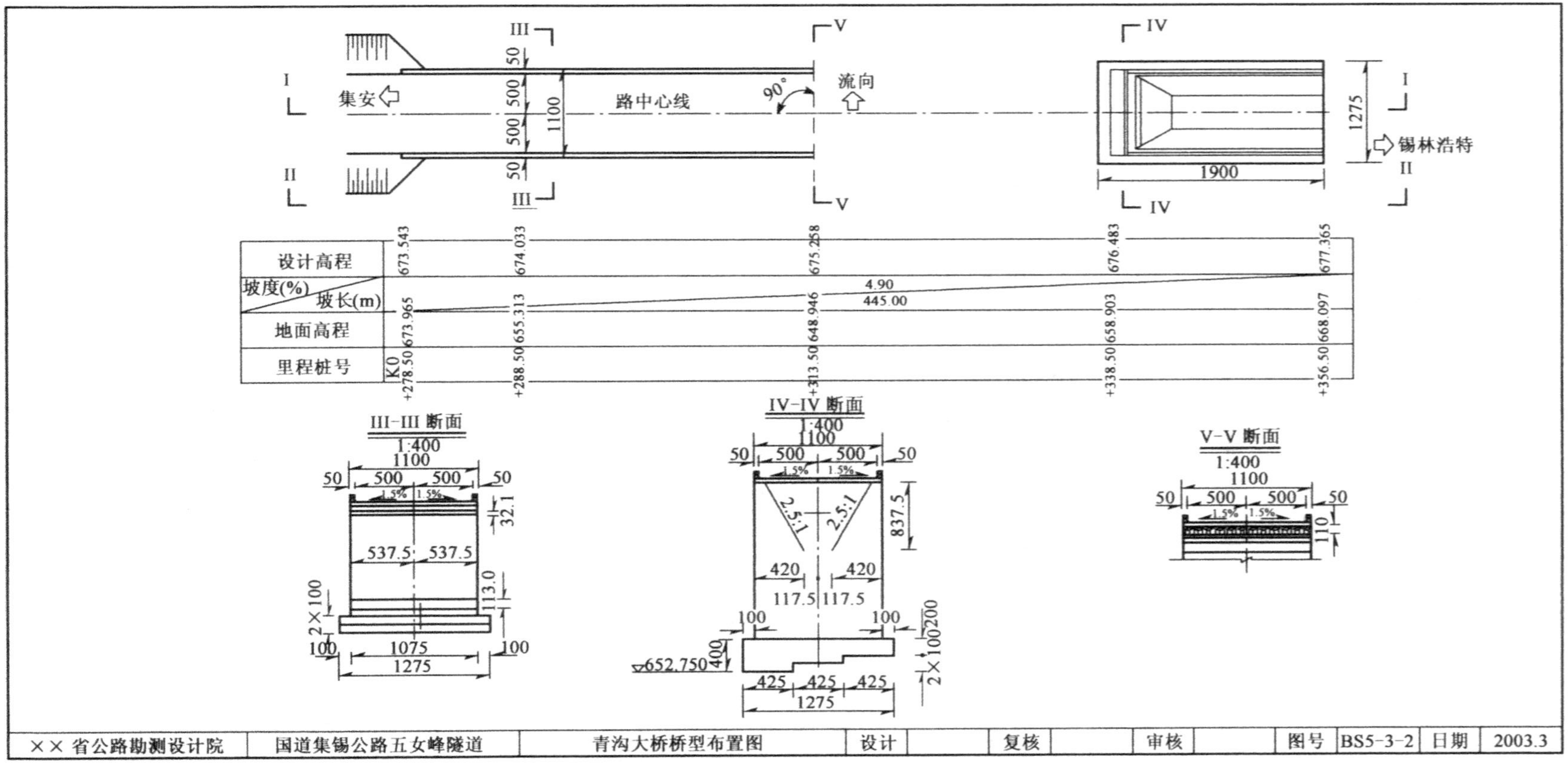

b)

图 4-1-23　某桥梁总体布置图

二、任 务 实 施

学习桥梁工程图的最终目的就是能够读懂常见桥梁的施工图，以满足实际施工需要。现布置以下学习任务，供同学们课后复习讨论。

(1)结合图 4-1-1 ~ 图 4-1-22 展开讨论，提出各种施工图的识图要点及各种施工图中表达的重要信息并列举之。

(2)根据不同桥梁的结构形式进行桥梁施工图的分析，分析不同类型桥梁的各种施工图的异同点。

(3)查阅有关桥梁规范，通过教师课堂讲解与课后组织讨论相结合，紧紧围绕规范展开学习。

1. 桥梁平面布置图

本案例教学以图 4-1-23 的桥梁平面布置图识图要点为主线，根据上文所述知识点进行施工图分析，计划安排 1 学时。

(1)试简述图 4-1-23 所示桥梁的形式、跨径、孔数、总体尺寸、桥面高程、桥面宽度等。

(2)试简述图 4-1-23 所示的平面图、立面图的表达方式及注意事项。

(3)试简述 I-I 剖面图的画法，并画出跨中位置的剖面图或断面图。

(4)从本图中同学们还能得出哪些有用的信息，请举例说明。

2. 桥梁构件图

本案例教学以图 4-1-24 的桥梁构件图识图要点为主线，根据上文所述知识点分桥台平面布置图与桥墩平面布置图两个部分进行分析，计划安排 1 学时。

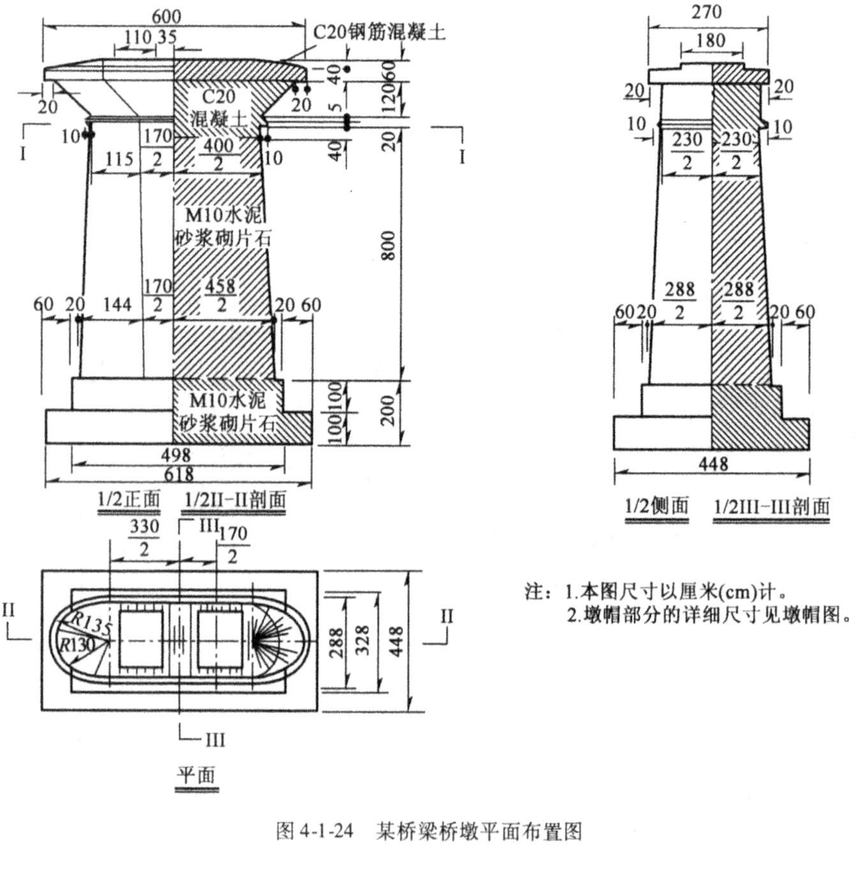

图 4-1-24　某桥梁桥墩平面布置图

(1)试简述图4-1-18所示桥台、图4-1-24所示桥墩的形式、总体尺寸等。

(2)试简述图4-1-18所示桥台、图4-1-24所示平面图、立面图的表达方式及注意事项。

(3)试简述II-II、III-III剖面图的画法,并大致画出I-I剖面图或断面图。

(4)从图4-1-18所示桥台、图4-1-24所示平面图、立面图中同学们还能得出哪些有用的信息,请举例说明。

三、学习效果评价反馈

1. 学生自评

每位学生根据本学习任务的学习目标,自主完成下述[自测1]~[自测4],并根据表4-1-2的要求,完成自我检验。

[自测1] 常见桥梁有哪些部分组成?分类有哪些?

[自测2] 桥梁施工图由哪些部分组成?

[自测3] 常见的桥梁施工图中有哪些符号?各表示什么意义?

[自测4] 阅读桥梁施工图的常见步骤有哪些?

学生自评表 表4-1-2

任务名称:桥梁平面布置图、桥梁墩台图识图						
组号		姓名		学号		自评成绩	
题号		自测1	自测2	自测3	自测4	合计	
分数		20	20	30	30	100	
得分							

2. 学习小组评价

主讲教师根据班级人数、学生学习情况等因素合理分组,然后以学习小组为单位,完成授课前布置的钢筋混凝土T梁施工图识图的相关任务,组长根据组员的完成情况,按表4-1-3的要求,完成学习小组评价。

学习小组评价表 表4-1-3

组号		姓名		学号		成绩	
任务名称:桥梁平面布置图、桥梁墩台图识图							
评价内容			性质	评价标准		分数	得分
1. 桥位平面布置图及桥梁地质断面图的识图			参与完成	正确性评价		30	
2. 桥梁总体布置图及各种构件的布置详图			独立完成	主动性评价		30	
3. 桥梁主要构件钢筋详图布置			独立完成	正确性与熟练程度评价		40	
组长签名			日期			合计	

3. 任课教师评价

主讲教师根据学生的学习态度,对桥梁施工图阅读的熟练程度方面进行综合评价,按表4-1-4的要求,完成教师对学生的学习效果评价。

教师对学生的学习效果评价表 表 4-1-4

组号		姓名		学号		成绩	

任务名称:桥梁平面布置图、桥梁墩台图识图分析

评 价 内 容	评 价 依 据	分数	得分
学习态度情况	上课纪律、学习主动性等评价	20	
任务自测情况	自测成果的正确性与准确性、完成成果的质量、上交资料的规范程度等评价	20	
小组成果报告情况	识读桥梁施工图常见符号的正确性、识读桥梁工程图步骤的正确性	30	
在小组中所起的作用	学生参与讨论时发表的观点、在成果中采纳的情况等评价	10	
完成的工作量	参与完成小组工作的贡献大小(完全参与为满分,基本参与得基本分)	10	
学生独立解决问题能力	主要对学生的创新思维能力、组织能力,判断能力进行等评价	10	

教师签名		日期		合计	

学习任务二 涵洞工程图

学习目标

1. 叙述涵洞工程图的分类及组成;
2. 知道涵洞的图示方法及表达内容;
3. 分析圆管涵及盖板涵的总体布置图;
4. 能够读懂常见的涵洞施工图。

任务描述

该任务是通过对涵洞组成的分析,了解涵洞的常见分类及组成部分,在此基础上,掌握涵洞工程图的识图方法。完成该任务是通过教师案例教学与学生讨论进行的,教师根据学生人数分组(视班级总人数可分5~6人/组),每组推选一名组长负责任务的组织与实施,最终以组为单位上交《涵洞工程施工图组成分析报告》。各组在接到任务后,认真学习标准及规范的相关要求,结合教师讲课并视需要收集其他相关信息,每组各成员单独准备分析材料,然后分组讨论,由一人做好记录并整理上交《涵洞工程施工图组成分析报告》。

学习引导

本学习任务沿着以下脉络进行学习:

涵洞的分类 → 涵洞的组成 → 涵洞图示方法及表达内容 → 举例分析涵洞施工图

一、相 关 知 识

涵洞是宣泄路堤下水流的工程构筑物，它与桥梁的主要区别在于跨径的大小和填土的高度。根据《公路工程技术标准》(JTG B01—2003)的规定，凡是单孔跨径小于5m，多孔跨径总长小于8m，以及圆管涵、箱涵，不论其管径或跨径大小、孔数多少，均称为涵洞。涵洞顶上一般都有较厚的填土(洞顶填土大于50cm)，填土不仅可以保持路面的连续性，而且分散了汽车荷载的集中压力，并减少它对涵洞的冲击力。

1. 涵洞的分类

(1)按构造形式分类：涵洞按构造形式分有圆管涵、拱涵、箱涵、盖板涵等；工程上多用此类分法。

(2)按建筑材料分类：涵洞按建筑材料分类有钢筋混凝土涵、混凝土涵、砖涵、石涵、木涵、金属涵等。

(3)按洞身断面形状分类：涵洞按洞身断面形状分有圆形、卵形、拱形、梯形、矩形等。

(4)按孔数分类：涵洞按孔数分有单孔、双孔、多孔等。

(5)按洞口形式分类：涵洞按洞口形式分有一字式(端墙式)、八字式(翼墙式)等。

(6)按洞顶有无覆盖土分类：涵洞可分为明涵和暗涵(洞顶填土大于50cm)等。

2. 涵洞的组成

涵洞是由洞口、洞身和基础三部分组成的排水构筑物。

洞身是涵洞的主要部分，它的主要作用是承受活载压力和土压力等，并将其传递给地基，保证设计流量通过的必要孔径。常见的洞身形式有圆管涵、拱涵、箱涵、盖板涵。

洞口包括端墙、翼墙或护坡、截水墙和缘石等部分，它是保证涵洞基础和两侧路基免受冲刷，使水流顺畅的构造，一般进出水口均采用同一形式。

常用的洞口形式有端墙式、翼墙式(又称八字墙式)、锥形护坡(采用1/4正椭圆锥)、平头式、走廊式、一字墙护坡、上游急流槽(或跌水井)下游急流坡、倒虹吸、阶梯式洞口及斜交洞口等结构形式，设计时应根据实际情况选择上下游洞口的形式与洞身组合使用。

3. 涵洞的图示方法及表达内容

涵洞是窄而长的构筑物，它从路面下方横穿过道路，埋置于路基土层中。尽管涵洞的种类很多，但图示方法和表达内容基本相同。涵洞工程图主要有纵剖面图、平面图、侧面图。除上述三种投影图外，还应画出必要的构造详图，如钢筋布置图、翼墙断面图等。

(1)在图示表达时，涵洞工程图以水流方向为纵向(即与路线前进方向垂直布置)并以纵剖面图代替立面图。

(2)平面图一般不考虑涵洞上方的覆土，或假想土层是透明的。有时平面图与侧面图以半剖形式表达，水平剖面图一般沿基础顶面剖切，横剖面图则垂直于纵向剖切。

(3)洞口正面布置在侧视图位置作为侧面视图，当进出水洞口形状不一样时，则需分别画出其进出水洞口布置图。

涵洞体积较桥梁小，故画图所选用的比例较桥梁图稍大。现以常用的圆管涵、盖板涵两种涵洞为例介绍涵洞的一般构造图，说明涵洞工程图的表示方法。

4. 圆管涵施工图

图4-2-1所示为圆管涵洞分解图。图4-2-2所示为钢筋混凝土圆管涵洞，比例为1∶50，洞

口为端墙式,端墙前洞口两侧有 20cm 厚干砌片石铺面的锥形护坡,涵管内径为 75cm,涵管长为 1060cm,再加上两边洞口铺砌长度得出涵洞的总长为 1335cm,由于其构造对称,故采用半纵剖面图、半平面图和侧面图来表示。

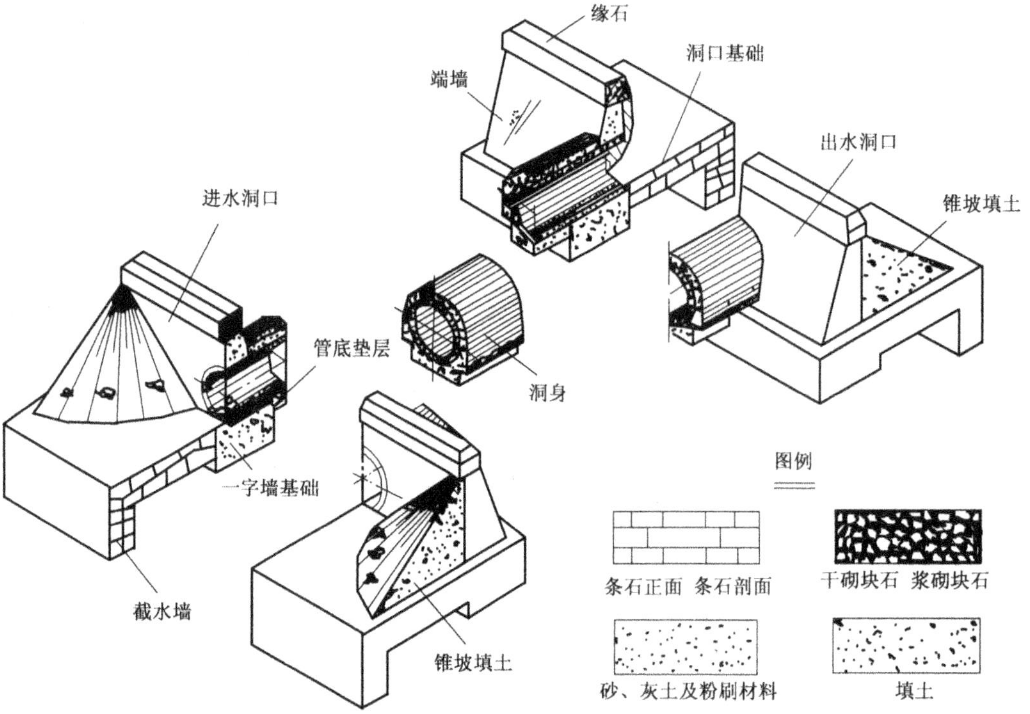

图 4-2-1 圆管涵洞分解图

1)半纵剖面图

由于涵洞进出洞口一样,左右基本对称,所以只画半纵剖面图,以对称中心线为分界线。纵剖面图中表示出涵洞各部分的相对位置和构造形状,由图 4-2-2 可知:管壁厚 10cm,防水层厚 15cm,设计流水坡度 1%,涵身长 1060mm,洞身铺砌厚 20cm,以及基础、截水墙的断面形式等。路基覆盖土厚度 >50cm,路基宽度 800cm,锥形护坡顺水方向的坡度与路基边坡一致,均为 1:1.50,各部分所用材料均于图中表达出来,但未示出洞身的分段。

2)半平面图

为了同半纵剖面图相配合,故平面图也只画一半。图中表达了管径尺寸与管壁厚度,以及洞口基础、端墙、缘石和护坡的平面形状和尺寸、涵顶覆土作透明处理,但路基边缘线应予画出,并以示坡线表示路基边坡。

3)侧面图

侧面图主要表示管涵孔径和壁厚、洞口缘石和端墙的侧面形状及尺寸、锥形护坡的坡度等。为了使图形清晰起见,把土作为透明体处理,并且某些虚线未予画出,如路基边坡与缘石背面的交线和防水层的轮廓线等,图 4-2-2 中的侧面图,按习惯称为洞口正面图。

5. 钢筋混凝土盖板涵

图 4-2-3 所示为单孔钢筋混凝土盖板涵立体图。图 4-2-4 所示则为其构造图,比例为 1:50,洞口两侧为八字翼墙,洞高 120cm,净跨 100cm,总长 1482cm。由于其构造对称,故仍采用半纵剖面图、半剖平面图和侧面图等来表示。

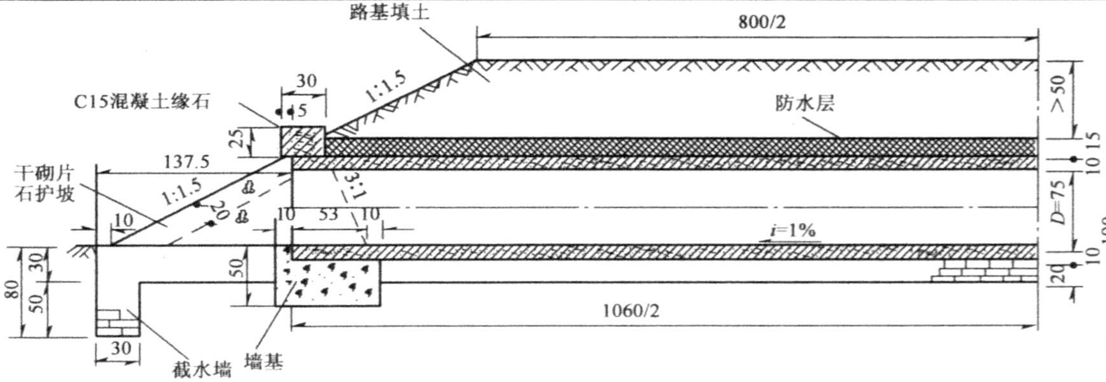

半纵剖面图

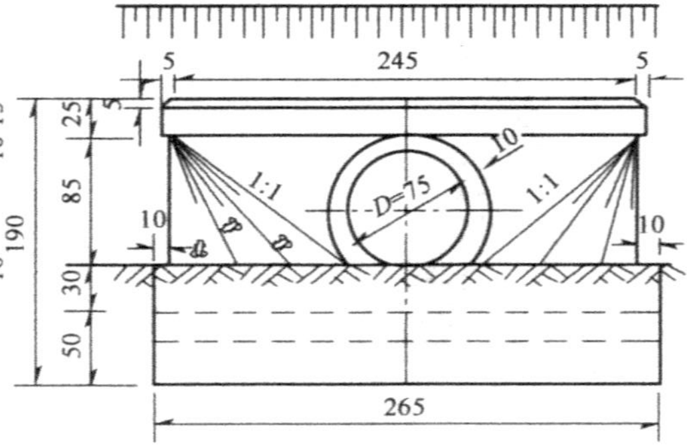

洞口正面图

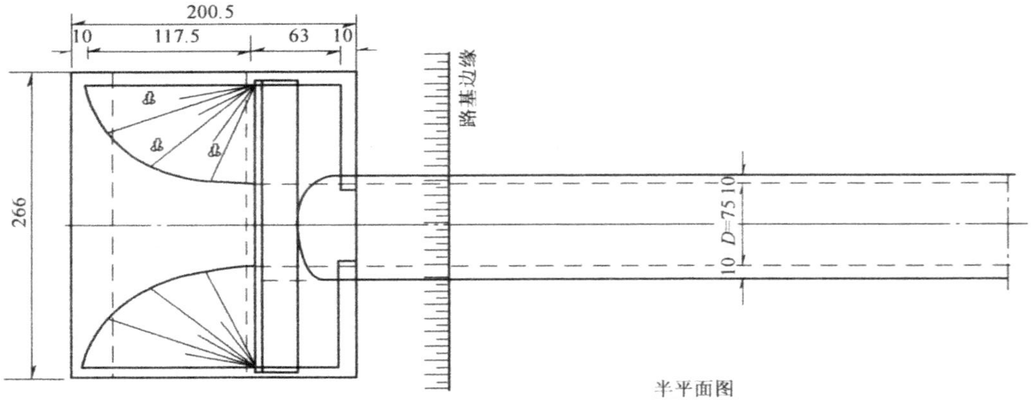

半平面图

洞口工程数量表(一端)

管径 \ 项别 / 工程数量	C15混凝土缘石 (m^3)	M3砂浆砌片石墙身 (m^3)	M3砂浆砌片石基础 (m^3)	干砌片石护坡 (m^3)
75	0.191	0.552	2.200	0.275

注：1.图中尺寸以厘米(cm)为单位。
2.洞口工程数量指一端，即一个进水口或一个出水口。

端墙式圆管涵 (*D*=75)	汽车—15级，挂车—80
	比例：1:50
单孔构造图	图号

图4-2-2　钢筋混凝土圆管涵洞

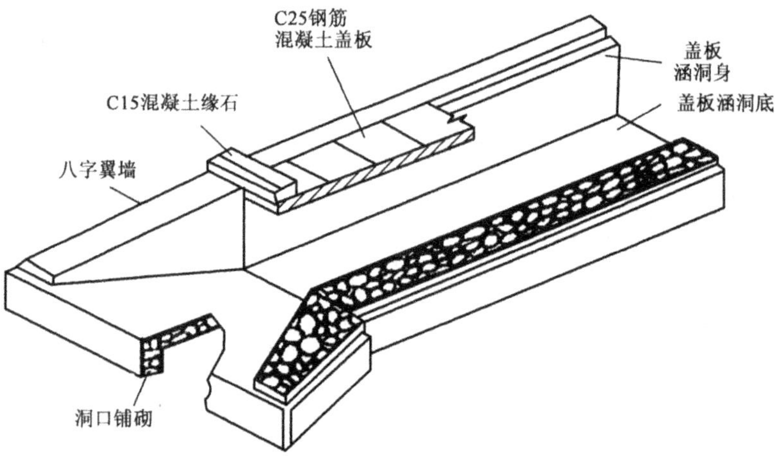

图 4-2-3　单孔钢筋混凝土盖板涵立体图

1)半纵剖面图

本图把带有 1:1.5 坡度的八字翼墙和洞身的连接关系以及洞高 120cm、洞底铺砌 20cm、基础纵断面形状、设计流水坡度 1% 等表示出来。盖板及基础所用材料亦可由图中看出,但未画出沉降缝位置。

2)半平面图及半剖面图

用半平面图和半剖面图能把涵洞的墙身宽度、八字翼墙的位置表示得更加清楚,涵身长度、洞口的平面形状和尺寸,以及墙身和翼墙的材料均在图上可以看出。为了便于施工,在八字翼墙的 I-I 和 II-II 位置进行剖切,并另作 I-I 和 II-II 断面图来表示该位置翼墙墙身和基础的详细尺寸、墙背坡度以及材料情况。II-II 断面图类似,但有些尺寸要变动,请读者自行思考。

3)侧面图

本图反映出洞高 120cm 和净跨 100cm,同时反映出缘石、盖板、八字翼墙、基础等的相对位置和它们的侧面形状,按习惯侧面图称洞口立面图。

二、任 务 实 施

学习涵洞工程图的最终目的就是能够读懂常见涵洞的施工图,以满足实际施工需要。现布置以下学习任务,供同学们课后复习讨论。

(1)结合图 4-2-2 与图 4-2-4 展开讨论,提出各种施工图的识图要点及各种施工图中表达的重要信息并列举之。

(2)根据不同涵洞的结构形式进行涵洞施工图的分析,分析不同类型涵洞的各种施工图的异同点。

(3)查阅有关涵洞规范,通过教师课堂讲解与课后组织讨论相结合,紧紧围绕规范展开学习。

案例教学以图 4-2-5 钢筋混凝土箱涵施工图识图要点为主线,计划安排 2 学时。

案例教学可按如下步骤进行:

(1)结合图 4-2-5 钢筋混凝土箱涵施工图展开案例教学,掌握钢筋混凝土箱涵施工图的种类及各种施工图的图示方法。

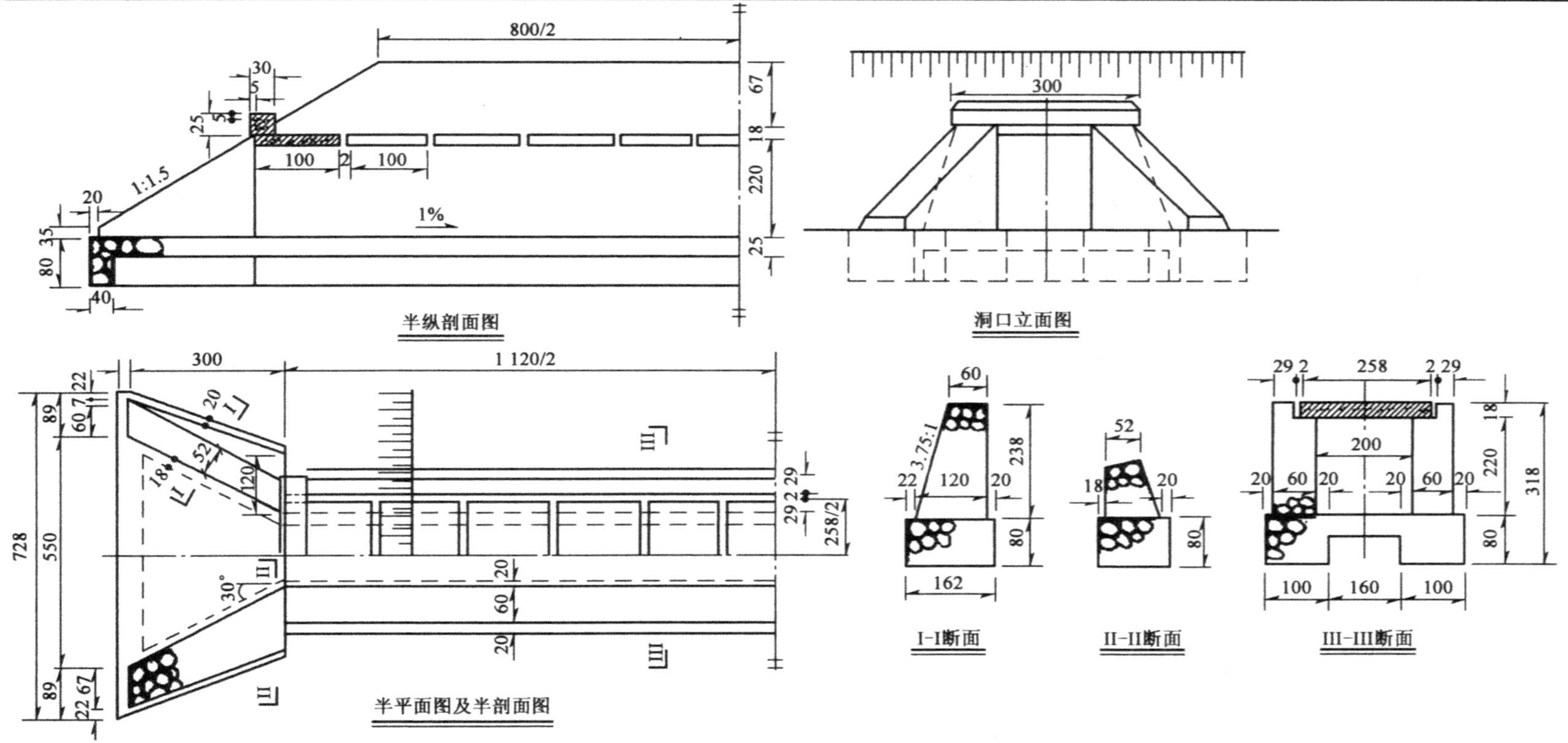

注：1.本图尺寸以厘米(cm)为单位;
2.钢筋混凝土翼板用C25混凝土和3号光圆钢筋;
3.涵洞基础用M7.5水泥砂浆砌毛石;
4.洞身及八字基墙用M7.5水泥砂浆勾缝;
5.洞身顶面用M10水泥砂浆抹平;
6.盖板端间与洞身间的2cm安装缝用M10水泥砂浆填缝;
7.洞底用M5水泥砂浆铺砌;
8.本工程施工时，必须安装好上部构造后才能填土。

钢筋混凝土盖板涵	汽—15，挂—80
一般构造图	

图4-2-4 钢筋混凝土盖板涵构造图

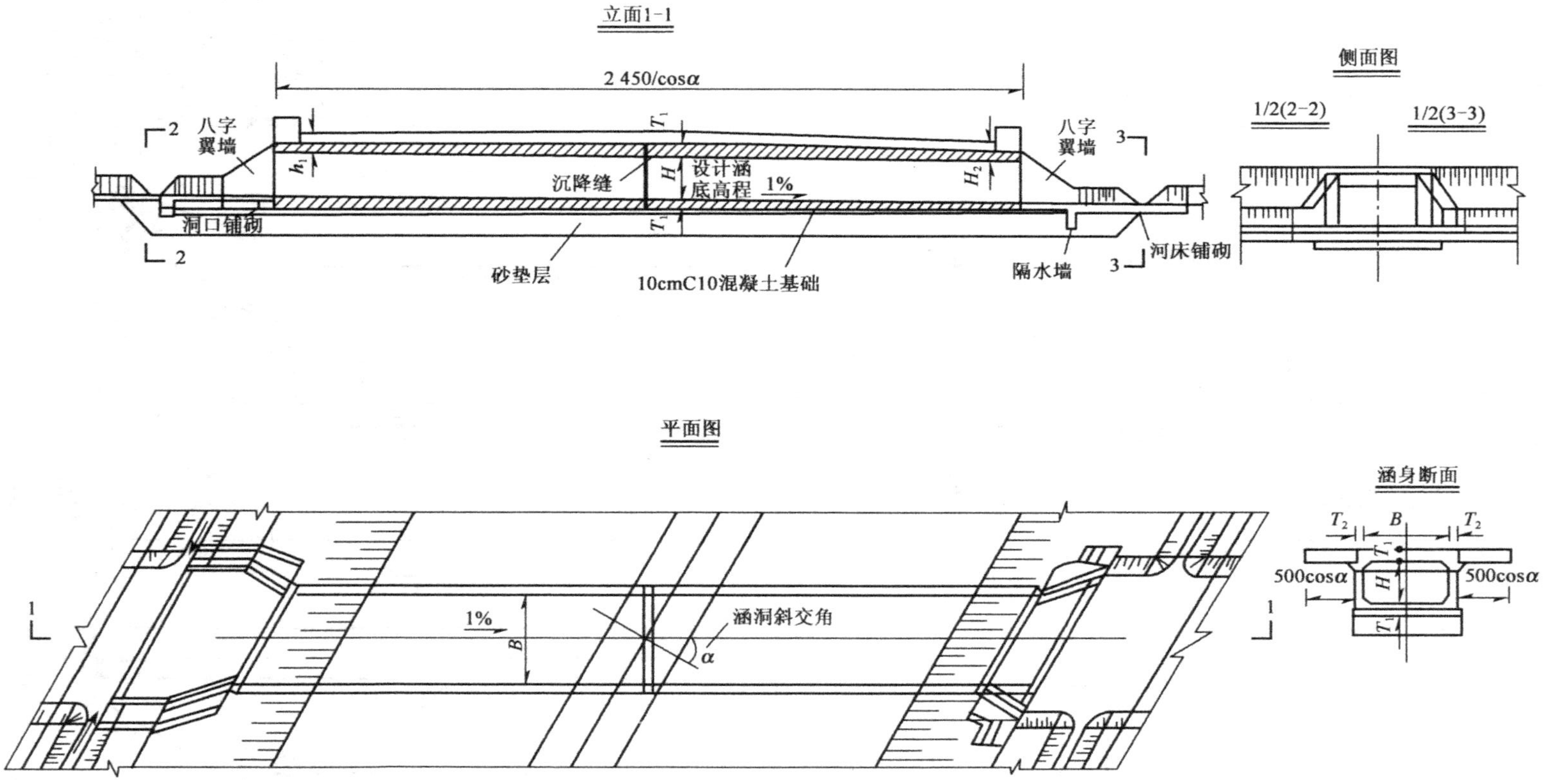

图4-2-5　钢筋混凝土箱涵施工图

(2)根据图4-2-5钢筋混凝土箱涵总体平面布置图分析涵洞总体平面布置图由哪几部分组成及各部分图示方法。

(3)请同学们查找有关涵洞工程图的钢筋及构件详图,并分析之。

(4)通过教师课堂讲解与课后组织讨论相结合,紧紧围绕《规范》展开教学。

三、学习效果评价反馈

1. 学生自评

每位学生根据本学习任务的学习目标,自主完成下述[自测1]~[自测3],并根据表4-2-1的要求,完成自我检验。

[自测1] 常见涵洞由哪些部分组成?分类有哪些?

[自测2] 涵洞施工图由哪些部分组成?

[自测3] 阅读涵洞施工图的常见步骤有哪些?

学生自评表 表4-2-1

任务名称:钢筋混凝土箱涵施工图识图分析							
组号		姓名		学号		自评成绩	
题号		自测1	自测2	自测3	合计		
分数		30	30	40	100		
得分							

2. 学习小组评价

主讲教师根据班级人数、学生学习情况等因素合理分组,然后以学习小组为单位,完成授课前布置的钢筋混凝土箱涵施工图识图分析的相关任务,组长根据组员的完成情况,按表4-2-2的要求,完成学习小组评价。

学习小组评价表 表4-2-2

组号		姓名		学号		成绩	
任务名称:涵洞工程图的识图							
评价内容			性质	评价标准		分数	得分
1. 涵洞总体布置图			参与完成	正确性评价		40	
2. 涵洞构件详图			独立完成	主动性评价		30	
3. 涵洞钢筋详图			独立完成	正确性与熟练程度评价		30	
组长签名			日期			合计	

3. 任课教师评价

主讲教师根据学生的学习态度,对桥梁施工图阅读的熟练程度方面进行综合评价,按表4-2-3的要求,完成教师对学生的学习效果评价。

教师对学生的学习效果评价表 表 4-2-3

组号		姓名		学号		成绩	
任务名称:阅读钢筋混凝土箱涵施工图							
评 价 内 容			评 价 依 据			分数	得分
学习态度情况			上课纪律、学习主动性等评价			20	
任务自测情况			自测成果的正确性与准确性、完成成果的质量、上交资料的规范程度等评价			20	
小组成果报告情况			识读涵洞施工图常见符号的正确性、识读涵洞工程图步骤的正确性			30	
在小组中所起的作用			学生参与讨论时发表的观点、在成果中采纳的情况等评价			10	
完成的工作量			参与完成小组工作的贡献大小(完全参与为满分,基本参与得基本分)			10	
学生独立解决问题能力			主要对学生的创新思维能力、组织能力,学生在遇到问题时的判断能力等进行评价			10	
教师签名			日期			合计	

学习情境五　计算机绘图

学习任务一　设置 AutoCAD 绘图软件的绘图环境

学习目标

1. 叙述 AutoCAD 的发展及应用情况；
2. 知道 AutoCAD 绘图环境的设置方法；
3. 分析设置 AutoCAD 绘图环境的原因；
4. 根据《道路工程制图标准》(GB 50162—92)规范完成作业；
5. 正确完成 AutoCAD 绘图软件绘图环境的设置。

任务描述

该任务是设置 AutoCAD 绘图软件的绘图环境，主要讲解 AutoCAD 的发展历史及其应用，以及 AutoCAD 对电脑配置的最低需求。在此基础上，介绍 AutoCAD 的绘图空间及组成，在了解掌握以上有关 AutoCAD 基础知识的基础上，介绍 AutoCAD 绘图环境的设置，主要包括图形界限、绘图单位设置、文字样式、标注样式和图形的组织等，完成该任务是通过教师课堂教学与学生联系相结合进行的。在接到任务后，学生应认真学习相关要求，结合教师讲课并视需要收集其他相关信息以完成各项作业。

学习引导

本学习任务沿着以下脉络进行学习：

AutoCAD 的发展及应用 → 分析设置 AutoCAD 绘图环境的原因 → 设置 AutoCAD 绘图环境

一、相 关 知 识

1. AutoCAD 的发展及应用

AutoCAD 是由美国 Autodesk 公司于 20 世纪 80 年代初为微机上应用 CAD 技术而开发的绘图程序软件包，经过不断的完善，现已成为国际上广为流行的绘图工具。

AutoCAD 可以绘制二维和三维图形，并且同传统的手工绘图相比，用 AutoCAD 绘图速度更快，精度更高，而且便于个性，它已经在航空航天、造船、建筑、机械、电子、化工、美工、轻纺等很多领域得到了广泛应用，并取得了丰硕的成果和巨大的经济效益。

AutoCAD 具有良好的用户界面，通过交互菜单或命令行方式便可以进行各种操作。它的多文档设计环境，让非计算机专业人员也能很快地学会使用。在不断实践的过程中更好地掌握它的各种应用和开发技巧，从而不断提高工作效率。

AutoCAD 的发展过程可分为初级阶段、发展阶段、高级发展阶段、完善阶段和进一步完善阶段五个阶段，现在最新的版本为 AutoCAD 2011，本教材使用的软件版本为 AutoCAD 2010。AutoCAD 2010 于 2009 年 3 月 23 日发布，该版本的 AutoCAD 中引入了全新功能，其中包括自由形式的设计工具，参数化绘图，并加强 PDF 格式的支持。

2. AutoCAD 2010 系统需求

1）AutoCAD 2010 32 位配置最低要求

（1）硬件配置。

支持 SSE2 技术的英特尔®奔腾® 4 或 AMD Athlon®双核处理器（1.6 GHz 或更高主频）；2 GB 内存 ；1 GB 可用磁盘空间（用于安装）；1024 × 768 VGA 真彩色显示器；下载或使用 DVD 或 CD-ROM 安装。

（2）软件环境。

Microsoft® Windows® XP Professional 或 Home 版本（SP2 或更高）。Microsoft® Internet Explorer® 7.0 或更高版本。

2）AutoCAD 2010 64 位配置要求。

（1）硬件配置。

支持 SSE2 技术的 AMD Athlon 64 位处理器、支持 SSE2 技术的 AMD Opteron®处理器、支持 SSE2 技术和英特尔 EM64T 的英特尔®至强®处理器，或支持 SSE2 技术和英特尔 EM64T 的英特尔奔腾 4 处理器；2GB 内存；1.5GB 可用磁盘空间（用于安装）；1024 × 768 VGA 真彩色显示器；下载或使用 DVD 或 CD-ROM 安装。

（2）软件环境。

Windows XP Professional x64 版本（SP2 或更高）或 Windows Vista（SP1 或更高），包括 Enterprise、Business、Ultimate 或 Home Premium 版本（Windows Vista 各版本区别）、Microsoft® Internet Explorer® 7.0 或更高版本。

3. 初识 AutoCAD 2010

启动 AutoCAD 2010 系统后，其主要界面如图 5-1-1 所示。

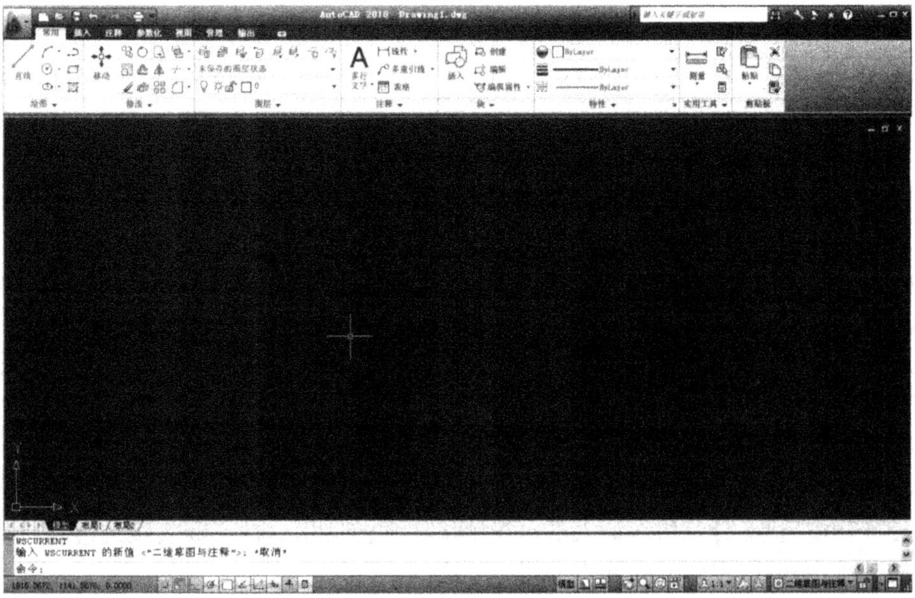

图 5-1-1　AutoCAD 界面

1）AutoCAD 2010 的绘图空间

工作空间是由分组组织的菜单、工具栏、选项板和功能区控制面板组成的集合，使用户可以在专门的、面向任务的绘图环境中工作。使用工作空间时，只会显示与任务相关的菜单、工具栏和选项板，此外，工作空间还可以自动显示功能区，即带有特定任务的控制面板的特殊选项板。AutoCAD 2010 中提供了二维草图与注释、三维建模、AutoCAD 经典三个基于任务的工作空间，用户可根据个人需求选择工作空间。

2）AutoCAD 2010 绘图空间的基本组成

AutoCAD 2010 各个绘图空间都包括菜单浏览器按钮、快速访问工具栏、标题栏、绘图窗口、文本窗口、状态栏、选项板等元素。

图 5-1-2 AutoCAD 文件管理界面

3）AutoCAD 2010 文件管理

AutoCAD 2010 文件管理包括创建新图形文件、打开已有文件、保存文件、加密文件和关闭文件等操作，如图 5-1-2 所示。

4. AutoCAD 2010 绘图环境设置

不同的企业所用的标准多种多样，对 AutoCAD 的绘图环境也就有了许多不同的要求。在绘制图形前，需要设置一下自己的绘图环境，它包括图形界限、绘图单位设置、文字样式、标注样式和图形的组织。

1）图形界限设置

图形界限是 AutoCAD 绘图空间中的一个假想的矩形绘图区域，相当于选择图纸大小，图形界限确定了栅格和缩放的显示区域。在命令行输入 limits 命令，命令行将提示"指定左下角点"，或选择"开"、"关"。其中，"开"表示打开图形界限检查，当界限检查打开时，AutoCAD 将会拒绝输入位于图形界限外部的点；"关"表示关闭图形界限检查，可以在界限之外绘图，这是缺省设置。"指定左下角点"表示给出界限左下角坐标值，输入左下角坐标值后，系统将提示右上角坐标值。

2）绘图单位设置

启动 AutoCAD 2010，此时将自动创建一个新文件，打开菜单浏览器中"格式"菜单，选择"单位"命令，系统将打开"图形单位"对话框。我们可通过"长度"组合框中的"类型"下拉列表选择单位格式。其中，选择"工程"和"建筑"的单位将采用英制。单击"精度"下拉列表，可选择绘图精度。在"角度"组合框的"类型"下拉列表中可以选择角度的单位。可供选择的角度单位有："十进制度数"、"度/分/秒"、"弧度"等。同样，单击"精度"下拉列表可选择角度精度。"顺时针"复选框可以确定是否以顺时针方式测量角度。当修改单位的时候，下面的"输出样例"部分将显示此种单位的示例，如图 5-1-3 所示。

3）文字样式设置

打开"格式"菜单，选择"文字样式"命令，系统将打开"文字样式"对话框，可以根据需要设置字体、字体样式、字高等，如图 5-1-4 所示。

4）标注样式设置

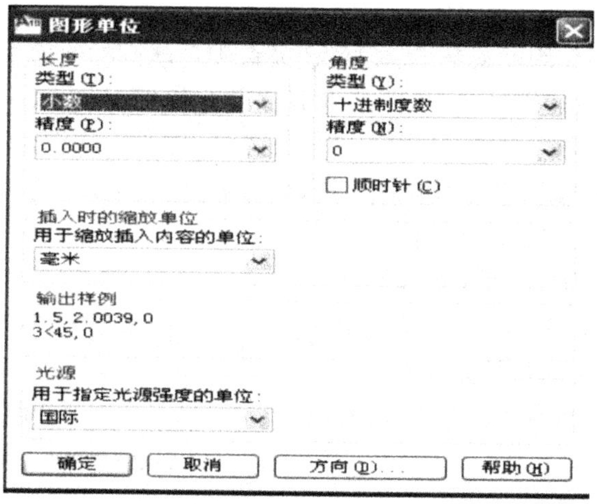

图 5-1-3　图形单位对话框

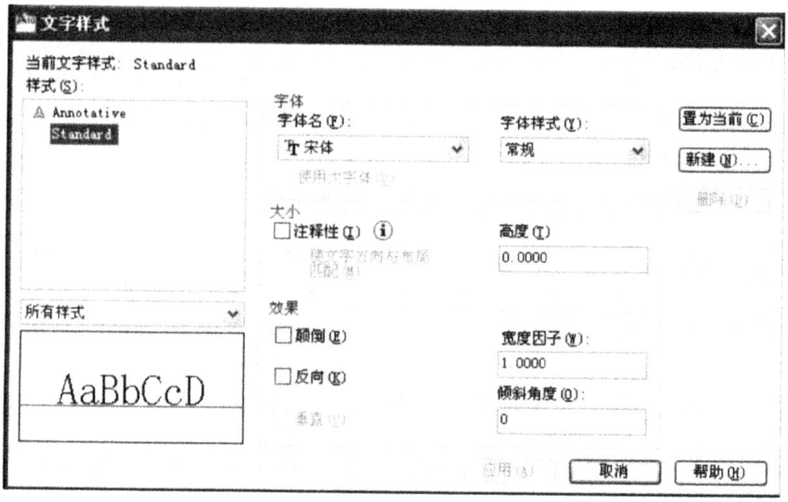

图 5-1-4　文字样式对话框

打开“格式”菜单，选择“标注样式”命令，系统将打开“标注样式”对话框，可以根据需要设置标注样式，如图 5-1-5 所示。

5）图形的组织

AutoCAD 使用图层（Layer）来布置和管理复杂的图形。图层就好像无限大的透明薄膜，你可在不同的层上画出图形的不同部分，然后将它们组合起来，得到完整的图形。

创建一幅新图时，图层的初始设置取决于所用的样板图。缺省情况下，样板图是系统提供的 ACAD. DWG，它只有一个 0 层。用户可在着手绘图之前根据规划一次建立多个图层，也可在绘图与图形编辑过程中逐步建立所需的图层。用户还可以根据需要建立自己的样板图，在其中设置好图限和图层，供以后绘新图时使用。当前层是正在使用的图层，新建的图形一般放在当前层中。可在对象属性工具栏中看到当前层的名字及其状态，见图 5-1-6。

（1）将对象的图层置为当前层。

在绘图时经常需要在多个图层之间进行切换。单击“对象特性”工具栏中的“将对象的图层置为当前层”，光标变成一小方框，同时命令行提示选择成为当前层的对象，选中指定的对象即可。选定当前层后，层列表上将显示当前层的各种特性。

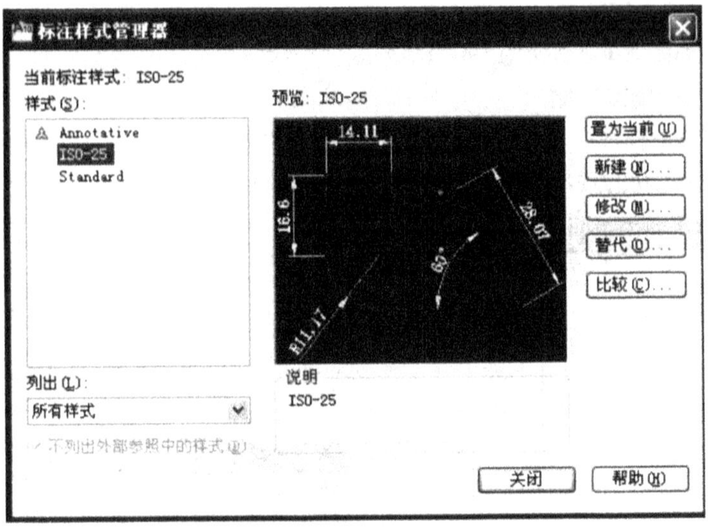

图 5-1-5　标注样式对话框

图 5-1-6　当前层

(2)图层的操作。

单击“图层”图标，弹出“图层特性管理器”对话框(图 5-1-7)，用户可以利用该对话框设置当前图层、添加新图层、删除图层和重命名图层，并且可以指定图层特性、打开和关闭图层、全局地或按视口冻结和解冻图层、锁定和解锁图层、设置图层的打印样式以及打开和关闭图层打印。

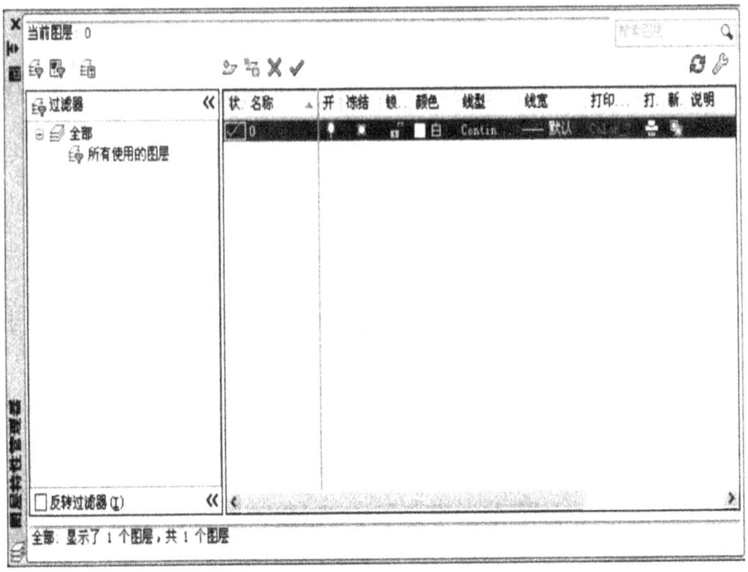

图 5-1-7　图层特性管理器对话框

(3)颜色控制。

利用“颜色控制”列表可以改变对象的颜色。若要改变已有对象的颜色，可先选定图形对象，再从颜色下拉列表中选择所需的颜色。颜色列表中还包括“随层”（使对象的颜色与当前层的颜色一致），如图5-1-8所示。

（4）线形控制和线宽控制。

用户可利用“对象特性”工具栏中的“线形控制”和“线宽控制”改变对象的线形和线宽，也可为新建对象显式指定新的线形和线宽，并以此来取代默认的线形和线宽，如图5-1-9所示。

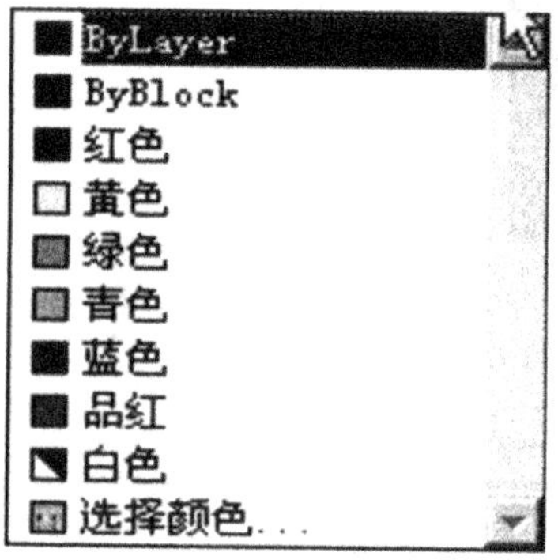

图5-1-8　颜色列表对话框

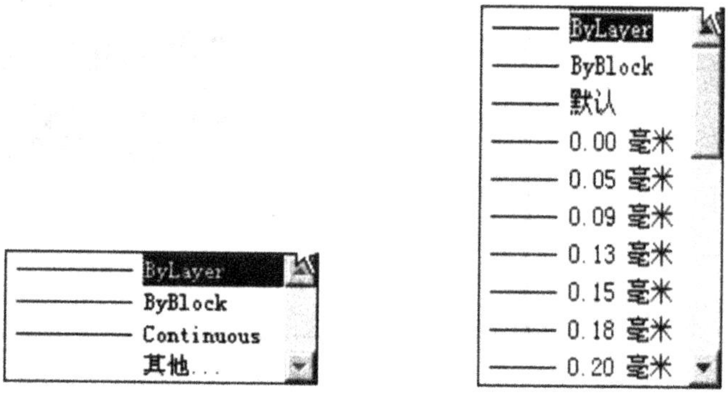

图5-1-9　线形控制对话框

（5）图层控制。

①打开关闭。

为了减少显示在图形窗口中的图形对象，可以将已画好图形的层关闭。被关闭层上的图形不可见，也不能被选择和修改。

②冻结和解冻。

图层可被冻结，与图层的关闭相比，图层冻结也使其上的图形不可见，而且能提高屏幕图形重新显示的速度，这一点在绘制复杂图形时更为明显。

③锁定/解锁。

有时需将某层上已画好的图形作为参照来画其他层上的图形，此时我们不希望因误操作而改变作参照的图形，于是可以采用锁定功能。被锁定层上的图形可见，但不可被选择和编辑。

二、任务实施

1. 设置AutoCAD绘图软件的绘图环境

1）基本资料

AutoCAD的发展过程分为五个阶段，现在最新的版本为AutoCAD 2011，本教材使用的软件版本为AutoCAD 2010。

2）任务

设置AutoCAD绘图软件的绘图环境。

3）要求

AutoCAD绘图软件的绘图环境设置必须符合《道路工程制图标准》（GB 50162—92）规范的规定。

2. 案例教学

设置AutoCAD绘图软件的绘图环境。

任务实施内容见表5-1-1。

任务实施表 表5-1-1

序号	实施流程	实施要点或注意事项
1	AutoCAD绘图软件绘图认识	绘图空间切换、文件管理
2	图形界限设置	图形界限的作用
3	绘图单位设置	长度的类型
4	文字样式设置	文字的高宽比
5	标注样式设置	标注的全局比例
6	图形的组织	图层的作用

三、学习效果评价反馈

1. 学生自评

每位学生根据本学习任务的学习目标，自主完成下述[自测1]~[自测4]，并根据表5-1-2的要求，完成自我检验。

[自测1] AutoCAD 2010有什么全新功能？

[自测2] 如何设置绘图单位？

[自测3] AutoCAD如何使用图层来布置和管理复杂的图形？

[自测4] 运行AutoCAD软件，新建文件，图形界限是420×297；设置单位毫米，长度和角度精确度为小数点后两位；建立新图层，图层名为cadtest，线性为center，颜色为红色；设置完成后以cadtest.dwg为文件名存到学生的文件夹中。

学生自评表 表5-1-2

任务名称：设置AutoCAD绘图软件的绘图环境							
组号		姓名		学号		自评成绩	
题号		自测1	自测2	自测3	自测4	合计	
分数		20	20	20	40	100	
得分							

2. 任课教师评价

主讲教师根据学生的学习态度，对学生知识的掌握情况作出综合评价，按表5-1-3的要求，完成教师对学生的学习效果评价。

教师对学生的学习效果评价表 表5-1-3

组号		姓名		学号		成绩	
任务名称：设置AutoCAD绘图软件的绘图环境							
评价内容			评价依据			分数	得分
学习态度情况			上课纪律、学习主动性等评价			20	
任务自测情况			自测成果的正确性与准确性			30	
作业图面质量			布图匀称、图线清晰、图面整洁			20	
学生独立解决问题能力			主要对学生的创新思维能力、组织能力，学生在遇到问题时的判断能力等进行评价			30	
教师签名			日期			合计	

学习任务二　AutoCAD 绘图软件的操作

学习目标

1. 叙述 AutoCAD 系统提供的坐标系及坐标输入方法；
2. 知道 AutoCAD 如何用绘图命令、编辑命令、标注命令绘制图形；
3. 分析 AutoCAD 辅助工具的作用；
4. 根据《道路工程制图标准》(GB 50162—92)规范完成作业；
5. 正确完成图形的绘制、布置和输出。

任务描述

该任务是设置 AutoCAD 绘图软件的操作，主要讲解 AutoCAD 提供坐标的种类及坐标的输入方法以及 AutoCAD 基本绘图命令、基本编辑命令以及标注命令等，完成该任务是通过教师课堂教学与学生联系相结合进行的。在接到任务后，学生应认真学习相关要求，结合教师讲课并视需要收集其他相关信息以完成各项作业。

学习引导

本学习任务沿着以下脉络进行学习：

AutoCAD 的坐标系 → 辅助工具的使用 → AutoCAD 的绘图命令 → 图形的布置和输出 → AutoCAD 的标注命令 → AutoCAD 的编辑命令

一、相关知识

1. 坐标系

如同我们在现实生活中所看到的一样，AutoCAD 提供了一个三维的空间，通常我们的建模工作都是在这样一个空间中进行的。AutoCAD 系统为这个三维空间提供了一个绝对的坐标系，并称之为世界坐标系(WCS，World Coordinate System)，这个坐标系存在于任何一个图形之中，并且不可更改。本小节对这个坐标系的一个特例——平面坐标系(即第三维坐标始终为零)进行讨论。

1)笛卡尔右手坐标系

AutoCAD 图形中各点的位置是用笛卡尔右手坐标系来确定的。笛卡尔坐标系有三个轴，即 X 轴、Y 轴和 Z 轴。绘制新图形时，AutoCAD 默认将用户图形置于世界坐标系中。世界坐标系的 X 轴为水平方向，Y 轴为垂直方向，Z 轴垂直于 XY 平面。例如，某点的直角坐标为(3,4)。

2)极坐标系

极坐标系是由一个极点和一个极轴构成，极轴的方向为水平向右。平面上任何一点 P 都可以由该点到极点的连线长度 $L(>0)$ 和连线与极轴的交角 a(极角，逆时针方向为正)所定义，即用一对坐标值($L\angle a$)来定义一个点，其中"∠"表示角度。例如，某点的极坐标为(5∠30)。

3)相对坐标

在某些情况下，用户需要直接通过点与点之间的相对位移来绘制图形，而不想指定每个点的绝对坐标。为此，AutoCAD 提供了使用相对坐标的办法。所谓相对坐标，就是某点与相对点的相对位移值，在 AutoCAD 中相对坐标用“@”标识。使用相对坐标时可以使用笛卡儿坐标，也可以使用极坐标，可根据具体情况而定。例如，某一直线的起点坐标为(0,0)，终点坐标为(15,5)，则终点相对于起点的相对坐标为(@15,5)。

4) WCS 和 UCS

AutoCAD 系统为用户提供了一个绝对的坐标系，即世界坐标系(WCS)。通常，AutoCAD 构造新图形时将自动使用 WCS。虽然 WCS 不可更改，但可以从任意角度、任意方向来观察或旋转。相对于世界坐标系 WCS，用户可根据需要创建无限多的坐标系，这些坐标系称为用户坐标系(UCS，User Coordinate System)。用户使用“ucs”命令来对 UCS 进行定义、保存、恢复和移动等一系列操作。

2. 辅助工具的使用

1) 栅格(Grid)和捕捉(Snap)

栅格是绘图的辅助工具，虽然打开的栅格可以显示在屏幕上，但它并不是图形对象，因此不能从打印机中输出。

用户可以指定栅格在 X 轴方向和 Y 轴方向上的间距。在“草图设置”对话框中，“栅格 X 轴间距”编辑框和“栅格 Y 轴间距”编辑框分别用于指定栅格在 X 轴方向和 Y 轴方向上的间距。其中，如果用户先设置了 X 轴间距值，则系统会自动将同样的值赋予 Y 轴间距；而如果用户先设置 Y 轴间距值，这时 X 轴间距值仍保持不变。利用这种办法用户可设置一个 X 轴间距与 Y 轴间距不等的栅格。

栅格捕捉又可分为“矩形捕捉”和“等轴测捕捉”两种类型。默认设置为矩形捕捉，即捕捉点的阵列类似于栅格，用户可以指定捕捉模式在 X 轴方向和 Y 轴方向上的间距，也可改变捕捉模式与图形界限的相对位置，如图 5-2-1、图 5-2-2 所示。

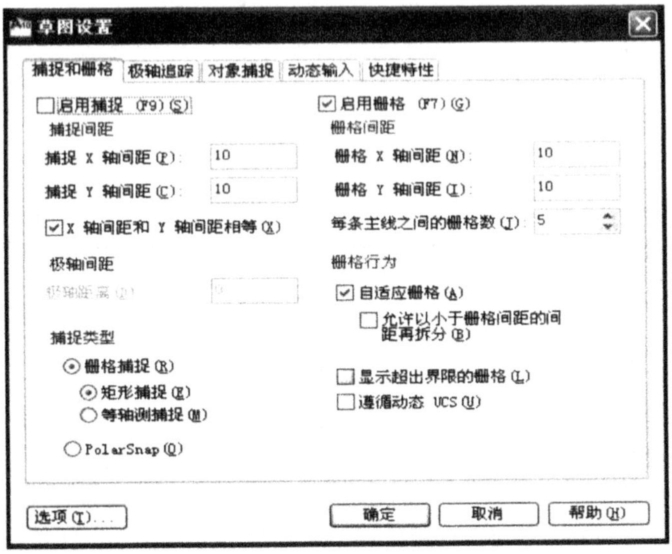

图 5-2-1　草图设置界面

2) 对象捕捉(Osnap)

用户在绘图和编辑图形时，有时需要准确地找到某些特殊点(如直线的端点、圆心、切点

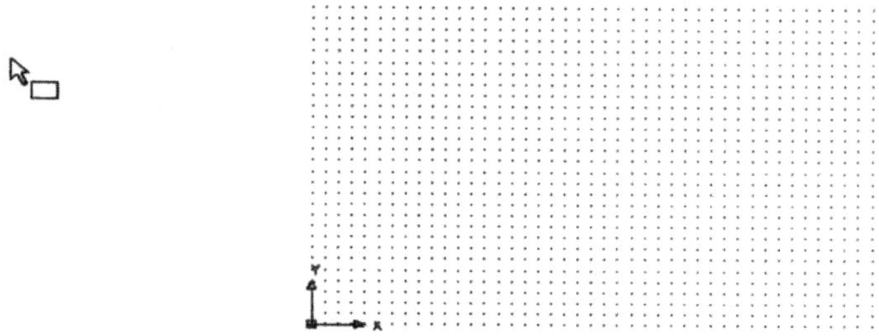

图 5-2-2　栅格捕捉

等)。人工捕捉有些困难,AutoCAD 提供了迅速、准确地捕捉这些特殊点的功能,即对象捕捉。

执行"工具"/"草图设置"命令,弹出一个"草图设置"对话框,选择"对象捕捉"标签,如图 5-2-3 所示。在对话框中选据一个或多个捕捉,点取"确定"按钮,即可执行相应的对象捕捉。选中捕捉方式后,在绘图中这种方式总起作用。

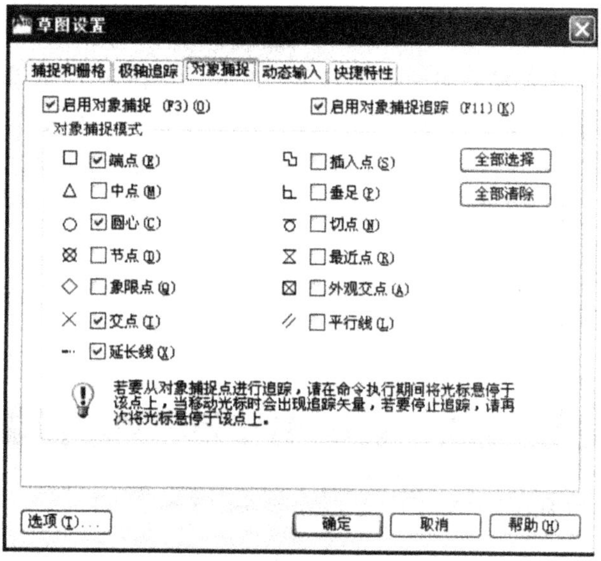

图 5-2-3　对象捕捉对话框

图中被选中的对象捕捉模式将会在绘图中默认使用。用户可以单击"全部选择"按钮选中全部捕捉模式,或单击"全部清除"按钮取消所有已选中的捕捉模式。

3)正交(Ortho)

正交(Ortho)模式用于约束光标在水平或垂直方向上的移动。如果打开正交模式,则使用光标所确定的相邻两点的连线必须垂直或平行于坐标轴。因此,如果要绘制的图形完全由水平或垂直的直线组成时,那么使用这种模式是非常方便的。

4)对象捕捉追踪

对象捕捉追踪可以帮助用户按照指定的角度或按照与其他对象的特定关系绘制对象。当"自动追踪"打开时,临时对齐路径有助于以精确的位置和角度创建对象。自动追踪包括两个追踪选项:极轴追踪和对象捕捉追踪。

对象捕捉与对象捕捉追踪一起使用,只有设置对象捕捉,才能从对象的捕捉点进行追踪。可以通过状态栏上的"极轴追踪"或"对象捕捉"按钮打开或关闭自动追踪,如图 5-2-3、图 5-2-4 所示。

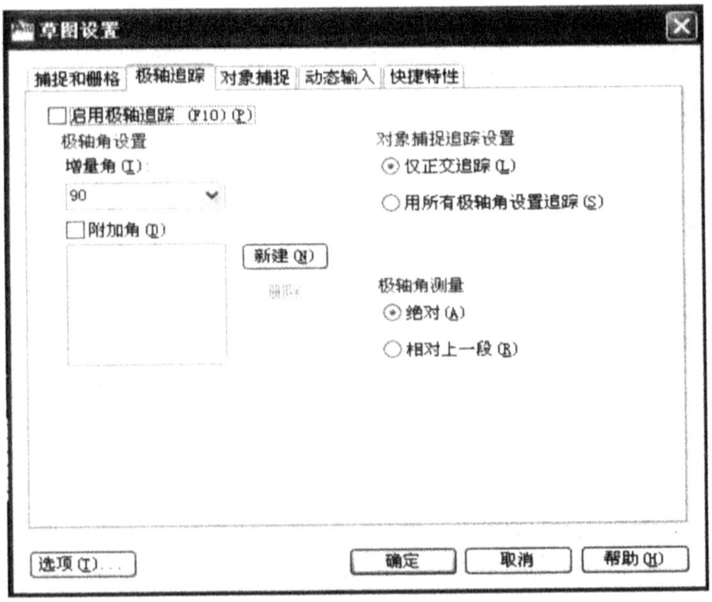

图 5-2-4 极轴追踪对话框

5）显示控制

对于一个较为复杂的图形来说，在观察整幅图形时往往无法对其局部细节进行查看和操作，而当在屏幕上显示一个细部时又看不到其他部分，为解决这类问题，AutoCAD 提供了 Zoom（缩放）、Pan（平移）、View（视图）、Aerial view（鸟瞰视图）和 Viewports（视口）命令等一系列图形显示控制命令，可以用来任意放大、缩小或移动屏幕上的图形显示，或者同时从不同的角度、不同的部位来显示图形。AutoCAD 还提供了 Redraw（重画）和 Regen（重新生成）命令来刷新屏幕、重新生成图形。注意，这里所提到的诸如放大、缩小或移动的操作，仅仅是对图形在屏幕上的显示进行控制，图形本身并没有任何改变。

（1）图形的平移

"Pan"命令用于在不改变图形的显示大小的情况下通过移动图形来观察当前视图中的不同部分。其调用方法为：

命令：pan

调用该命令后，AutoCAD 提示如下：

按 Esc 或 Enter 键退出，或单击右键显示快捷菜单（图 5-2-5）。

（2）图形的缩放

AutoCAD 可以通过 Zoom 命令放大和缩小操作改变视图的比例，类似于使用相机进行缩放，但 Zoom 命令不改变图形中对象的绝对大小，只改变视图的比例。可以通过"视图"/"缩放"命令，弹出一个"缩放"菜单，根据需要缩放图形，如图 5-2-6 所示。

3. 基本绘图命令

AutoCAD 2010 为我们提供了多种绘图方法，可以用鼠标单击工具栏上的按钮，也可以从菜单栏中选择相应的命令，还可以在命令窗口中输入命令进行绘图。

从菜单中选取命令和单击工具栏中的相应按钮所达到的目的是一样的，在选择菜单命令或单击工具按钮后，命令行中就会出现相应的命令。当然，也可以像在 DOS 版本中一样直接用键盘输入命令。

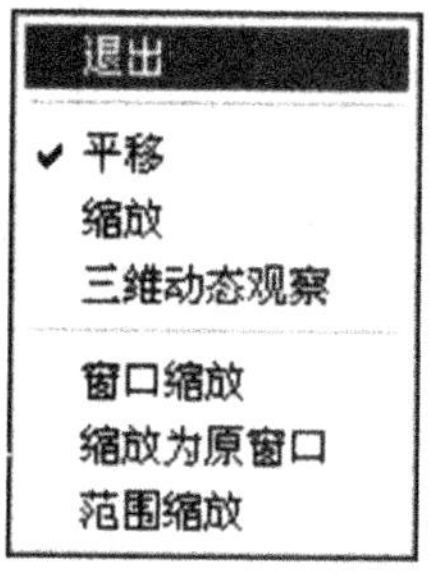

图 5-2-5　平移菜单

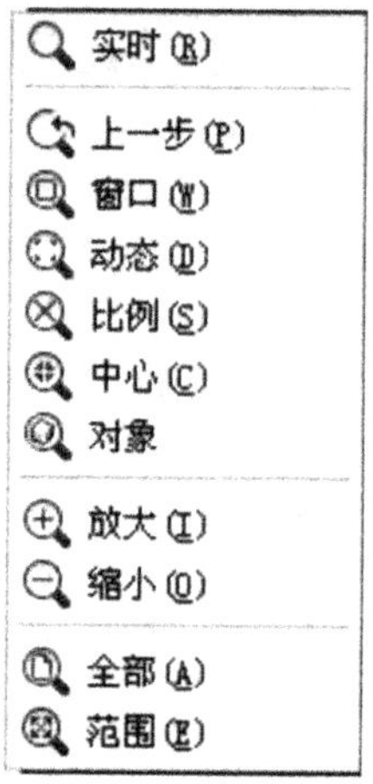

图 5-2-6　缩放菜单

另一种输入命令的方式是使用热键,这是一些能打开和激活菜单选项的特殊键。在菜单栏和菜单命令后都有一个带下划线的字母,按“Alt”键后再按菜单项后的字母就可以打开相应的菜单,然后,按命令后的字母就可以执行相应的命令,无须使用鼠标。

在绘图窗口,AutoCAD 光标通常为十字线,而当光标移出绘图区时,它会就成一个箭头。不管鼠标是十字线形式还是箭头形式,当进行鼠标操作时,都会执行相应的命令或动作。

在使用 AutoCAD 进行绘图时,有时会输入错误的命令或选项,若欲取消当前正在执行的命令。在 AutoCAD 中,可以使用“Esc”键取消当前命令的操作。

1)直线绘制

(1)从“绘图”菜单中选择“直线”。

(2)指定起点。可以使用定点设备,也可以在命令行上输入坐标。

(3)指定端点以完成第一条线段。要在使用 Line 命令时放弃前面绘制的线段,请输入“U”或者从工具栏中选择“放弃”。

(4)指定其他线段的端点。

(5)按 Enter 键结束或按 c 键关闭一系列线段。

要以最近绘制的直线的端点为起点绘制新的直线,请再次启动 Line 命令,然后在“指定起点”提示下按 Enter 键。

命令:line(图 5-2-7)

例:命令: _line 指定第一点:

指定下一点或[放弃(U)]:

指定下一点或[放弃(U)]:

指定下一点或[闭合(C)/放弃(U)]:

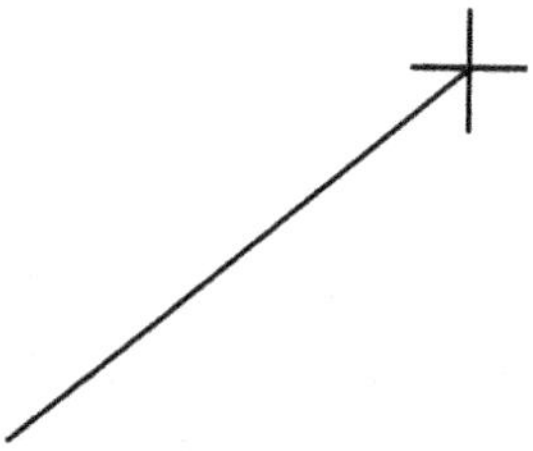

图 5-2-7　直线绘制

2)圆的绘制

创建圆的默认方式是指定圆心和半径。当然,同样可以使用其他方式创建圆。例如,可以通过指定圆心坐标和圆的直径来创建圆,或者指定两点,将其定义为圆的直径上的两个端点,或者在圆周上指定 3 个点。另外,也可以用指定的半径并与图形中已经创建的对象相切的条件创建圆,或是指定 3 个相切于 3 个对象的圆周上的点来创建圆。在每一种绘制圆的方式中,可以在图形中指定点或输入坐标,或组合使用这两种方法。

命令:circle

例:命令 _circle 指定圆的圆心或[三点(3P)/两点(2P)/相切、相切、半径(T)]:此时点击鼠标右键会出现如图 5-2-8 所示菜单。

按命令行中的操作提示和快捷菜单绘制图形,如图 5-2-9 所示。

3)圆弧的绘制

当需要用到圆弧时,可以通过指定圆心、端点、起点、半径、角度、弦长和方向值等各种组合形式来绘制圆弧,默认情况下将通过指定 3 点的位置来绘制圆弧。在绘制圆弧时,可执行"绘图"/"圆弧"子菜单中的命令,或者单击"绘图"工具栏中的"圆弧"工具按钮,然后在绘图区域中按下鼠标左键进行拖动,用户可以手动控制圆弧的绘制效果,但这种方式通常不太精确。

命令:arc(图 5-2-10)

例:命令 _arc 指定圆弧的起点或[圆心(C)]:

指定圆弧的第二个点或[圆心(C)/端点(E)]:

指定圆弧的端点:

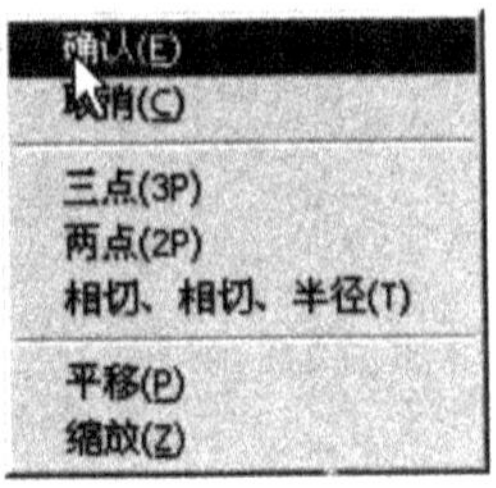

图 5-2-8　创建圆菜单

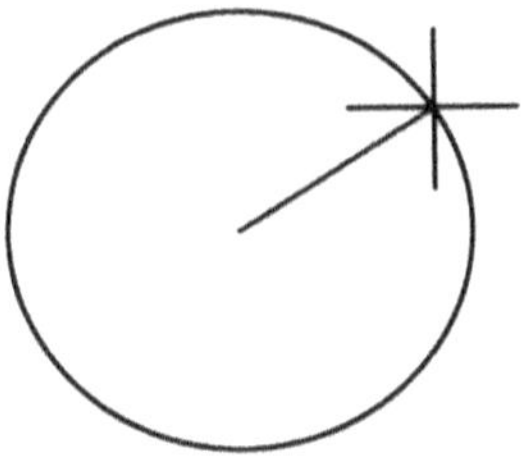

图 5-2-9　圆的绘制

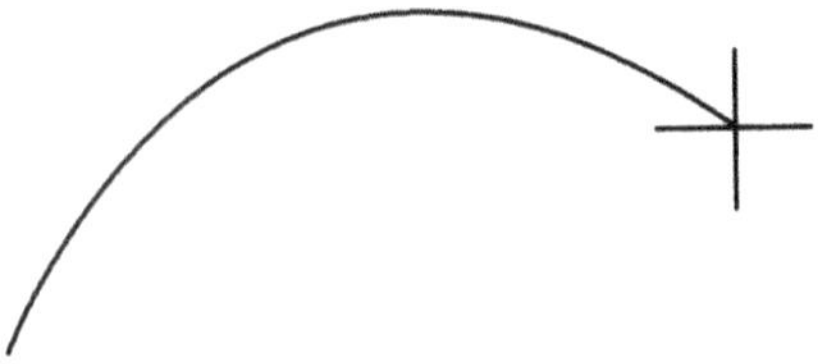

图 5-2-10　圆弧的绘制

4)多线的绘制

所谓多线是指多重平行线,它可以由 1~16 条平行线组成,这些平行线称之为元素,用户可通过指定距多线初始位置的偏移量来确定各元素的位置,除使用包含两条平行线的默认样式外,还可以根据需要创建不同的样式。当需要使用多线时,可执行"绘图"/"多线"命令,或在命令行中键入 mline,将出现下列提示。

命令:_mline(图 5-2-11)

当前设置:对正 = 上,比例 = 20.00,样式 = STANDARD

指定起点或[对正(J)/比例(S)/样式(ST)]:

5)圆环的绘制

圆环是填充环或实体填充圆,即带有宽度的闭合多段线。创建圆环,要指定它的内外直径和圆心。通过指定不同的中心点,可以继续创建具有相同直径的多个副本。要创建实体填充圆,可将内径值指定为 0。

命令:_donut(图 5-2-12)

指定圆环的内径 <177.5417>:200

指定圆环的外径 <224.5960>:240

指定圆环的中心点或 <退出>:900,500

指定圆环的中心点或 <退出>:*取消*

6)矩形和正多边形的绘制

AutoCAD 可以快速创建矩形和正多边形。创建多边形是绘制等边三角形、正方形、五边形、六边形等的简单方法。

命令：_rectang(图 5-2-13a)
指定第一个角点或[倒角(C)/高程(E)/圆角(F)/厚度(T)/宽度(W)]：400,400
指定另一个角点或[面积(A)/尺寸(D)/旋转(R)]：800,800

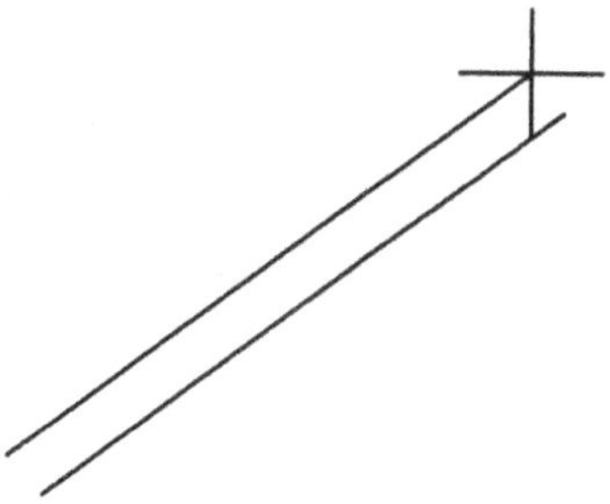

图 5-2-11　多线的绘制

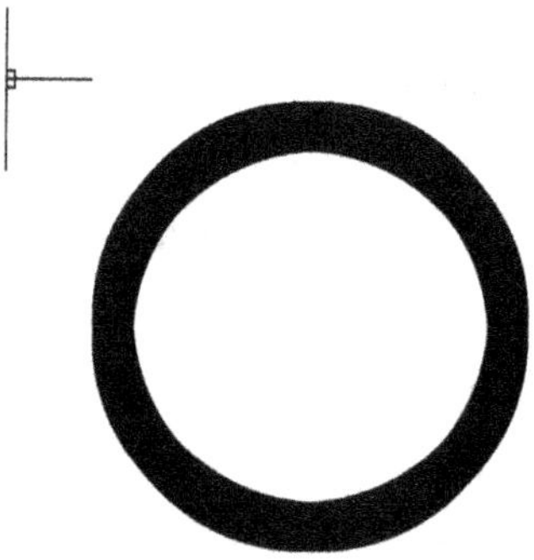

图 5-2-12　圆环的绘制

命令：_polygon（图 5-2-13b）
输入边的数目 <4 >：6
指定正多边形的中心点或[边(E)]：800,800
输入选项[内接于圆(I)/外切于圆(C)] <I >：i
指定圆的半径：300

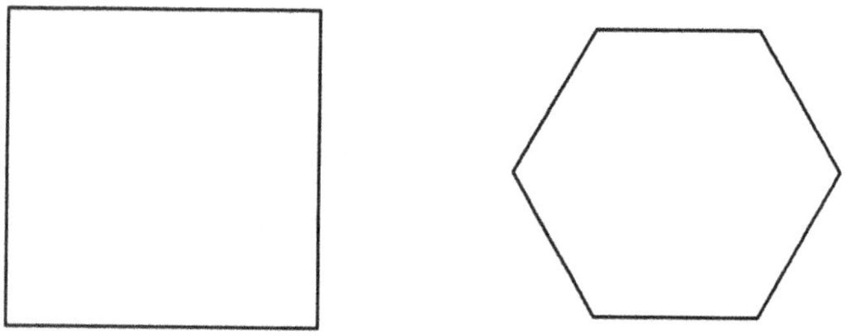

a)　　b)

图 5-2-13　多边形的绘制

7)图案填充

AutoCAD 可以使用预定义填充图案填充区域、使用当前线型定义简单的线图案，也可以创建更复杂的填充图案。

命令：_bhatch(图 5-2-14)
拾取内部点或[选择对象(S)/删除边界(B)]：正在选择所有对象…
正在选择所有可见对象…
正在分析所选数据…
正在分析内部孤岛…
拾取内部点或[选择对象(S)/删除边界(B)]：
拾取或按 Esc 键返回到对话框或 <单击右键接受图案填充 >：(图 5-2-15)

8)文本的输入

对于不需要使用多种字体的简短内容，如标签，可使用 AutoCAD 提供的 text 命令来创建。该命令可创建单行或多行文字，在结束每行文字时按回车键，创建的每行文字都是一个独立的对象,可以对其重新定位、调整格式或进行其他修改等操作。

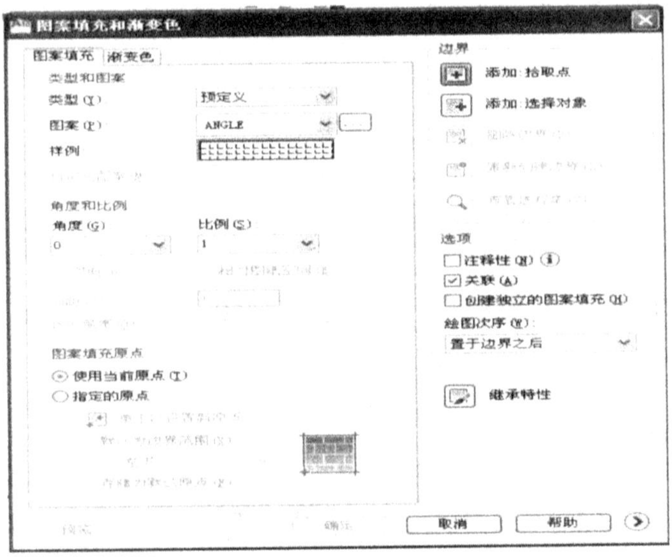

图 5-2-14　图案填充对话框

需要使用单行文字进行标注时,可在"文字"工具栏上单击"单行文字"按钮,或执行"绘图"/"文字"/"单行文字"命令,或在命令行键入 dText 或 text,AutoCAD 都会显示以下提示。

命令:text(图 5-2-16)

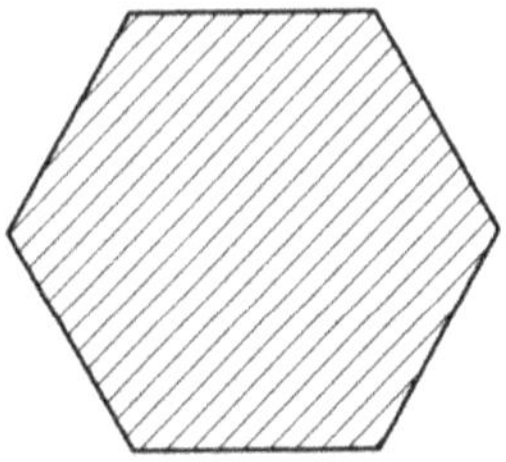
图 5-2-15　图案填充

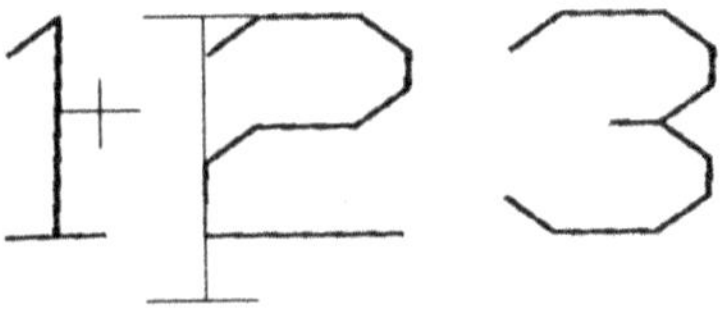

图 5-2-16　文本的输入

当前文字样式:Standard 当前文字高度:573.6941

指定文字的起点或[对正(J)/样式(S)]:

输入文字:123

如果上一次输入的命令为 TEXT,则在"指定文字的起点"提示下按 Enter 键将跳过高度和旋转角度的提示,并直接显示"输入文字"提示。文字将直接放在上一行文字的下方。该提示下指定的点也被存储为文字的插入点。

4. 常用编辑命令

1)删除命令

删除命令可以在图形中删除用户所选择的一个或多个对象。对于一个已删除对象,虽然用户在屏幕上看不到它,但在图形文件还没有被关闭之前该对象仍保留在图形数据库中,用户可利用"undo"或"oops"命令进行恢复。当图形文件被关闭后,则该对象将被永久性地删除。

命令:_erase

选择对象:找到 1 个

选择对象:

2)移动命令

移动命令可以将用户所选择的一个或多个对象平移到其他位置,但不改变对象的方向和大小。

命令: _move

选择对象: 找到 1 个

选择对象:

指定基点或位移: 指定位移的第二点或 <用第一点作位移>:

3)复制命令

复制命令可以将用户所选择的一个或多个对象生成一个副本,并将该副本放置到其他位置。

命令: _copy

选择对象: 找到 1 个

选择对象:

指定基点或位移,或者 [重复(M)]: 指定位移的第二点或 <用第一点作位移>:

4)旋转命令

旋转命令可以改变用户所选择的一个或多个对象的方向(位置)。用户可通过指定一个基点和一个相对或绝对的旋转角来对选择对象进行旋转。

命令: _rotate

UCS 当前的正角方向: ANGDIR = 逆时针 ANGBASE = 0

选择对象: 找到 1 个

选择对象:

指定基点:

指定旋转角度或 [参照(R)]:

5)修剪命令

AutoCAD 可以修剪对象,使它们精确地终止于由其他对象定义的边界。剪切边可以是直线、圆弧、圆、多段线、椭圆、样条曲线、参照线、射线、块和射线。也可以是图纸空间的布局视图对象。

命令: _trim

当前设置:投影 = UCS,边 = 无

选择剪切边…

选择对象: 找到 1 个

选择对象:选择要修剪的对象,或按住 Shift 键选择要延伸的对象,或 [投影(P)/边(E)/放弃(U)]:

6)镜像命令

镜像可以创建对象的镜像图像,这对创建对称的对象非常有用,因为这样可以快速地绘制半个对象,然后创建镜像,而不必绘制整个对象。

命令: _mirror

选择对象: 找到 1 个

选择对象:

指定镜像线的第一点:

指定镜像线的第二点：

是否删除源对象？[是(Y)/否(N)] <N>：

7)阵列命令

AutoCAD 可以在矩形或环形(圆形)阵列中创建对象的副本。对于矩形阵列，可以控制行和列的数目以及它们之间的距离，如图 5-2-17 所示。对于环形阵列，可以控制对象副本的数目并决定是否旋转副本，如图 5-2-18 所示。

图 5-2-17　矩形阵列

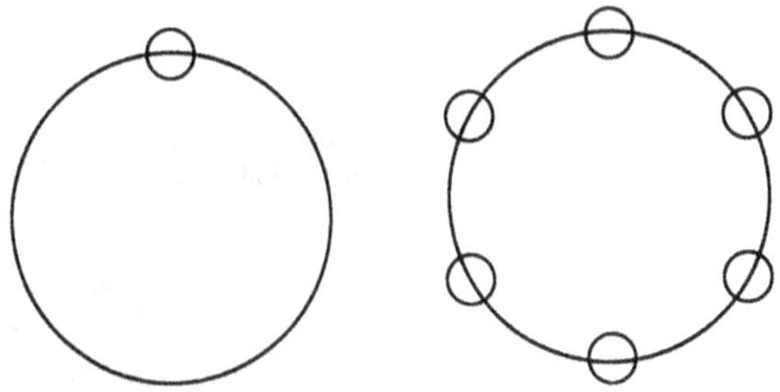

图 5-2-18　环形阵列

8)偏移对象

偏移对象可以创建其形状与选定对象形状平行的新对象。偏移圆或圆弧可以创建更大或更小的圆或圆弧，取决于向哪一侧偏移。

命令：_offset

指定偏移距离或[通过(T)] <通过>：10

选择要偏移的对象或 <退出>：

指定点以确定偏移所在一侧：

选择要偏移的对象或 <退出>：

5. 尺寸标注

对仅完成绘图工作的图形，无论采用多精确的打印比例，也不足以向生产人员传达足够的设计信息。使用尺寸标注可以清楚准确地传达绘图者的设计信息。尺寸标注是一种通用的图形注释，它可以显示对象的测量值、对象之间的距离或角度等。

一个典型的尺寸标注应包括尺寸界线、尺寸线、箭头和尺寸文字。尺寸界线是从标注对象引出的直线段；尺寸线是表明标注的范围，末端通常有箭头，指出尺寸线的起点和端点尺寸；文字包括公称尺寸、公差等；箭头一般使用在机械制图中，在其他工程制图中有时用斜线或圆点代替，可以自行设定。AutoCAD 中的尺寸标注采用半自动方式，即在确定想要标注的图形后，系统会自动地按图形的测量值和标注样式进行标注。当然，AutoCAD 也提供了强大的尺寸编辑功能，可根据需要对尺寸进行编辑。

尽管 AutoCAD 提供了多种类型的尺寸标注，但通常都是由以下几种基本元素所构成(图 5-2-19)。

1)尺寸标注样式的设置

在尺寸标注之前，应当对尺寸标注的样式进行设置以符合使用习惯。尺寸标注样式控制尺寸线、尺寸界线、箭头、尺寸文字的放置和方式。在 AutoCAD 中可以通过命令行设置标注系统变量的值，也可以通过单击“标注”工具栏中的建立尺寸标注样式图标，打开“标注样式”对话框直观地进行设置(图 5-2-20)。

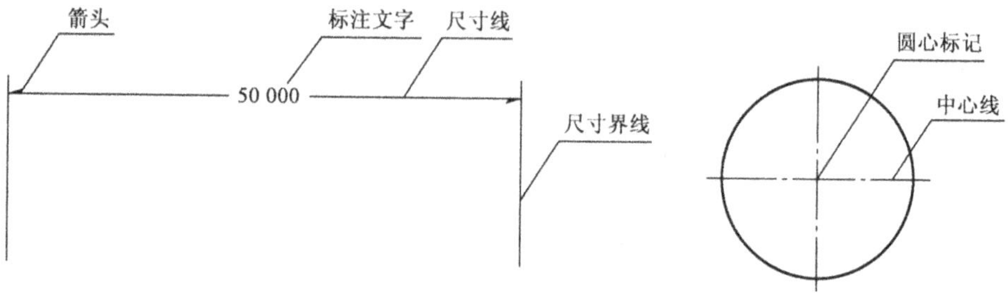

图 5-2-19　尺寸标注构成元素

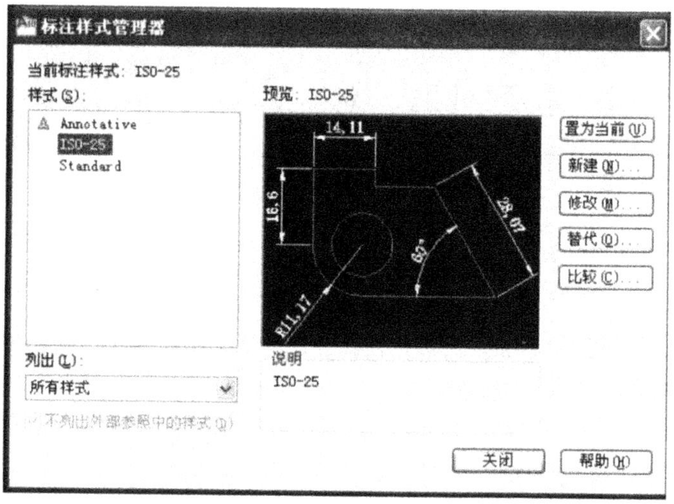

图 5-2-20　标注样式对话框

2)尺寸标注

用户要进行标注时,可以通过“标注”菜单或“标注”工具栏(图 5-2-21),或者在命令行中直接输入标注命令执行。

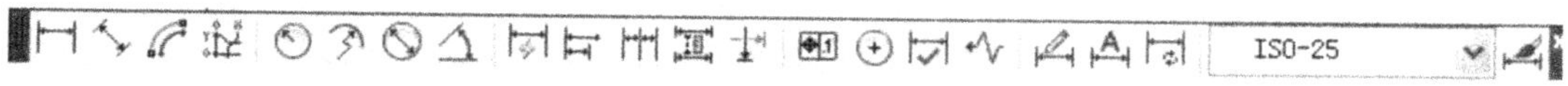

图 5-2-21　标注工具栏

AutoCAD 标注类型如下。

(1)线性标注(Dimlinear):测量两点间的直线距离,包含的选项可以创建水平、垂直或旋转线性标注(图 5-2-22)。

(2)对齐标注(Dimaligned):创建尺寸线平行于尺寸界线原点的线性标注,此标注创建对象的真实长度测量值(图 5-2-23)。

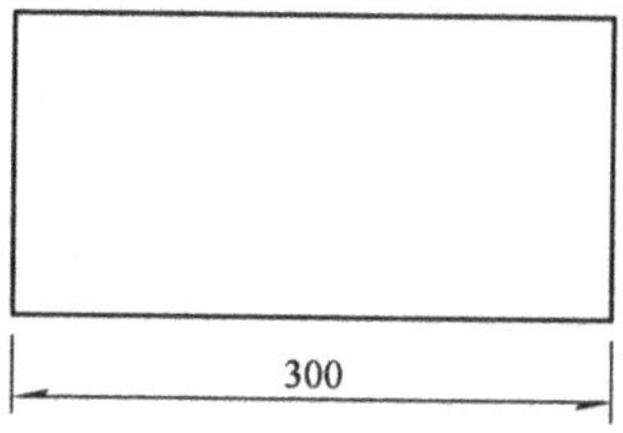

图 5-2-22　线性标注

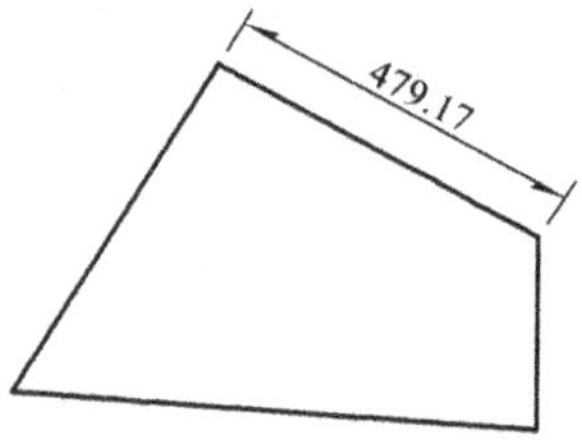

图 5-2-23　对齐标注

(3)半径标注(Dimradius):测量圆或圆弧的半径(图 5-2-24)。

(4)直径标注(Dimdiameter):测量圆或圆弧的直径(图 5-2-25)。

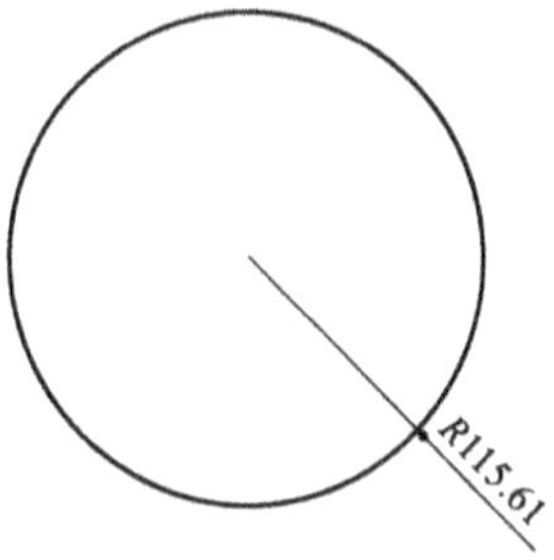

图 5-2-24　半径标注

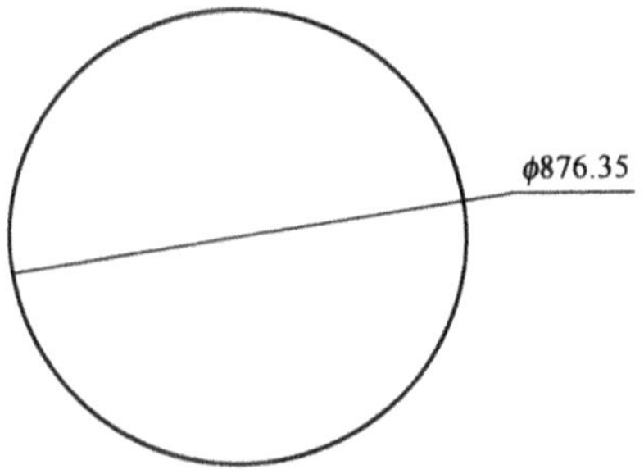

图 5-2-25　直径标注

(5)角度标注(Dimangular):测量角度(图 5-2-26)。

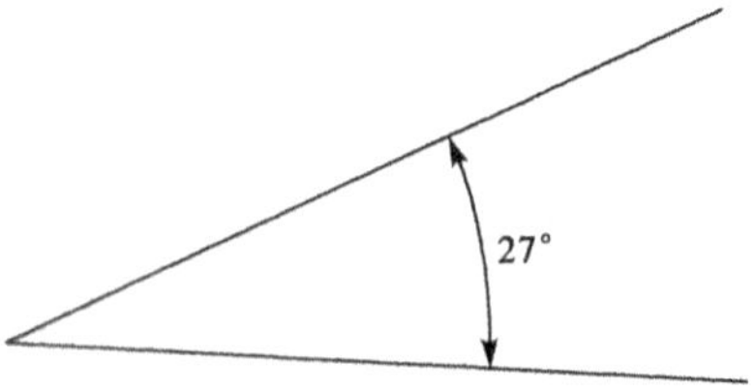

图 5-2-26　角度标注

(6)基线标注(Dimbaseline):基线标注是自同一基线处测量的多个标注,在创建基线标注之前,必须创建线性、对齐或角度标注(图 5-2-27)。

(7)连续标注(Dimcontinue):连续标注是首尾相连的多个标注,在创建连续标注之前,必须创建线性、对齐或角度标注(图 5-2-28)。

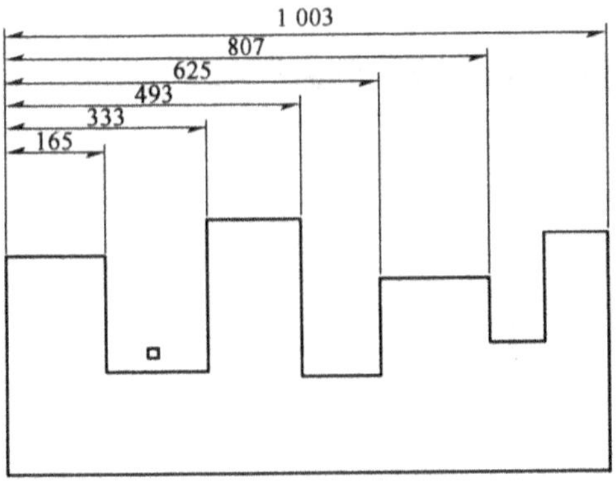

图 5-2-27　基线标注

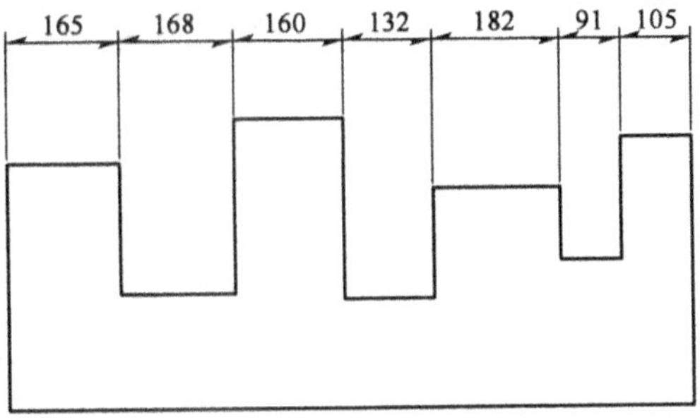

图 5-2-28　连续标注

6. 图形的布置和输出

布局是一种图纸空间环境,它模拟图纸页面,提供直观的打印设置。在布局中可以创建并放置视图对象,还可以添加标题栏或其他几何图形。可以在图形中创建多个布局以显示不同视图,每个布局可以包含不同的打印比例和图纸尺寸。布局显示的图形与图纸页面上打印出来的图形完全一样。

1)模型空间与图纸空间

AutoCAD 提供了模型空间、图纸空间和布局。用户通常是在模型空间中绘图,在图纸空间显示二维图形,而在布局中组织图纸的输出。在 AutoCAD 中,图纸空间是以布局的形式来使用的。一个图形文件可包含多个布局,每个布局代表一张单独的打印输出图纸。在绘图区域底部选择布局选项卡,就能查看相应的布局。选择布局选项卡,就可以进入相应的图纸空间环境(图 5-2-29)。

图 5-2-29　模型空间和布局空间

2)配置绘图设备

选择打印设备的步骤(图 5-2-30):

(1)在“文件”菜单中选择“打印”。

(2)在“名称”框(位于“打印”对话框“打印设备”选项卡的“打印机配置”)中,选择打印机。如果用户选择的打印机不支持所选的图纸尺寸,AutoCAD 将出现警告信息,要求用户使用打印机支持的图纸尺寸。如果出现警告消息,选择“确定”。

(3)选定打印机后,可以继续选择图纸尺寸,如果图纸尺寸正确,则可以选择“确定”,打印图形。

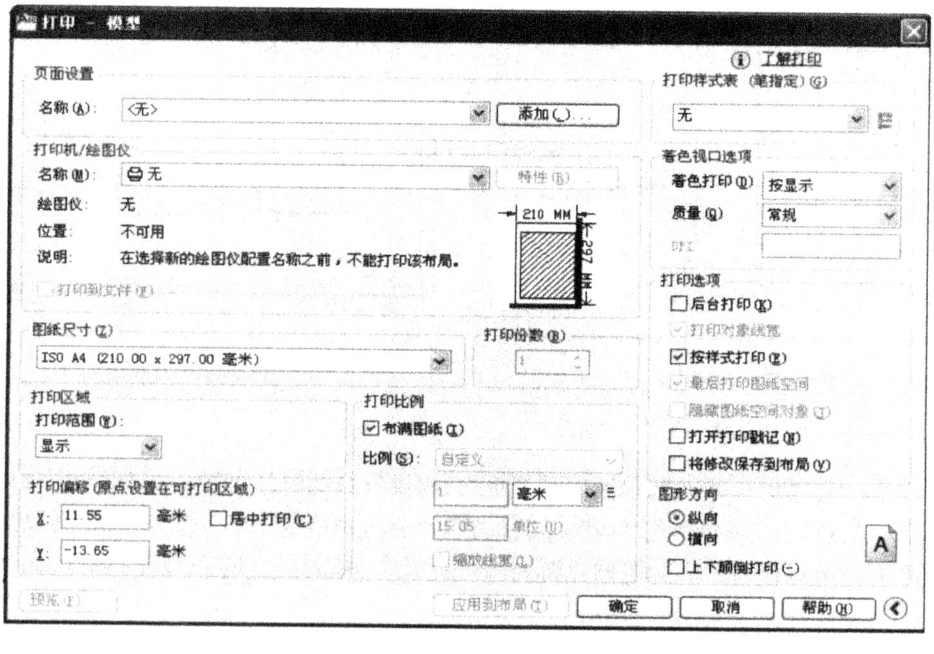

图 5-2-30　打印模型

3)打印预览及输出

在“文件”菜单中选择“打印预览”按钮进行预览,预览满意后点取“确定”按钮即可打印输出(图 5-2-31)。

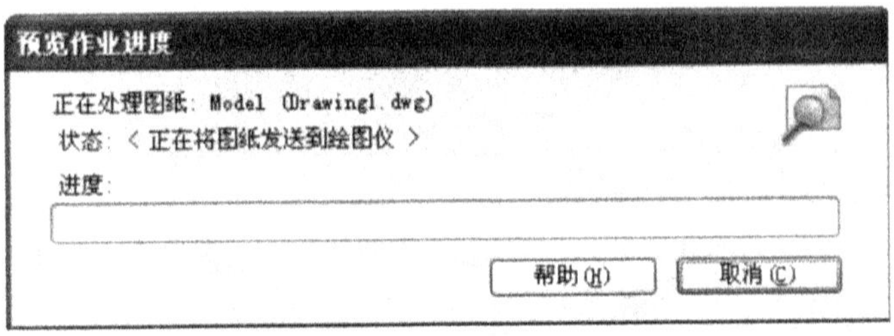

图 5-2-31　打印预览及输出

二、任 务 实 施

1. AutoCAD 绘图软件的操作。

1)基本资料

AutoCAD 绘图软件提供了辅助工具、基本绘图命令、常用编辑命令、尺寸标注命令和图形的布置和输出。

2)任务

AutoCAD 绘图软件的操作。

3)要求

AutoCAD 绘图软件的绘图操作必须符合《道路工程制图标准》(GB 50162—92)规范的规定。

2. 案例教学

设置 AutoCAD 绘图软件的操作。

任务实施内容见表 5-2-1。

任 务 实 施 表　　表 5-2-1

序号	实 施 流 程	实施要点或注意事项
1	坐标系及坐标的输入方法	极坐标的输入方法
2	辅助工具的使用	辅助工具对绘图的作用
3	基本绘图命令的操作	命令的理解深度
4	常用编辑命令的操作	编辑命令的灵活运用
5	尺寸标注命令的操作	标注的具体设置是难点
6	图形的布置和输出	多布局图形的输出

三、学习效果评价反馈

1. 学生自评

每位学生根据本学习任务的学习目标,自主完成下述[自测 1]~[自测 4],并根据表 5-2-2 的要求,完成自我检验。

[自测 1] AutoCAD 2010 坐标的输入方法有几种,分别是什么?

[自测 2] 辅助工具对绘图有什么作用?

[自测 3] 根据图 5-2-32 绘制边沟断面图。

[自测 4] 根据图 5-2-33 绘制边沟纵向半平面图。

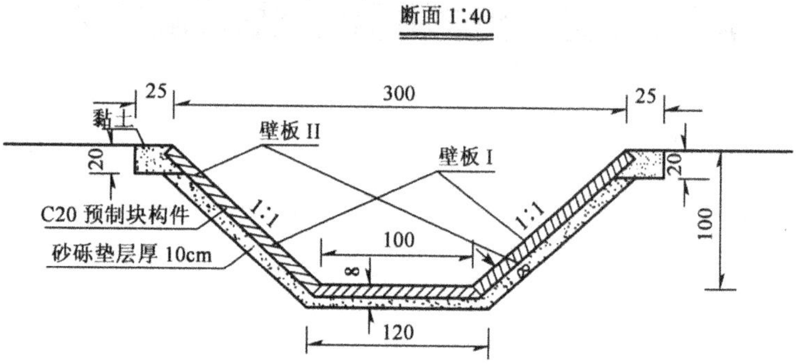

图 5-2-32　自测 3(尺寸单位:cm)

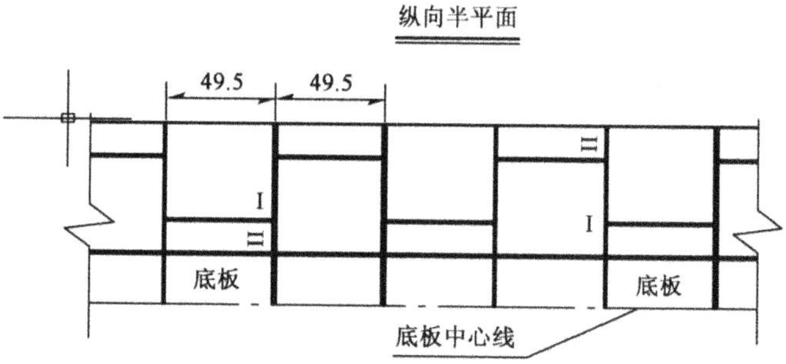

图 5-2-33　自测 4(尺寸单位:mm)

学 生 自 评 表　　表 5-2-2

任务名称:AutoCAD 绘图软件的操作							
组号		姓名		学号		自评成绩	
题号		自测 1	自测 2	自测 3	自测 4	合计	
分数		10	10	40	40	100	
得分							

2. 任课教师评价

主讲教师根据学生的学习态度,对学生知识的掌握情况作出综合评价,按表 5-2-3 的要求,完成教师对学生的学习效果评价。

教师对学生的学习效果评价表　　表 5-2-3

组号		姓名		学号		成绩	
任务名称:AutoCAD 绘图软件的操作							
评 价 内 容			评 价 依 据			分数	得分
学习态度情况			上课纪律、学习主动性等评价			20	
任务自测情况			自测成果的正确性与准确性			30	
作业图面质量			布图匀称、图线清晰、图面整洁			20	
学生独立解决问题能力			主要对学生的创新思维能力、组织能力,学生在遇到问题时的判断能力等进行评价			30	
教师签名		日期				合计	

学习任务三　AutoCAD 绘制道路工程图

学习目标

1. 叙述 AutoCAD 绘制道路工程图的方法；
2. 知道 AutoCAD 绘制道路工程图的程序；
3. 分析 AutoCAD 绘制道路工程图中容易出的问题；
4. 根据《国标》规范完成作业；
5. 正确完成 AutoCAD 绘制道路工程图的绘制。

任务描述

该任务是用 AutoCAD 绘图软件绘制道路工程图，主要讲解用 AutoCAD 软件绘制道路工程图的方法及其相关程序，以及在绘制道路工程图中常见的问题及解决方法。完成该任务是通过教师课堂教学与学生联系相结合进行的。在接到任务后，学生应认真学习相关要求，结合教师讲课并视需要收集其他相关信息以完成课后各项作业。

学习引导

本学习任务沿着以下脉络进行学习：

绘制图框→设置绘图环境→图形绘制→表格绘制→尺寸标注

一、相关知识

1. 绘制图框

(1)进入 AutoCAD，打开一个新图形文件。

(2)根据《国标》规范的要求，绘制出 A3 图纸范围 297mm × 420mm，见图 5-3-1。

(3)根据《道路工程制图标准》(GB 50162—92)规范的要求绘制出 A3 图纸图框、图标、角标，见图 5-3-2。

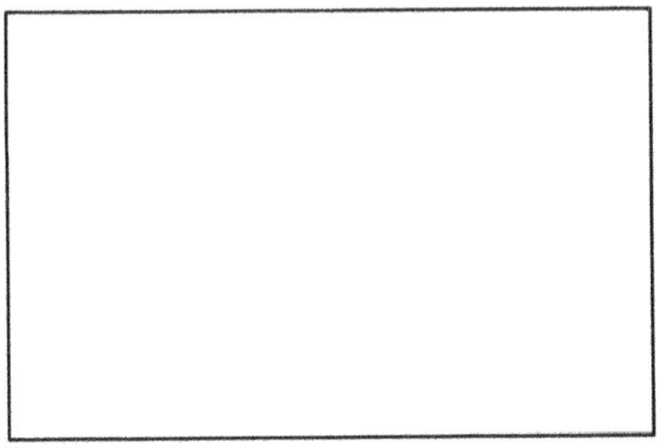

图 5-3-1　绘制 A3 图纸范围

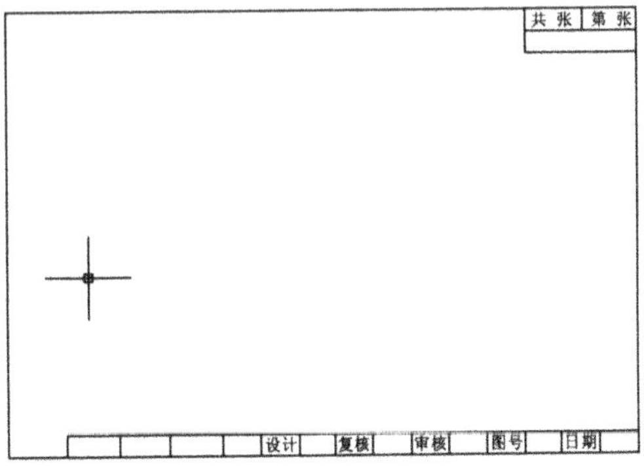

图 5-3-2　绘制图框、图标、角标及标题栏

(4)指定字型后用 Dtext 命令写出标题栏内的文字内容，见图 5-3-2。

(5)画好图框后将文件保存为图形样板文件，为下步画图作准备。

2. 设置绘图环境

1)绘图单位设置

打开“图形单位”对话框,通过“长度”组合框中的“类型”下拉列表选择单位格式为小数。单击“精度”下拉列表,可选择绘图精度。在“角度”组合框的“类型”下拉列表中可以选择角度的单位及精度,如图 5-3-3 所示。

2)文字样式设置

打开“文字样式”对话框,可以利用系统自带的字库选字体,也可使用 HZTXT. SHX、FS-DB. SHX 等专业字库提供的矢量字体,最后设置字高及宽度因子等,如图 5-3-4 所示。

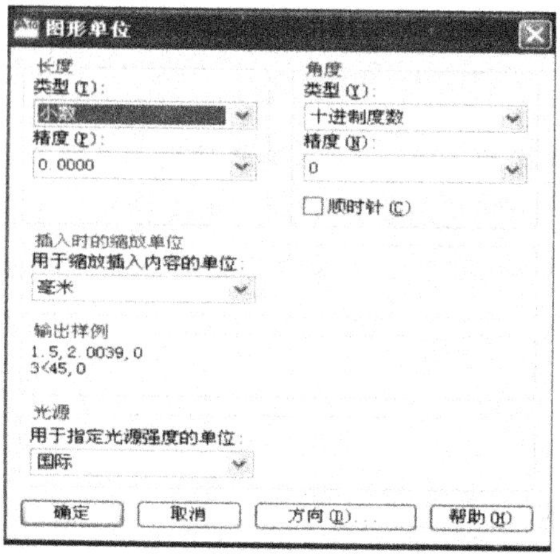

图 5-3-3　绘图单位设置

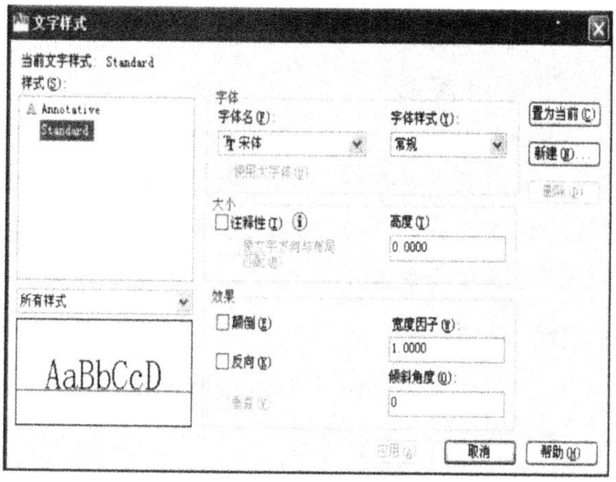

图 5-3-4　文字样式设置

3)图层设置

根据实际情况设置图层,一般来说设置主体、文字、尺寸、中心线、填充等层。各图层设置如表 5-3-1 所示。

图 层 设 置　　表 5-3-1

图层名称	颜色	线性	功能
0	黑色	Continuous	绘制图框
主体	黑色	Continuous	绘制图形主体
文字	桃红	Continuous	绘制文字
尺寸	桃红	Continuous	绘制尺寸
中心线	红色	Center	绘制中心线
填充层	红色	Continuous	填充图形

3. 图形绘制

1)绘图比例

绘图比例是绘图者在绘图之前就要考虑的,根据所使用的图纸确定比例,确定比例应根据图面布置合理、匀称、美观为原则,按图形大小及图面复杂程度确定。AutoCAD 绘图以 1:1 绘图时,只需要在绘图之前根据比例放大图框,绘图完成之后再按比例缩小图形即可。

2)图形绘制及文字输入

根据设计的路面结构尺寸,利用绘图及编辑命令绘制图形,最后用多行文本录入附注,如

图 5-3-5 所示。

附注：

1. 图中尺寸均以厘米计。

2. K0+000~K71+000 路基边坡坡率为 1∶1.5， 路基宽度为 8.5m；
K71+000~K170+000 路基边坡坡率为 1∶2， 路基宽度为 8.9m。

3. 隔断层设 2% 的双向坡。

图 5-3-5　录入附注

4. 表格绘制

表格是在行和列中包含数据的对象。可以在空表格或表格样式中创建表格对象。还可以将表格链接至 Microsoft Excel 电子表格中的数据。表格创建完成后，用户可以单击该表格上的任意网格线以选中该表格，然后通过使用“特性”选项板或夹点来修改该表格，如图 5-3-6、图 5-3-7 所示。

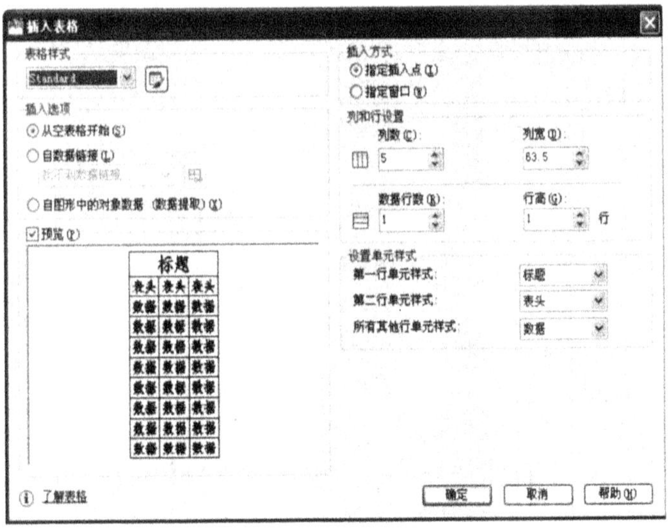

图 5-3-6　插入表格

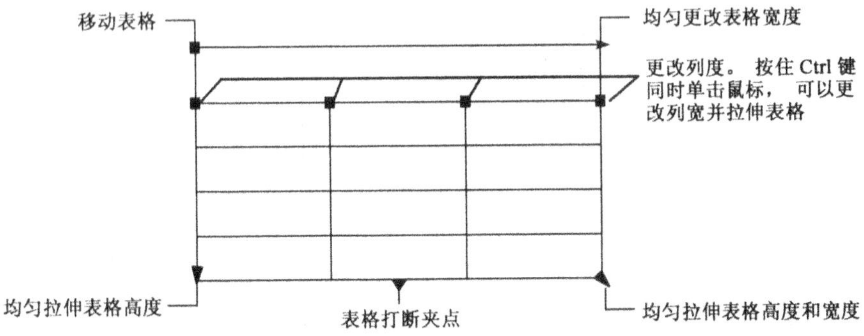

图 5-3-7　修改表格

5. 尺寸标注

首先通过单击“标注”工具栏中的建立尺寸标注样式图标，打开“标注样式”对话框直观地进行标注样式设置，设置完成后标注图形，至此路面结构图完成，如图 5-3-8 所示。

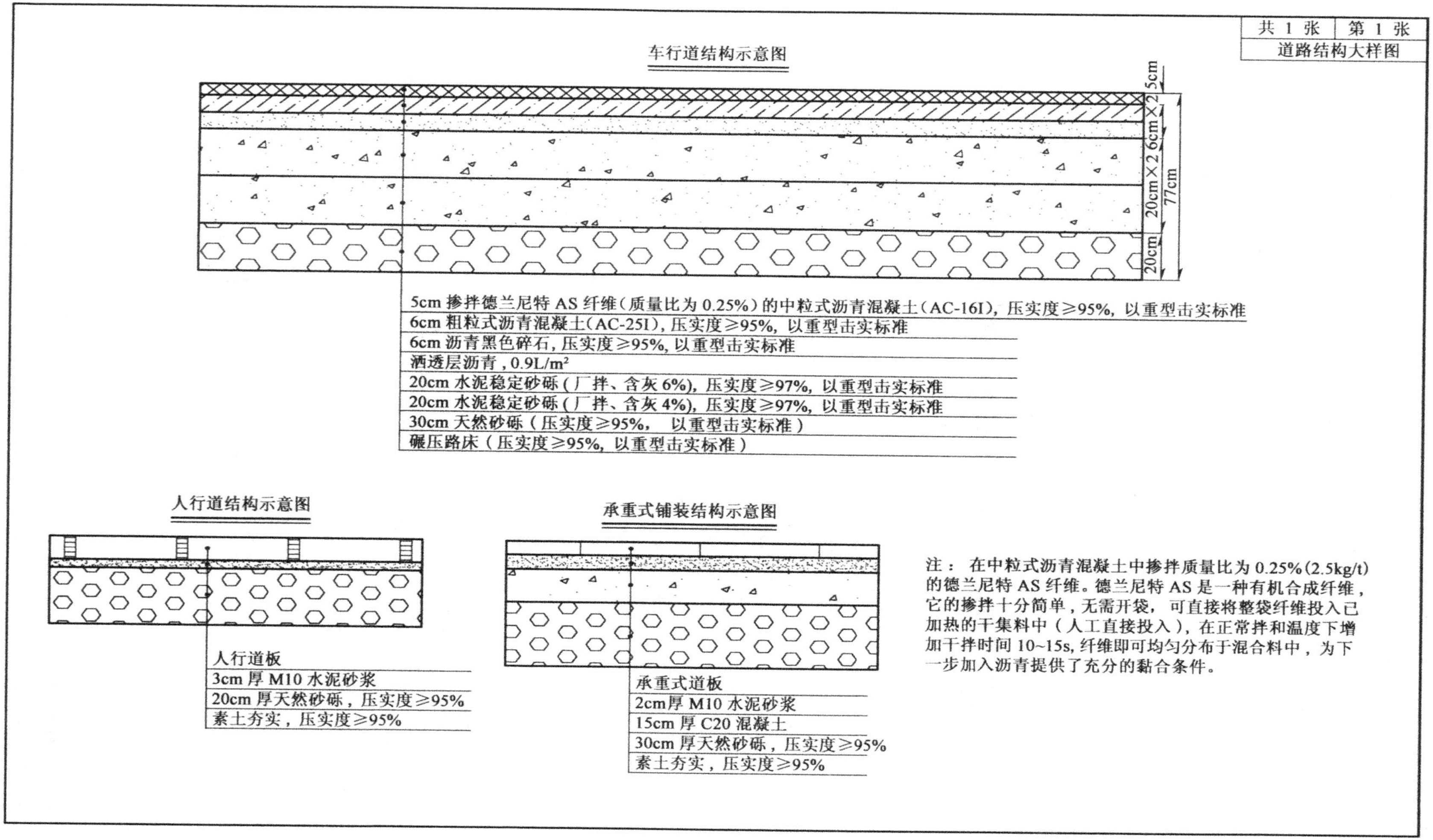

图 5-3-8　尺寸标注，完成路面结构图

二、任务实施

1. 用 AutoCAD 软件绘制道路工程图。

1）基本资料

已知路面结构图（图 5-3-8），图上尺寸以厘米（cm）为单位。

2）任务

根据已知路面结构图尺寸绘图。

3）要求

AutoCAD 绘图软件的绘图操作必须符合《道路工程制图标准》（GB 50162—92）规范的规定。

2. 案例教学

［**案例**］ 已知路面结构图尺寸，绘制图 5-3-8。

解：任务实施内容见表 5-3-2。

任务实施表 表 5-3-2

<table>
<tr><th>序号</th><th>实施流程</th><th>实施要点或注意事项</th></tr>
<tr><td>1</td><td>绘制图框</td><td>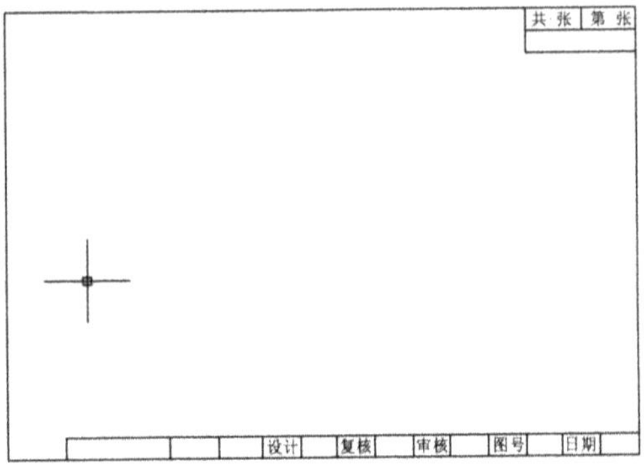
</td></tr>
<tr><td>2</td><td>设置绘图环境</td><td>绘图单位设置、文字样式设置、图层设置</td></tr>
<tr><td>3</td><td>图形绘制</td><td>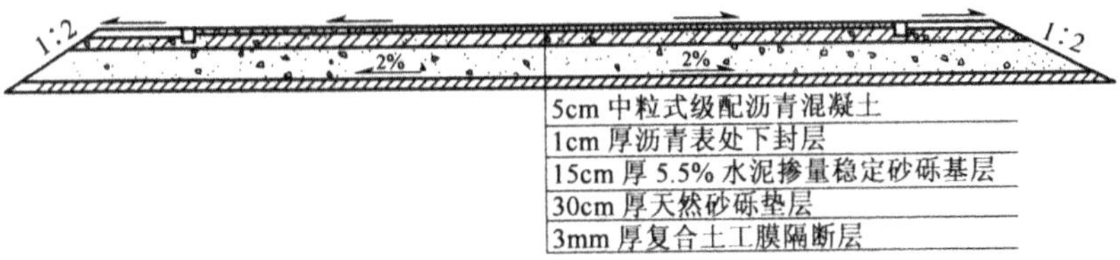
</td></tr>
<tr><td>4</td><td>表格绘制</td><td>
<table>
<tr><th rowspan="2">材料类型名称</th><th rowspan="2">级配类型</th><th rowspan="2">最大粒径 (mm)</th><th rowspan="2">添加量 (%)</th><th colspan="2">抗压模量 (MPa)</th><th rowspan="2">劈裂强度 (MPa)</th></tr>
<tr><th>20℃</th><th>15℃</th></tr>
<tr><td>中粒式沥青混凝土</td><td>AC-16C</td><td>19</td><td>沥青 4.0~6.0</td><td>1300</td><td>1800</td><td>1.0</td></tr>
<tr><td>水泥稳定砂砾</td><td>CCR</td><td>40</td><td>水泥 5.5</td><td colspan="2">1100</td><td>0.5</td></tr>
<tr><td>级配砂砾</td><td>—</td><td>—</td><td>—</td><td colspan="2">300</td><td>—</td></tr>
</table>
</td></tr>
</table>

续上表

序号	实 施 流 程	实施要点或注意事项
5	尺寸标注	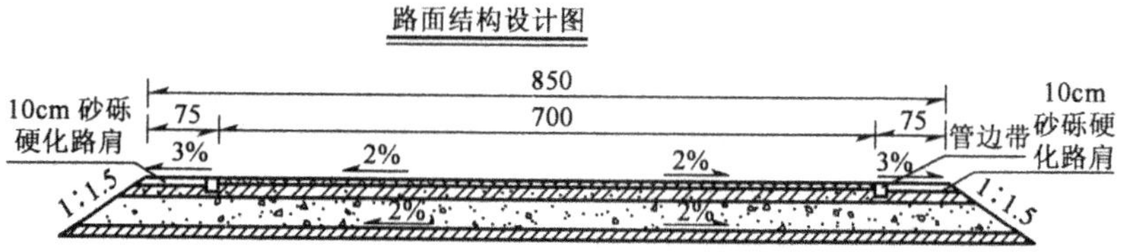

三、学习效果评价反馈

1. 学生自评

每位学生根据本学习任务的学习目标，自主完成下述[自测1]～[自测4]，并根据表5-3-3的要求，完成自我检验。

[**自测1**] AutoCAD绘制道路工程图的流程。

[**自测2**] 表格如何修改？

[**自测3**] 请根据图5-3-9绘制桥头路基处理设计图。

[**自测4**] 请根据图5-3-10绘制路基一般设计图。

学 生 自 评 表 表5-3-3

任务名称：AutoCAD绘制道路工程图							
组号		姓名		学号		自评成绩	
题号		自测1	自测2	自测3	自测4	合计	
分数		10	10	40	40	100	
得分							

2. 任课教师评价

主讲教师根据学生的学习态度，对学生知识的掌握情况作出综合评价，按表5-3-4的要求，完成教师对学生的学习效果评价。

教师对学生的学习效果评价表 表5-3-4

组号		姓名		学号		成绩	
任务名称：AutoCAD绘制道路工程图							
评 价 内 容			评 价 依 据			分数	得分
学习态度情况			上课纪律、学习主动性等评价			20	
任务自测情况			自测成果的正确性与准确性			30	
作业图面质量			布图匀称、图线清晰、图面整洁			20	
学生独立解决问题能力			对学生的创新思维能力、组织能力，遇到问题时的判断能力等进行评价			30	
教师签名			日期			合计	

共 2 张	
人行道大样图	

人行道大样图

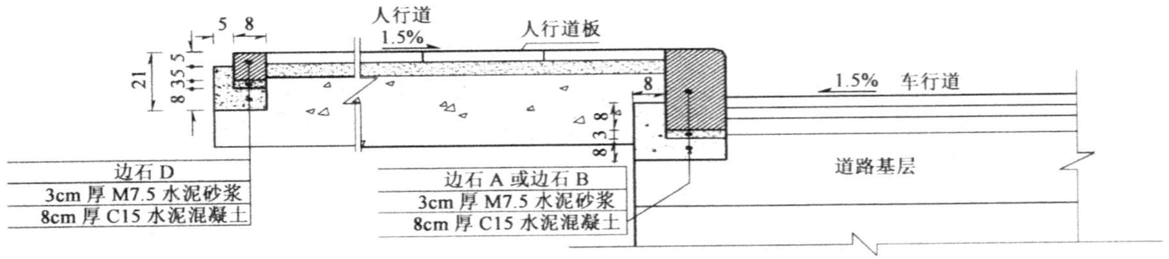

承重式小砖铺装平面

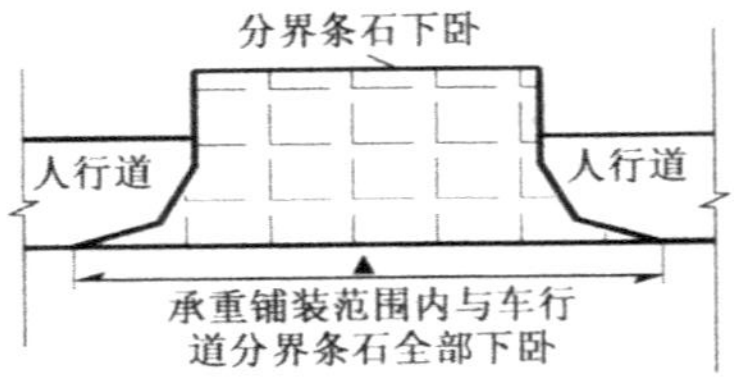

承重铺装结构图

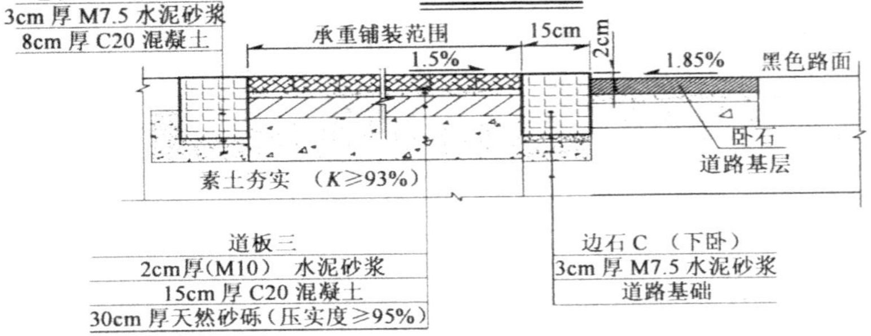

注：1. 图中尺寸除标注外，均为厘米 (cm)。
2. 平山路（解放南路至铁运街）选用条石 A 和道板一；
平山路（铁运街至文化路）选用条石 B 和道板二；
广裕路、振平路人行道选用条石 B 和道板二；
承重式铺装选用道板三。
3. 路边石及介石材料为花岗岩。
4. 边石与边石间、界石与界石间用 M7.5 水泥砂浆灌缝安装后，用 M10 水泥砂浆勾缝，缝宽 1cm。
5. 砂浆灌缝必须饱满。
6. 边石安装必须平稳，在转弯半径处用异型边石。
7. 混凝土基础每隔 15m 做一道断缝，缝宽 2cm。
8. 人行道结构详见道路结构大样图。

图 5-3-9 自测 3

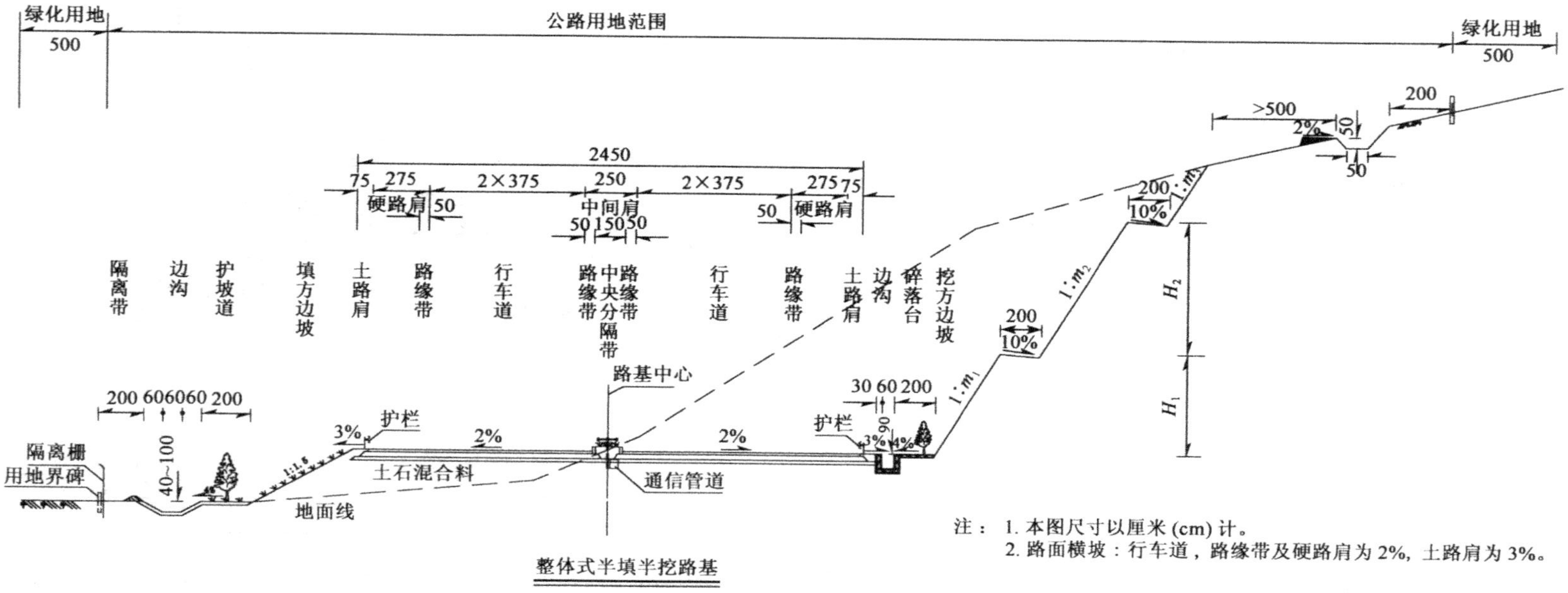

注：1. 本图尺寸以厘米 (cm) 计。
2. 路面横坡：行车道，路缘带及硬路肩为 2%，土路肩为 3%。

×　×　农　林　大　学	图别	建施
	图号	A3
制图		
审核		

图 5-3-10　自测 4

学习任务四　AutoCAD 绘制桥梁工程图

学习目标

1. 叙述 AutoCAD 绘制桥梁工程图的方法；
2. 知道 AutoCAD 绘制桥梁工程图的程序；
3. 分析 AutoCAD 绘制桥梁工程图中容易出的问题；
4. 根据《道路工程制图标准》(GB 50162—92)规范完成作业；
5. 正确完成 AutoCAD 绘制桥梁工程图的绘制。

任务描述

该任务是用 AutoCAD 绘图软件绘制桥梁工程图，主要讲解用 AutoCAD 软件绘制桥梁工程图的方法及其相关程序，以及在绘制桥梁工程图中常见的问题及解决方法。完成该任务是通过教师课堂教学与学生联系相结合进行的。在接到任务后，学生应认真学习相关要求，结合教师讲课并视需要收集其他相关信息以完成课后各项作业。

学习引导

本学习任务沿着以下脉络进行学习：

打开图形样板文件→设置绘图环境→图形绘制→尺寸标注

一、相关知识

1. 打开已设置好的图形样板文件

进入 AutoCAD，建立一个新图形文件，选择已存的图形样板 A3. dwt。

2. 设置绘图环境

1)绘图单位设置

打开“图形单位”对话框，我们可通过“长度”组合框中的“类型”下拉列表选择单位格式为小数。单击“精度”下拉列表，可选择绘图精度。在“角度”组合框的“类型”下拉列表中可以选择角度的单位及精度，如图 5-3-3 所示。

2)文字样式设置

打开“文字样式”对话框，可以利用系统自带的字库选字体，也可使用 HZTXT. SHX、FS-DB. SHX 等专业字库提供的矢量字型，最后设置字高及宽度因子等，如图 5-3-4 所示。

3)图层设置

根据实际情况设置图层，一般来说，设置主体、文字、尺寸、中心线、填充等层。

各图层设置如表 5-3-1 所示。

3. 图形绘制

1)绘图比例

绘图比例是绘图者在绘图之前就要考虑的，根据所使用的图纸确定比例。确定比例应以图面布置合理、匀称、美观为原则，按图形大小及图面复杂程度确定。AutoCAD 绘图以 1∶1 绘图时，只需要在绘图之前根据比例放大图框，绘图完成之后再按比例缩小图形即可。

2)图形绘制及文字输入

根据设计的小桥结构尺寸,利用绘图及编辑命令绘制图形,最后用多行文本录入附注,如图 5-4-1 所示。

附注:

1.图中尺寸除高程以米(m)计外,其余均以厘米(cm)计。

2.该桥上部结构参照标准JT/GQB004—73,下部结构采用标准JT/GQB007—73。

3.该桥桥台台身采用M12.5浆砌块石,八字墙身采用M12.5浆砌块石,基础采用C30混凝土。

4.桥下铺砌采用40cm厚的M7.5浆砌片石。

5.本桥桥长12.76m,板桥括号内数字为上游尺寸。

6.桥位处地质按砂砾考虑,地基承载力不得小于250kPa,开挖后如与设计不符,请与设计单位联系。

图 5-4-1 “附注”图示

4. 尺寸标注

首先通过单击“标注”工具栏中的建立尺寸标注样式图标,打开“标注样式”对话框直观地进行标注样式设置,设置完成后标注图形,到此小桥布置图也画完了,如图 5-4-2 所示。

二、任 务 实 施

1. AutoCAD 绘制桥梁工程图。

1)基本资料

已知桥梁工程图(图 5-4-2),图上尺寸以厘米(cm)为单位。

2)任务

根据已知桥梁工程图尺寸绘图。

3)要求

AutoCAD 绘图软件的绘图操作必须符合《道路工程制图标准》(GB 50162—92)规范的规定。

2. 案例教学

已知桥梁工程图尺寸绘图制图 5-4-2。

任务实施内容见表 5-4-1。

三、学习效果评价反馈

1. 学生自评

每位学生根据本学习任务的学习目标,自主完成下述[自测 1]~[自测 4],并根据表 5-4-2 的要求,完成自我检验。

[自测 1] 桥梁工程图绘图比例如何确定?

[自测 2] 桥梁工程图绘制时如何布置?

[自测 3] 桥梁工程图绘制时如何安排绘图顺序?

[自测 4] 试用比例尺 1:100 绘制涵洞设计图(图 5-4-3,图 5-4-4)。

横断面

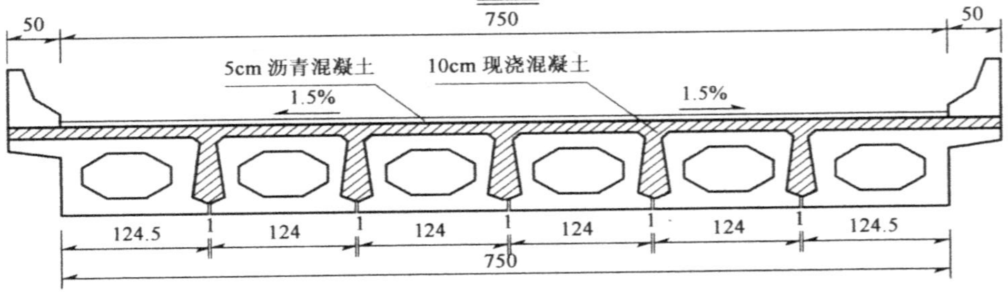

铰缝构造

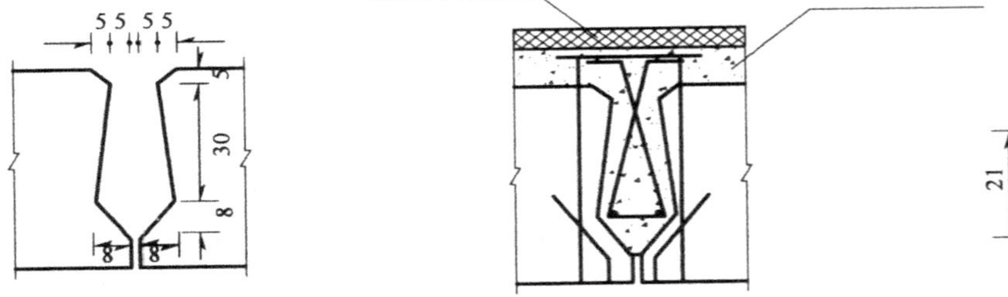

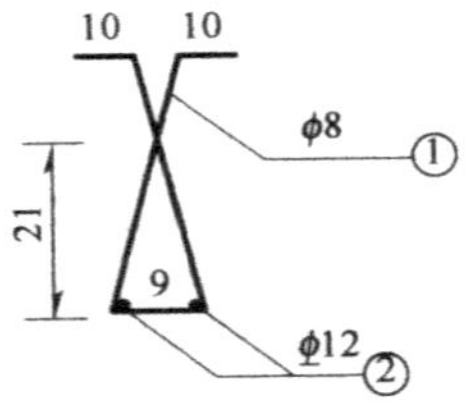

全桥铰缝钢筋数量表

编号	直径(mm)	一根长度(cm)	根数	共长(m)	质量(kg)
1	ϕ8	113	300	339	133.9
2	ϕ12	1 200	10	120	106.6

注：1. 图中尺寸均以厘米(cm)为单位。
2. 铰缝混凝土数量计入现浇桥面板中。
3. 铰缝内钢筋仅布置在跨中左右各一定长度内，施工中先形成骨架后整体放入铰内，并与预制板 N9 钢筋绑扎在一起。
4. N1 钢筋的间路距为 20cm。

1-16m 梁桥　上部构造横断面图

图 5-4-2　尺寸标注，完成桥梁工程图

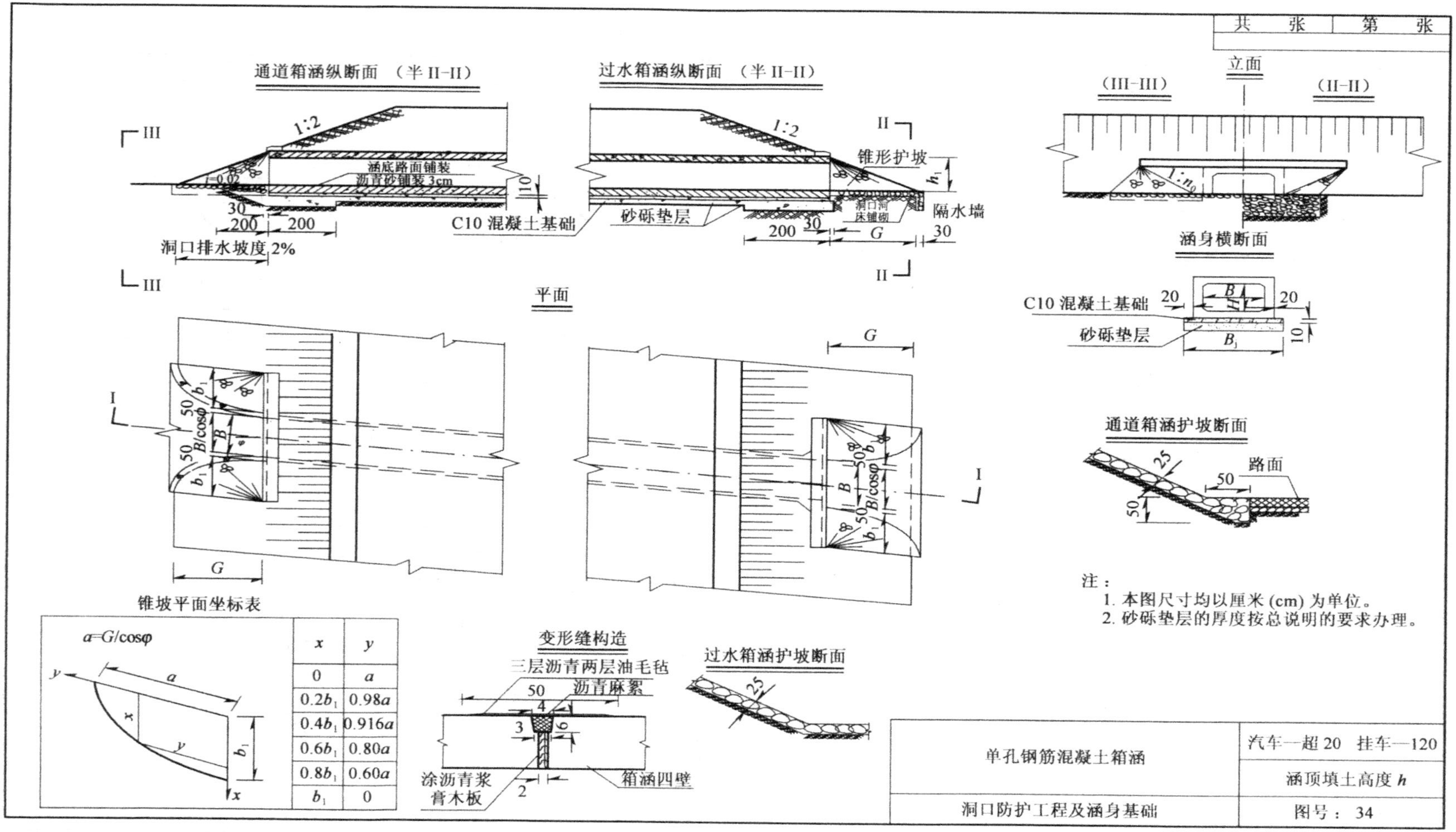

锥坡平面坐标表

x	y
0	a
$0.2b_1$	$0.98a$
$0.4b_1$	$0.916a$
$0.6b_1$	$0.80a$
$0.8b_1$	$0.60a$
b_1	0

图 5-4-3 自测题 4(1)

台后排水立面

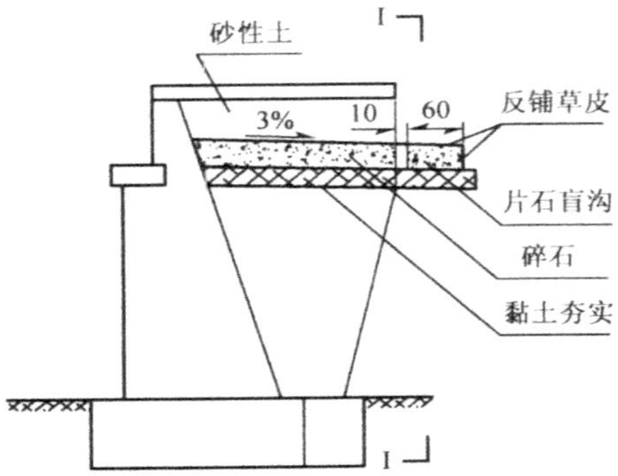

I-I

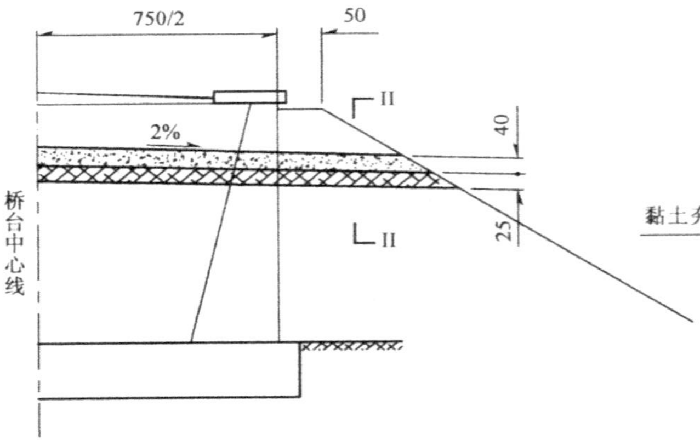

II-II

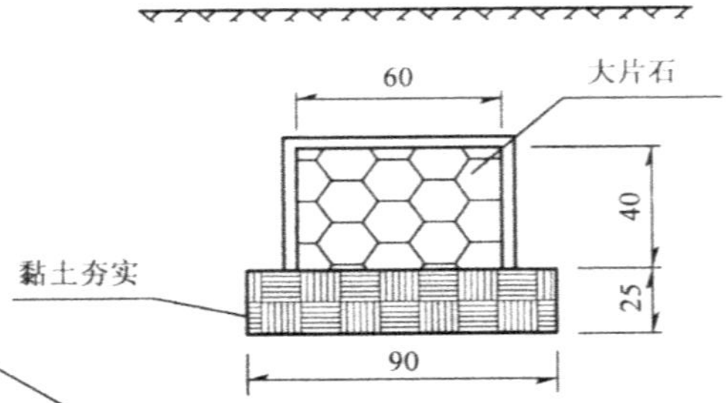

上部构造与桥台的连接

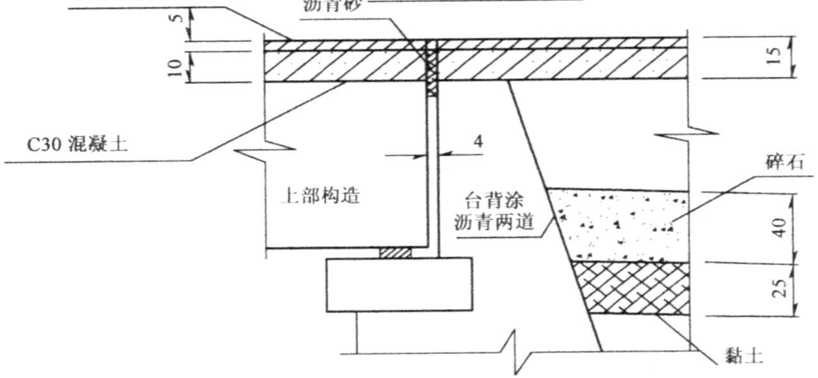

工程数量表 （全桥）

部位	项目	单位	数量
桥台排水	碎石	m^3	43.4
	黏土	m^3	36.6
	大片石	m^3	6

注： 本图尺寸单位除注明外其余均以厘米(cm)计。

1-16m 梁桥－台后排水构造图

图 5-4-4　自测题 4(2)

任 务 实 施 表

表 5-4-1

序号	实 施 流 程	实施要点或注意事项
1	打开图形样板文件	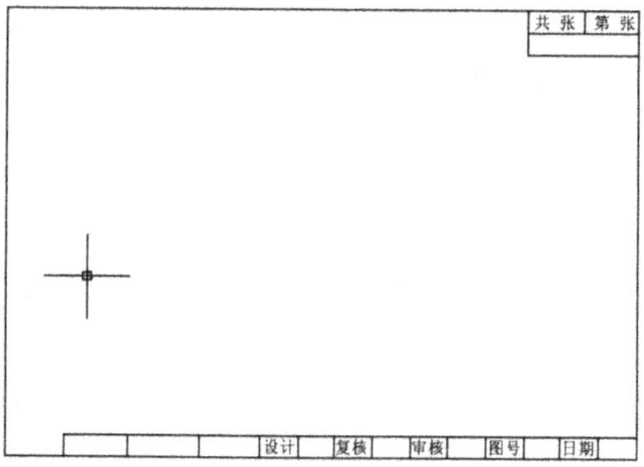
2	设置绘图环境	绘图单位设置、文字样式设置、图层设置
3	图形绘制	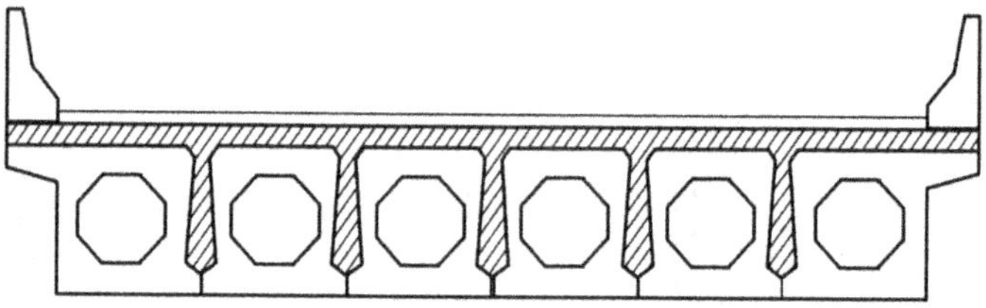
4	尺寸标注	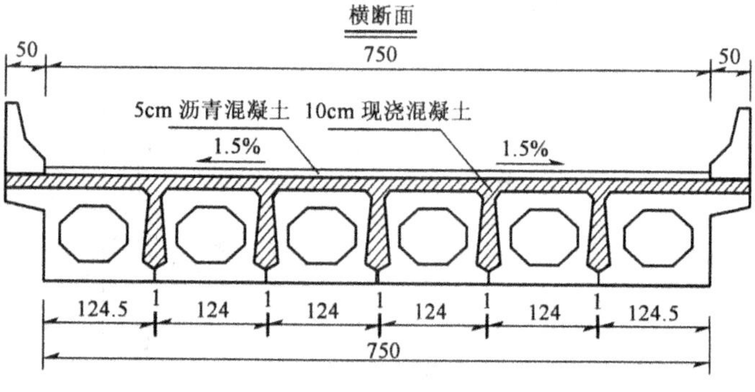

学 生 自 评 表

表 5-4-2

任务名称：AutoCAD 绘制桥梁工程图

组号		姓名		学号		自评成绩	
题号		自测 1	自测 2	自测 3	自测 4	合计	
分数		10	10	10	70	100	
得分							

2. 任课教师评价

主讲教师根据学生的学习态度，对学生知识的掌握情况作出综合评价，按表 5-4-3 的要求，完成教师对学生的学习效果评价。

教师对学生的学习效果评价表 表 5-4-3

<table>
<tr><td>组号</td><td></td><td>姓名</td><td></td><td>学号</td><td></td><td>成绩</td><td></td></tr>
<tr><td colspan="8">任务名称：AutoCAD 绘制桥梁工程图</td></tr>
<tr><td colspan="3">评 价 内 容</td><td colspan="3">评 价 依 据</td><td>分数</td><td>得分</td></tr>
<tr><td colspan="3">学习态度情况</td><td colspan="3">上课纪律、学习主动性等评价</td><td>20</td><td></td></tr>
<tr><td colspan="3">任务自测情况</td><td colspan="3">自测成果的正确性与准确性</td><td>30</td><td></td></tr>
<tr><td colspan="3">作业图面质量</td><td colspan="3">布图匀称、图线清晰、图面整洁</td><td>20</td><td></td></tr>
<tr><td colspan="3">学生独立解决问题能力</td><td colspan="3">主要对学生的创新思维能力、组织能力，学生在遇到问题时的判断能力等进行评价</td><td>30</td><td></td></tr>
<tr><td>教师签名</td><td colspan="2"></td><td>日期</td><td colspan="2"></td><td>合计</td><td></td></tr>
</table>

参 考 文 献

[1] 中华人民共和国国家标准. GB 50162—92 道路工程制图标准[S]. 北京:中国计划出版社,1996.

[2] 樊琳娟. 工程制图[M]. 北京:人民交通出版社,2008.

[3] 刘松雪,樊琳娟. 道路工程制图[M]. 北京:人民交通出版社,2005.

[4] 杨翠华,高连生. 工程识图[M]. 北京:人民交通出版社,2001.

[5] 高兰尊,冯桂辰. 工程制图[M]. 北京:国防工业出版社,2006.

[6] 孙世青. 建筑装饰制图与阴影透视[M]. 北京:科学出版社,2002.

[7] 王德方. 画法几何及土建制图习题集[M]. 上海:同济大学出版社,2003.

[8] 唐人卫. 画法几何及土木工程制图[M]. 南京:东南大学出版社,2003.

[9] 及秀琴. 工程制图[M]. 北京:清华大学出版社,2007.

[10] 林国华. 画法几何与土建制图[M]. 北京:人民交通出版社,2001.

[11] 和丕壮,王鲁宁. 交通土建工程制图[M]. 北京:人民交通出版社,2001.

[12] 张郃生. 公路 CAD[M]. 2 版. 北京:机械工业出版社,2010.

高职高专工学结合、课程改革规划教材

Daolu Gongcheng Shitu yu Huitu Xitiji

道路工程识图与绘图习题集

樊琳娟　主　编

袁　果[湖南大学]
李　浩[江苏省交通规划设计院]　主　审

人民交通出版社

内 容 提 要

本书是高职高专工学结合、课程改革规划教材。

本教材以培养学生识图与制图的能力为基础，立足项目化教学，内容以精选为原则，共分五个学习情境：学习情境一为识图准备知识；学习情境二为路桥构件工程图；学习情境三为道路工程专业图；学习情境四为桥涵工程专业图；学习情境五为计算机绘图。

本教材在内容的编排上，按照理论阐述与工程实际相结合的思路，突出行业岗位对从业人员知识结构和职业能力的要求，充分体现高等职业教育项目化教学的特点。

本教材可供交通高职类道路桥梁工程技术、工程监理等交通土建类专业和土木工程类各专业的教师、学生使用，也可作为函授、自学考试用书。

图书在版编目(CIP)数据

道路工程识图与绘图/樊琳娟主编. —北京：人民交通出版社，2011.6

高职高专工学结合、课程改革规划教材

ISBN 978-7-114-08978-7

I. ①道… II. ①樊… III. ①道路工程-工程制图-高等职业教育-教材 IV. ①U412.5

中国版本图书馆 CIP 数据核字(2011)第 058129 号

高职高专工学结合、课程改革规划教材

书　　名：**道路工程识图与绘图习题集**
著 作 者：樊琳娟
责任编辑：任雪莲
出版发行：人民交通出版社
地　　址：(100011)北京市朝阳区安定门外外馆斜街 3 号
网　　址：http://www.ccpress.com.cn
销售电话：(010)59757973
总 经 销：人民交通出版社发行部
经　　销：各地新华书店
印　　刷：北京虎彩文化传播有限公司
开　　本：787×1092　1/16
印　　张：9.25
字　　数：109 千
版　　次：2011 年 6 月　第 1 版
印　　次：2023 年 12 月　第 11 次印刷
书　　号：ISBN 978-7-114-08978-7
定　　价：49.00 元(两书总定价)

序

为深入贯彻落实教育部《关于全面提高高等职业教育教学质量的若干意见》及全国普通高等学校教学工作会议的有关精神,积极推行与生产劳动和社会实践相结合的学习模式,把工学结合作为高等职业教育人才培养模式改革的重要切入点,带动教学内容和教学方法改革。交通职业教育教学指导委员会路桥工程专业指导委员会在完成《道路桥梁工程技术专业教学标准和课程标准研究》的基础上,按照职业岗位(群)的任职要求,构建了突出职业能力培养的"教学标准"和"课程标准",并据此组织全国20多所交通高职高专院校道路桥梁工程技术专业的教师编写了14门课程的工学结合、课程改革规划教材。专业"教学标准"和"课程标准"是全国道路桥梁工程技术专业多年建设成果的总结和提炼。

按照2010年4月路桥工程专业指导委员会所确定的编写原则,本套教材力求体现如下特点:

体系规范。以工学结合、校企合作所开发的教材为切入点,在"教学标准"和"课程标准"确定的框架下,改革教学内容和教学方法,突出专业教学的针对性,选定教材的内容。

内容先进。用新观点、新思想审视和阐述教材内容,所选定的教材内容适应公路建设发展需要,反映公路建设的新知识、新技术、新工艺和新方法。

知识实用。以职业能力为本位,以应用为核心,以"必需、够用"为原则,教材紧密联系生活和生产实际,加强了教学的针对性,能与相应的职业资格标准相互衔接。

使用灵活。体现教学内容弹性化,教学要求层次化,教材结构模块化;有利于按需施教,因材施教。

交通职业教育教学指导委员会
路桥工程专业指导委员会
2010年12月

前　言

高等职业教育是为了培养生产、管理、服务第一线的应用型、技术型人才。近年来，职业教育坚持“以服务为宗旨，以就业为导向”的办学方针，实现了快速发展，职业教育人才培养模式改革也在不断深化。在这种形势下，本教材在编写的过程中紧紧围绕着培养目标，根据高职学生将来毕业后面向生产一线的特点，本着“必需”、“够用”的原则，将工程识图理论教学与实践进行了必要结合。通过教授绘制和阅读工程图样的原理和方法，培养学生的工程文化素质，增强学生的工程意识。

本教材是交通职业教育教学指导委员会路桥工程专业指导委员会组织编写的高职高专工学结合、课程改革规划教材。本教材在编写中，组织课程专家、一线优秀教师，研究了现行出版的关于高职工程识图方面的各类教材，理性地借鉴了国内外各类职业院校课改的先进思想，力求体现如下特点：

(1)知识结构合理化。教材以新的课程标准和教学标准规定的基础模块内容为主，精选教学内容，降低难度，体现了“浅”；增加理论联系实际的内容，如在与社会生活的联系和技术应用的联系方面体现出了“宽”的特色，突出了“实践性和应用性”；增加了新知识、新技术、新规范的介绍，以开阔学生的眼界，体现教材的先进性和实用性。

(2)内容编排项目化。本教材以“工作项目”为主线，创设学习情境，结合职业技能证书考证，培养学生的实践动手能力。以道路桥梁工程技术类专业学生的就业为导向，根据行业专家对道路桥梁工程技术类专业所涵盖的岗位群进行的任务和职业能力分析，同时遵循高等职业院校学生的认知规律，紧密结合职业资格证书中相关考核要求，确定本课程的学习模块和课程内容。

(3)教材使用科学化。本教材每个学习任务前都列有学习目标、任务描述和学习引导，有利于教师在教学中把握重点、难点。知识体系后编排了学习任务和学习效果评价，便于学生复习和巩固所学知识，并进行自我检测。

本教材由南京交通职业技术学院樊琳娟副教授担任主编，湖南大学袁果教授和江苏省交通规划设计院高级工程师李浩担任主审。

具体编写分工如下：学习情境一中的学习任务三、四以及学习情境三中的学习任务一，习题集学习情境三中的学习任务一、二由南京交通职业技术学院樊琳娟副教授编写；学习情境一中的学习任务一、二、五，习题集学习情境一中的学习任务一、二、三、四、五由南京交通职业技术学院江玮讲师编写；学习情境二中的学习任务一、二、三，习题集学习情境二中的学习任务一、二、三、四由南京交通职业技术学院赵艳艳讲师编写；学习情境二中的学习任务四以及学习情境四中的学习任务一、二，习题集学习情境四中的学习任务一、二和学习情境五由南京交通职业技术学院边加敏讲师编写；学习情境三中的学习任务二由青海交通职业技术学院姚青梅副教授编写；学习情境五中的学习任务一、二、三、四由青海交通职业技术学院侯铁军讲师编写。

在教材编写的过程中，还得到人民交通出版社高职教材出版中心的大力帮助，在此对他们的辛勤劳动表示衷心的感谢。

由于时间和编者水平有限，书中存在错误或不当之处在所难免，敬请同行专家和读者批评指正。

编　者

2011 年 4 月

目　录

学习情境一　识图准备知识 …… 1
学习情境二　路桥构件工程图 …… 22
学习情境三　道路工程专业图 …… 40
学习情境四　桥涵工程专业图 …… 53
学习情境五　计算机绘图——AutoCAD …… 59

1-1　字体练习

线型测长宽厚度标高形状楼梯体积轴线垂直机械材料散水

路桥梁隧道给排水供热风煤气暖电动质量地基础习力脚勒

物理结构施房屋车间门窗柱墙砧瓦砂石混凝土浆涂抹练习

学习情境一	识图准备知识——制图的基本知识	班级		姓名		日期	

比例尺长宽厚度标高形状防水体积轴线垂直机械材料散铰链保护顺水吊顶平拱窗

路桥梁隧道素土夯实热风煤气暖电动质量地基础习力脚素坡度雨水口盖沟檐变形

物理结构施房屋车间门窗柱墙砧瓦砂石混凝土浆涂抹练桥台桥墩基础地基温度面

路基沥青砂石碎土水泥砂浆混合砂浆刚木平立剖面承重结构三合土石灰混凝土散

学习情境一	识图准备知识——制图的基本知识	班级		姓名		日期	

A B C D E F G H J K L 1 2 3 4 5 6 7 8 9 0

M N O P R S T U W X Z Q

Y b c d e f g h t k

学习情境一	识图准备知识——制图的基本知识	班级		姓名		日期	

1-2　已知外接圆半径为35mm，求作圆的内接正七边形。

1-3　检查图中尺寸标注的错误。

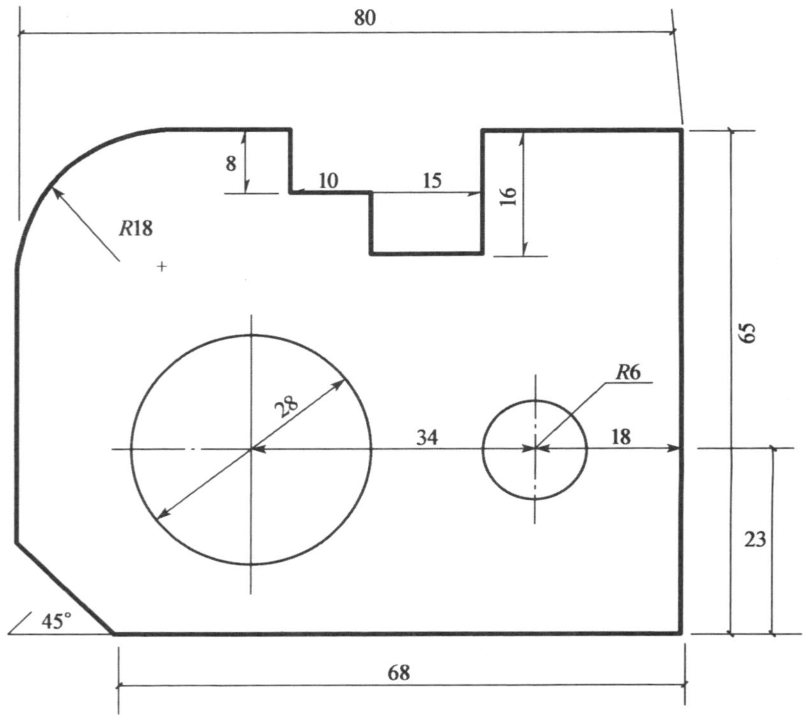

学习情境一	识图准备知识——制图的基本知识	班级		姓名		日期	

1-4 根据立体图找投影图。

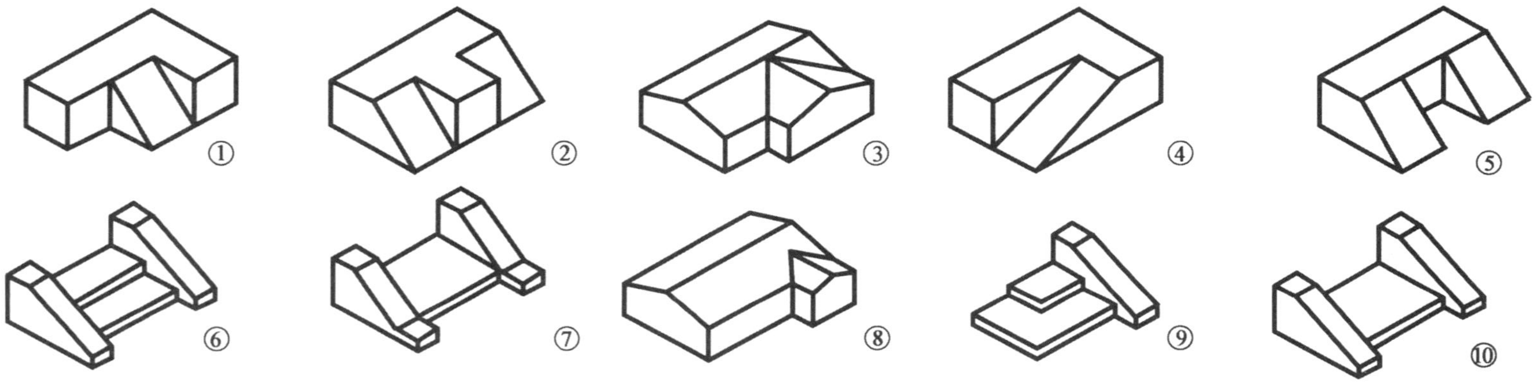

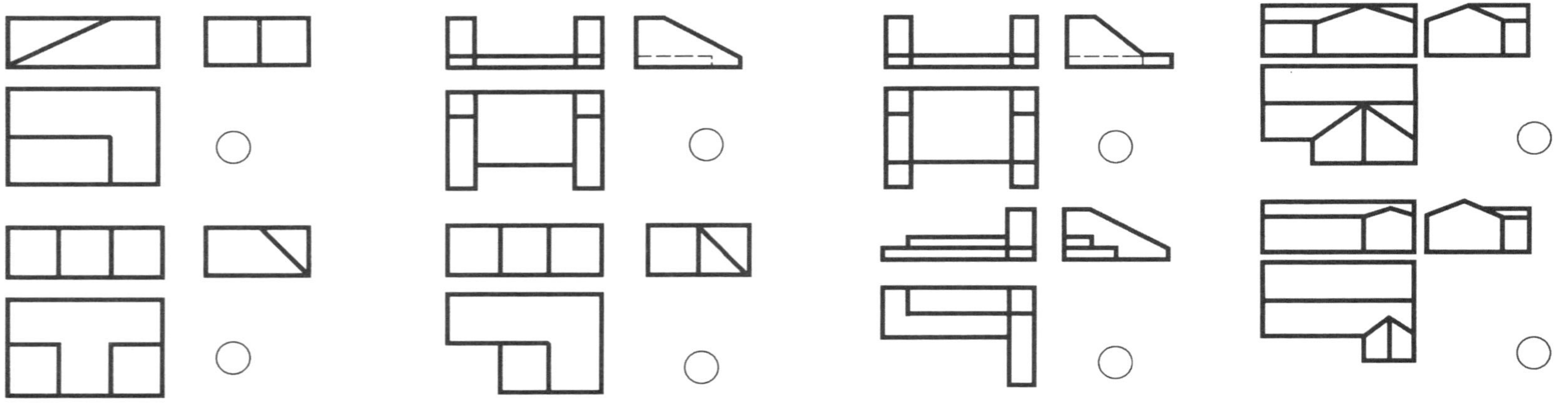

学习情境一	识图准备知识——投影的基本知识	班级		姓名		日期	

1-5 根据投影图找立体图。

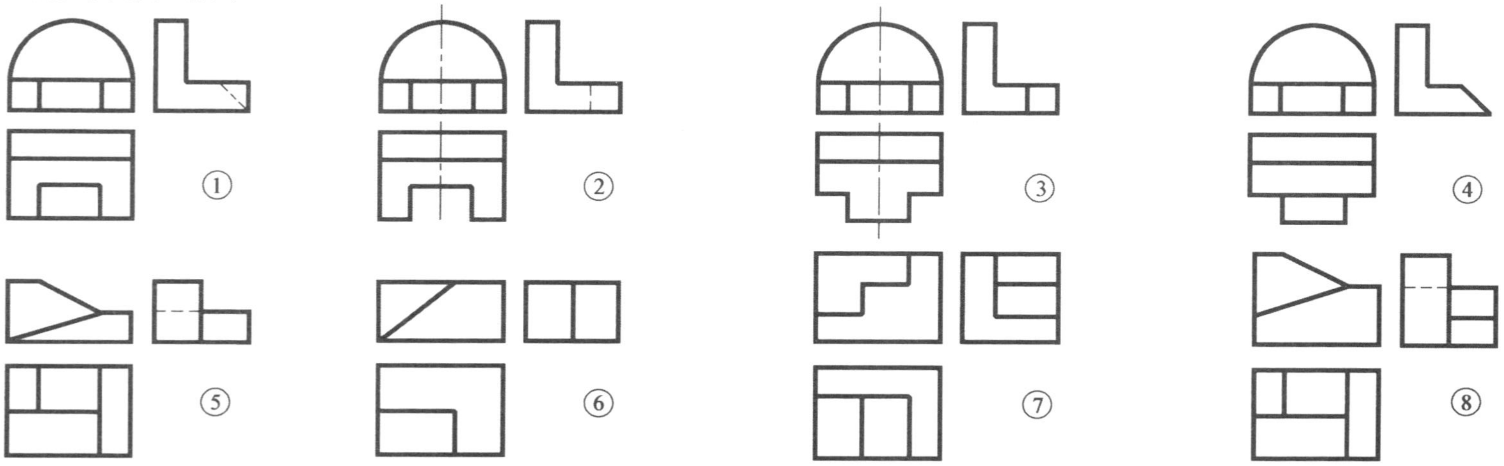

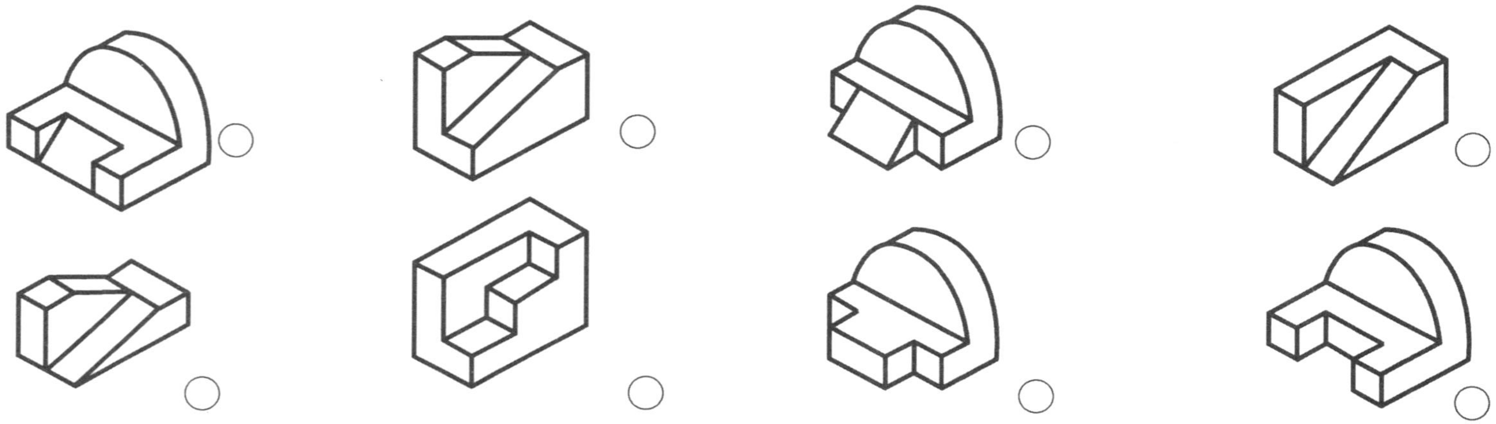

学习情境一	识图准备知识——投影的基本知识	班级		姓名		日期	

1-6　已知形体的立体图和两面投影图，补画第三面投影图。

(1)

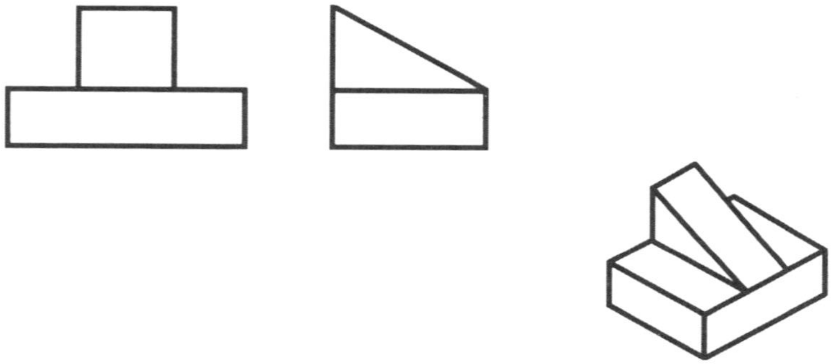

(2)

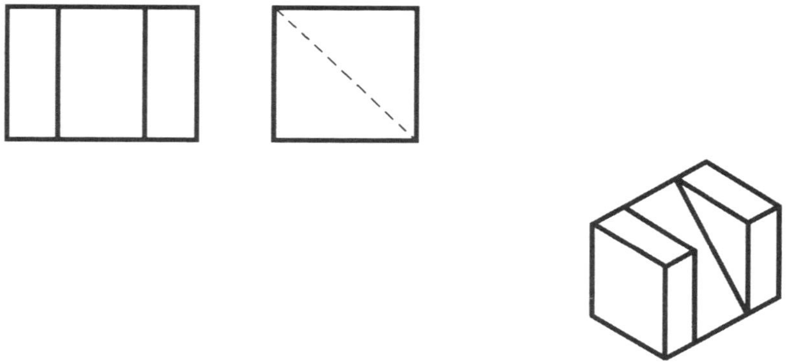

(3)

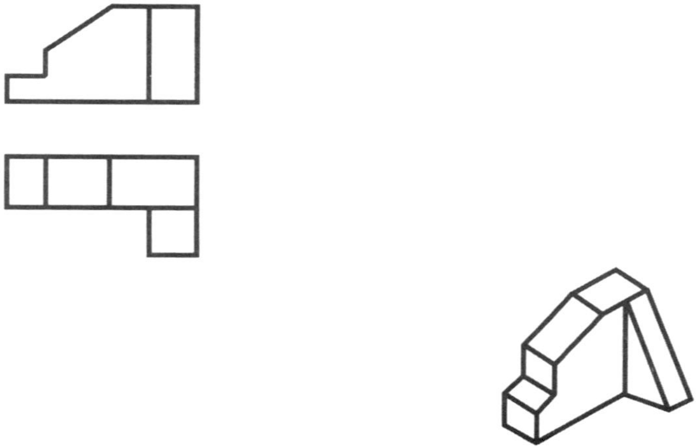

(4)

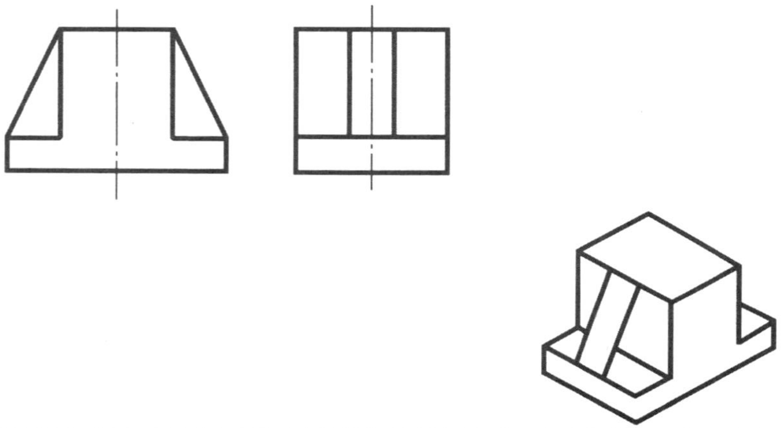

学习情境一	识图准备知识——投影的基本知识	班级		姓名		日期	

1-7　由立体图画出形体的三面投影图，比例自拟。

(1)

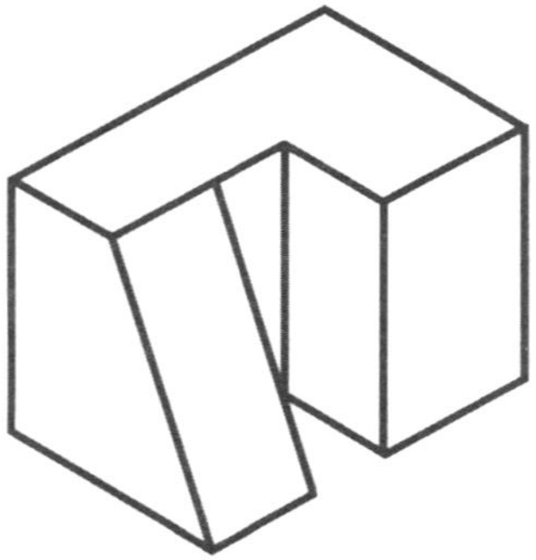

(2)

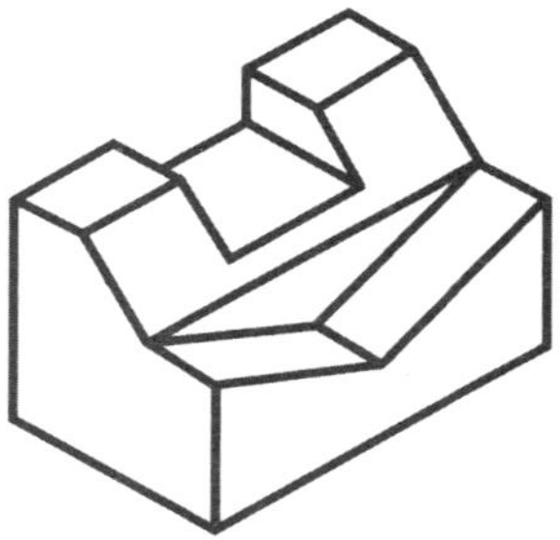

学习情境一	识图准备知识——投影的基本知识	班级		姓名		日期	

(3)

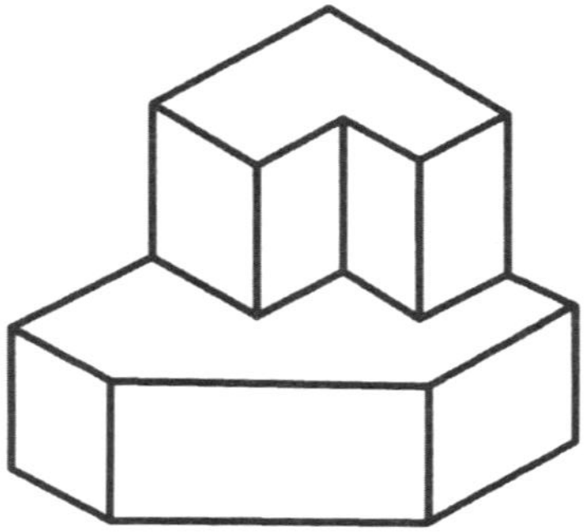

(4)

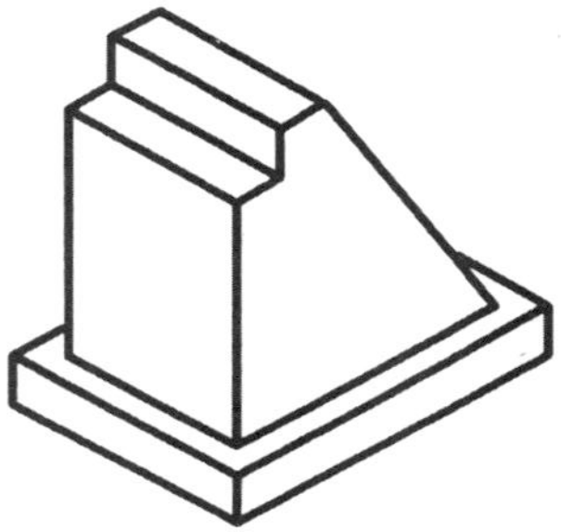

学习情境一	识图准备知识——投影的基本知识	班级		姓名		日期	

1-8　补全四棱柱及其表面上点的三面投影。

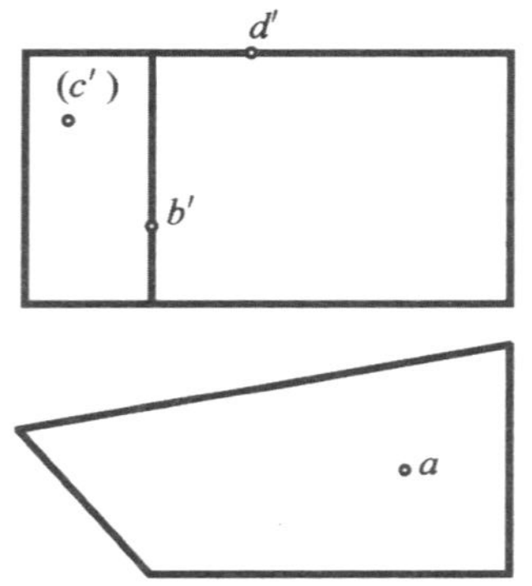

1-9　补全三棱锥及其表面上点的三面投影。

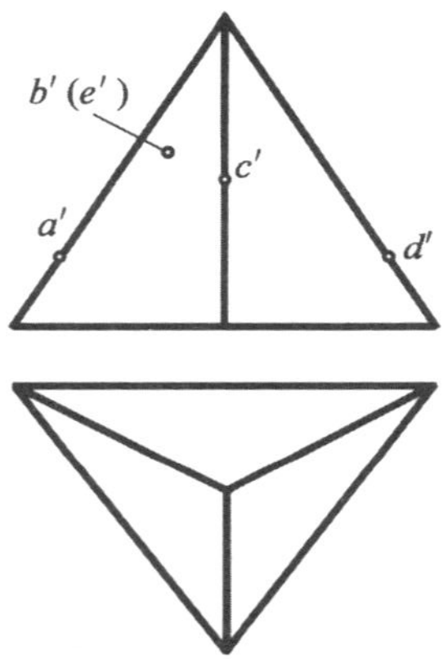

1-10　求作圆柱的*H*面投影，并求其表面上点*a*、*b*及线段*cd*的其他投影。

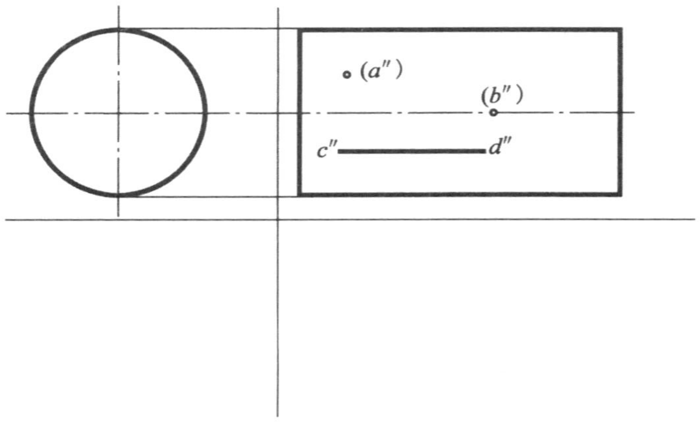

1-11　求作圆柱的*W*面投影，并求其表面上点*c*、*d*及线段*ab*的其他投影。

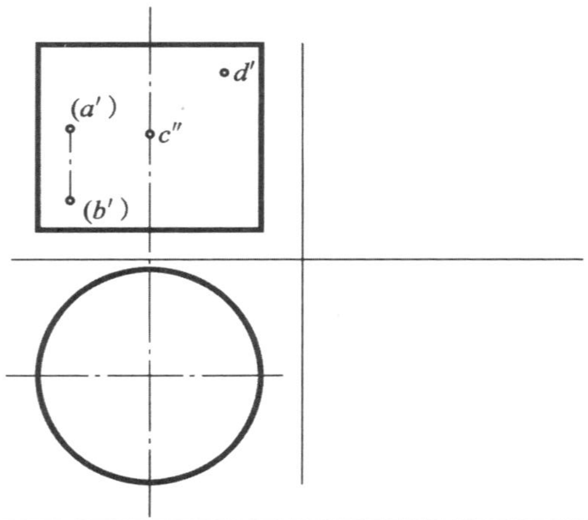

学习情境一	识图准备知识——基本体的投影	班级		姓名		日期	

1-12　分析曲面立体，求作其表面上已知点的两面投影，并说明它们的空间位置。

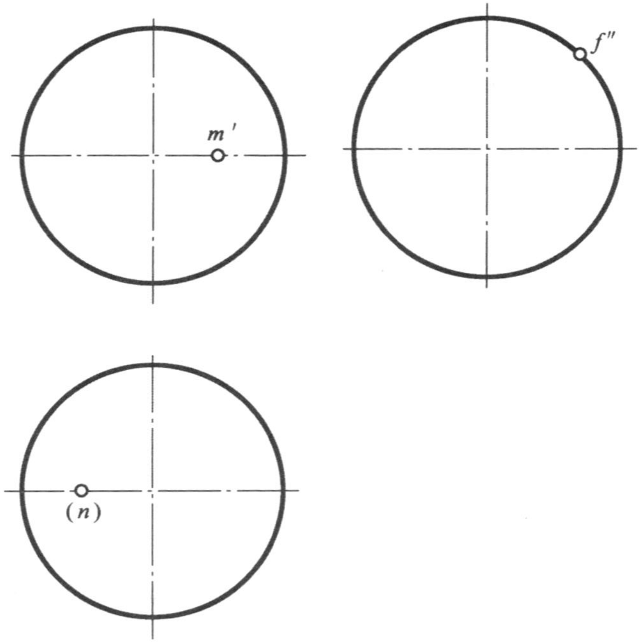

1-13　已知球面立体表面上点、线的一面投影，求作另两面投影。

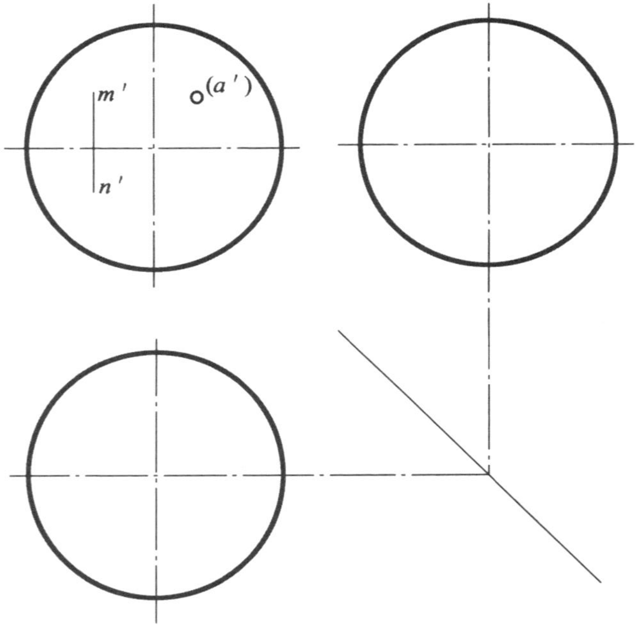

学习情境一	识图准备知识——基本体的投影	班级		姓名		日期	

1-14 根据立体图上的尺寸，按1∶20的比例画三视图。

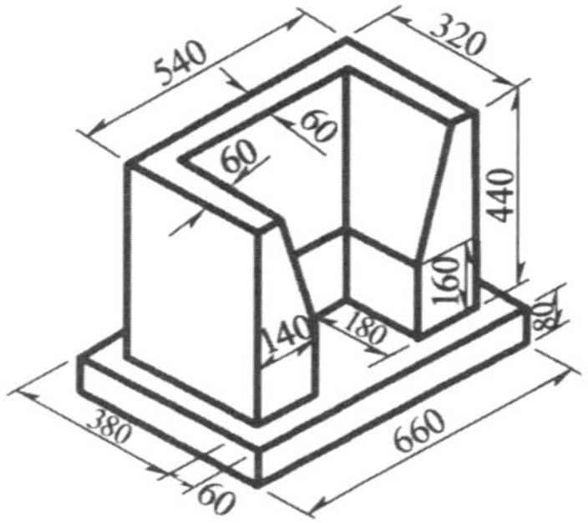

1-15 根据立体图上的尺寸，用1∶20的比例画三视图。

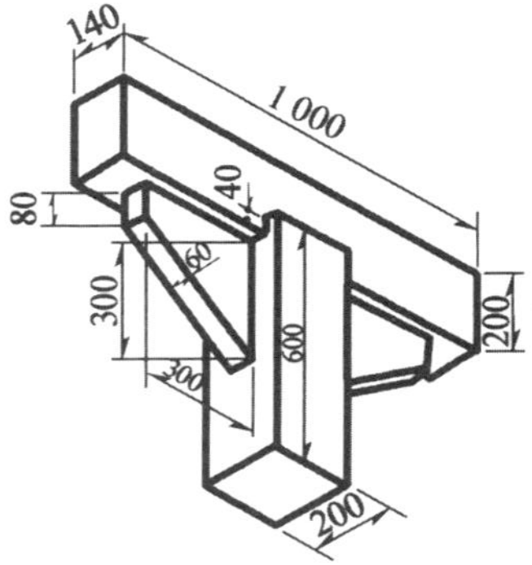

学习情境一	识图准备知识——组合体的投影	班级		姓名		日期	

1-16　根据立体图上的尺寸，按1∶2的比例画三视图。

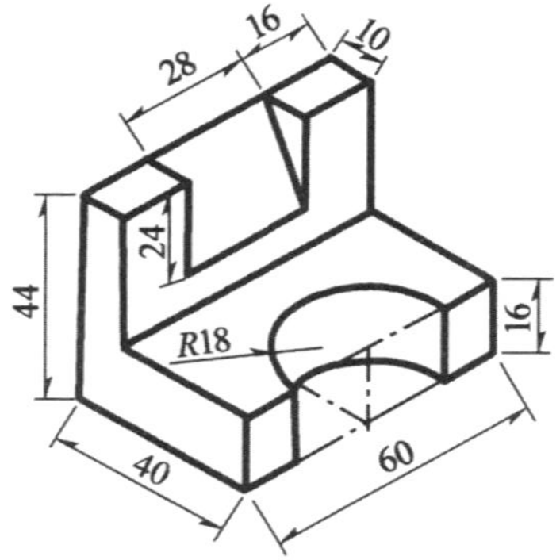

1-17　根据立体图上的尺寸，用1∶10的比例画三视图。

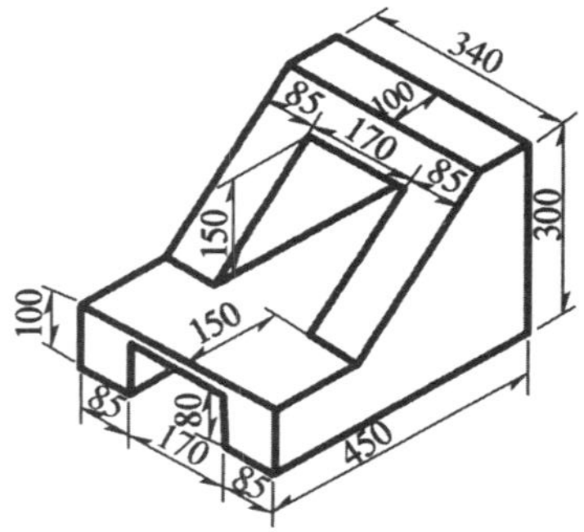

学习情境一	识图准备知识——组合体的投影	班级		姓名		日期	

1-18 根据形体相同的立面图，想象形体多种不同的空间形状，并补画平面图和侧立面图。

(1)

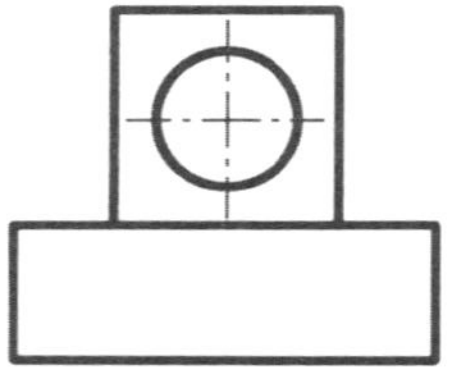

(2)

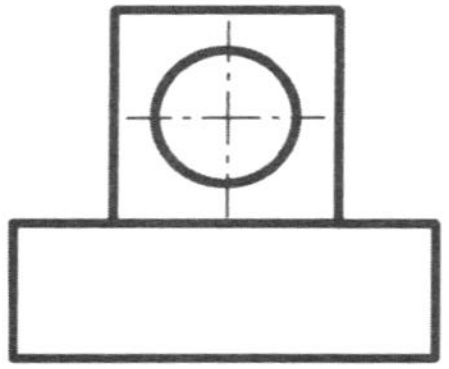

(3)

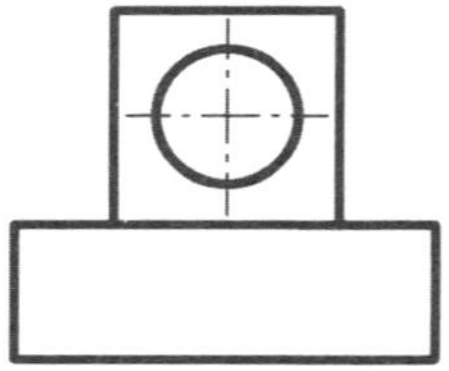

(4)

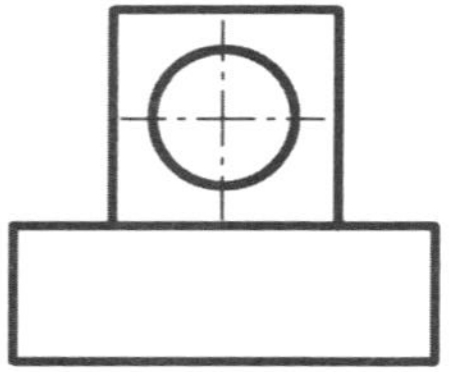

学习情境一	识图准备知识——组合体的投影	班级		姓名		日期	

1-19　补画立体的第三面投影。

(1)

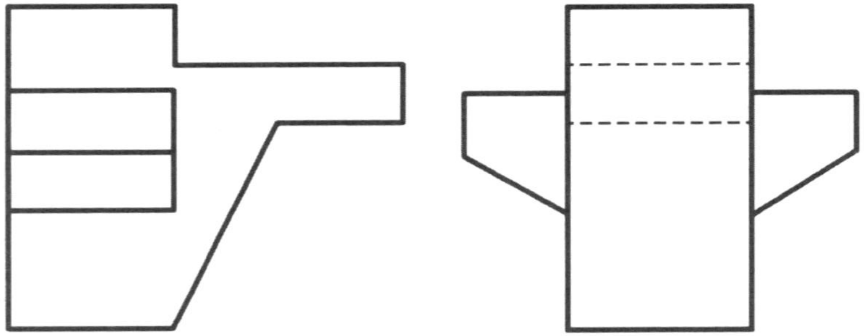

(2)

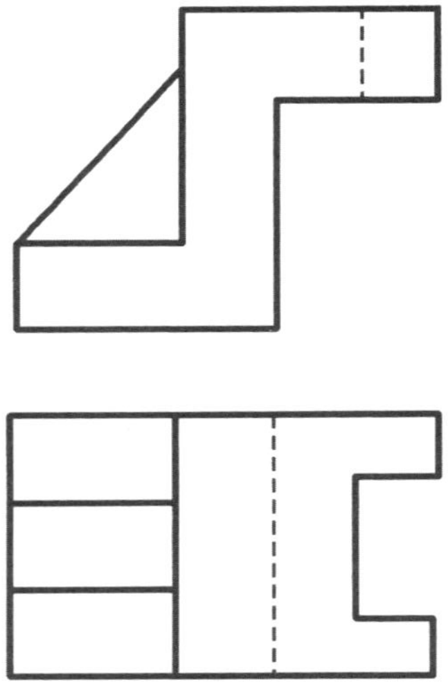

学习情境一	识图准备知识——组合体的投影	班级		姓名		日期	

1-20 补全下列三面投影图中所缺线条。

(1)

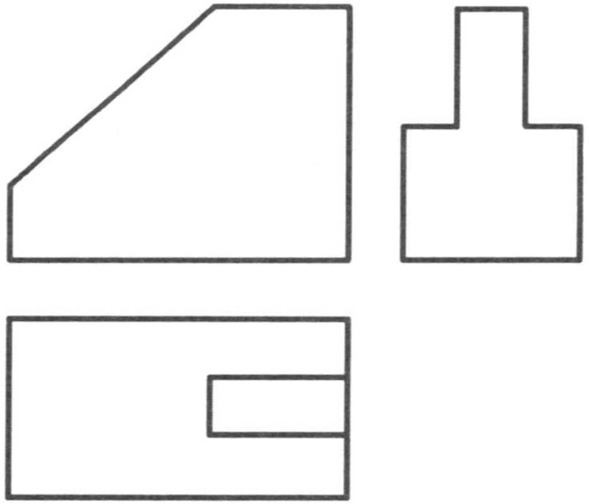

(2)

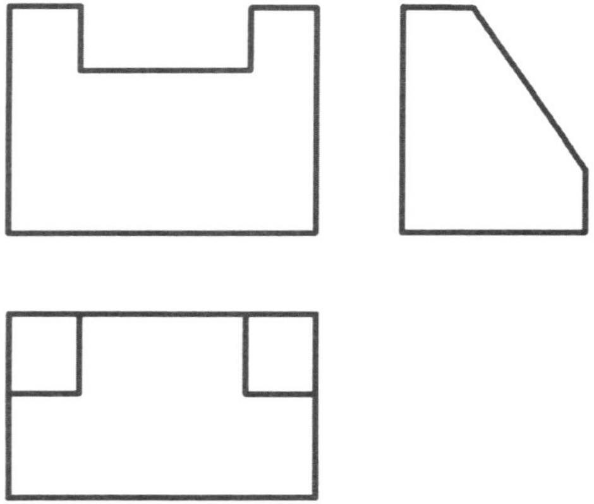

(3)

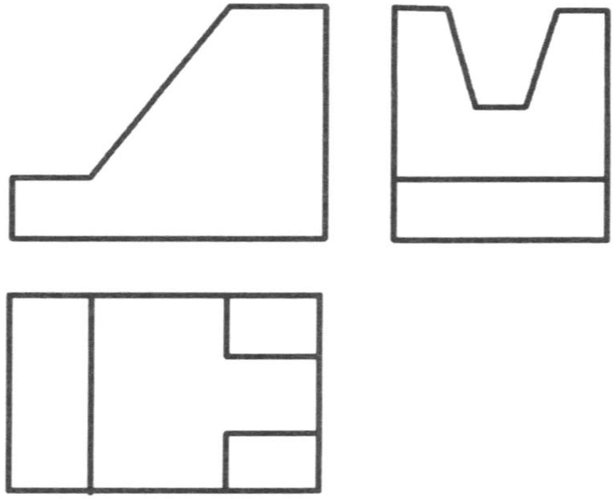

(4)

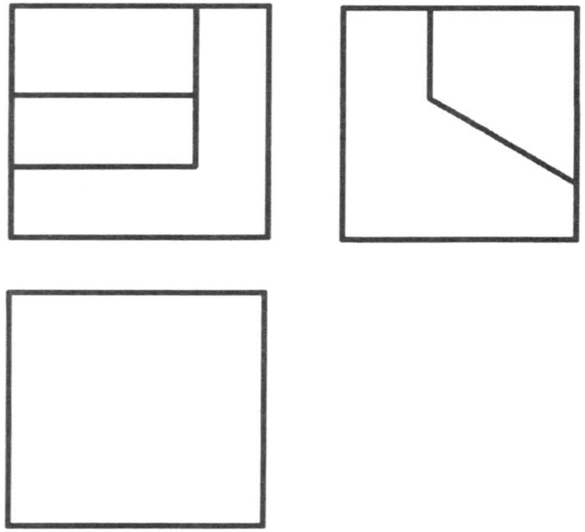

学习情境一	识图准备知识——组合体的投影	班级		姓名		日期	

1-21　补绘坡道的 H 面投影。

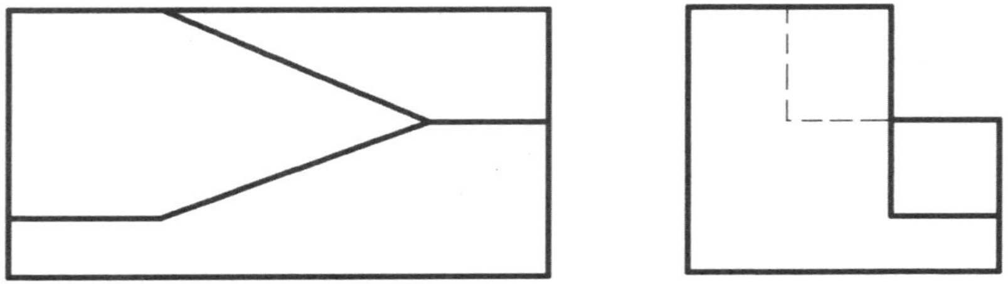

1-22　补绘挡土墙的 W 面投影。

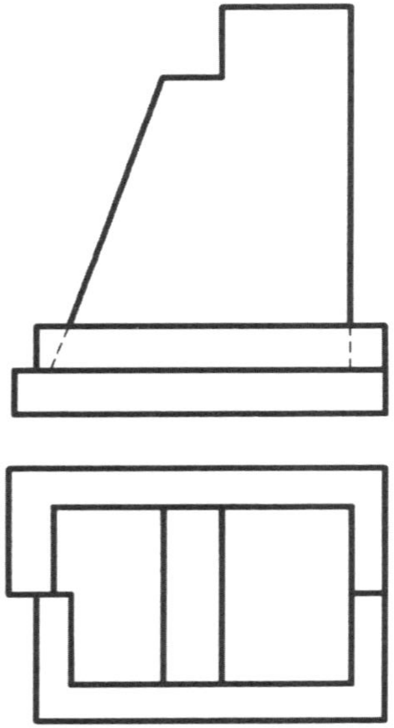

学习情境一	识图准备知识——组合体的投影	班级		姓名		日期	

1-23　检查下列图中尺寸标注的错误，并在下图中重新标注。

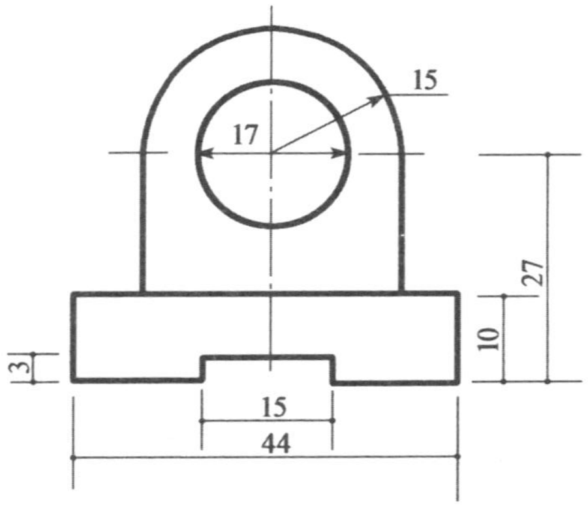

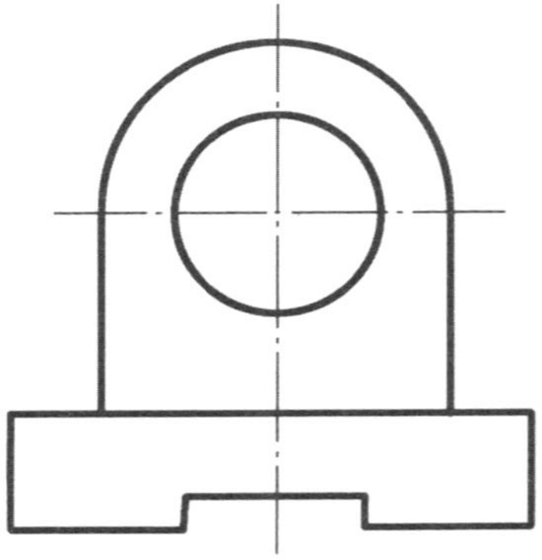

1-24　补画图中所缺少的尺寸。

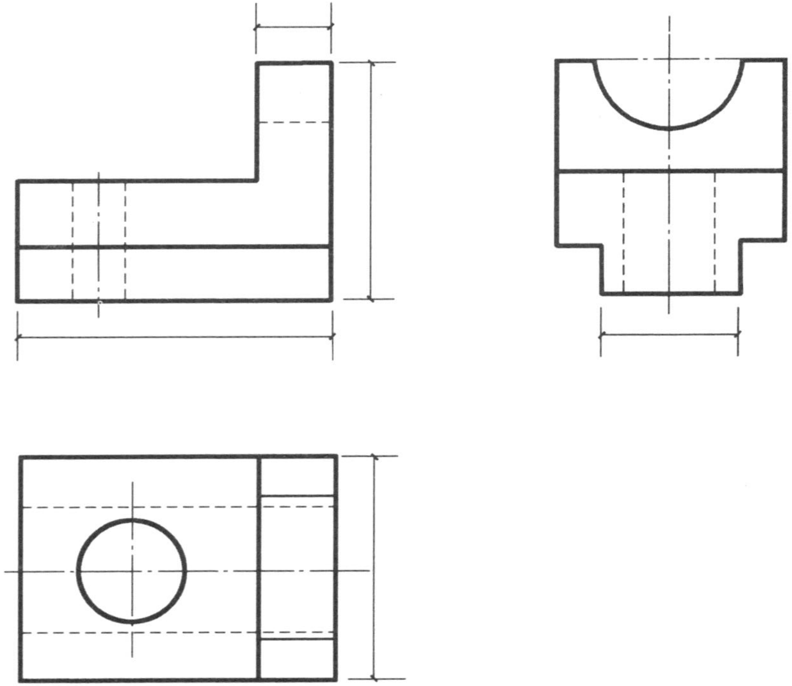

学习情境一	识图准备知识——组合体的投影	班级		姓名		日期	

1-25　标注组合体的尺寸数字，从图中按比例1∶2量取，取整数。

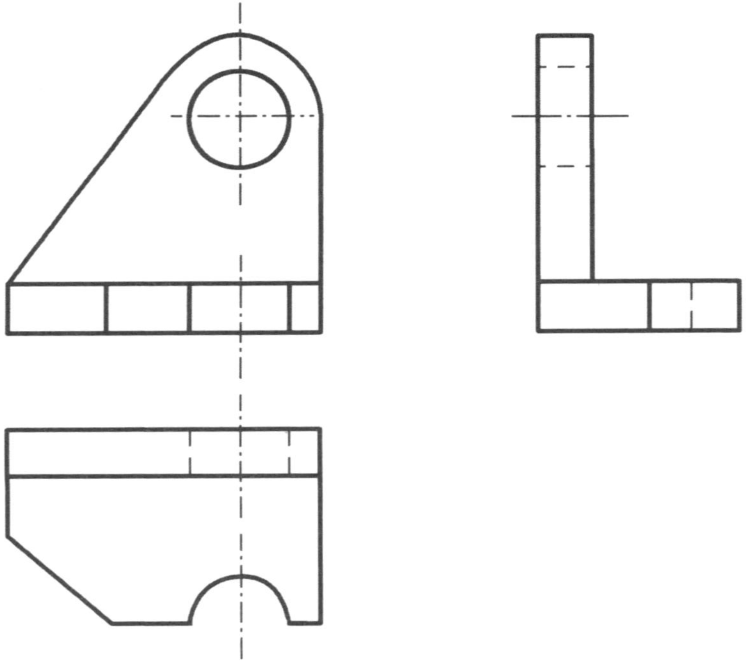

1-26　标注组合体的尺寸数字，从图中按比例1∶10量取，取整数。

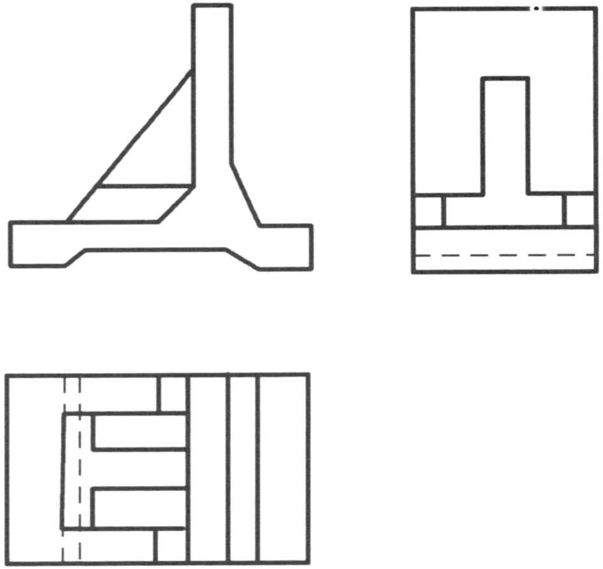

1-27　完成下列基本体的正等轴测投影图。

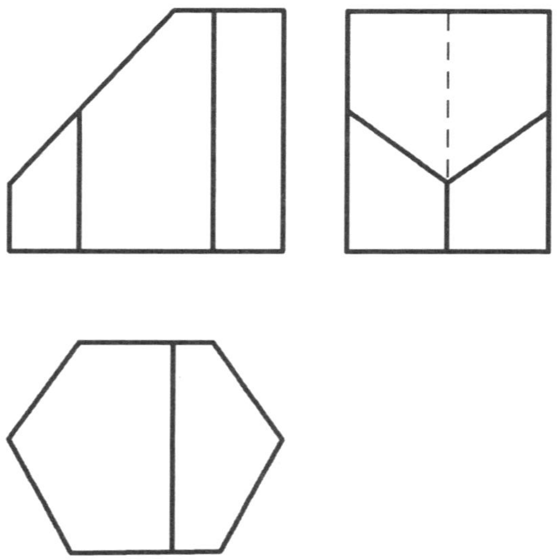

1-28　完成下列形体的斜二轴测投影图。

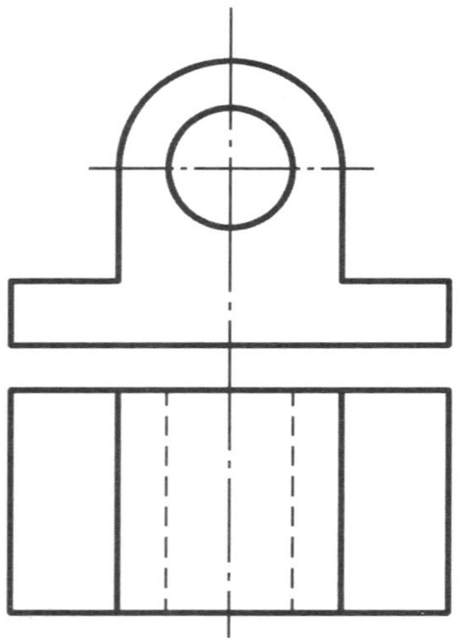

学习情境一	识图准备知识——轴测投影	班级		姓名		日期	

1-29 根据物体的两面投影绘制物体的正等轴测图，并补全物体的第三面投影。

(1)

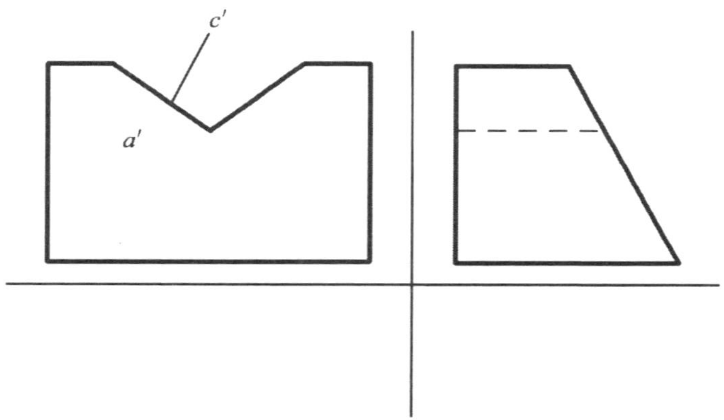

(2)

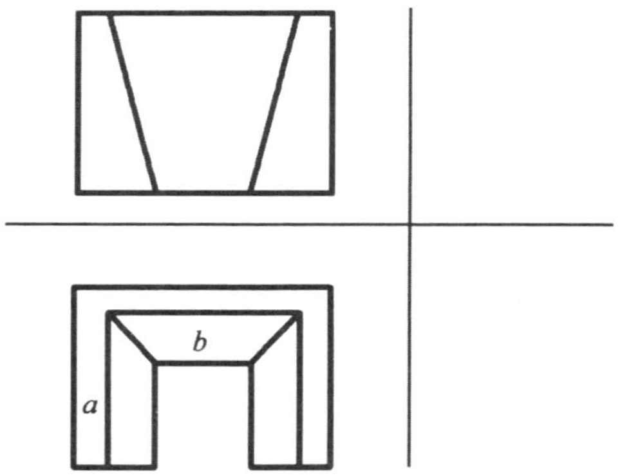

学习情境一	识图准备知识——轴测投影	班级		姓名		日期	

2-1 补画2-2剖面图。

(1)

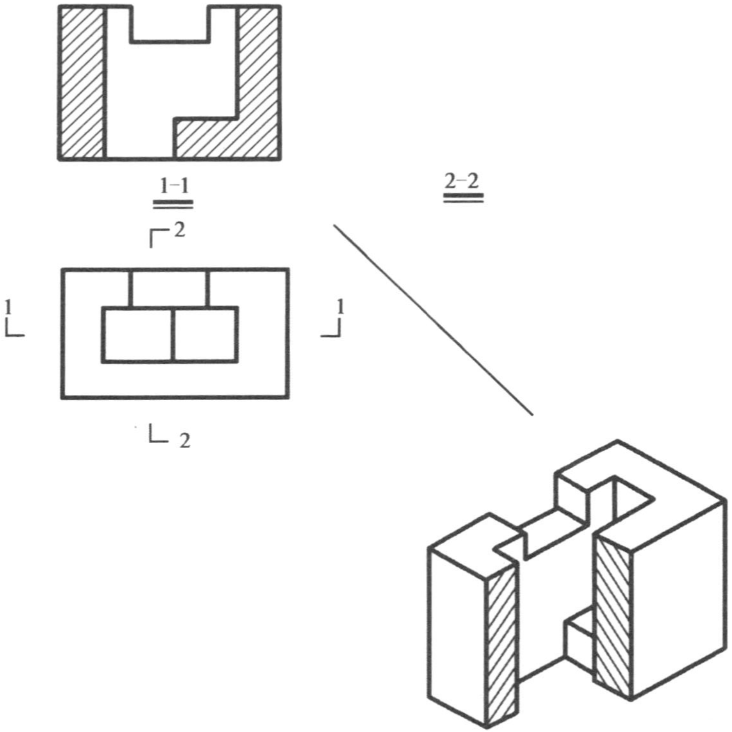

(2)

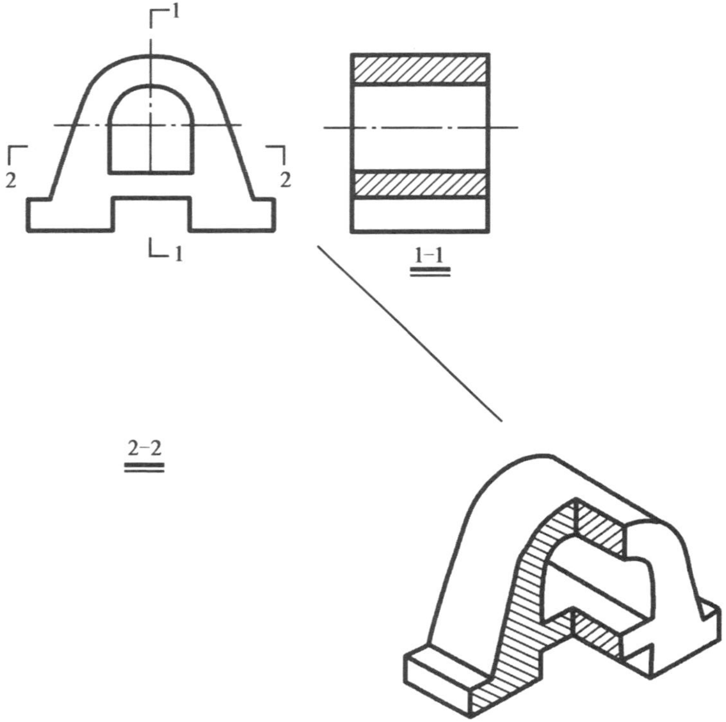

学习情境二	路桥构件工程图——剖面图与断面图	班级		姓名		日期	

2-2 补画2-2剖面图。

(1)

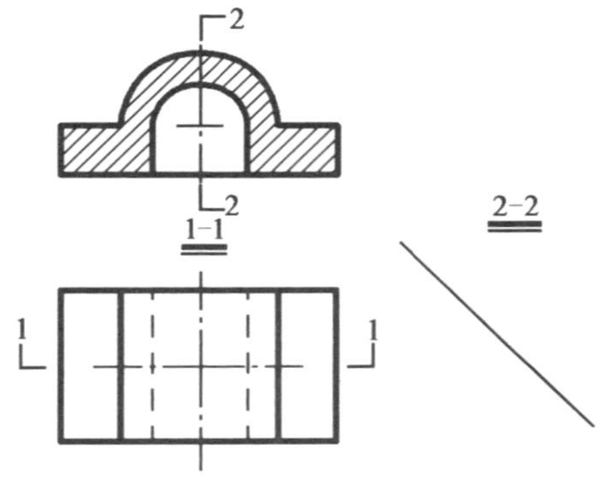

(2)

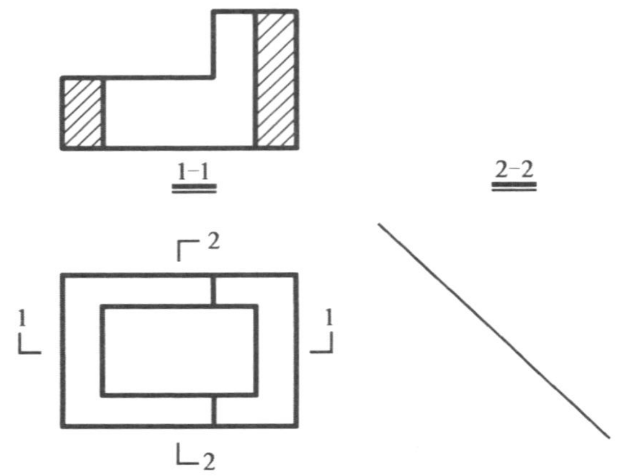

2-3 完成桥台的I-I剖面图。

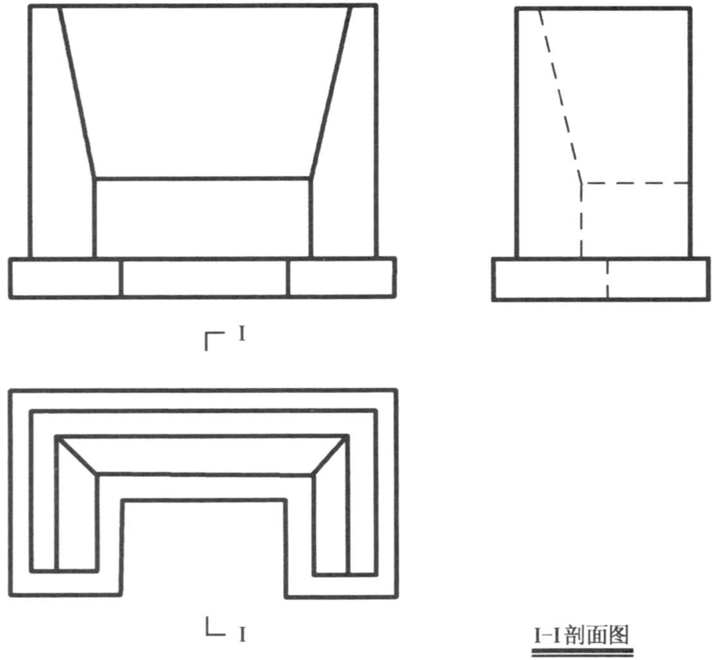

学习情境二	路桥构件工程图——剖面图与断面图	班级		姓名		日期	

2-4　根据涵洞口的三面投影，在指定位置画出1-1、2-2剖面图。

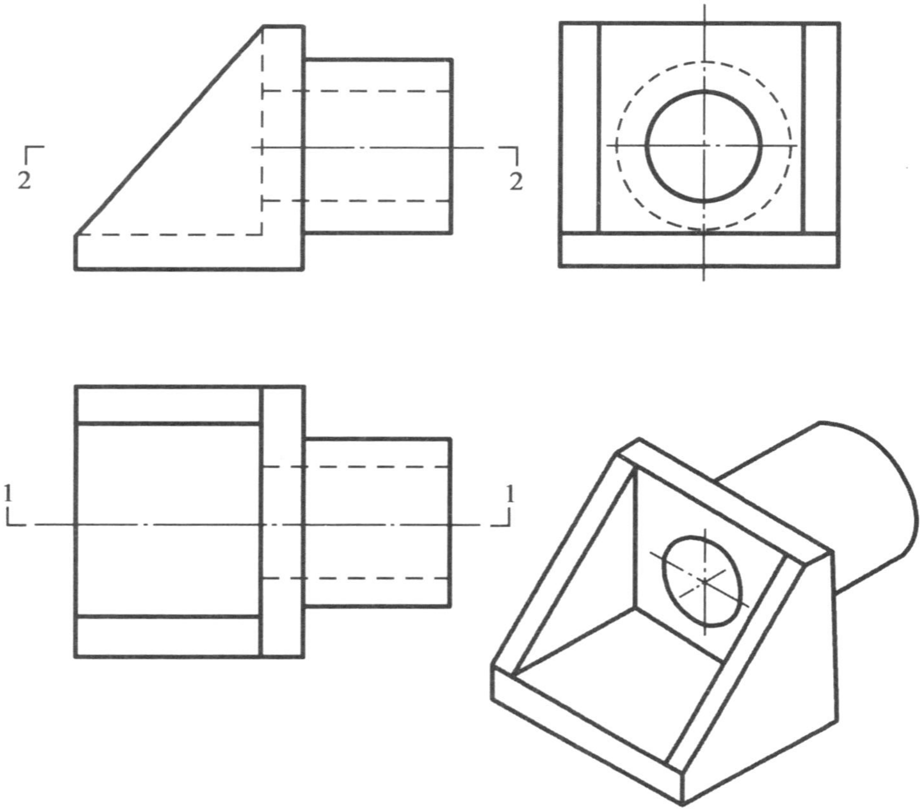

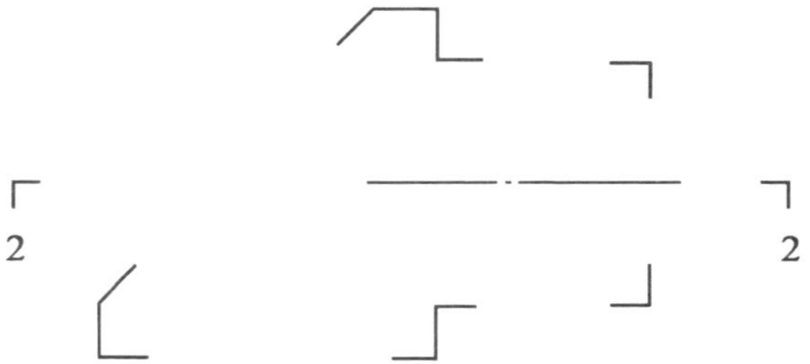

1-1剖面图

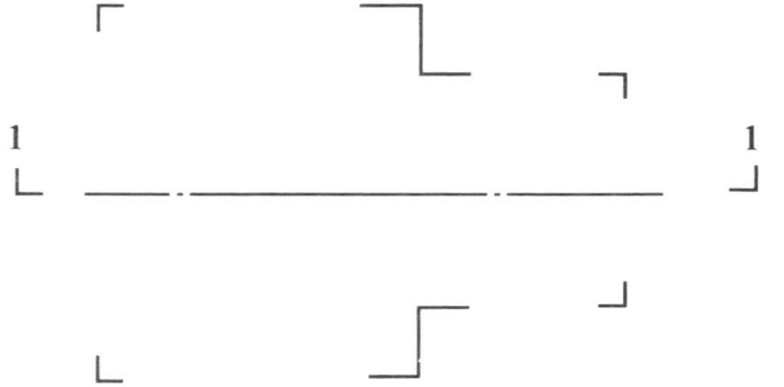

2-2剖面图

学习情境二	路桥构件工程图——剖面图与断面图	班级		姓名		日期	

2-5　在下列图中，正确的1-1剖面图是（　　）。

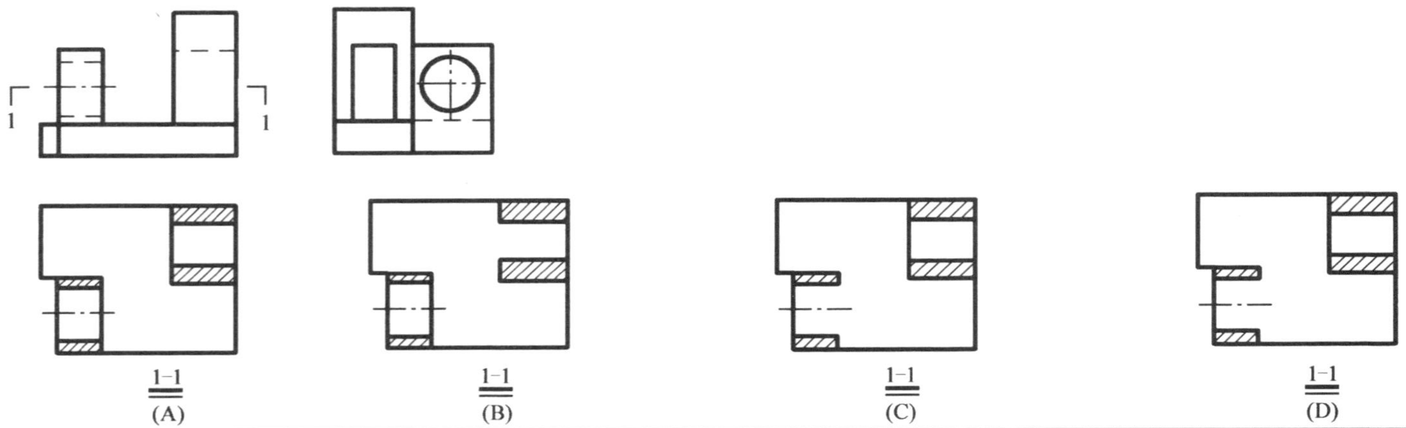

2-6　在下列图中，正确的2-2剖面图是（　　）。

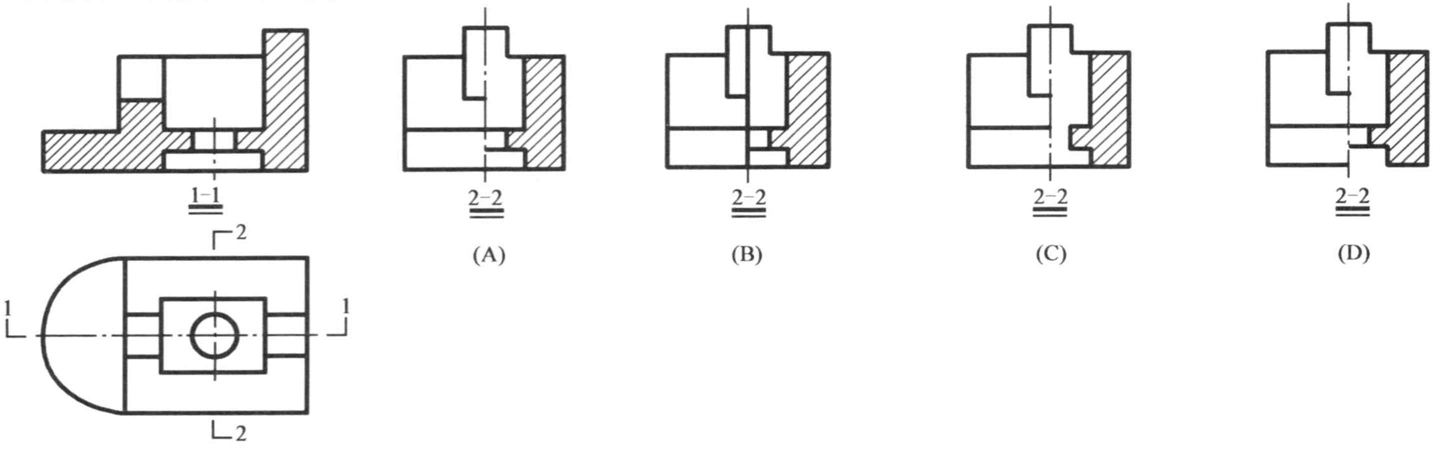

学习情境二	路桥构件工程图——剖面图与断面图	班级		姓名		日期	

2-7　在指定位置，作出1-1半剖面图。

(1)

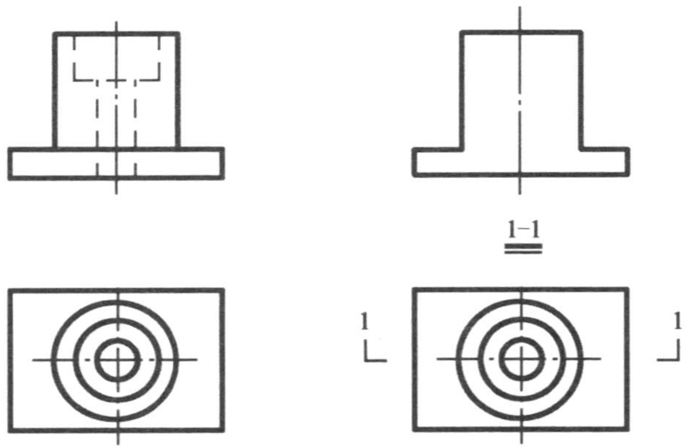

(2)

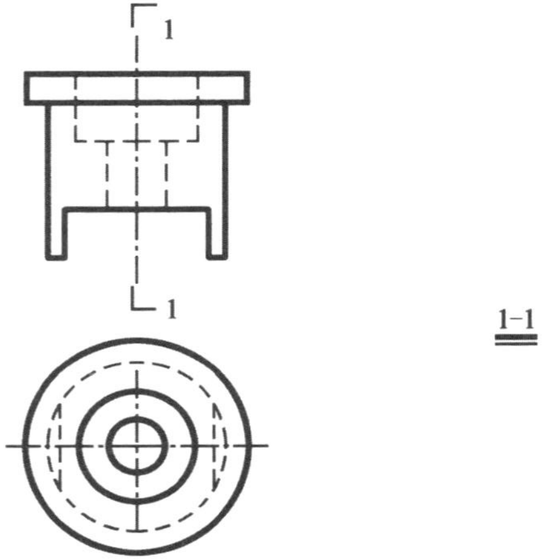

2-8　在指定位置，作出1-1阶梯剖面图。

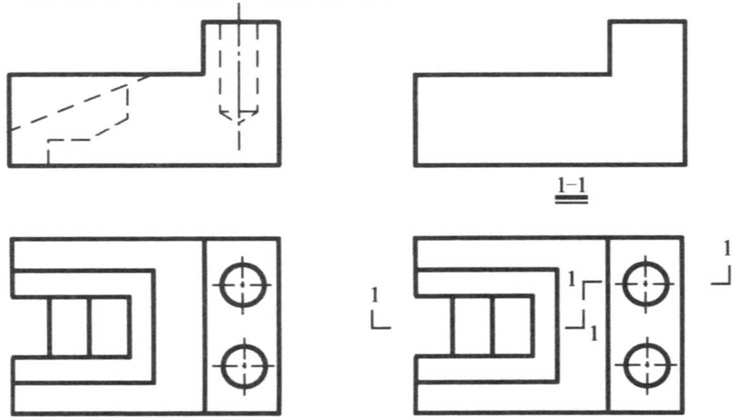

2-9　将V面投影图改画为1-1阶梯剖面图。

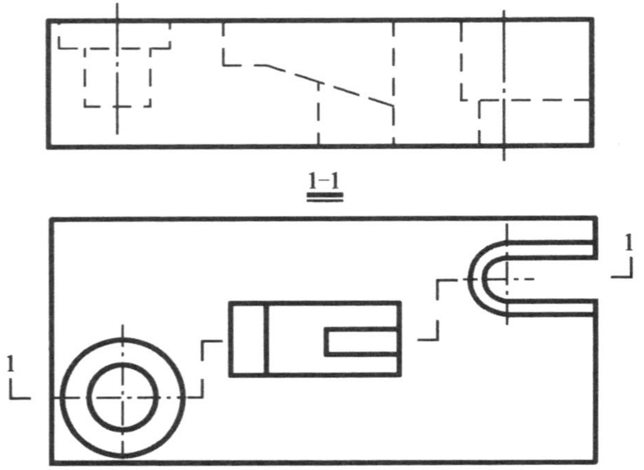

学习情境二	路桥构件工程图——剖面图与断面图	班级		姓名		日期	

2-10　分析局部剖面图中的错误，在右边正确画出。

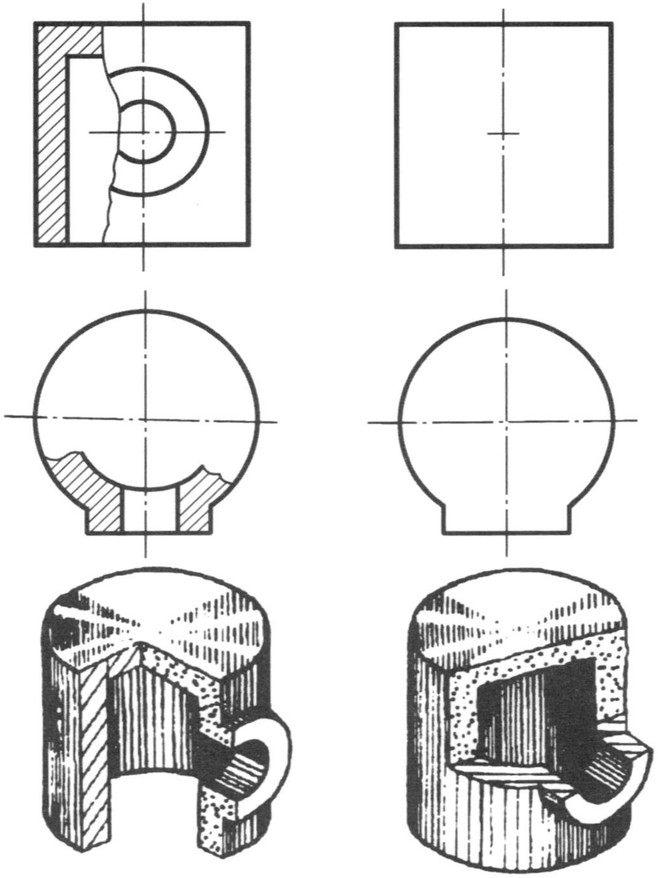

2-11　补画I-I旋转剖面图中所漏画的线。

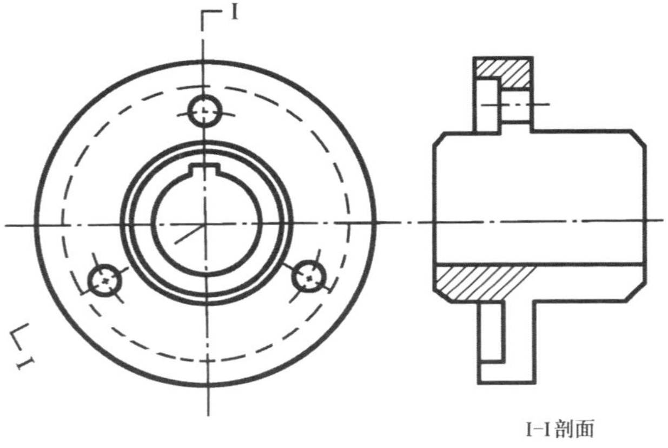

2-12　将下题改画为适当的剖面图。

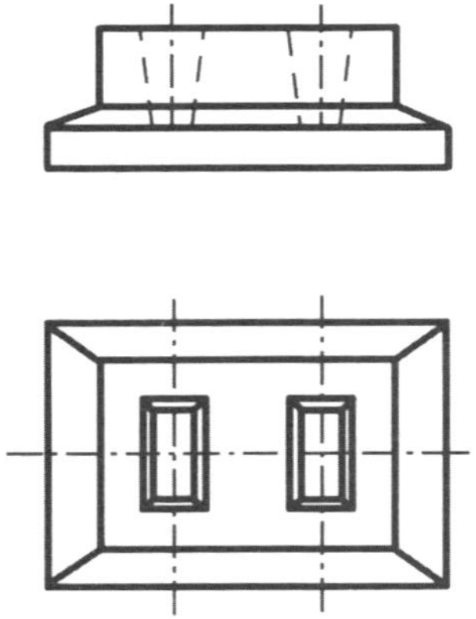

学习情境二	路桥构件工程图——剖面图与断面图	班级		姓名		日期	

2-13　完成移出断面、中断断面和重合断面图。

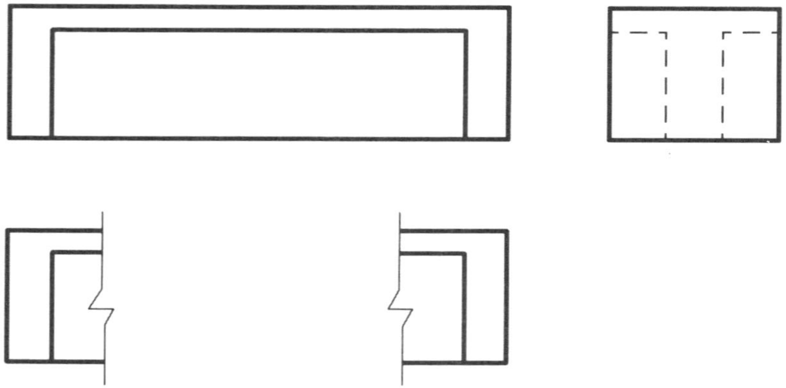

2-14　完成1-1、2-2断面图。

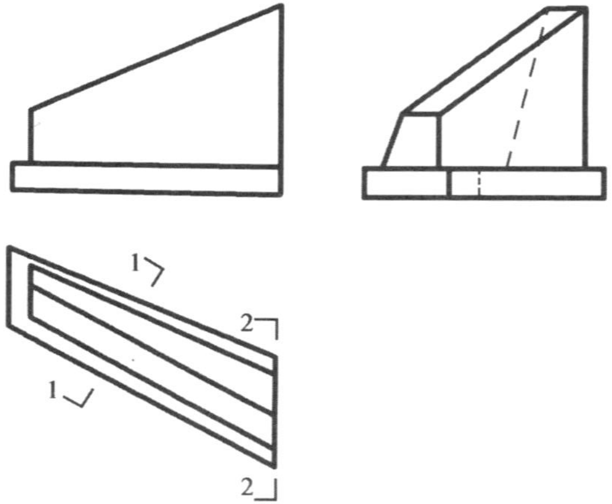

2-15　完成柱子的1-1、2-2、3-3断面图。

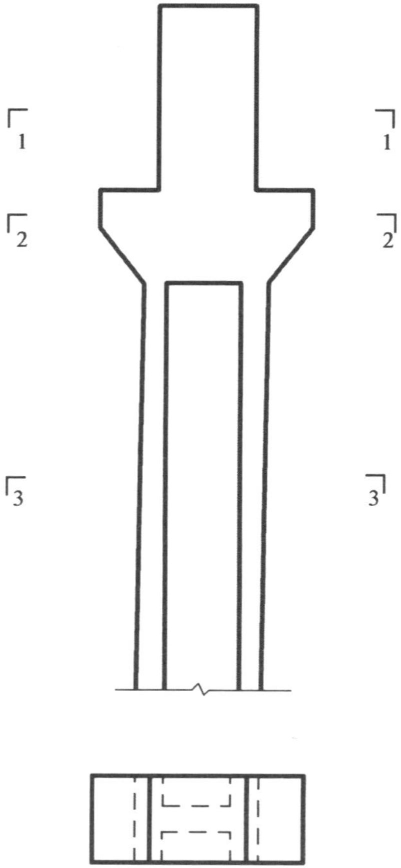

学习情境二	路桥构件工程图——剖面图与断面图	班级		姓名		日期	

2-16　绘制*A*-*A*断面图。

(1)

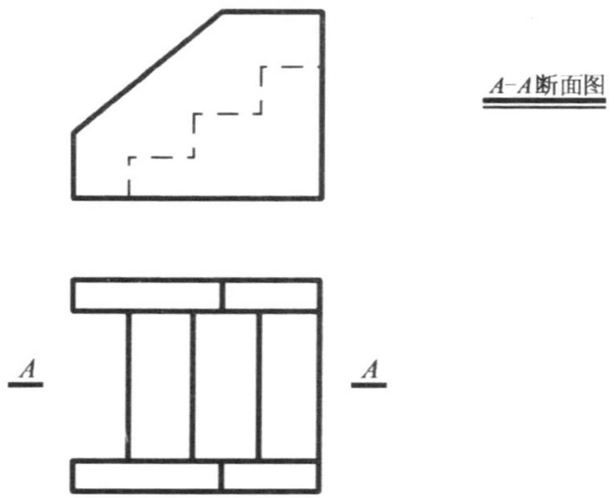

2-17　在指定位置绘制1-1、2-2、3-3、4-4断面图。

(2)

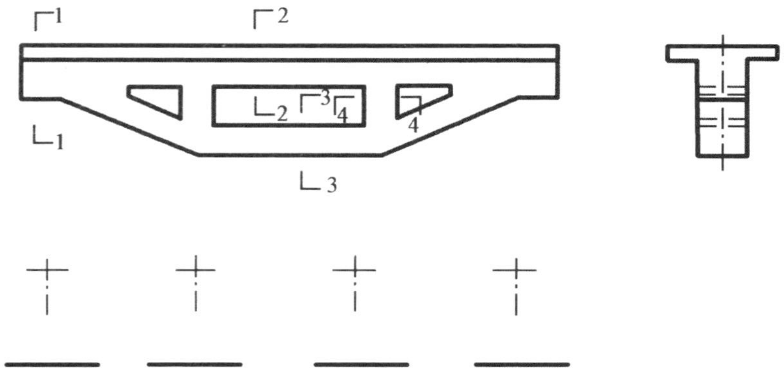

2-18　绘制1-1、2-2断面图。

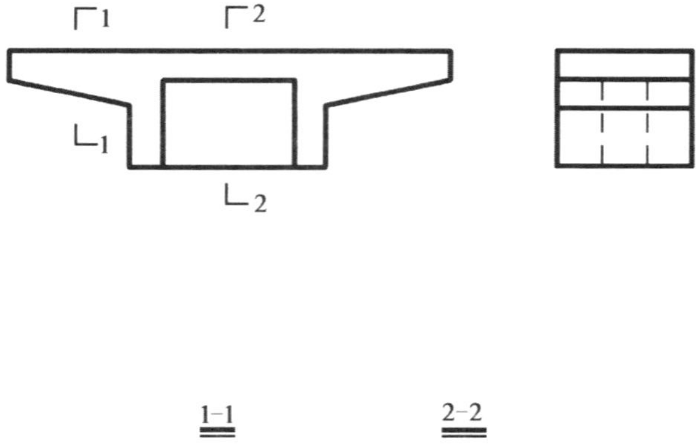

2-19　根据右图移出断面图绘制重合断面图和中断断面图。

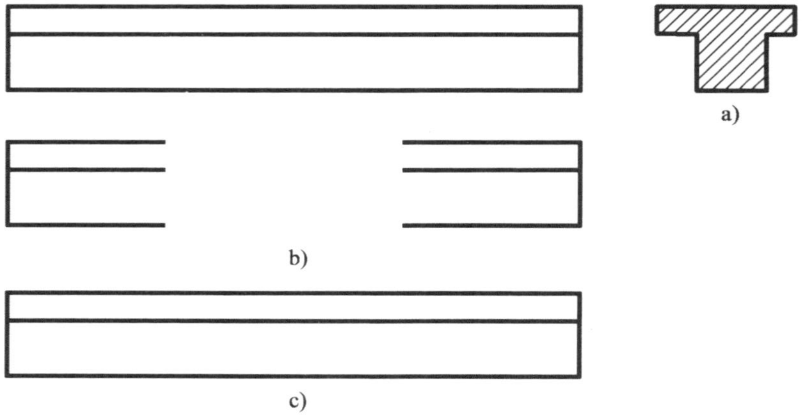

学习情境二	路桥构件工程图——剖面图与断面图	班级		姓名		日期	

2-20　绘制1-1断面图、2-2剖面图。

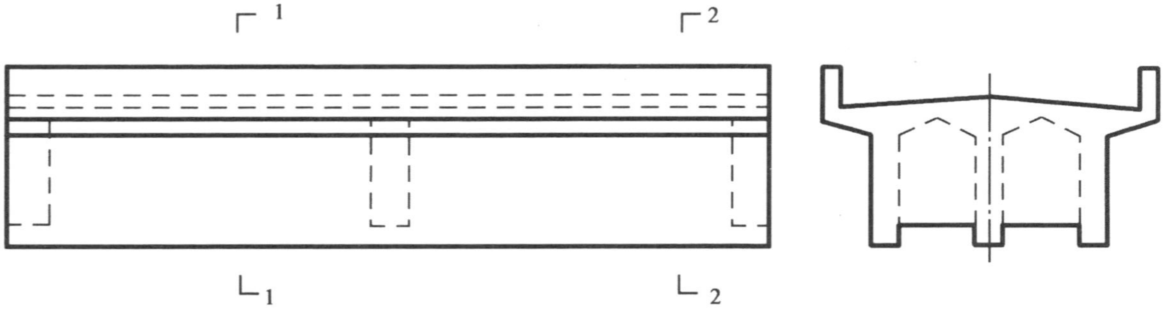

2-21　绘制1-1、2-2、3-3断面图。

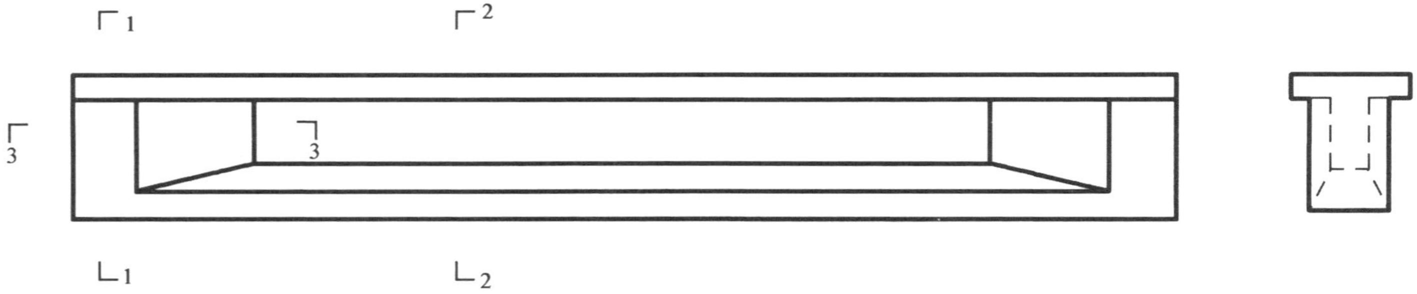

学习情境二	路桥构件工程图——剖面图与断面图	班级		姓名		日期	

2-22　阅读路面结构图。

(1)沥青路面结构图。

路面设计弯沉(0.01mm)	20.4								
适用范围	快速路机动车道			辅道		非机动车道	人行道	交叉口机动车道，中央北路隧道外辅道	桥面铺装
	新建	(老路改建)	辅道(新建)	辅道(新建，施工宽度小于3m)	辅道(老路改建)				
路面结构图式	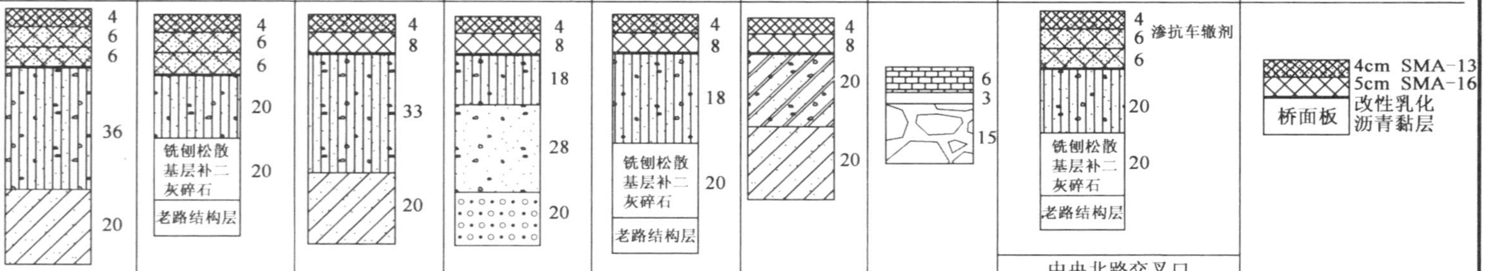								
路面总厚度(cm)	72	铣刨17cm沥青层、松散基层	65	78	铣刨17cm沥青层、松散基层	52	24	中央北路交叉口 K2+580~K2+830 水吉路交叉口 K4+660~K4+930	9

图例

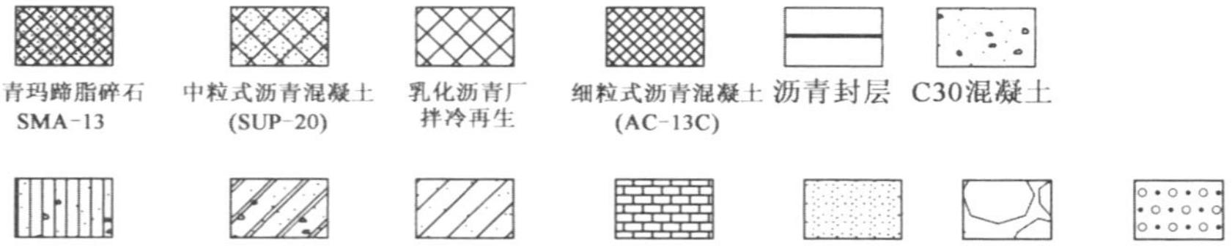

注：1.本图尺寸以厘米计。

2.快速路机动车道上，中面层采用SBS改性沥青，下面层采用道路石油沥青。辅道道表面层SBS改性沥青，下面层采用道路石油沥青。非机动车道表面层、下面层采用普通沥青。SMA-13集料采用玄武岩，其余沥青混凝土采用石灰岩。

3.半刚性基层上设沥青透层，透层上设置沥青下封层，沥青层之间设黏层

学习情境二	路桥构件工程图——路面结构图	班级		姓名		日期	

(2)沥青混凝土路面结构图。

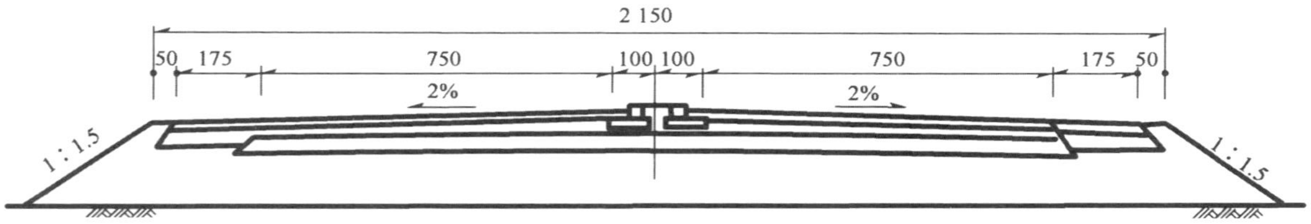

沥青混凝土路面横断面图

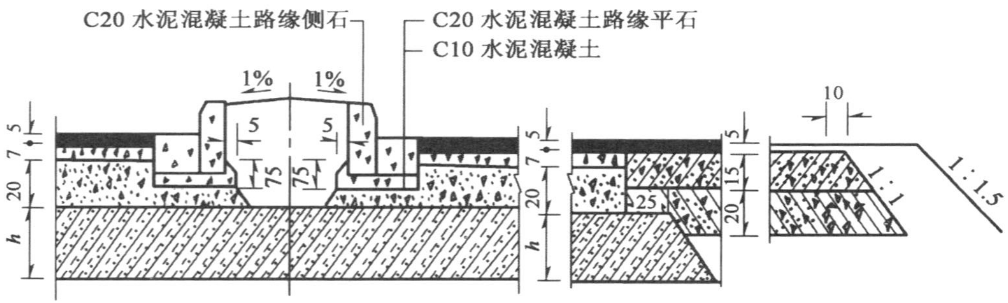

中央分隔带及路面结构

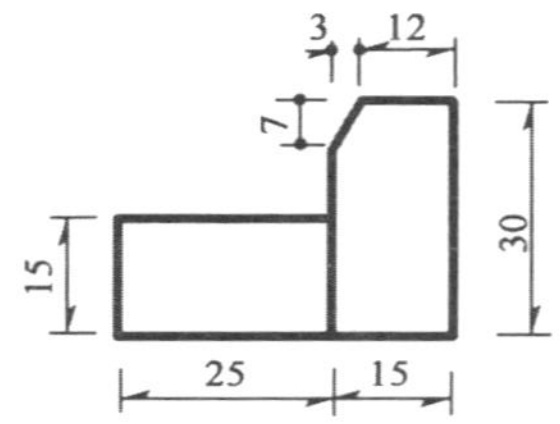

缘石大样图

1：10

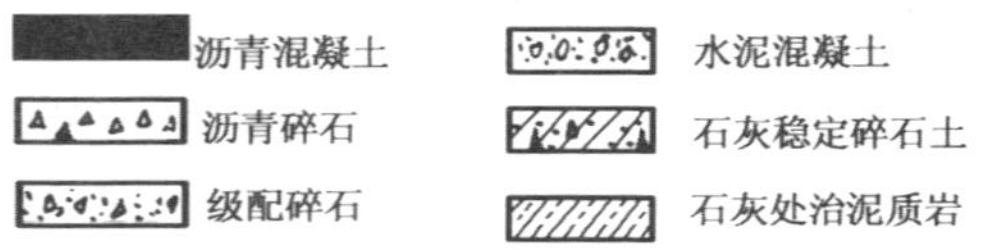

图例

注：1. 本图尺寸均以厘米计。

2. 在K22+700~K35+824路段中，除K31+675~K31+775段为水泥混凝土路面外，其余均采用本图结构。

3. 图中h值为路基完成后实测弯沉值，根据计算确定。

学习情境二	路桥构件工程图——路面结构图	班级		姓名		日期	

(3) 水泥混凝土路面结构图。

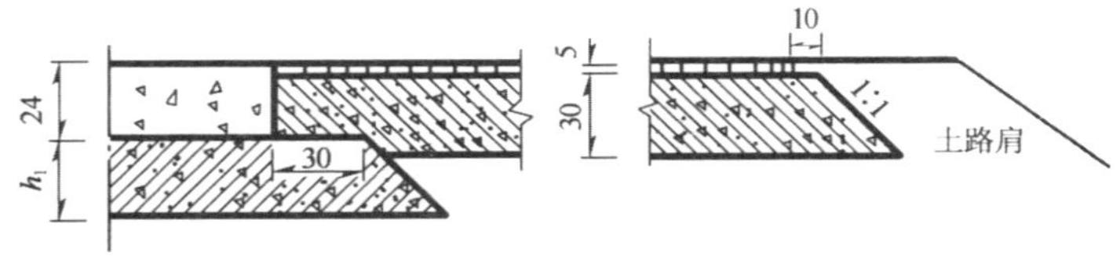

路面结构图A

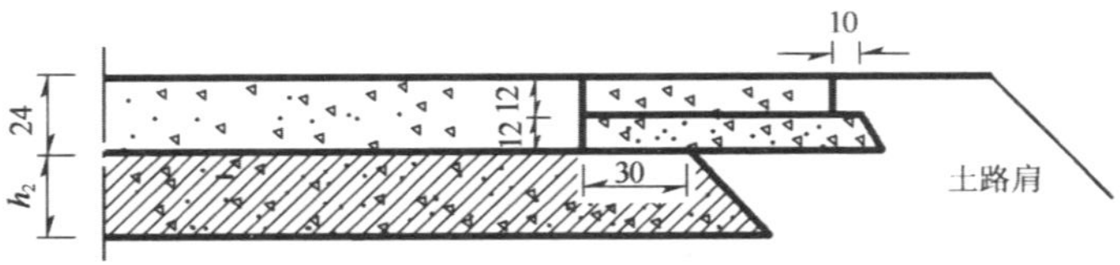

路面结构图B

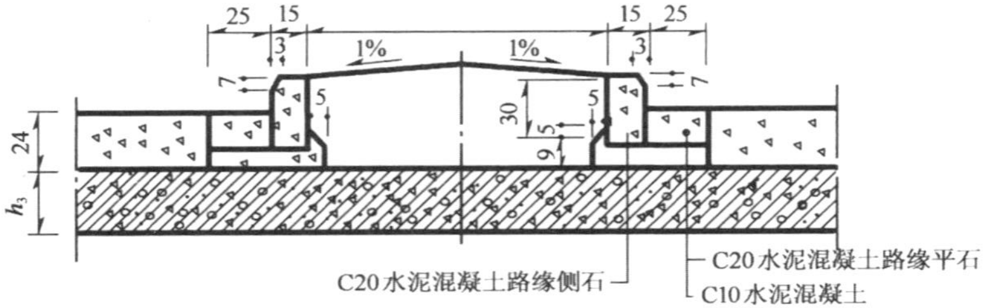

中间带构造图

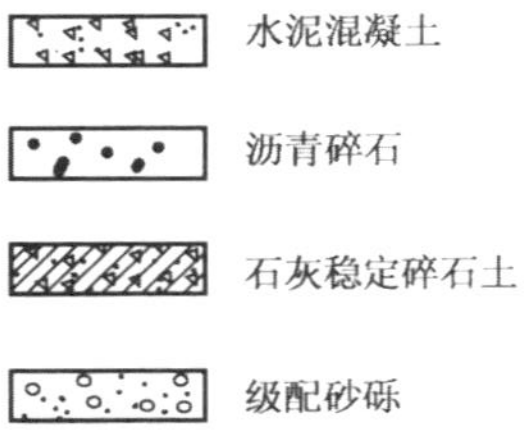

图例

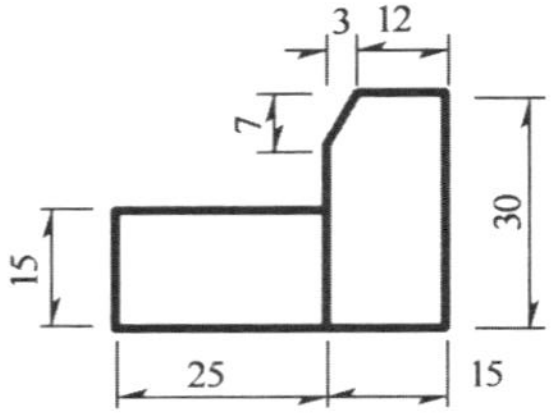

水泥混凝土路缘石大样图

注：1.渐变板硬路肩采用路面结构图A，行车道采用结构图B。

2.本图尺寸以厘米计。

学习情境二	路桥构件工程图——路面结构图	班级		姓名		日期	

续2-22： 阅读以上路面结构图，回答以下问题：

(1) 熟悉路面结构图， 看懂所给的每个图。

(2) 比较图 1 中各路面结构图示的特点。

(3) SMA-13 的含义是：____。

(4) 在水泥混凝土路面结构图中，C20 的含义是：________________________________。

(5) 乳化沥青是：____。

(6) 在沥青混凝土路面结构图中，“E_0=30”，h= ________ 。在沥青混凝土路面结构图“路面结构 B”中，“E_0=20”，h= ________。

学习情境二	路桥构件工程图——路面结构图	班级		姓名		日期	

2-23 阅读U形桥台一般构造图，并按标注尺寸，选择合适比例抄绘。

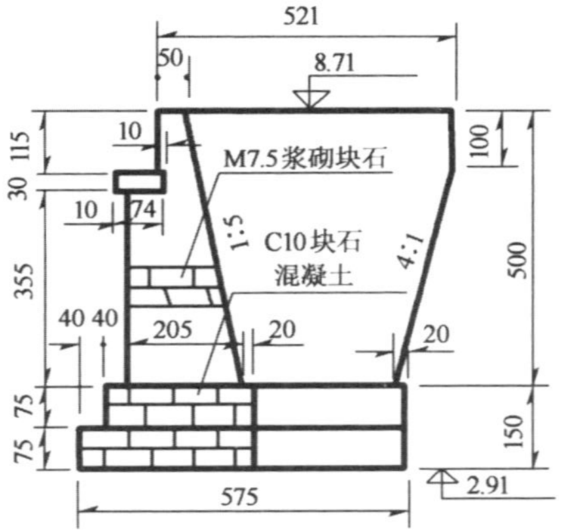

纵剖面图

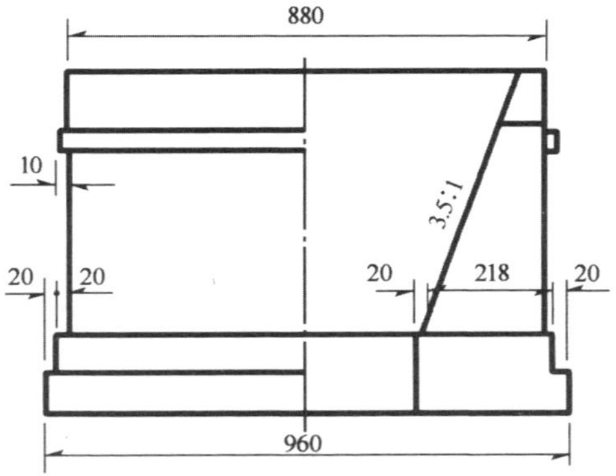

台前　　台后

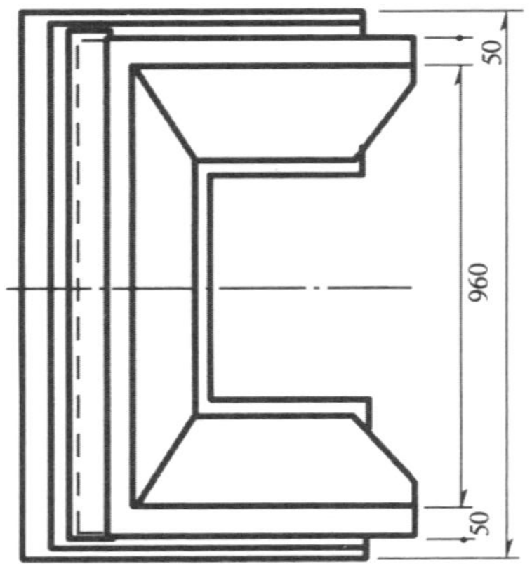

平面图

注：本图尺寸除高程以米计外，其余均以厘米计。

学习情境二	路桥构件工程图——桥梁构件图	班级		姓名		日期	

2-24　阅读钢筋混凝土T形梁桥上部构造图，并按要求抄绘。

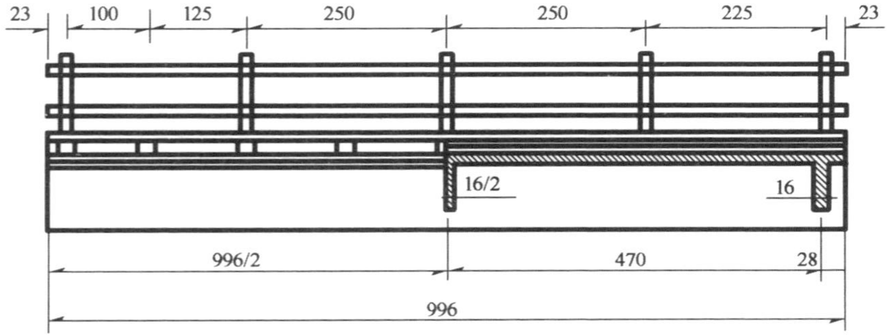

横剖面图

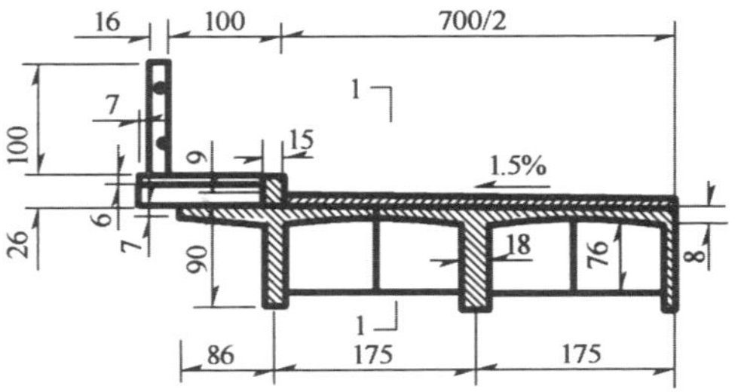

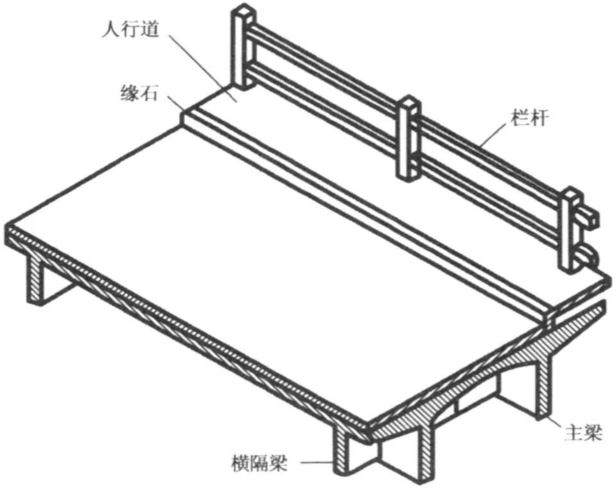

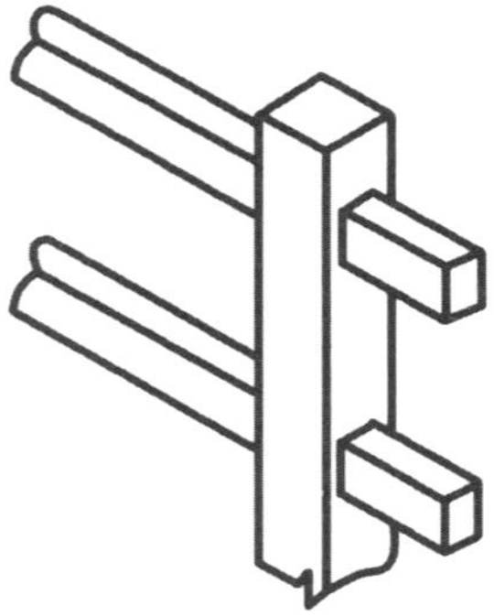

栏杆详图

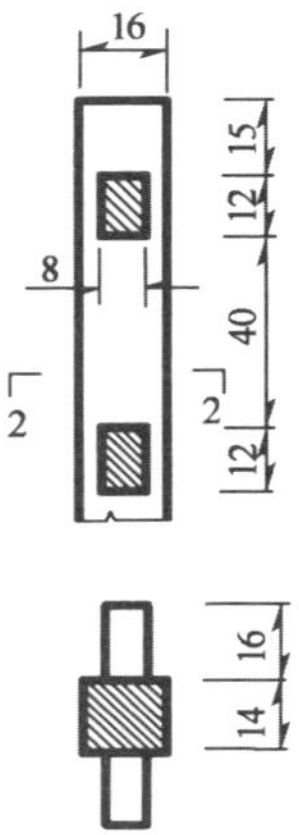

2-2

学习情境二	路桥构件工程图——桥梁构件图	班级		姓名		日期	

续2-24　读图及绘图要求：

(1) 熟悉钢筋混凝土 T 形梁桥上部构造的内容和表达方法， 看懂所给的立面图和剖面图。

(2) 根据轴测图、 立面图和纵、 横剖面图， 用 A3 图纸按 1∶50 的比例抄绘立面图和横剖面图。

(3) 补画平面图 (可画半平面图， 并包括梁格平面图)。 在平面图上需注出主要尺寸 （立柱和栏杆详细尺寸可不标注）， 其他图的尺寸可按原图抄写， 尺寸单位为厘米。

(4) 剖面图中剖面或可见轮廓线， 均用粗实线 ($b\approx0.7$mm)， 尺寸线、 尺寸界线用细实线 （$b\leq0.25$mm）。

(5) 尺寸数字为 3.5 号字， 半立面图、 横剖面图等名称用 7 号字， 其他文字用 5 号。

学习情境二	路桥构件工程图——桥梁构件图	班级		姓名		日期	

2-25　补全梁的1-1、3-3断面图，画全钢筋成型图（2号、4号钢筋尺寸不注）。

立面及成型钢筋图 1:n

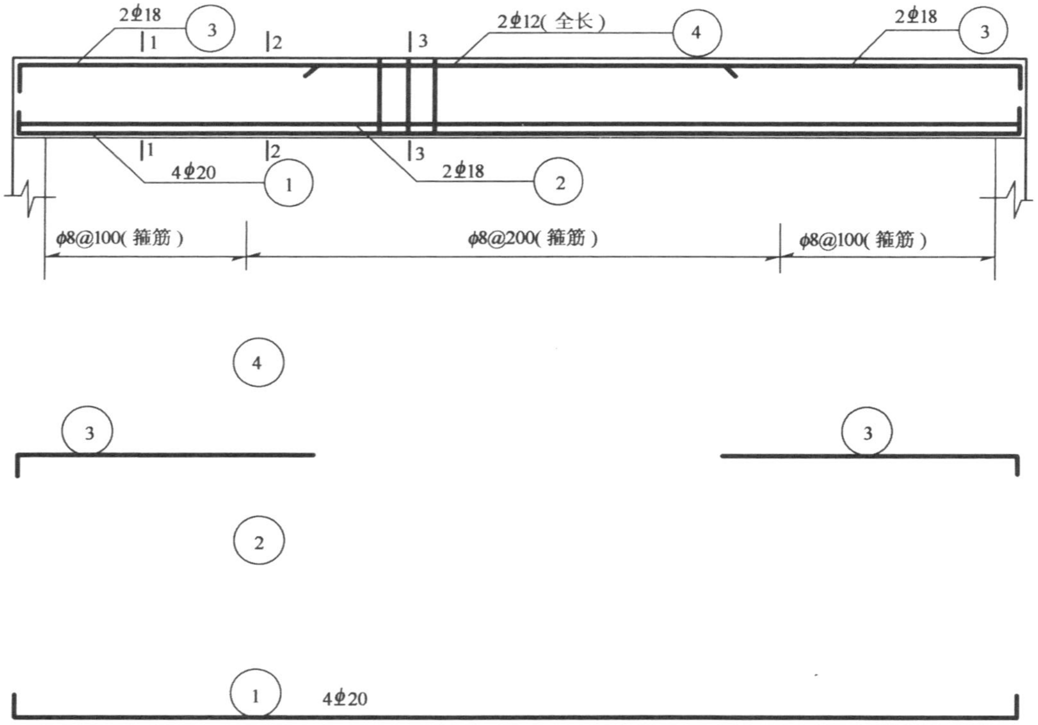

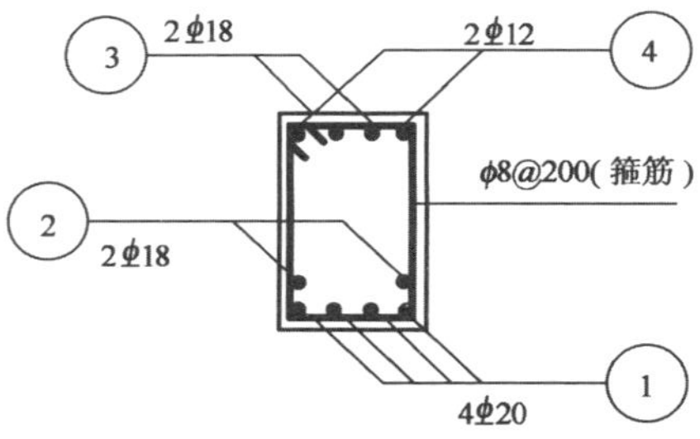

2-2 1:m

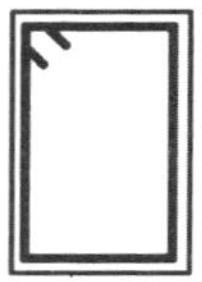

1-1 1:m

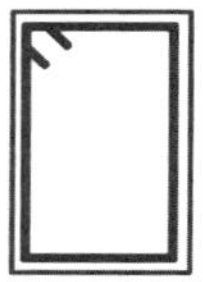

3-3 1:m

学习情境二	路桥构件工程图——钢筋混凝土结构图	班级		姓名		日期	

2-26　补全梁的2-2、3-3断面图，画全钢筋成型图（尺寸不注）并填写钢筋表。

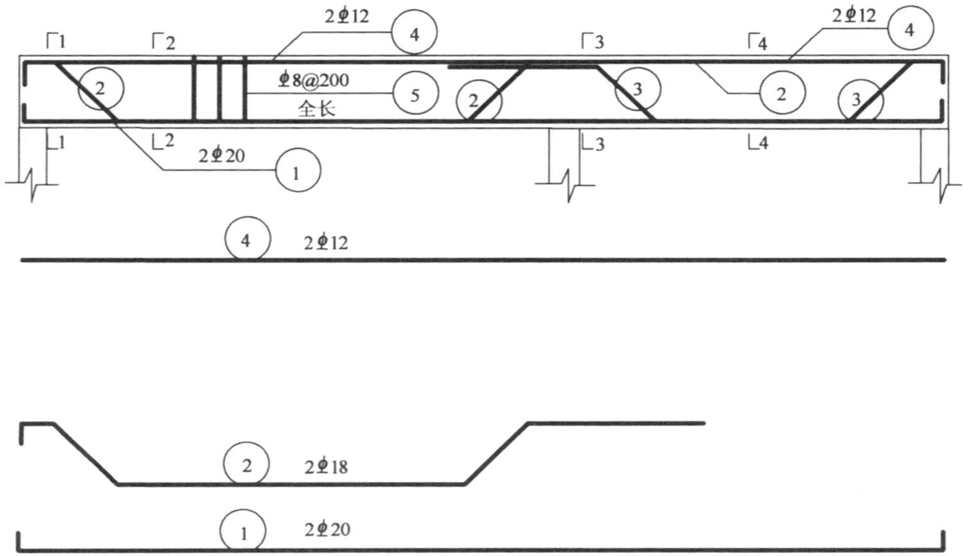

立面及成型钢筋图　1∶n

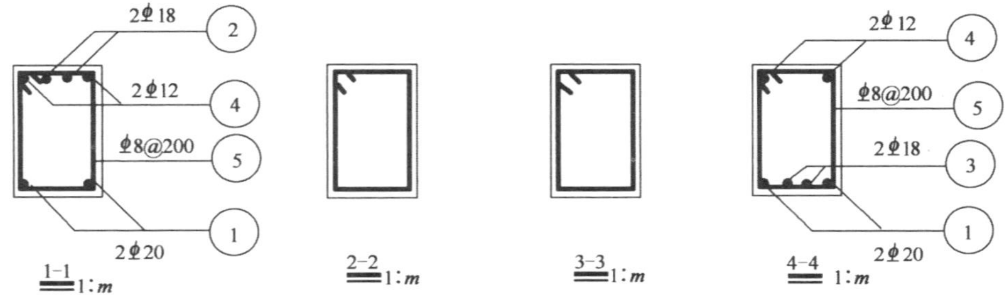

钢筋表

编号	1	2	3	4	5
钢筋级别					
直径					
根数（或间距）					

学习情境二	路桥构件工程图——钢筋混凝土结构图	班级		姓名		日期	

3-1 作平面 *ABC* 的等高线。

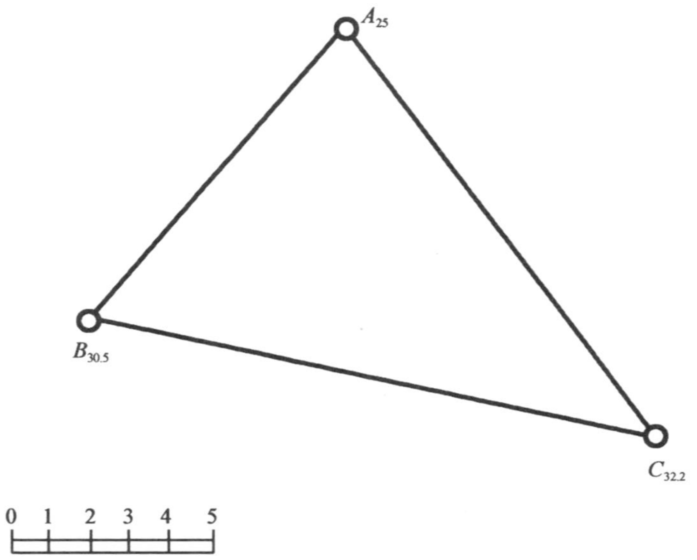

3-2 求直线 *AB* 的实长、倾角 α 及整数标高点。

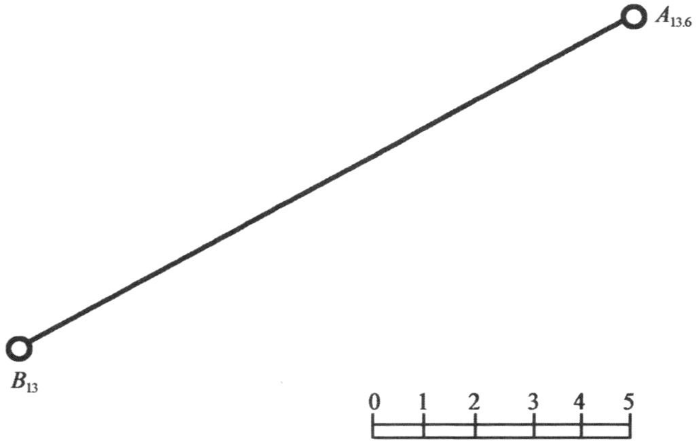

学习情境三	道路工程专业图——标高投影	班级		姓名		日期	

3-3　试在直线 A_2B_{10} 上定出一点 C_5。

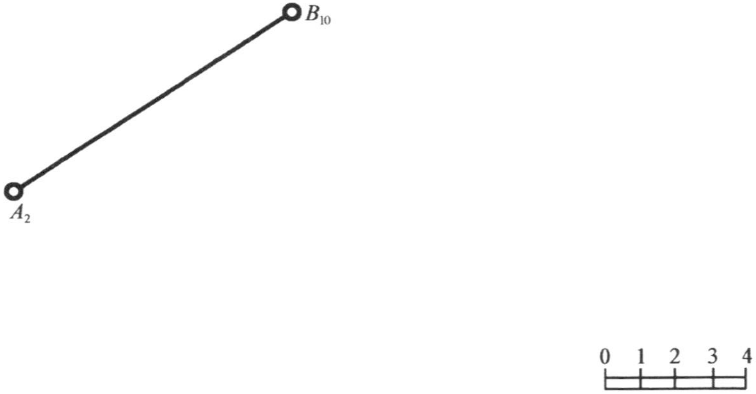

3-4　求两平面的交线。

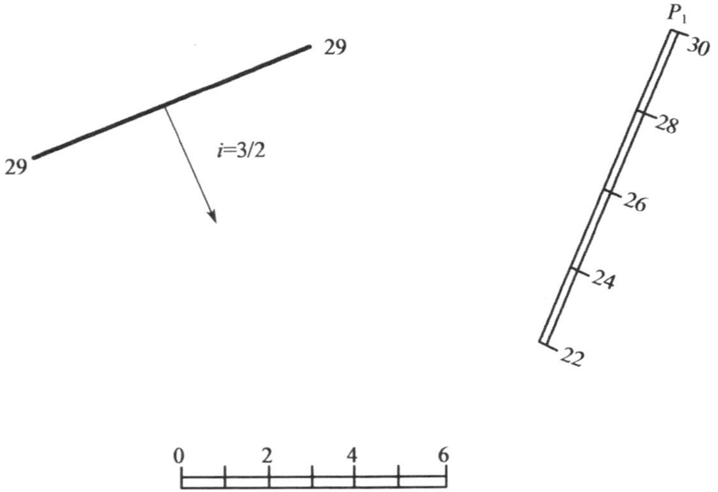

学习情境三	道路工程专业图——标高投影	班级		姓名		日期	

3-5 在标高为±0.00m的地面上开挖一基坑，挖方边坡坡度为1:0.5，求作开挖线及坡面交线，并画出示坡线。

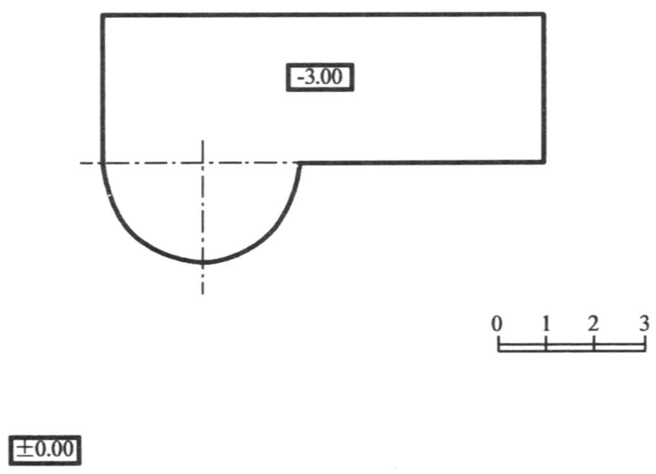

3-6 两路堤相交如下图所示，求作坡脚线及各边坡的交线（地面标高为±0.00m）。

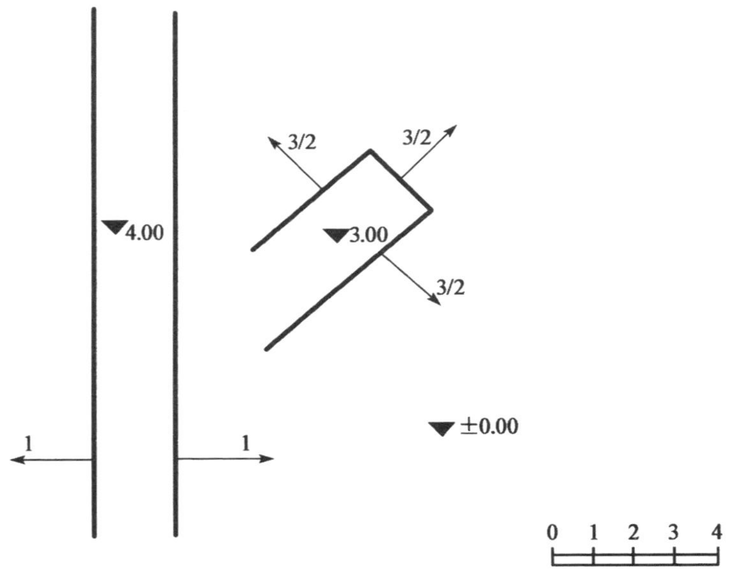

学习情境三	道路工程专业图——标高投影	班级		姓名		日期	

3-7 试求直线a_5b_4与地形面的交点。

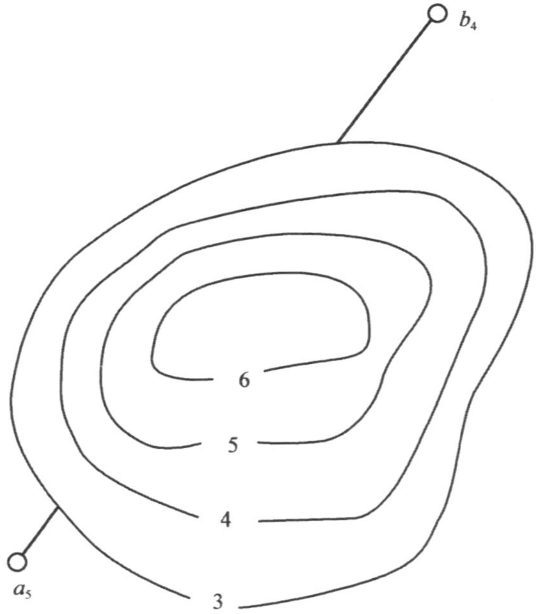

3-8 求平面与地形面的交线。

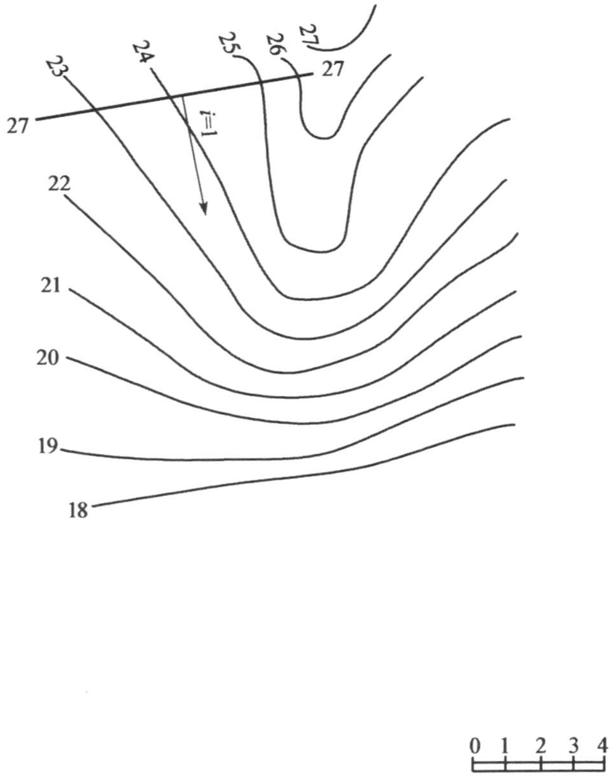

学习情境三	道路工程专业图——标高投影	班级		姓名		日期	

3-9 填空题

1.标高投影是以 ______ 代替立面图的水平投影。

2.在标高投影图上必须附有比例尺及其长度单位，否则就无法根据投影图来确定物体的________ 和位置。

3.在标高投影中，水平投影面被称为__________面。

4.地形面上等高线的特性：

（1）等高线一般是 ____；

（2）除悬崖绝壁的地方外，等高线________________________________；

（3）等高线愈密表明地势_______ 反之地势愈 __________。

3-10 平面与地形面的交线。

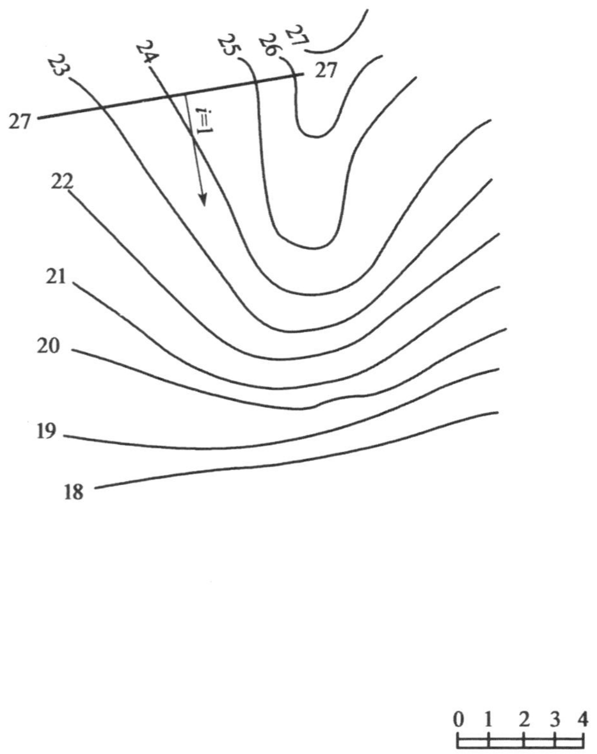

学习情境三	道路工程专业图——标高投影	班级		姓名		日期	

3-11　地面上筑一标高为 35m 的圆形广场，填方坡度为 1∶1.5，挖方坡度为 1∶1，求作填挖方的坡脚线。

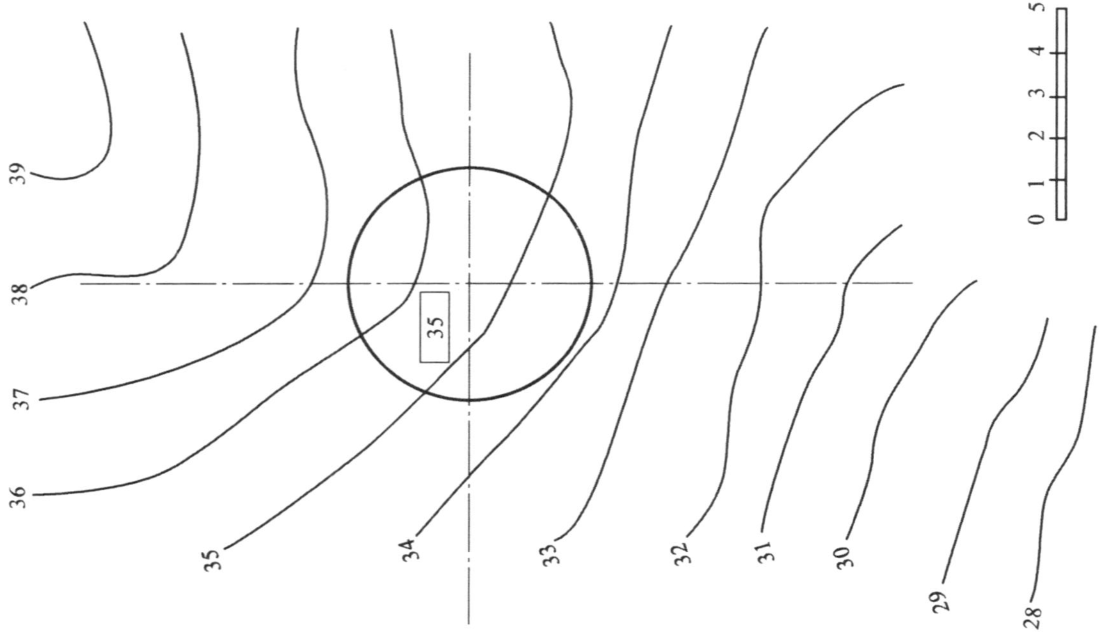

学习情境三	道路工程专业图——标高投影	班级		姓名		日期	

3-12 填空题

1. 在道路纵断面图中，如果横坐标的比例为 1:1000，则纵坐标的比例为 ________。
2. 路线纵断面图样中不规则的细折线表示设计中心线处的 ________，它是根据一系列中心桩的地面高程连接而成的。图中的粗实线为公路纵向 ________，它表示路基边缘的 ________ 标高。
3. 路线工程图的图示方法与一般工程图样不完全相同，它是采用 ________ 作为平面图，用 ________ 作为立面图，用 ________ 作为侧面图。
4. 路线纵断面图的内容包括 ________ 和 ________ 两部分。
5. 画出下列道路建筑材料图例。

钢筋混凝土　　干砌块石　　水稻田

6. 路线长度用 ________ 表示，里程由左向右递增。路线左侧设有"________"标记，表示为公里桩号，右侧设有百米桩标记"________"，数字写在短细线端部，字头朝向 ________。
7. 路线纵断面图是通过公路中心线用假想的 ________ 进行剖切展平后获得的。
8. 路线纵断面图样中，水平方向表示 ________，垂直方向表示 ________，规定铅垂方向的比例比水平方向的比例放大 ____ 倍。

3-13 单项选择题

1. 路线平面图中， 里程柱号标记在路线的（　　）。
   A. 左侧　B. 右侧　C. 下方
2. 在路线纵断面图中， 设计线用（　　）。
   A. 粗实线　B. 不规则细折线　C. 曲线　D. 细实线
3. 为了排除路基范围内及流向路基的少量地表水， 可设置（　　）。
   A. 排水沟　B. 急流槽　C. 边沟　D. 天沟
4. 路面结构层次的次序为（　　）。
   A. 面层、 联结层、 垫层
   B. 面层、 联结层、 垫层、 基层、 土基
   C. 面层、 联结层、 基层、 垫层、 土基
   D. 面层、 基层、 整平层
5. 路线走向规定为（　　）。
   A. 由左向右　B. 由右向左　C. 由下向上
6. 里程桩号标记在路线的（　　）。
   A. 左侧　B. 右侧　C. 下方
7. 公路纵向设计线用（　　）。
   A. 不规则细折线　B. 粗实线　C. 曲线
8. 在路线纵断面图中，设计线用（　　）。
   A. 路基中心线的设计高程
   B. 路基边缘的设计高程
   C. 路面中心线高程
9. 路基横断面图的地面线一律画成（　　）。
   A. 细实线　B. 粗实线　C. 中粗线

学习情境三	道路工程专业图——道路路线工程图	班级		姓名		日期	

3-14 阅读下面的公路路线平面图。

曲线元素表

JD		α		R	L_s	T	L	E	J	ZH	HY(ZY)	QZ	YH(YZ)	HZ
		α_x	α_y											
6	K134+750.43		16° 25′ 18″	2500	120	420.77	836.53	26.13	5.01	K134+329.66	K134+449.66	K134+747.92	K135+046.19	K135+166.19

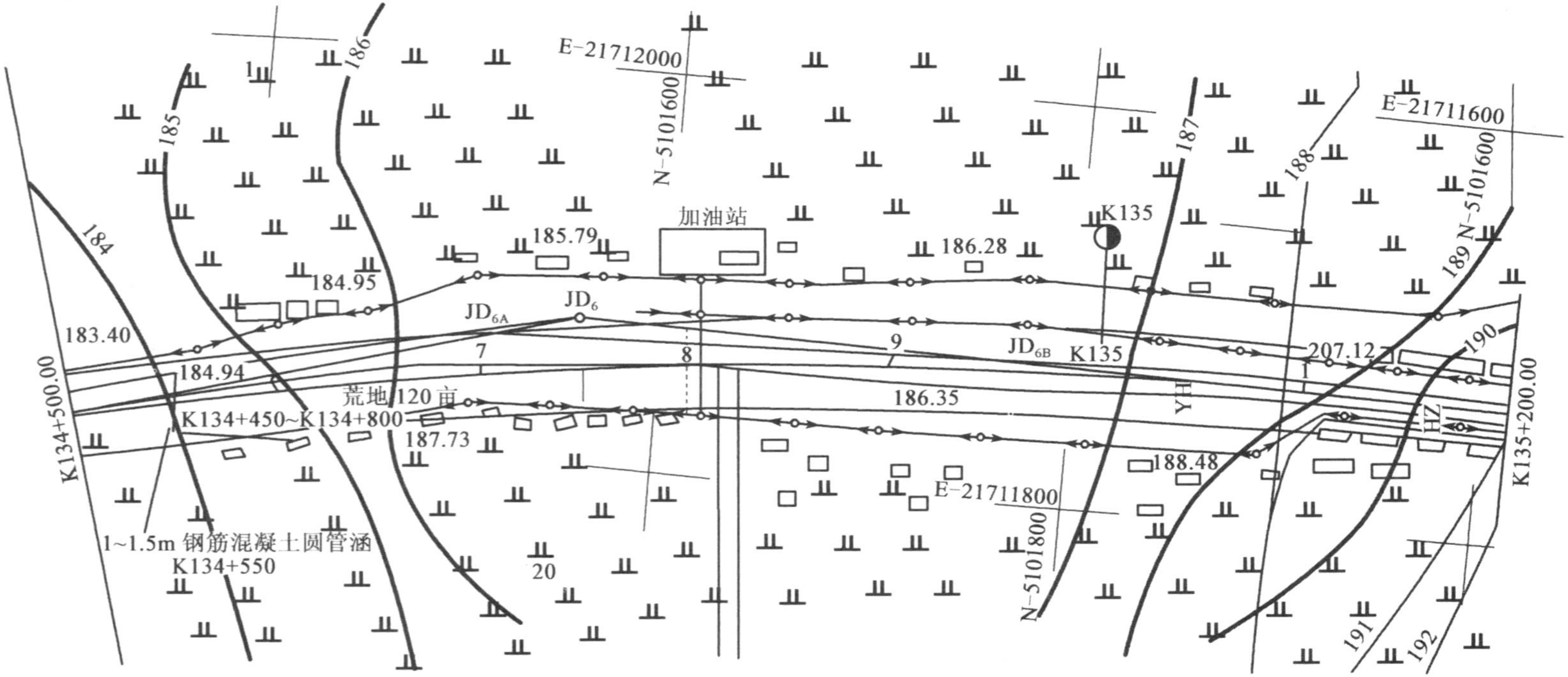

学习情境三	道路工程专业图——道路路线工程图	班级		姓名		日期

3-15 请补全路线纵断面图中的地面线（细实线）、设计线（粗实线）和填挖高程数值。

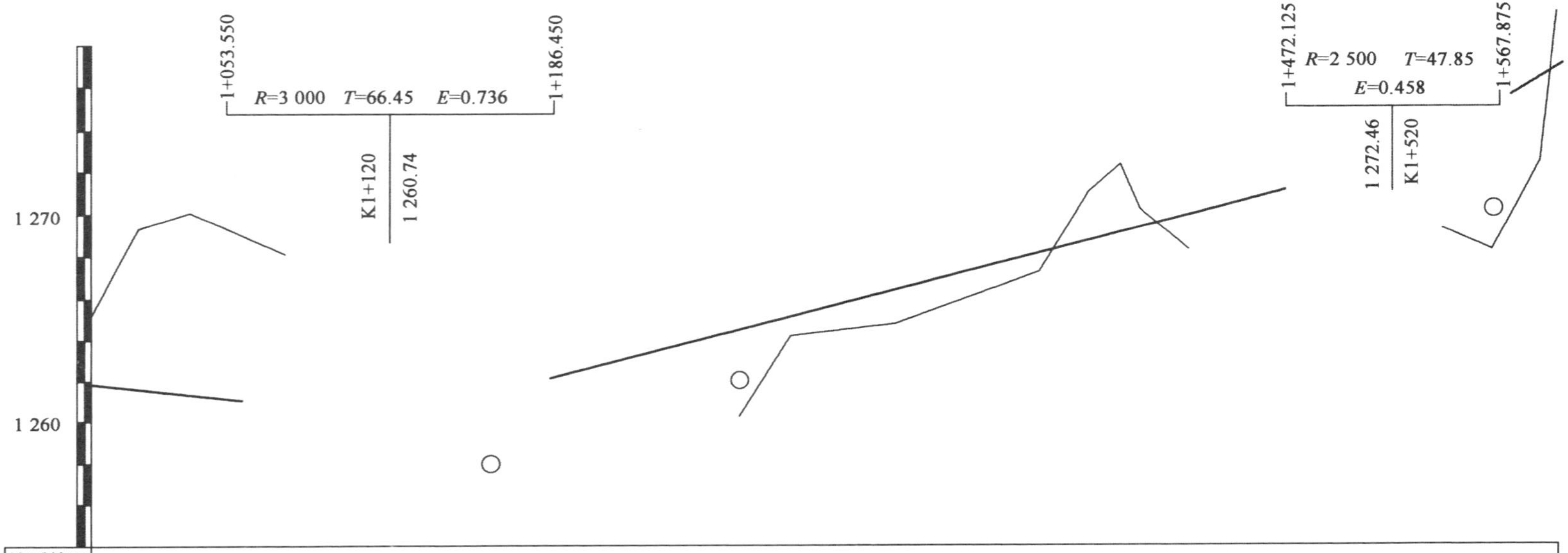

桩号	原地面高	设计高程	挖深	填高
1+000	1 265.50	1 261.71	3.79	
1+020	1 269.50	1 261.42	8.08	
1+040	1 270.00	1 261.14	8.86	
1+060	1 269.00	1 260.86	8.14	
1+080	1 268.00	1 260.68	7.32	
1+100	1 264.50	1 260.64	3.86	
1+120	1 261.00	1 260.74		
1+140	1 258.00	1 260.96		
1+160	1 256.00	1 261.32		
1+180	1 258.00	1 261.81		
1+200	1 266.00	1 262.40		
1+220	1 265.00	1 263.00		
1+240	1 262.20			
1+260	1 260.00			
1+280	1 264.00	1 264.80		
1+300	1 264.30			
1+309.20	1 264.50	1 265.00		
1+320	1 264.60	1 266.00		
1+340	1 265.30	1 266.60		
1+360	1 266.00	1 267.20		1.20
1+361.17	1 266.10	1 267.24		1.14
1+380	1 267.00	1 267.80		0.80
1+400	1 271.00	1 268.40	2.60	
1+413.14	1 272.00	1 268.79	3.21	
1+420	1 270.00	1 269.00	1.00	
1+440	1 268.00	1 269.60		1.60
1+460	1 268.00	1 270.20		2.20
1+463.14	1 268.00	1 270.29		2.29
1+480	1 270.00	1 270.80		0.80
1+500	1 272.00	1 271.55	0.45	
1+520	1 272.00	1 272.46		0.46
1+540	1 269.00	1 273.52		4.52
1+560	1 268.00	1 274.74		6.74
1+580	1272.00	1 276.10		4.10

地质情况

坡度距离：420 1.43；3.00 400；6.83 410

平曲线：JD_5 α_y=40° R=220；JD_6 α_y=14° R=1 031.620

学习情境三	道路工程专业图——道路路线工程图	班级		姓名		日期	

3-16 阅读下面的公路路线纵断面图，并回答问题。

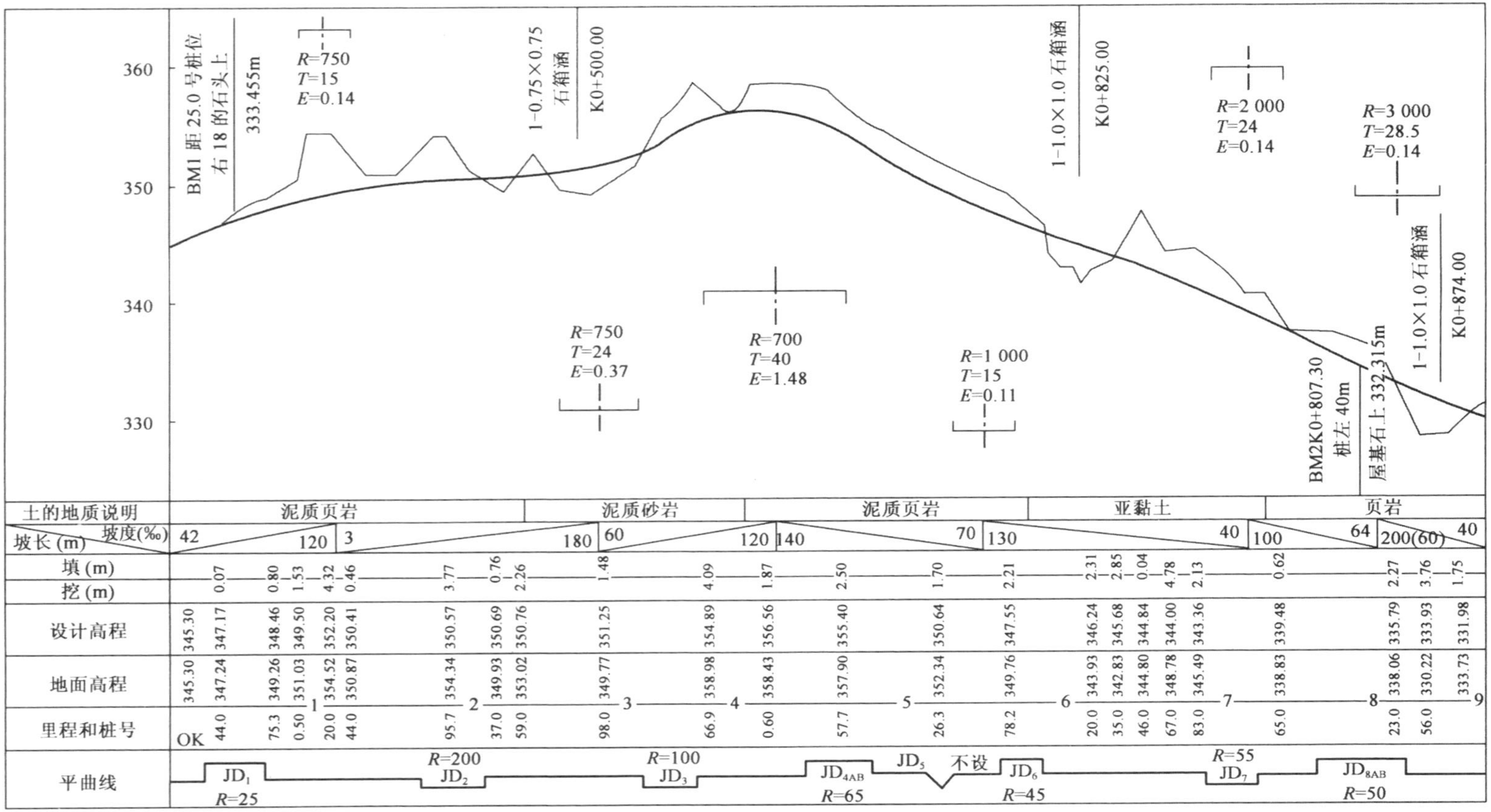

公路路线纵断面图

学习情境三	道路工程专业图——道路路线工程图	班级		姓名		日期	

阅读 3-16 公路路线纵断面图，回答下列问题：

1. 在公路路线纵断面图中有 ______ 个凸曲线，有 ______ 个凹曲线。
2. 在路线纵断面图中，平曲线有 ______ 个，最大平曲线半径为 ______。
3. 桩号为 **K0+44** 处的设计高程为 ______，地面高程为 ______。
4. 在路线纵断面图中，平曲线左偏角的符号为 ______。

学习情境三	道路工程专业图——道路路线工程图	班级		姓名		日期	

3-17 根据已知的一段道路平面图，按 1:100 比例画出 *A*、*B* 两处的横断面图。

已知：（1）路基宽度为 4m。

（2）*A* 点处道路设计高程为 14.00m，*B* 点处道路设计高程为 15.50m。

（3）填方边坡为 1:1.5 挖方边坡坡度为 1:1(边沟可省略不画)。

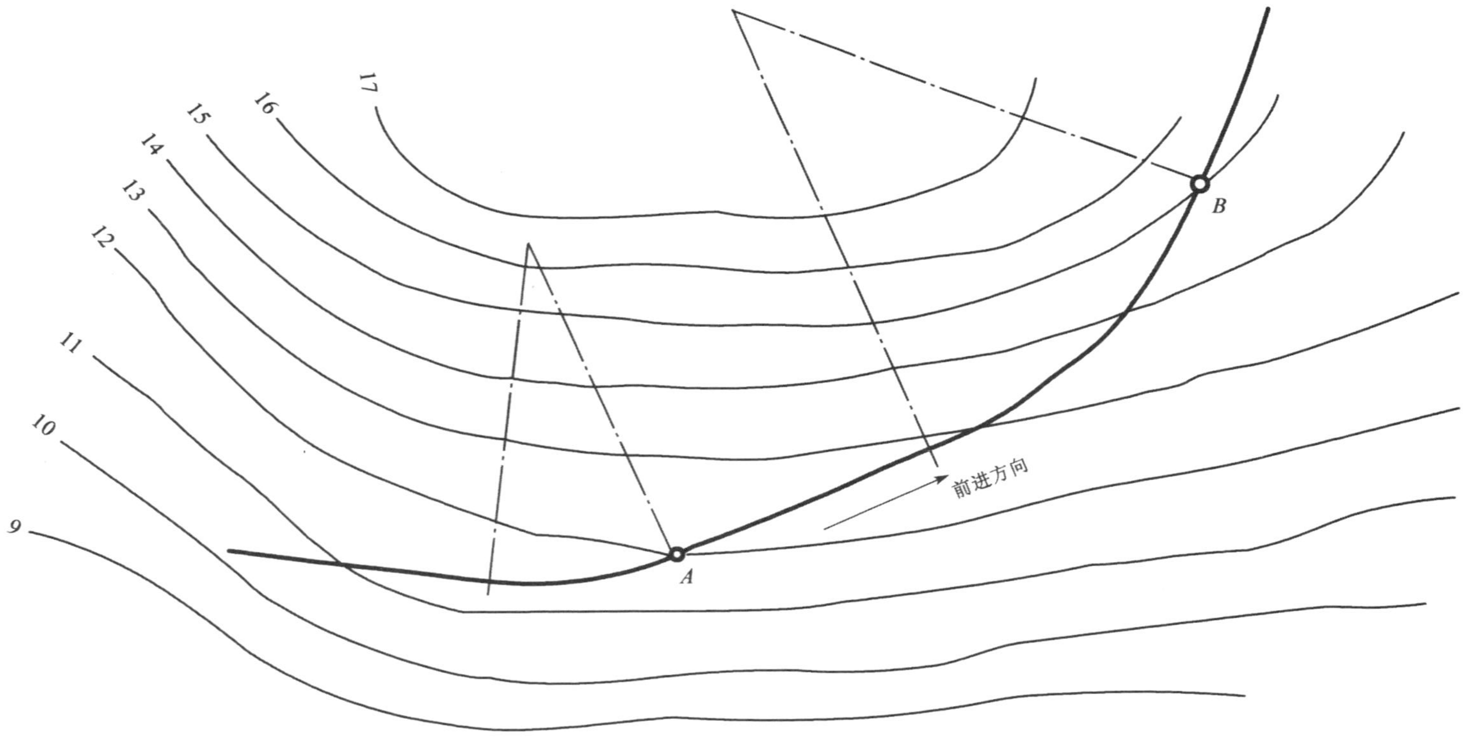

学习情境三	道路工程专业图——道路路线工程图	班级		姓名		日期	

问题：按 1∶100 的比例画出 *A*、*B* 两点处的横断面图。

学习情境三	道路工程专业图——道路路线工程图	班级		姓名		日期	

4-1 阅读钢筋混凝土梁桥上部构造图，并按要求抄绘。

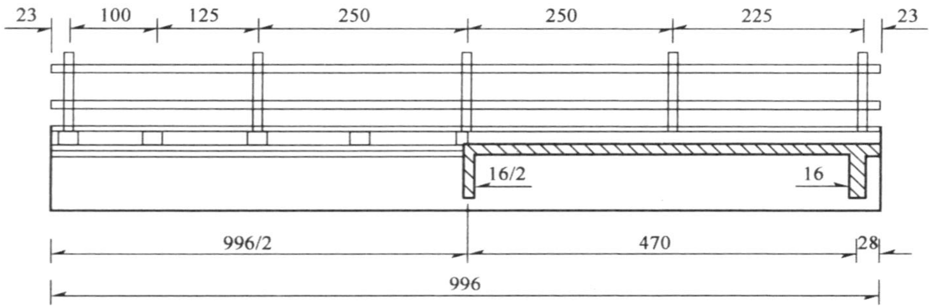

横断面图

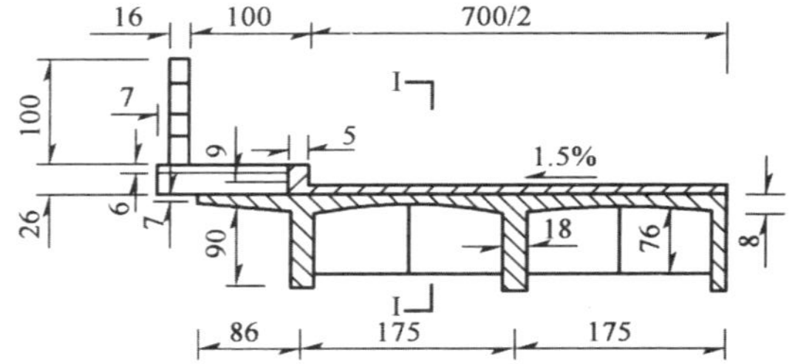

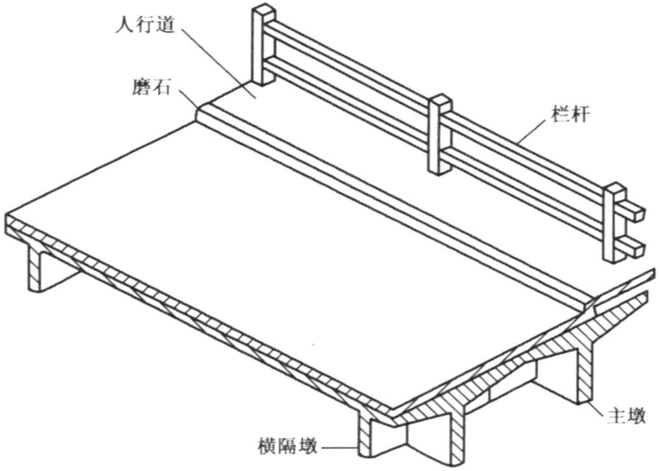

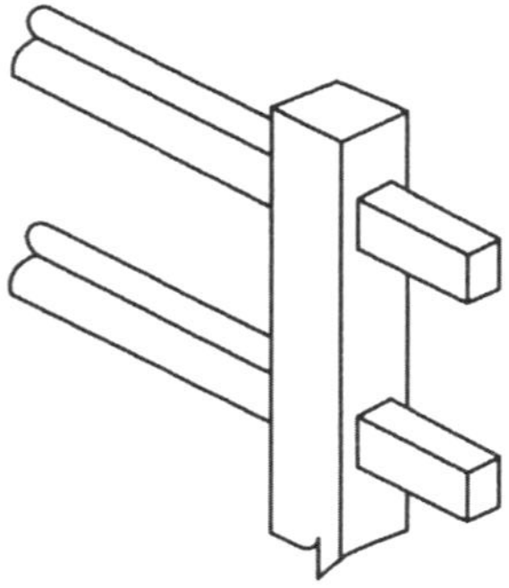

栏杆详图

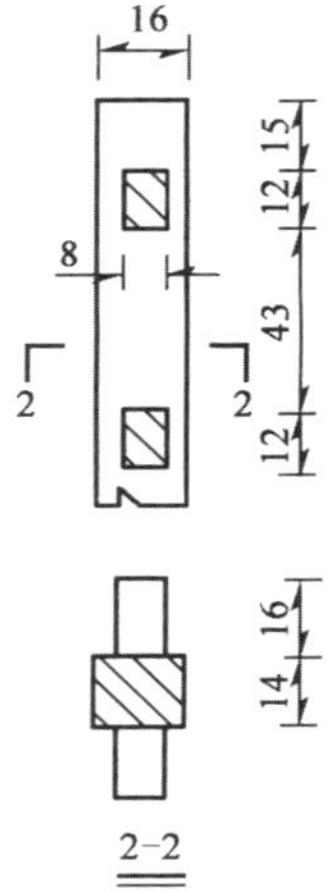

学习情境四	桥涵工程专业图——桥梁工程图	班级		姓名		日期	

4-2 填空题

1. 用文字说明在钢筋结构图中“$\frac{10\phi 6}{L=83@12}$ ③”符号的意义。

“③”为 ________；“10”表示 ________；“ϕ6”表示 ________；

“L=83”表示 ________；@12 表示 ________。

2. 画出钢筋符号，III 级筋符号 ________，V 级筋符号 ________。

3. 绘制钢筋结构图时，构件的轮廓用 ________ 线表示，钢筋用 ________ 线表示，钢筋的横截面用 ________ 表示。

4. 按钢筋在整个结构中的作用不同可分为：受力钢筋 ________、________、________、________。

5. 对于光圆外形的受力钢筋，为了增加它与混凝土的黏结力，在钢筋端部做成 ________。

6. 钢筋弯钩的形式有 ________、________ 和 ________ 三种。

7. 在桥梁工程图中，钢筋直径的尺寸以 ________ 为单位，高程以 ________ 为单位，其余尺寸均以 ________ 为单位。

8. 解释下列各符号意义：

$\otimes\frac{BM3}{78.837}$

9. 在桥梁总体布置图中，立面图通常采用（　　）来表达。

10. 桥梁由上部结构（　　）、下部结构（　　）及附属结构（　　）三部分组成。

11. 画出右图所示 的钢筋混凝土梁的 2-2 剖面图，并填写以下各项，尺寸单位以毫米（mm）计。

①号钢筋的级别是：________；直径：________；根数：________。

⑤号钢筋的级别是：________；直径：________；“@160”的意义 ________。

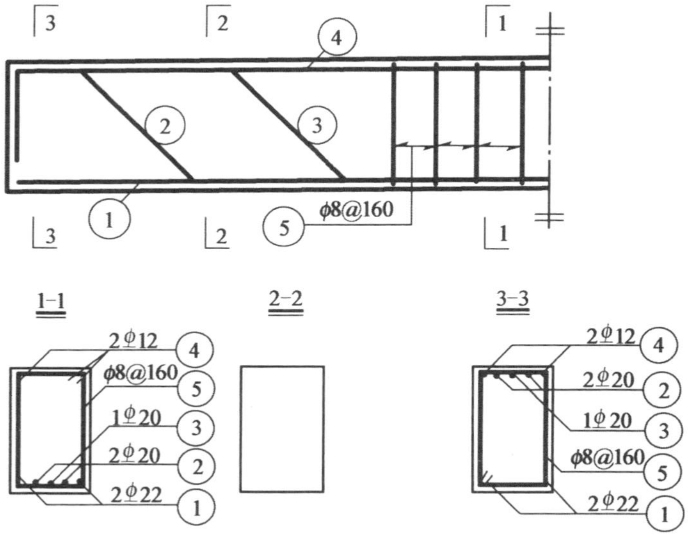

学习情境四	桥涵工程专业图——桥梁工程图	班级		姓名		日期	

4-3 阅读钢筋混凝土桥墩柱配筋图，补全 2-2 断面图中的配筋并完成钢筋表。

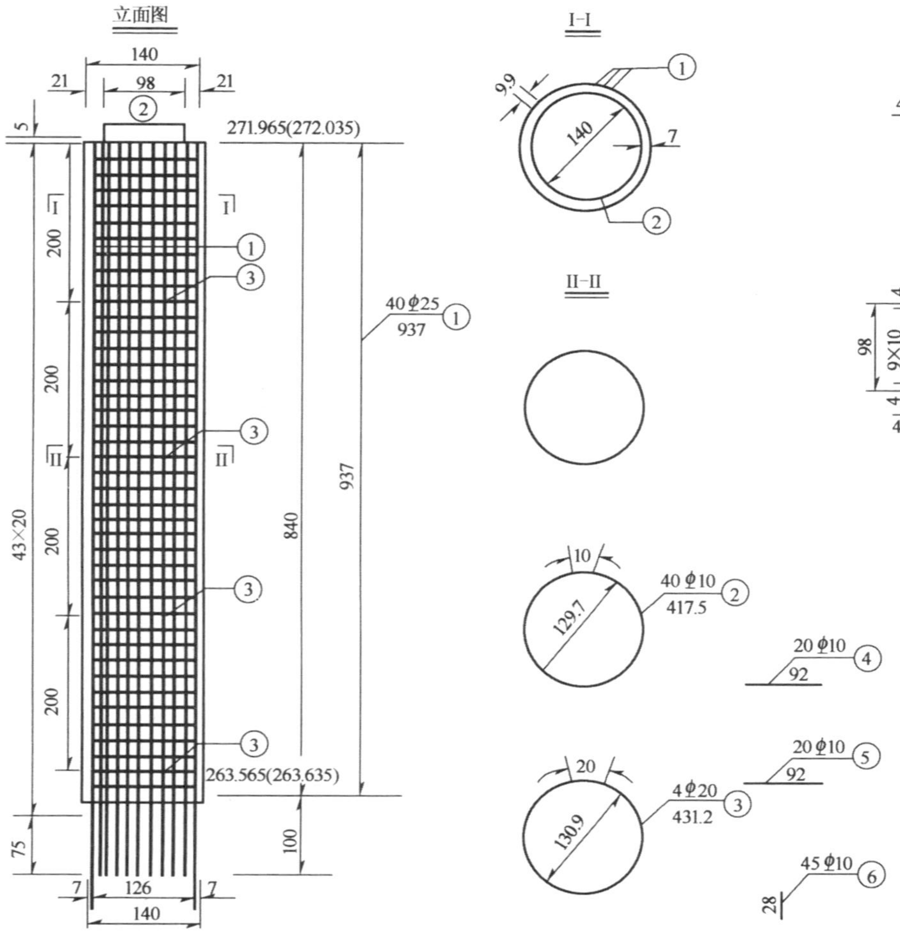

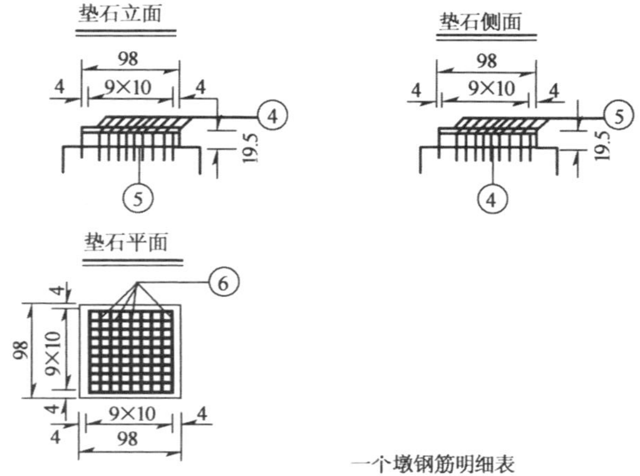

一个墩钢筋明细表

编号	直径 (mm)	每根长度 (cm)	根数 (根)	共长 (m)
1	25		40	
2	10		40	
3	20		4	
4	10		20	
5	10		20	
6	10		45	

注：

1. 本图尺寸除高程以米计，钢筋直径以毫米计外，其余均以厘米计。
2. 图中括号外数据为 1 号墩尺寸，括号内数据为 2 号墩尺寸，无括号者为两墩共用尺寸。

学习情境四	桥涵工程专业图——桥梁工程图	班级		姓名		日期	

4-4 描绘桥位平面布置图。

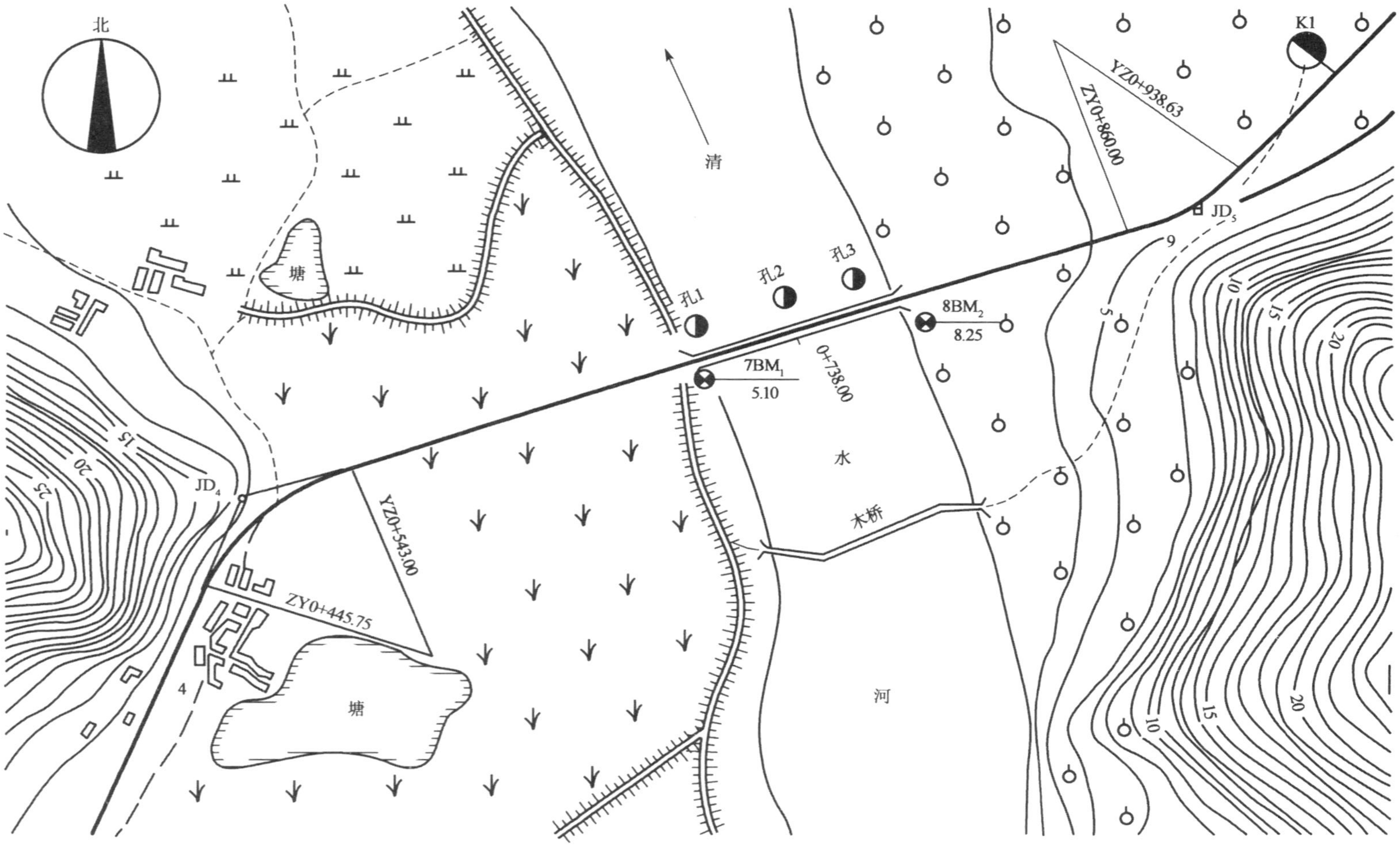

学习情境四	桥涵工程专业图——桥梁工程图	班级		姓名		日期

4-5 抄绘圆管涵工程图。

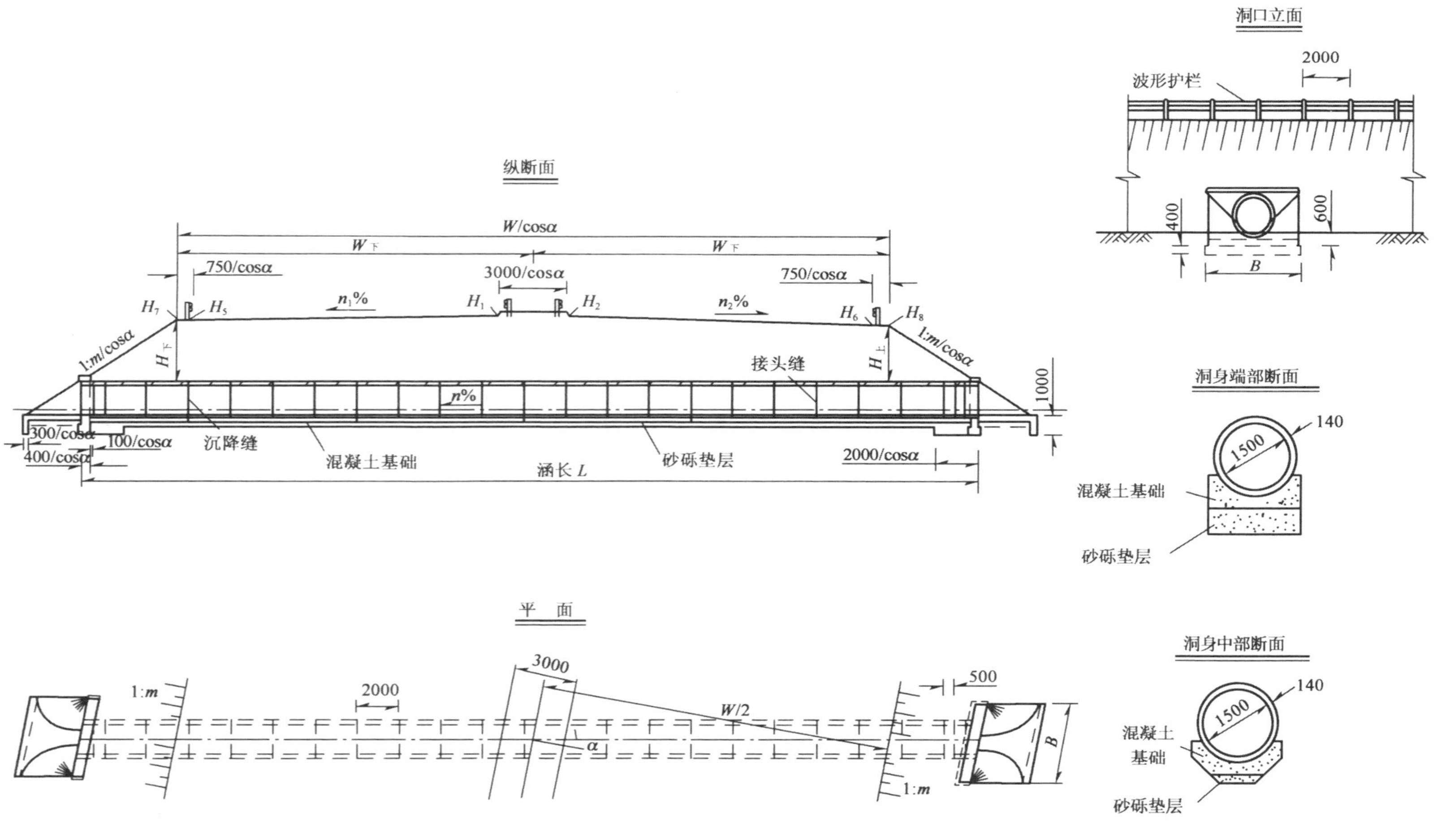

学习情境四	桥涵工程专业图——涵洞工程图	班级		姓名		日期	

4-6　抄绘箱形通道工程图。

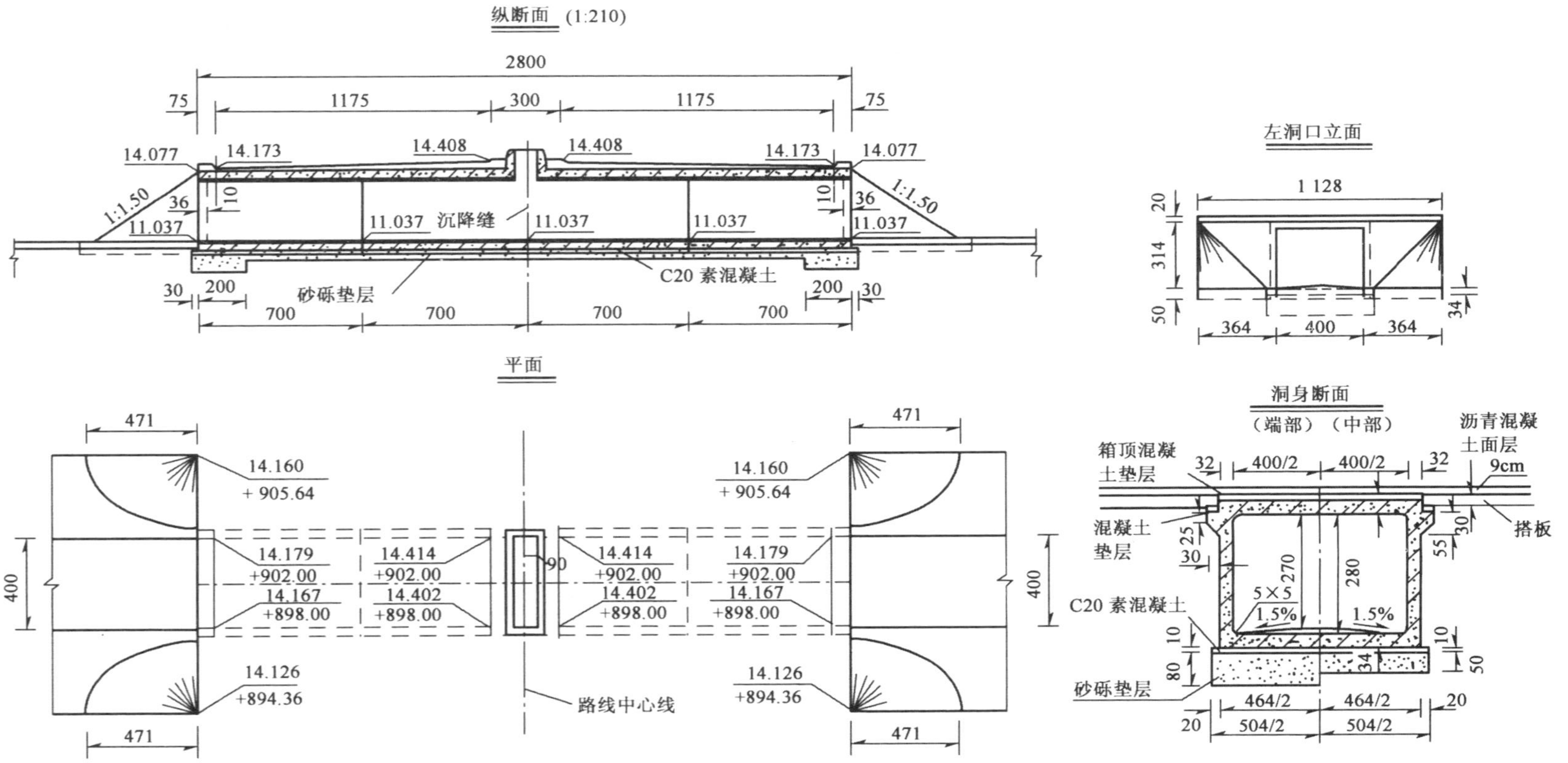

学习情境四	桥涵工程专业图——涵洞工程图	班级		姓名		日期	

5-1 用LINE命令绘制下图。

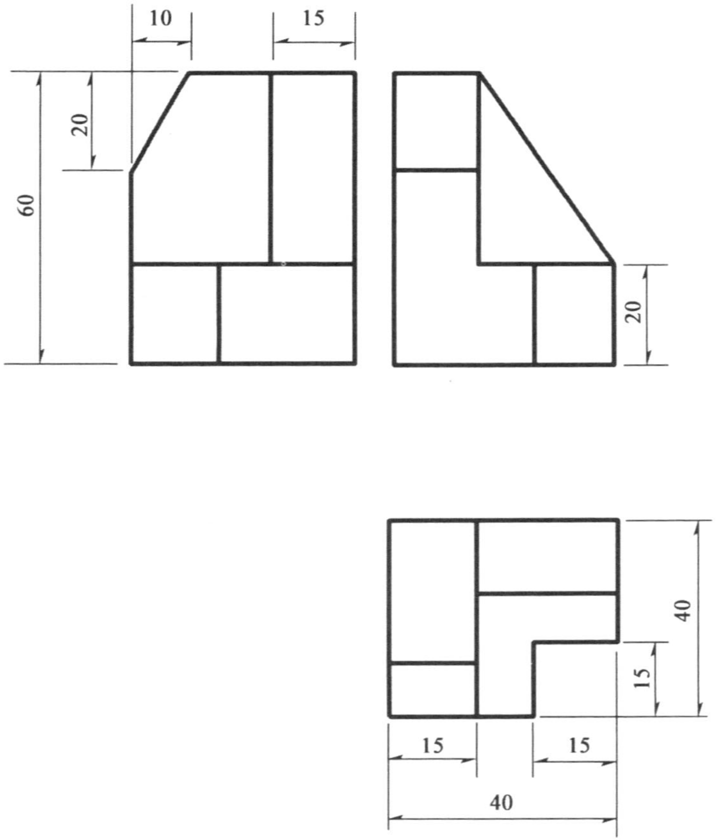

5-2 用PLINE命令绘制下图，线宽取0.6。

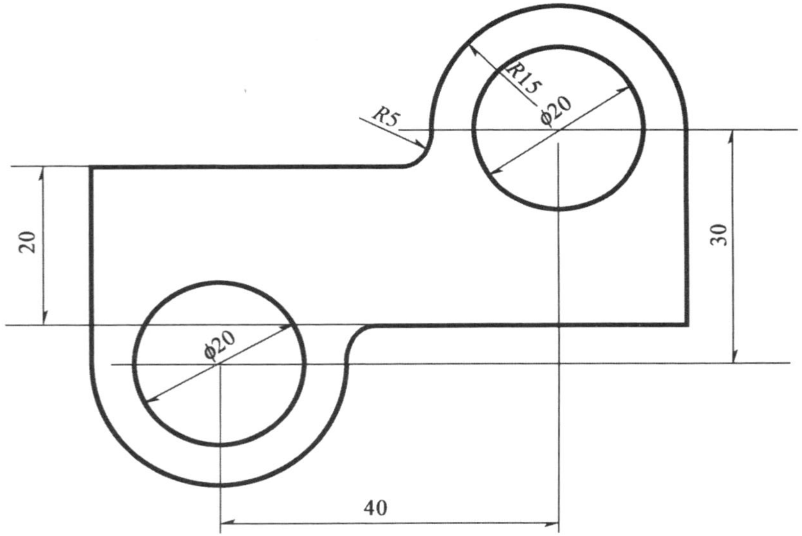

学习情境五	计算机绘图——AutoCAD	班级		姓名		日期	

5-3 用镜像命令绘制下图。

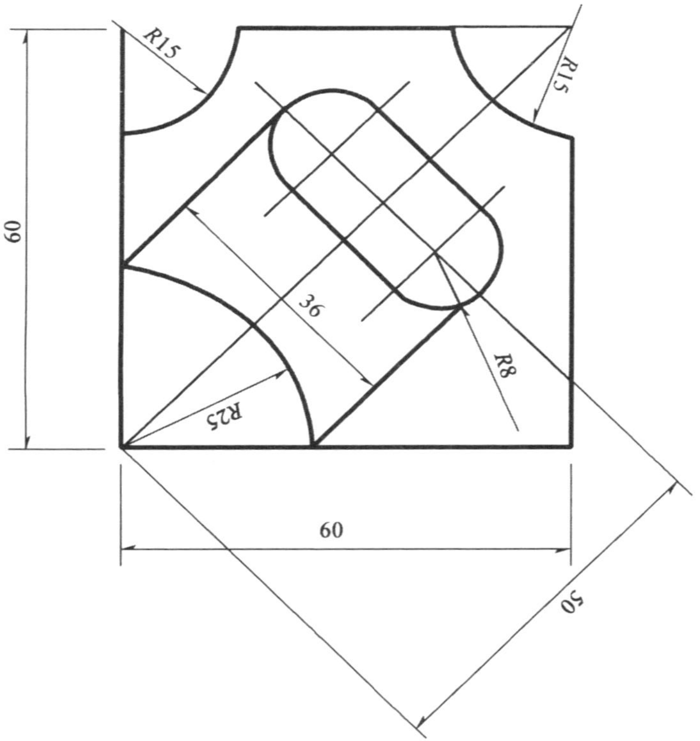

5-4 用镜像命令绘制下图。

学习情境五	计算机绘图——AutoCAD	班级		姓名		日期	

5-5　用镜像与阵列命令绘制下图。

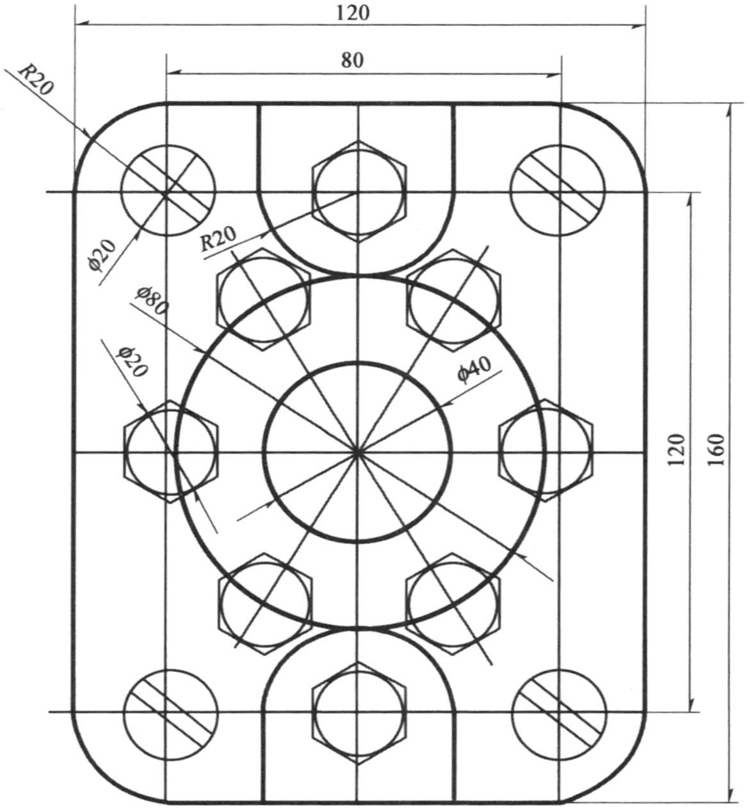

5-6　用阵列命令绘制下图。

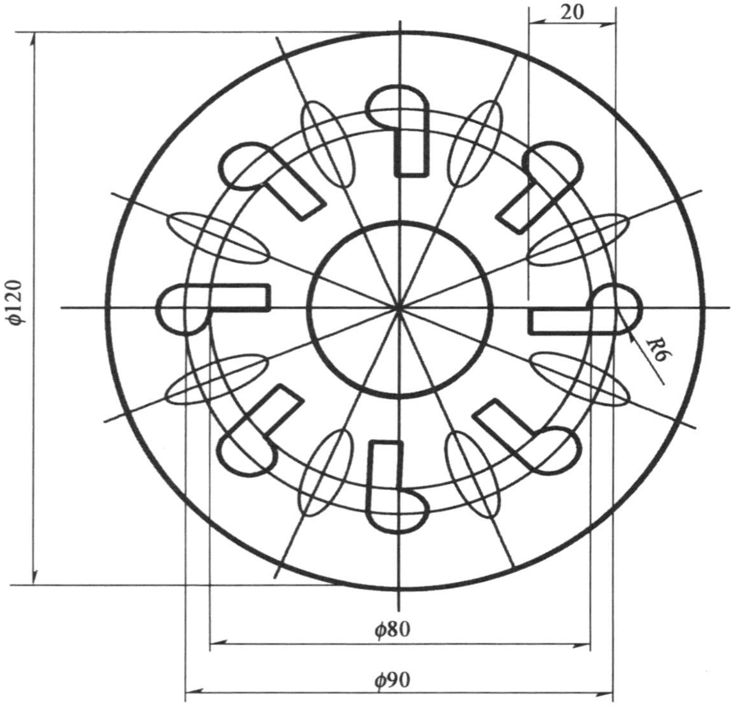

学习情境五	计算机绘图——AutoCAD	班级		姓名		日期	

5-7　用倒角命令绘制下图。

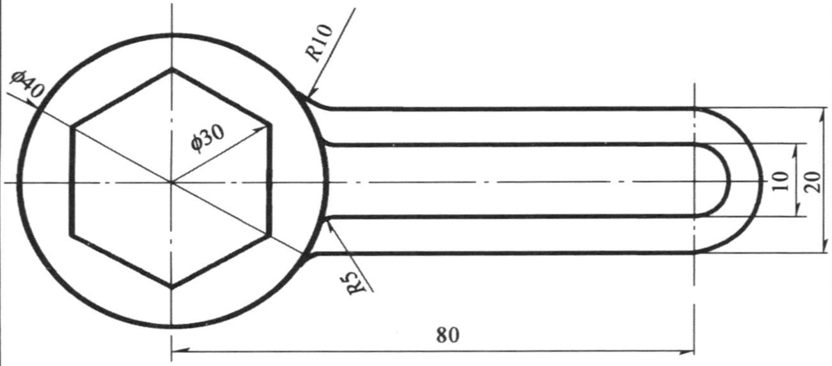

5-8　用直线、圆、偏移命令绘制下图。

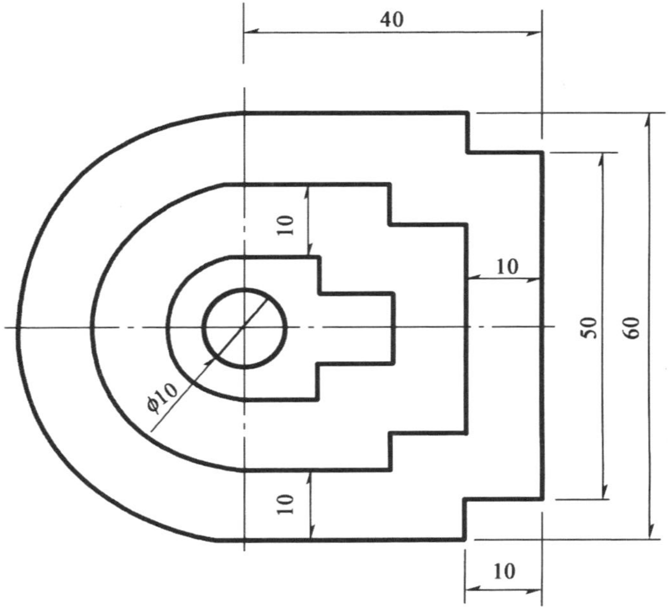

学习情境五	计算机绘图——AutoCAD	班级		姓名		日期	

5-9　综合运用各种命令绘制下图。

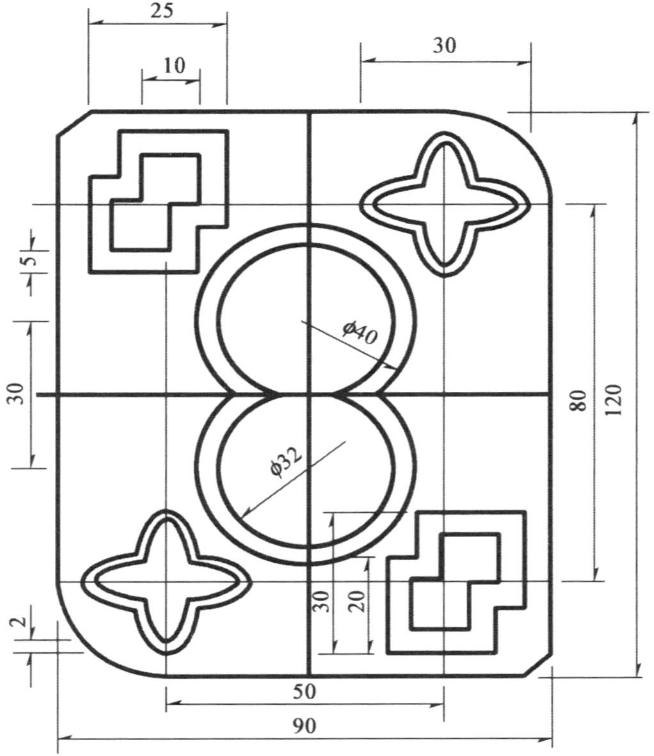

5-10　用图块及属性命令绘制标题栏。

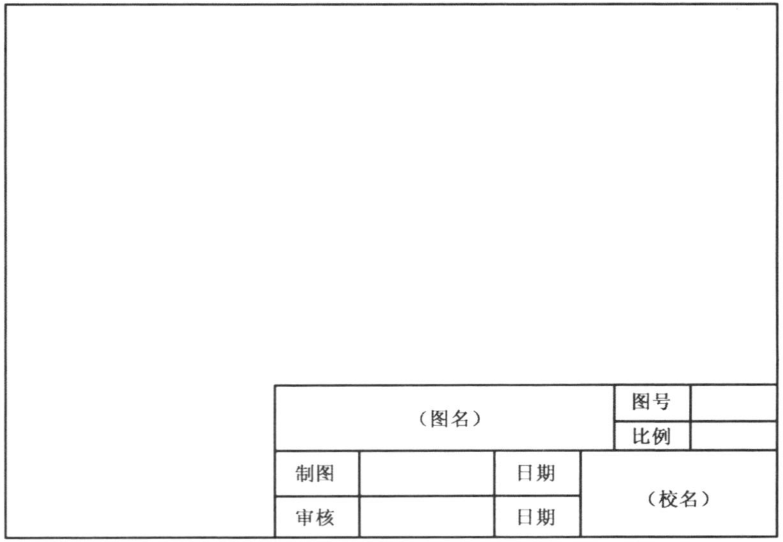

学习情境五	计算机绘图——AutoCAD	班级		姓名		日期	

5-11 用图层命令绘制下图，并标注尺寸。

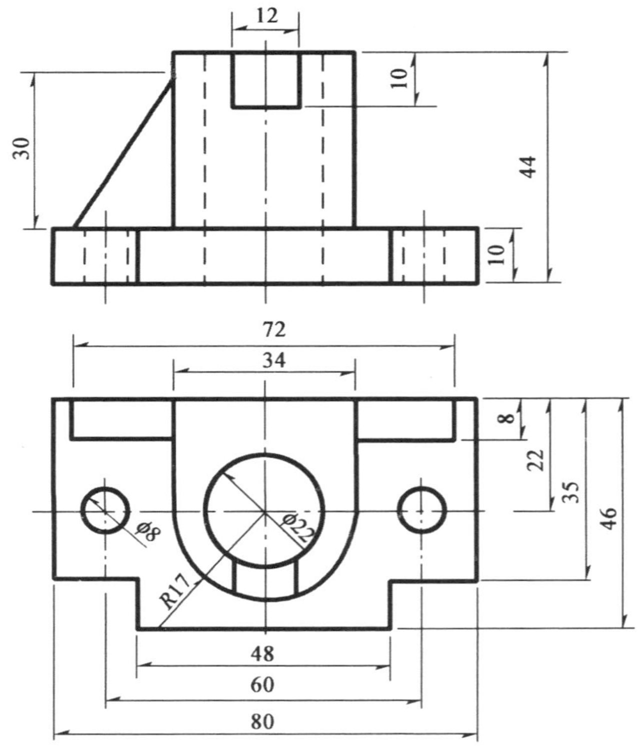

5-12 用所给尺寸作出三视图并填充图案。

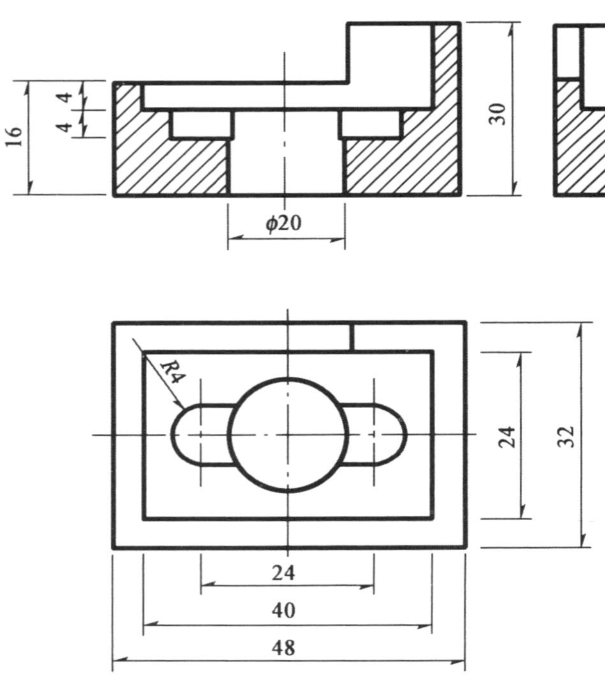

学习情境五	计算机绘图——AutoCAD	班级		姓名		日期	

5-13 用所给尺寸绘制下图，并标注尺寸。

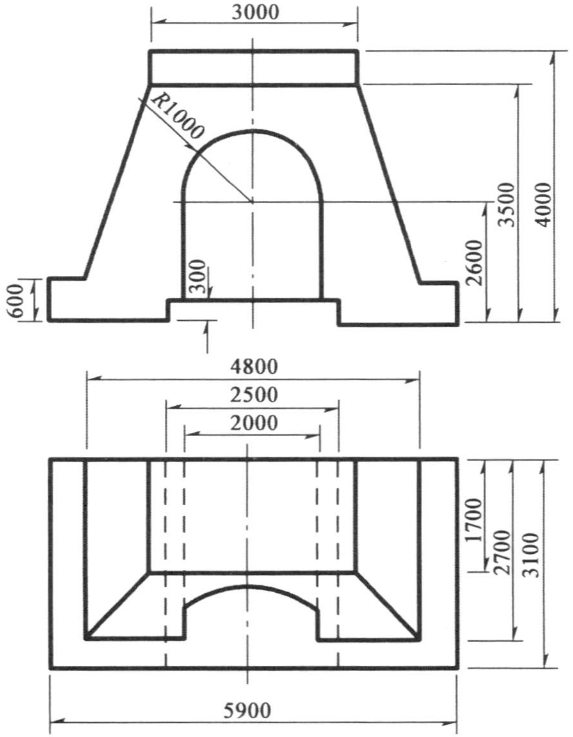

5-14 用所给尺寸作出如下沉井图。

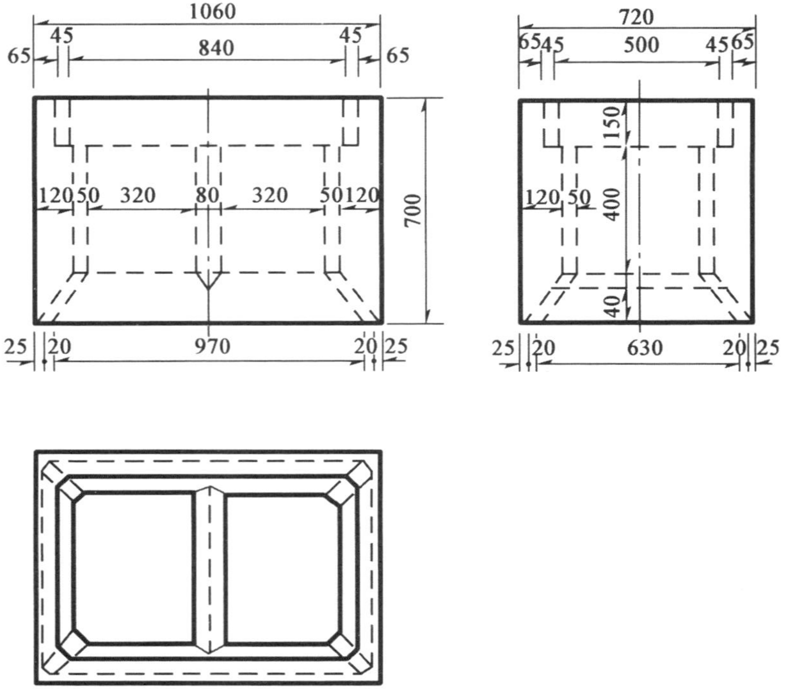

学习情境五	计算机绘图——AutoCAD	班级		姓名		日期	

5-15　用所给尺寸绘制窨井图，并标注尺寸。

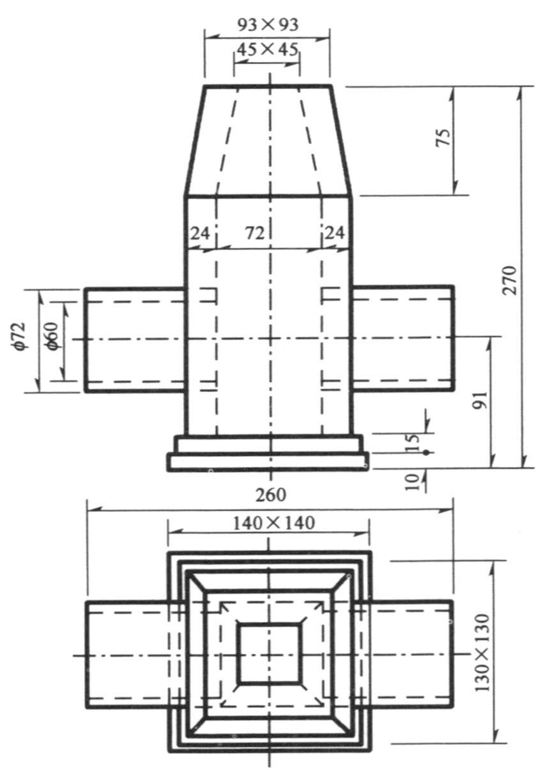

5-16　用所给尺寸作出如下桥台图。

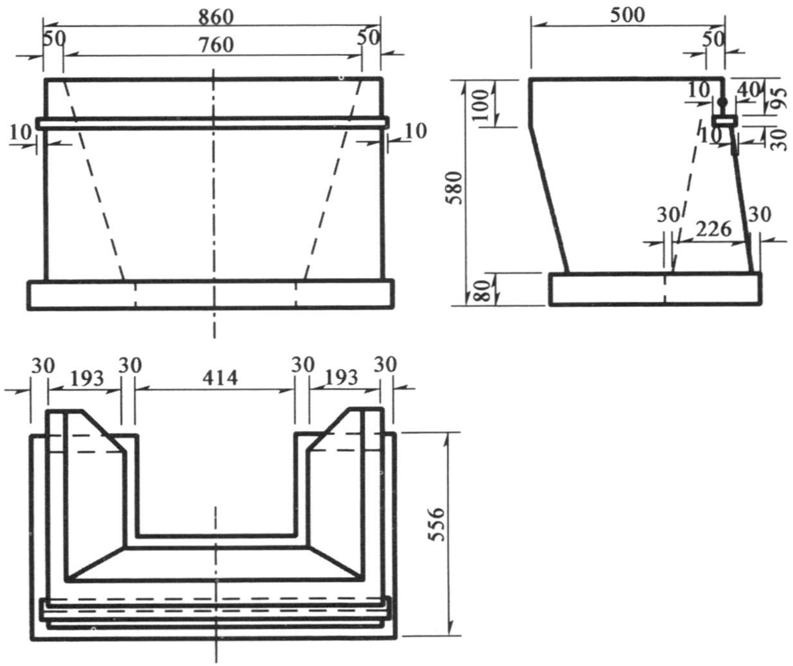

学习情境五	计算机绘图——AutoCAD	班级		姓名		日期	

5-17 用所给尺寸绘制下图，并标注尺寸。

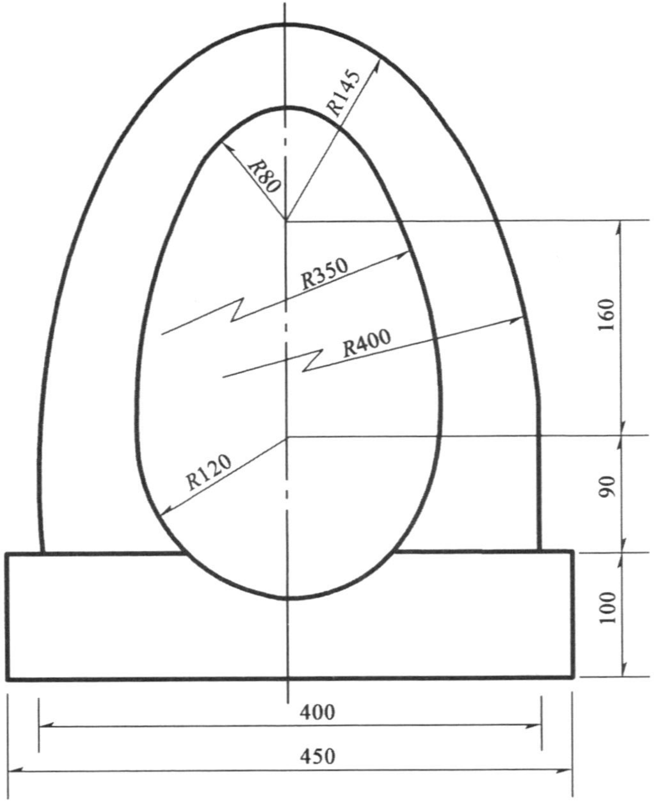

5-18 用所给尺寸绘出下图，并标注尺寸。

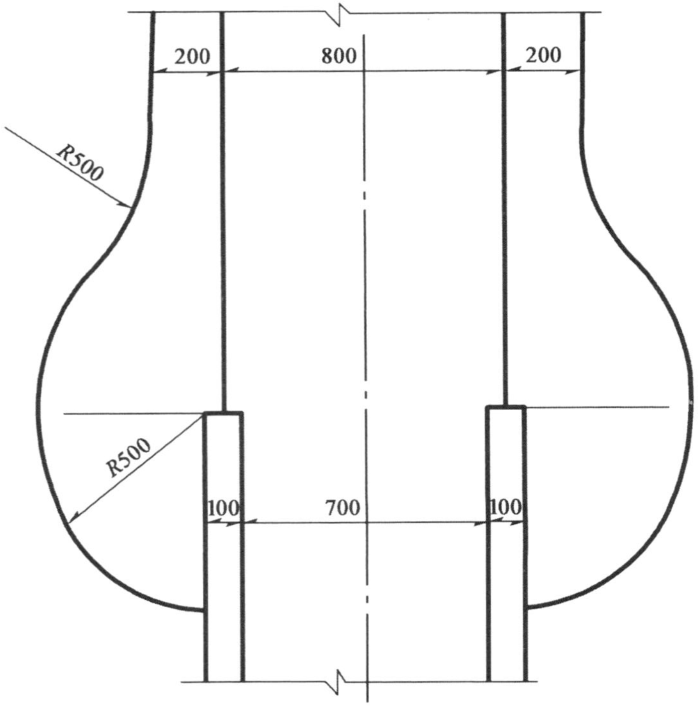

学习情境五	计算机绘图——AutoCAD	班级		姓名		日期	

5-19 用所给尺寸绘制下图，并标注尺寸。

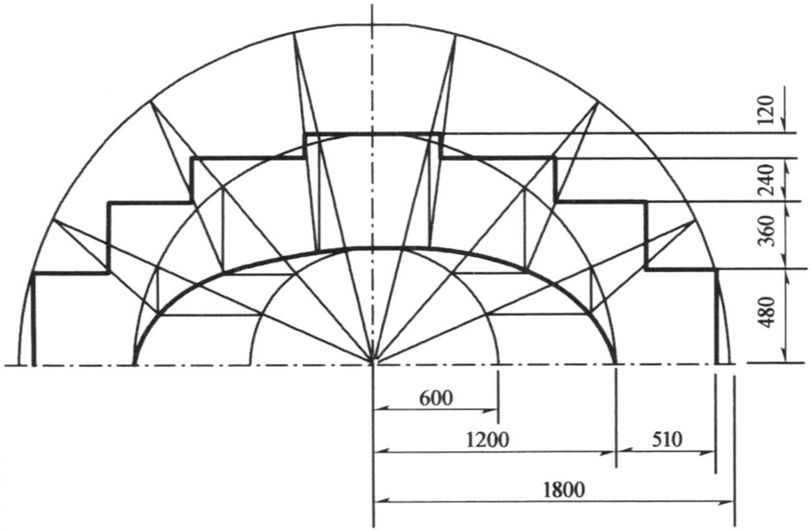

5-20 用所给尺寸作出立交桥图。

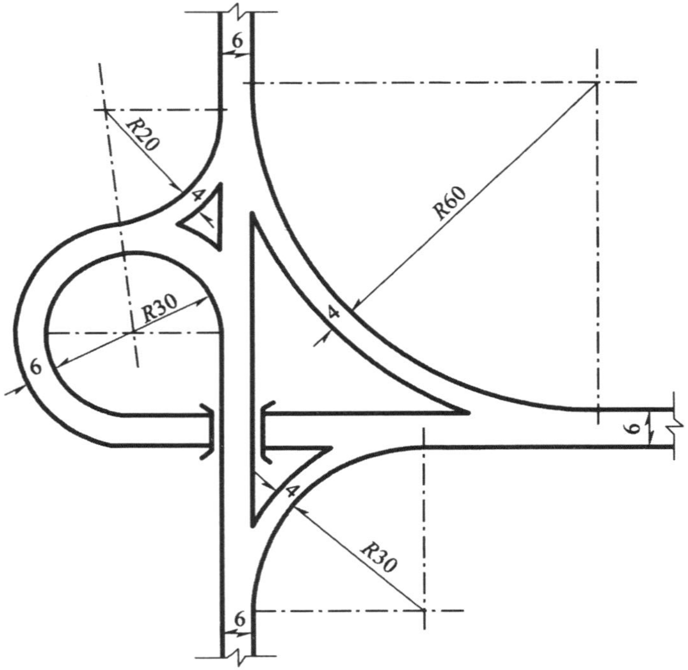

学习情境五	计算机绘图——AutoCAD	班级		姓名		日期	